# LE DROIT PUBLIC FORESTIER CONGOLAIS

*Aspects juridiques, fiscaux, écologiques et socio-économiques*

**Collection Etudes Eurafricaines**
*Dirigée par André Julien Mbem*

Le Sahara et la Méditerranée, frontières entre l'Afrique et l'Europe, sont aussi des passerelles par lesquelles, depuis des siècles, au-delà des tragédies et des drames, se rapprochent et se remodèlent ces deux ensembles géographiques et leurs civilisations. La collection « Etudes Eurafricaines » encourage la diffusion d'études historiques et prospectives sur les symbioses dont cette partie du monde est l'antique théâtre.

**Déjà parus**

MAHONGA Chris, *La grande problématique africaine. Plaidoyer pour l'émergence d'un nouveau paradigme sociopolitique*, 2023.
MAIGA Mariam et SOW Amadou, *Recueil de textes en droit de la santé au Mali,* 2023.
BOAFO Rodrigue Komikuma, *Les dispositifs d'accompagnement scolaire en France et au Togo. Analyse de deux politiques éducatives de lutte contre les difficultés d'apprentissage*, 2023.
OUEDRAOGO Adama, *Le jumeau africain dans tous ses états. Perceptions, démographie et santé des naissances gémellaires en Afrique subsaharienne,* 2023.
SANOGO N'DOURE Kadiatou, *L'accès au financement bancaire des petites et moyennes entreprises maliennes*, 2023.
SYLLA Abdoulaye, *Droit international et constitutions dans des États post-conflits*, 2023.
AMIBIAKA, *Tchad, les voies de l'émergence*, 2023.
G. NJANJO SIKE LOBE Roxane, *Le contrat de partenariat public-privé au regard de la théorie générale des contrats. Etude de droit camerounais à la lumière du droit français*, 2023.
J. PETER Simon Gérard et MATARI Hermine, *Les réalités de la violence au sein des organisations. Etudes de cas en milieux scolaire, académique et socio-professionnel*, 2022.
KANE Abdoulaye Bleck, *Les pratiques administratives coloniales dans les communautés religieuses en Afrique occidentale. Le cas du Sénégal (1816-1957),* 2022.
MAIGA Mariam, *La responsabilité du professionnel de la santé en contexte africain. Etude de droit malien*, 2022.
BERTE Oumar, *La CEDEAO face aux changements anticonstitutionnels de pouvoir en Afrique de l'Ouest*, 2022.
MATABISHI NAMASHUNJU Samuel, *Education au développement durable en République démocratique du Congo. Cadre théorique et approches historique et linguistique*, 2022.

**Paulin IBANDA KABAKA**

# LE DROIT PUBLIC FORESTIER CONGOLAIS

*Aspects juridiques, fiscaux, écologiques et socio-économiques*

L'Harmattan

**5-7, rue de l'École-Polytechnique, 75005 Paris**

http://www.editions-harmattan.fr

ISBN : 978-2-336-41682-3
EAN : 9782336416823

# REMERCIEMENTS

C'est une réelle satisfaction pour nous que de pouvoir clôturer cette formation doctorale en droit public à l'Université de Pau et des Pays de l'Adour par ce livre. Il est le fruit de plusieurs années de sacrifices et d'efforts, car il n'est pas toujours évident de se remettre sur les bancs de l'Université, après des dizaines d'années de vie active, sans trop de difficultés, afin de poursuivre des études de troisième cycle.

En effet, notre rapide adaptation est tributaire du pragmatisme pédagogique des enseignants du programme doctoral de droit public dont nous saluons le dynamisme ici, notamment Messieurs Jean GOURDOU et Philippe TERNEYRE, ses responsables scientifiques, et tous les autres dont nous nous gardons de citer les noms par courtoisie. Notre directeur de thèse, Monsieur le professeur Michel LAGARDE, spécialiste incontesté du droit forestier, qui n'a ménagé aucun effort pour nous prodiguer conseils et assistance, nous a été d'un précieux soutien pour la réalisation de la thèse qui a rendu possible le présent ouvrage. Nous lui adressons nos sincères remerciements pour son encadrement efficace. Enfin, nous remercions les membres de notre jury (Mme Monique Luby, M. Camille Kuyu, Mme Marie-Laure Lambert et M. Michel Lagarde) et les rapporteurs (M. Phocas Pfunga Pfunga et Camille Kuyu) qui, malgré leurs nombreuses occupations, ont fait de leur mieux pour que notre travail de recherche soit évalué.

# REMERCIEMENTS

| | SIGLES & ACRONYMES |
|---|---|
| ATIBT | Association technique internationale de bois tropicaux |
| BPM | Bien public mondial |
| CDB | Convention sur la diversité biologique |
| CITES | Convention sur le commerce international des espèces de faune et de flore sauvages menacées d'extinction |
| CIRAD | Centre de coopération internationale en recherche agronomique pour le développement |
| CO2 | Dioxyde de carbone |
| COMIFA C | Commission ministérielle des forêts d'Afrique centrale |
| DDPA | Déclaration sur les droits des peuples autochtones |
| DGI | Direction générale des impôts |
| DGRAD | Direction générale des recettes administratives, judiciaires, domaniales et de participation |
| DHE | Droit de l'homme à l'environnement |
| DIS | Droit international de la santé |
| EAD | Entité administrative décentralisée |
| ETD | Entité territoriale décentralisée |
| FAO | Food and Agriculture Organisation |
| FMI | Fonds Monétaire International |
| FLEGT | Forest Law Enforcement, Governance and Trade |
| FSC | Forest Sterwardship Council |
| GDF | Gestion durable des forêts |
| GES | Gaz à effets de serre |
| GIE | Groupe indépendant d'évaluation de la Banque mondiale |
| ICCN | Institut Congolais de Conservation de la Nature |
| IDH | Indicateur du développement humain |
| MDP | Mécanisme de développement propre |
| MIGA | Mécanisme international de garantie des investissements |
| MLC | Mouvement de libération du Congo |
| OCDE | Organisation pour la Coopération et le Développement Economique |
| OIBT | Organisation Internationale du Bois Tropical |
| OIT | Organisation Internationale du Travail |
| OMC | Organisation Mondiale du Commerce |
| OMS | Organisation Mondiale de la Santé |
| ONG | Organisation non gouvernementale |
| ONU | Organisation des Nations Unies |
| PIDESC | Pacte international relatif aux droits économiques, sociaux et culturels |

| | |
|---|---|
| PSE | Paiement pour services environnementaux |
| PFNL | Produits forestiers non ligneux |
| PIB | Produit intérieur brut |
| PNUD | Programme des Nations Unies pour le Développement |
| RBUE | Règlement sur le bois de l'Union Européenne |
| RCD | Rassemblement congolais pour la démocratie |
| REDD | Mécanisme de réduction des émissions de $CO_2$ dues à la déforestation et à la dégradation des forêts |
| RDC | République démocratique du Congo |
| SSP | Soins de santé primaires |
| TVA | Taxe sur la valeur ajoutée |
| UICN | Union internationale de conservation de la nature |

# AVANT-PROPOS

Le présent livre est une œuvre d'un disciple qui, par définition, est perfectible. De ce fait, nous demandons l'indulgence de nos lecteurs pour les erreurs éventuelles qu'ils pourraient y trouver. Nous sommes réceptif à toute critique afin de l'améliorer ou de l'amender.

Concernant ce livre, nous le dédions à toutes les populations autochtones et forestières à travers le monde en général mais à celles du Bassin du Congo en particulier.

Nous dédions également ce livre à Bernadette IBANDA MANGALA, notre épouse pour tant de sacrifices et d'abnégation ainsi qu'à nos enfants Brenda, Jacob, Divin-Isaac, Aron, Gaël et Christelle. Que ce livre soit la preuve de notre détermination à leur offrir une vie meilleure.

# AVANT-PROPOS

# INTRODUCTION

Dans le cadre de cette introduction, seront évoqués respectivement le contexte de l'étude (I), la problématique (II), la délimitation du sujet (III), la revue des sources documentaires (IV), la méthodologie (V) ainsi que l'articulation et la justification du plan (VI).

## I/ CONTEXTE DE L'ETUDE

Lors des travaux des COP 21 puis 22 à Paris et à Marrakech en novembre 2015 et décembre 2016, les forêts étaient de nouveau au centre des préoccupations de la communauté internationale[1]. Avec cet engouement de la communauté scientifique et politique internationale concernant la question du développement durable, du réchauffement climatique et de la gestion durable des forêts, il nous a semblé opportun d'aborder, sous les prismes juridique, socio-économique et écologique, la problématique de l'interaction entre l'homme et l'environnement au travers de la forêt dans le Bassin du Congo notamment en République démocratique du Congo.

Ce thème intéressant nous a conduit à étudier la pratique du pouvoir dans le secteur forestier. En partant de l'Etat colonial en 1885[2] jusqu'aux gouvernements récents qui ont mis en place et en œuvre la réforme forestière de 2002, ce sont les acteurs publics qui ont toujours été censés impulser la politique publique d'exploitation des ressources forestières. A cet effet, plusieurs juristes affirment que « *l'administration nationale a d'abord la mission de mettre en œuvre les politiques publiques nationales en exécutant*

---

[1] La COP, en anglais *Conference of Parties*, également appelée Conférence des États signataires, est l'organe suprême de certaines conventions internationales dont la Convention-cadre des Nations unies sur le changement climatique. Elle est composée de tous les États membres de la conférence dits États-parties et vérifie la bonne réalisation des objectifs assignés.

[2] Suite à la Conférence de Berlin convoquée par le Chancelier Bismarck de l'Allemagne, le territoire africain compris entre l'embouchure du fleuve Congo et les grands lacs intérieurs africains, fut confié à la Belgique qui le dénomma Etat Indépendant du Congo (EIC en sigle), cfr H. WESSELING, *Le partage de l'Afrique 1880-1914*, Paris, Denoël, 1996, pp. 159-164. I. NDAYWEL et al. , *Histoire générale du Congo : de l'héritage ancien à la République démocratique du Congo*, Bruxelles, De Boeck- Larcier, 1998, p.346.

*les choix politiques des autorités de l'État* »[3]. Par ailleurs, vu l'actualité de cette thématique de gestion durable des forêts, le présent livre'intéressera à l'analyse et l'évaluation de la politique forestière résultant de la loi forestière de 2002 après quinze années de sa mise en œuvre.

En effet, depuis le début des années 1990-2000, les pays couvrant le Bassin du Congo ont adopté des mesures visant à préserver les écosystèmes et la biodiversité sur la base d'une démarche de gestion durable des forêts[4]. Ce processus de gestion durable des forêts[5] est l'aboutissement d'un long cheminement. Ce dernier résulte des pressions exercées d'une part par la communauté internationale et, d'autre part, par les opérateurs de la société civile, notamment les Organisations Non Gouvernementales (ONG). Avec le réchauffement climatique de la Planète dû aux émissions de gaz à effets de serre dans l'atmosphère, et compte tenu du fait que la forêt participe à l'abaissement en absorbant une partie du carbone ($CO_2$) émis[6], il est dorénavant apparu nécessaire de pouvoir préserver les massifs forestiers mondiaux qui jouent un rôle important dans la protection de l'Humanité. Dès lors, la qualité de Bien Public Mondial (BPM) a été conférée aux massifs forestiers et leur gestion ainsi que leur exploitation, sont ainsi devenues l'affaire de tous[7].

Disposant du deuxième massif forestier tropical le plus significatif[8], les Etats du Bassin du Congo ont fait l'objet de l'attention et des pressions

---

[3] J.-B. AUBY et J. DUTEUIL DE LA ROCHERE (dir.), *Traité de droit administratif européen*, Bruxelles, Bruylant, 2014, p.14.

[4] D. AVON et G.S. GANDJON FANKEM, « Le développement durable constitue-t-il un élément d'attractivité territoriale ? Application aux pays de l'Afrique Centrale », in J.-M. CARDEBAT et D. UZUNIDIS (dir.), *Territoire vert. Entreprises, institutions, innovations*, Paris, L'Harmattan, 2012, p.79.

[5] La durabilité du développement est une notion qui permet aux générations actuelles de satisfaire leurs besoins de développement tout en préservant la capacité des générations futures à satisfaire les leurs. Cela présuppose que le développement actuel doit protéger l'environnement dans l'intérêt des populations à venir.

[6]G. LESCUYER et B. LOCATELLI, « Rôle et valeur des forêts tropicales dans le changement climatique », in *Bois et Forêts des Tropiques*, N° 260(2), 1999, pp.1-15. P. ARTUS, « Croissance endogène: revue des modèles et tentatives de synthèse », in *Revue économique*, 1993, vol. 44, n° 2, pp. 189-228.

[7] J. BALLET, « Propriété, biens publics mondiaux, bien(s) commun(s) : Une lecture des concepts économiques », in *Développement durable et territoires* [En ligne], Dossier 10 : Biens communs et propriété, mis en ligne le 07 mars 2008, consulté le 07 janvier 2013. URL : http://developpementdurable.revues.org/5553.

[8] Le Premier massif forestier tropical est celui de l'Amazonie avec près de 800 millions d'hectares des forêts, suivi du bassin du Congo avec 250 millions d'ha des

de la part des partenaires extérieurs. Ainsi, la Banque Mondiale a incité les gouvernements de la région à procéder à une réforme de leurs politiques forestières. Ceci afin de préserver les ressources forestières du fait de leur contribution significative à la lutte contre le réchauffement climatique ainsi que pour la satisfaction des besoins des générations actuelles et futures[9].

Face à de sérieuses difficultés financières, les pays forestiers tropicaux, notamment ceux du Bassin du Congo, auraient intérêt à utiliser leurs ressources forestières pour contribuer au financement des budgets publics. Parce qu'en leur qualité de biens domaniaux, les forêts pourraient les aider à remédier, tant soit peu, à l'étroitesse de leur base imposable nationale. L'exploitation des ressources forestières serait largement souhaitable pour les dirigeants de ces pays d'Afrique Centrale qui sont toujours à la recherche des moyens financiers. Ce seul prétexte suffit pour livrer des zones forestières entières à l'exploitation en lieu et place de la préservation.

En effet, vue sur le plan interne, la préservation des ressources forestières est une contrainte pour tous ces pays dont ils se passeraient si cela ne dépendait que d'eux. Par contre la Communauté internationale a mis en place des structures pour aider ces pays à respecter la voie de la protection de l'environnement sur laquelle ils se sont engagés. Dès lors, ces pays ont initié des processus pour matérialiser la gestion durable des forêts en adoptant de nouvelles législations forestières et en trouvant des moyens juridiques pour le financement des politiques de développement durable grâce à la fiscalité forestière.

Dans ce travail, outre l'analyse des effets des acteurs en présence dans la politique forestière nationale ,nous nous proposons aussi de voir comment la fiscalité résultant de la réforme forestière de 2002 en RDC et les aides financières de la communauté internationale, tendent à financer les budgets de l'Etat forestier Congolais, tout en contribuant à l'instauration de la gestion durable des forêts dans ce pays et à la protection des droits des populations riveraines par le biais du développement local.

---

forêts et enfin, le bassin indonésien clôture avec au moins avec 130 millions des forêts. J. BALLET, *Idem*.

[9] P. BONTEMS et G. ROTILLON, *L'économie de l'environnement*, Coll. Repères, 3ème éd., Paris, La Découverte, 2007, p.96.

## II/ PROBLEMATIQUE DE L'ETUDE

Nous traiterons respectivement de la problématique proprement dite (A) et des hypothèses de recherche (B).

### A. PROBLEMATIQUE

Le questionnement qui fonde ce livre est celui de savoir si une réforme de la législation forestière contribue au développement durable dans les pays forestiers tropicaux et à la promotion des droits des populations forestières, en l'occurrence en RDC. La question principale de ce livre est celle-ci : *la réforme de la législation forestière de 2002 en RDC a-t-elle contribué à la gestion durable des forêts, à la mobilisation accrue des recettes fiscales et à la protection des droits des populations ?*

En effet, il a été constaté des ratés de la politique publique d'exploitation des ressources naturelles forestières de l'Etat colonial[10]. Ensuite il a été signalé un laxisme de premiers gouvernements ayant hérité de la gestion étatique aux lendemains de l'indépendance politique en 1960[11]. Enfin, suite à l'insuffisance de la mobilisation des recettes fiscales d'origine forestière par le Gouvernement Congolais et à l'inexistence des préoccupations environnementales dans la gestion des forêts, une réforme forestière a été opérée en RDC en 2002 à l'initiative de la Banque Mondiale.

A l'instar de la réforme fiscale forestière réalisée au Cameroun en 1994, [12] la Banque Mondiale a mis en place en RDC un dispositif fiscal et juridique de type nouveau. Celui-ci comporte :

- une hausse des redevances forestières et une procédure des enchères lors de l'acquisition des concessions forestières[13] ;

---

[10] P. IBANDA KABAKA, *Politique et forêts au Congo belge*, Lille, The BookEdition, 2017, p. 3.

[11] *Idem*, p.112.

[12] J.-C. CARRET., « La réforme de la fiscalité forestière au Cameroun », *in Bois et Forêts des Tropiques*, N°264(2), 2000 sur http ://www.cerna.mines-paristech.fr/Documents/JCC [Consulté le 7 janvier 2013].

[13] Une concession est un contrat par lequel l'Administration autorise une personne privée, moyennant rémunération, à occuper un domaine de l'Etat ou à exploiter un ouvrage public.

- l'obligation faite aux concessionnaires de procéder à un aménagement durable des espaces concédés, la promotion de l'industrie nationale ;

- la rétrocession d'une partie des recettes fiscales forestières aux populations riveraines et le renforcement des capacités institutionnelles par l'instauration du cadastre forestier. Ce dernier a été institué afin d'améliorer l'administration et le contrôle des ressources forestières.

Après quinze ans de mise en œuvre de cette réforme fiscale forestière, il est temps de faire un bilan ne serait-ce que sommaire de cette dernière dont les objectifs principaux étaient d'augmenter la rente forestière prélevée par l'Etat Congolais, de réduire la pauvreté des populations et de préserver les ressources forestières.

Par ailleurs, les pressions exercées sur les pays forestiers tropicaux dont la RDC au sujet de la protection des droits de l'homme et de la préservation des forêts[14] qui sont des BPM (biens publics mondiaux) fournissant des services environnementaux[15], se sont accentuées. A contrario, ceux-ci ont commencé à exiger qu'ils soient rémunérés pour lutter contre la déforestation, c'est-à-dire être payés pour la déforestation évitée. Dès lors, ils réclament depuis 2005 des PSE (Paiements pour Services Environnementaux)[16] au titre du mécanisme qui est baptisé REDD (Réduction des émissions de $CO_2$ dues à la Déforestation et à la Dégradation des forêts). Tel est aussi le cas du MDP (Mécanisme de Développement Propre) grâce auquel des pollueurs originaires des pays industrialisés compensent leurs émissions de $CO_2$ en investissant dans des projets des puits de carbone dans les pays du Sud. Ce type de mécanismes de financement de la politique environnementale d'un genre nouveau, est devenu la coqueluche de la rhétorique des pays tropicaux dans les négociations environnementales internationales. En dépit de l'absence de données suffisantes à cause de la nouveauté de ces mécanismes (le MDP et la REDD)[17] en ce qui concerne la

---

[14] M. DEJEANT-PONS et M. PALLEMAERTS, *Droit de l'homme et environnement*, Strasbourg, Éd. du Conseil de l'Europe, 2002, p.9.

[15] O. MAZAUDOUX, *Droit public international et droit international de l'environnement*, Limoges, Les cahiers du CRIDEAU-Pulim, 2008, p.133.

[16] A. KARSENTY et al., « Paiements pour services environnementaux et biodiversité dans les pays du Sud : le salut par la déforestation évitée ? », in *Revue Tiers-Monde*, n° 202, 2010, pp.53-74.

[17] Le Mécanisme pour un développement propre, MDP en sigle, et la REDD qui est le mécanisme de paiement pour services environnementaux rendus du fait de la réduction des émissions de gaz à effets de serre dues à la déforestation et à la

RDC, leur examen s'impose pour réaliser une étude exhaustive de la réforme forestière de 2002 et son impact sur le développement durable de la RDC.

La question qu'on se pose, dans ce cas, est celle de savoir s'il y a une corrélation entre la fiscalité forestière décentralisée et le développement durable. La fiscalité étant la science des prélèvements des ressources publiques[18], il y a lieu de connaître le rôle joué par les prélèvements fiscaux dans la gestion durable des forêts. Egalement, il va falloir étudier le comportement de différents acteurs impliqués dans la gestion durable des ressources forestières de la République Démocratique du Congo dans un contexte de développement local des populations et des territoires forestiers.

## B. HYPOTHESES

De par son objectif primaire qui est de procurer des recettes publiques à l'Etat servant à financer les différents programmes gouvernementaux qui tendent à réduire la pauvreté des populations y compris en milieu forestier, la fiscalité cherche à maximiser la capacité mobilisatrice des recettes publiques.[19] En revanche, de l'autre côté, la gestion durable a pour but de préserver la consommation des ressources renouvelables dans l'intérêt des générations actuelles et futures.

Dans ce travail, il sera question de voir comment on concilie les intérêts du Trésor public, qui recherche le financement de ses dépenses publiques et la couverture des déficits budgétaires par l'augmentation des recettes publiques de toutes origines voire forestières, et les droits des populations actuelles et des générations futures dans la gestion durable des ressources forestières en République Démocratique du Congo. En effet, tout accroissement des recettes fiscales forestières a pour conséquence d'augmenter la déforestation, ce qui amoindrit les réserves forestières destinées à la satisfaction des besoins des populations riveraines[20] et des

---

dégradation des forêts sont exposés dans la 2ème section du chapitre 1er de la 1ère partie.

[18] Le droit fiscal peut être défini comme la branche du droit public recouvrant l'ensemble des règles de droit relatives aux impôts et taxes. Il s'intéresse notamment à la contribution des sujets de droit (personnes physiques, personnes morales) aux charges publiques de l'État et de diverses personnes publiques mais également aux relations entre l'Administration fiscale et les contribuables. Cfr J.-P. BAUR, *Mémento de droit fiscal général*, Paris, Publibook, 2009, pp.18-19.

[19] J. LAMARQUE, *Droit fiscal général*, Fascicule 1, Paris, Litec, 1998, pp.7-9.

[20] S. BAHUCHET, *Dans la forêt d'Afrique Centrale : les pygmées Aka et Baka*, Louvain-Paris, Ed. Peeters, p.37.

générations à venir. Or le rôle de la gouvernance publique n'est pas seulement de satisfaire des besoins actuels, mais également de garantir la satisfaction des besoins futurs des populations. Il y a un problème de coordination des objectifs : à court terme, les gouvernements des pays forestiers dont la RDC ont besoin de l'argent pour financer leurs budgets publics d'une part, et d'autre part, ils sont contraints à sauvegarder une partie de leur assiette fiscale forestière dans l'intérêt des générations à venir et de l'Humanité entière.

Les hypothèses de recherche retenues, dans le cadre du présent livre, sont :

1. La fiscalité résultant de la réforme forestière de 2002 en RDC ainsi que les aides financières de la communauté internationale ont-elles contribué à protéger durablement les forêts ?

2. La fiscalité résultant de la réforme forestière de 2002 en RDC ainsi que les aides financières de la communauté internationale ont-elles contribué à financer les budgets de l'Etat Congolais ?

3. La fiscalité résultant de la réforme forestière de 2002 en RDC ainsi que les aides financières de la communauté internationale ont-elles contribué à protéger les droits des populations riveraines ?

4. La réforme forestière de 2002 en RDC a-t-elle permis la participation et la collaboration des acteurs impliqués ?

Les réponses provisoires à ces questions de recherche sont :

1. La fiscalité résultant de la réforme forestière de 2002 en RDC ainsi que les aides financières de la communauté internationale ont contribué à protéger durablement les forêts.

2. La fiscalité résultant de la réforme forestière de 2002 en RDC ainsi que les aides financières de la communauté internationale ont contribué à financer les budgets de l'Etat Congolais.

3. La fiscalité résultant de la réforme forestière de 2002 en RDC ainsi que les aides financières de la communauté internationale ont contribué à protéger les droits des populations riveraines.

4. La réforme forestière de 2002 en RDC a permis la participation et la collaboration des acteurs impliqués.

## III. DELIMITATION DU SUJET

Dans le cadre de ce livre, c'est seulement l'étude se rapportant à la République Démocratique du Congo qui sera réalisée. Ainsi, cette analyse permettra de mesurer l'impact de mesures fiscales et autres actions de politique publique sur le développement local des populations et la gestion durable des ressources forestières. Mais également d'analyser les comportements[21] de différents acteurs qui sont parties prenantes à cette gestion forestière entre autres les pouvoirs publics, les populations riveraines, les sociétés forestières, les ONG de la société civile ainsi que les partenaires extérieurs.

## IV. REVUE DES SOURCES DOCUMENTAIRES

L'exploitation des ressources forestières en RDC a déjà fait l'objet de certaines études scientifiques notamment en ce qui concerne les thèses de doctorat. Garry SAKATA MOKE TAWAB (2009), dans sa thèse intitulée « La gouvernance en matière de ressources naturelles. De la centralisation vers un système décentralisé et participatif : Le cas des ressources forestières en République démocratique du Congo »[22] a analysé les aspects managériaux dans la gestion de ces ressources en insistant sur l'apport de la décentralisation et de la gestion participative. Quant à monsieur NGUMBI AMURI (2014), dans sa thèse relative à la protection pénale du patrimoine

---

[21] La socio-anthropologie considère le développement comme une forme particulière de changement social, qu'un ensemble complexe d'intervenants (ONG, agences nationales ou internationales) cherche à impulser auprès de "groupes-cibles", eux-mêmes divers et évoluant selon les dynamiques propres. Cette approche peut contribuer, pour une part modeste mais réelle, à améliorer la qualité des services que les institutions de développement proposent aux populations, en permettant une meilleure prise en compte des dynamiques locales. Cfr J.-P. Olivier DE SARDAN, *Anthropologie et développement. Essai en socio-anthropologie du changement social,* Paris, Karthala, 1995. Disponible sur http://www.karthala.com/884-anthropologie-et-developpement-9782865375899.html.
[Consulté le 4 août 2016].

[22] G. M.T. SAKATA, *La gouvernance en matière de ressources naturelles. De la centralisation vers un système décentralisé et participatif – Le cas des ressources forestières en République démocratique du Congo*, Thèse de Doctorat en Sciences juridiques, UCL, 2009.

mondial naturel de la RDC[23], il a traité seulement de la partie de ces forêts qui sont protégées ainsi que des parcs naturels en ce qu'ils constituent des composantes du patrimoine mondial naturel.

Néanmoins, une étude explorant l'exploitation de ces ressources naturelles pour y parler des aspects fiscaux, sociaux, juridiques et économiques en République démocratique du Congo n'a jamais été réalisée. C'est toute l'originalité de cette thèse. De surcroît, c'est la première thèse qui aborde la thématique de la fiscalité forestière de la RD Congo et qui fait la première évaluation de la réforme forestière de 2002 opérée dans ce pays sous l'inspiration de la Banque mondiale. En même temps, il convient de signaler que la majorité des thèses de doctorat qui se sont assigné la tâche d'étudier les aspects de la fiscalité forestière dans les pays d'Afrique Centrale sont restées en chantier jusqu'à ce jour.

## V. CONSIDERATIONS METHODOLOGIQUES

Tout travail scientifique doit suivre une certaine méthodologie pour aboutir aux résultats escomptés. Nous allons ainsi faire état de différentes méthodes utilisées et les techniques mises en œuvre dans notre recherche. Cela étant, deux méthodes ont été utilisées pour la rédaction de ce travail, à savoir la méthode juridique (méthode logico-déductive) et la méthode sociologique (méthode analytique et inductive). La première nous a servi dans l'analyse ou l'exégèse de différents textes légaux et réglementaires qui sont en rapport avec notre sujet ainsi que dans l'étude de la doctrine et de la jurisprudence y relatives. Tandis que la seconde nous a permis d'interpréter les statistiques et de recueillir les informations auprès des acteurs impliqués dans la gestion des forêts congolaises.

Dans le cadre de ce travail de recherche, nous avons emprunté une démarche pluridisciplinaire utilisant à la fois le droit, la science politique, l'économie et les sciences humaines. A cet effet, nous avons utilisé la technique documentaire[24] afin de rechercher l'information dans les documents écrits par de nombreux experts sur les droits des riverains des forêts en tant que droits de l'homme, le développement durable, le

---

[23] A. NGUMBI AMURI, *La protection pénale du patrimoine mondial naturel de la RDC*, Thèse de doctorat de Droit, Université de Kinshasa, 2014.

[24] Lire Isabelle FRUCTUS, *La méthodologie de la recherche documentaire juridique*, Coll. Paradigme, Bruxelles, Ed. Larcier, 2014.

développement local, la fiscalité forestière, le droit forestier[25] ainsi que la gestion durable des forêts. Dans cette optique, la documentation livresque a été choisie dans l'alimentation de cette étude lorsqu'il est question d'aborder et de faire le lien entre les différents concepts.

Par ailleurs, pour l'évaluation de la politique forestière, ce sont donc à la fois les sources orales et écrites qui ont été utilisées. En effet, nous avons pu recourir aux entretiens avec certains acteurs ou observateurs des questions forestières pour la collecte des données relatives à la politique forestière, au développement local en milieu forestier et à la protection des droits de l'homme des populations y vivant. Il convient de signaler que nous nous sommes servi aussi des enquêtes, des statistiques et des études relatives à l'économie et à la pauvreté en milieu forestier réalisées par le PNUD Congo, la Banque centrale du Congo ainsi que les Ministères du Plan, de l'Environnement et des Finances afin d'évaluer les objectifs de cette politique forestière mise en place depuis 2002.

## VI. ARTICULATION ET JUSTIFICATION DU PLAN

Pour mieux appréhender la thématique de ce livre, nous avons analysé les droits des riverains des forêts d'une part, et d'autre part, examiné les effets résultant de la mise en œuvre de la réforme forestière sur le développement local des populations riveraines et sur la GDF en RDC. Ainsi, notre livre s'articulera autour de deux axes principaux.

La première partie traite des notions fondamentales et des droits des populations forestières. En effet, dans le premier chapitre, nous avons analysé l'historique du développement durable, la gestion durable des forêts, la fiscalité forestière, le Bassin du Congo, la politique publique forestière, les populations autochtones et le contexte général de la RDC. Quant au second chapitre, il porte sur la protection des droits des riverains des forêts en tant que droits fondamentaux de l'homme : il est question de voir comment certains droits des populations forestières (droit à l'environnement, droit à la santé) ont été reconnus tant au niveau universel, régional que national.

---

[25] Selon le professeur Michel LAGARDE, le droit forestier est une branche du droit de l'environnement qui a pour objet de régir la propriété, l'usage, l'exploitation, la conservation et la valorisation des forêts. Cfr M. LAGARDE, « Le régime forestier: un modèle de législation de protection de l'environnement », in *Revue juridique de l'environnement*, 1985, Vol. 10, n° 2, pp.175-187.

En ce qui concerne la deuxième partie, elle est consacrée à la réforme forestière de 2002 en République démocratique du Congo. Dans le premier chapitre, nous avons parlé de la genèse de cette réforme puis dans le deuxième chapitre, il a été question de voir si l'application de ladite réforme forestière a permis d'atteindre ou non les objectifs qui lui étaient assignés ainsi que la défense des droits des populations forestières.

# PREMIERE PARTIE

# NOTIONS FONDAMENTALES ET DROITS DES POPULATIONS FORESTIERES

Cette partie a pour mérite de pouvoir contribuer à la clarification de différentes notions essentielles utilisées dans ce livre, de présenter les généralités relatives aux forêts dans le Bassin du Congo et d'exposer les droits des populations forestières en ce qui concerne la démarche de leur reconnaissance en partant du plan universel vers le niveau national.

Ainsi, les diverses notions seront exposées dans le premier chapitre et les droits des populations forestières feront l'objet du deuxième chapitre.

# CHAPITRE I

# NOTIONS FONDAMENTALES

Ce chapitre a pour objet de clarifier les différentes notions utilisées dans ce livre en les expliquant et en présentant les aspects épistémologiques ou essentiels qui les déterminent. De ce fait, il traitera du développement durable, de la gestion durable des forêts, des droits des riverains et du développement local comme corollaires de la GDF, de la fiscalité forestière, des fonctions des forêts, de la politique forestière et des populations riveraines et autochtones des forêts (Section 1) ainsi que du Bassin du Congo avec ses potentialités naturelles, écologiques et géographiques (Section2).

## Section I. Notions conceptuelles

Dans cette section, seront analysées les notions de développement durable et de la GDF (1), des droits des riverains et du développement local (2), du développement et de la fiscalité forestière (3) ainsi que des instruments de financement de la politique environnementale (4).

### Paragraphe I. Développement durable et gestion forestière durable

Nous aborderons dans ce paragraphe notamment les aspects relatifs au développement durable (A) et à la gestion durable des forêts (B).

#### A. Développement durable : définition et contexte de son émergence

La gestion durable des forêts est une excroissance du développement durable, c'est la raison pour laquelle nous tablons en premier lieu sur cette notion globalisante qu'est le développement durable. Selon Bontems et Rotillon[26], l'émergence du concept du développement durable tire son origine de la Conférence des Nations Unies de Stockholm en 1972 puis du rapport de l'UICN publié en 1980 et intitulé « La stratégie mondiale pour la

[26] P. BONTEMS et G. ROTILLON, *Op.cit.,* p.96.

conservation ». C'est dans ce rapport qu'est utilisé pour la première fois le terme « développement durable » traduit de l'anglais « sustainable development ».

Néanmoins, il faut attendre jusqu'en 1987 pour que ce concept soit précisé dans un rapport intitulé « Notre avenir à tous » présenté par Gro Harlem Brundtland, alors Première Ministre Norvégienne et Présidente de la Commission mondiale sur l'environnement et le développement des Nations Unies. Selon ce rapport, « le développement durable est un développement qui permet la satisfaction des besoins présents, sans compromettre la capacité des générations futures à satisfaire les leurs »[27].

Deux concepts sont inhérents à cette notion : le concept de besoins et plus particulièrement des besoins essentiels des plus démunis, auquel il convient d'accorder la plus grande priorité, et l'idée des limitations que l'état de nos techniques et de notre organisation sociale impose sur la capacité de l'environnement à répondre aux besoins actuels et à venir.

Cette définition pose, en cohérence avec la déclaration de Stockholm, un premier principe de solidarité : le droit au développement pour tous, afin de répondre aux besoins des populations actuelles. Le deuxième principe est un principe de solidarité dans le temps pour préserver les droits des générations futures à leur propre développement. Ce rapport était très axé sur la préservation de l'environnement et la conservation prudente des ressources naturelles. Il repose sur la nécessaire conciliation entre développement et environnement.

Sommes toutes, le développement durable n'est pas une discipline à part mais bien un mode de développement qui répond à d'autres critères (sociaux et environnementaux) que le simple développement économique. Cela implique des choix politiques importants sur le plan national comme sur le plan international pour garantir une égalité des chances face à l'avenir et une solidarité quant à l'accès aux ressources et à la satisfaction des besoins vitaux immédiats. Dans cette acception, le développement durable repose sur deux principes à savoir la compatibilité entre la satisfaction des besoins actuels et ceux des générations futures d'une part et d'autre part la conciliation entre le développement économique, la protection de l'environnement et l'équité sociale[28]. De plus, il est constitué de trois piliers

[27] P. BONTEMS et G. ROTILLON, *Idem.*
[28] E. ARNAUD, A. BERGER et de C. PERTHUIS, *Le Développement durable*, Coll. Repères pratiques, Paris, Nathan, 2008, p.6.

à savoir la justice sociale, la prudence écologique et l'efficacité économique (Noël IZENZAMA, 2008)[29]. Ainsi, le développement durable est le développement économique et social des générations actuelles mais qui laisse intact notre environnement afin de permettre aux générations futures à satisfaire aussi leurs besoins de développement[30].

Comme dit précédemment, le Rapport BRUNDTLAND donne en 1987 une définition du développement durable qui fera date, car reposant sur deux piliers à savoir la compatibilité entre la satisfaction des besoins actuels et ceux des générations futures d'une part et, d'autre part, la conciliation entre le développement économique, la protection de l'environnement et l'équité sociale[31]. Ledit rapport part d'une vision intergénérationnelle en définissant le développement durable comme la capacité à répondre aux besoins des générations actuelles sans compromettre celle des générations futures à satisfaire les leurs. Cette définition a pour mérite de changer l'horizon temporel des politiques de développement économique et social jusqu'à 25 ans voire plus.

Le rapport BRUNDTLAND précité identifie trois dimensions [32] dans le développement durable : l'économique, l'environnemental et le social. Ces dimensions constituent le triangle du développement durable. Concrètement, le développement d'une société, pour être soutenable, implique la reproduction et l'élargissement des trois dimensions du stock de capital :

- Le capital économique ;
- Le capital écologique composé de toutes les ressources naturelles dont hérite une génération ;
- Et le capital d'équité sociale qui dépend de l'accès de tous aux richesses et leur mode de répartition.

Selon le professeur IZENZAMA[33], si le paradigme du développement durable est devenu l'objet d'un engouement dans les pays développés, en Afrique, au contraire, cet impératif soulève plus d'interrogations

[29]Lire N. IZENZAMA, *Le paradigme écologique du développement durable en Afrique subsaharienne à l'ère de la mondialisation : une lecture éthico-anthropologique de l'écodéveloppement,* Berne, Ed. Peter Lang, 2008, p.7.
[30] *Idem*, p.176.
[31] E. ARNAUD, A. BERGER et de C. PERTHUIS, *Op. Cit.*, p.6.
[32] E. ARNAUD, A. BERGER et de C. PERTHUIS, *Idem.*
[33] N. IZENZAMA, *Op.cit.,* pp.306-313.

existentielles qu'il n'apporte de solutions. Il en va ainsi du sommet mondial pour le développement durable, organisé à Johannesburg en 2002, qui a laissé intact le problème crucial de la misère de masse sur ce continent.

En effet, le concept de développement durable a été pris en otage par l'idéologie de la mondialisation néolibérale, qui exclut toute éthique en mettant l'accent sur d'autres priorités notamment économiques. Or, la solidarité avec les générations de demain n'a de sens que si elle prend en compte celle avec des déshérités d'aujourd'hui. Peut-on parler du développement durable dans un contexte où la justice sociale et les droits humains (droit à un niveau de vie suffisant, droit à l'éducation, droit à la santé, droit à l'alimentation, droit au développement,..) ne sont pas garantis ?

Voilà posée la question de l'importance des droits sociaux en particulier et des droits fondamentaux humains en général dans la réalisation du développement durable.

Par ailleurs, « les ressources non renouvelables sont limitées, et leur exploitation diminue le patrimoine du pays. La durabilité faible pour employer un jargon environnementaliste – ne peut être maintenue que si les ressources tirées de cette exploitation sont investies dans une autre forme de capital, au moins aussi productif, qu'il soit physique, financier ou humain. Dans un pays développé comme la Norvège, la diminution des ressources pétrolières est compensée par l'investissement d'une partie des recettes associées dans un fonds fiduciaire destiné aux générations futures. Mais dans le cas des pays en développement, où règne la pauvreté, d'autres formes d'investissement qui bénéficieront aussi aux générations actuelles (infrastructures, institutions, capital humain comme l'éducation ou la santé) paraîtraient préférables »[34].

Les conclusions de ce rapport ont été reprises par l'ONU et ont servi de base à la préparation du Sommet de la Terre à Rio en 1992, une conférence internationale qui a réuni les dirigeants du Nord et du Sud autour des questions relatives au développement durable.

Toutefois, il convient de relever que la prise en compte des exigences du développement durable place dorénavant le décideur public face à de nouveaux dilemmes du fait de la concurrence naissante entre les objectifs de croissance économique, de protection de l'environnement et de l'équité

[34] P. JACQUET et J. LOUP, « Le développement durable, une nécessité pour les pays du Sud ? », in *Regards sur la Terre*, 2009, pp.183-195.

sociale. Dès lors, la stratégie du développement durable vise à élargir cette zone d'intersection entre les trois dimensions préqualifiées.

Schéma conventionnel de 3 piliers du développement durable

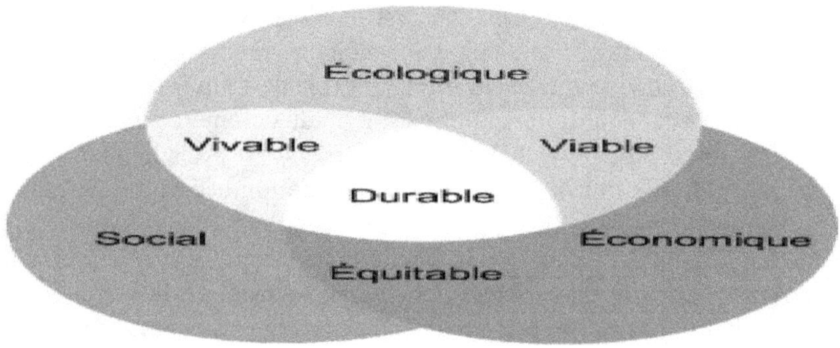


Source : E. Arnaud, A. Berger et de C. Perthuis ,2008

Il a été constaté que, bien qu'ayant trouvé ses origines dans l'enceinte multilatérale de l'ONU, le concept de développement durable est fréquemment considéré avec suspicion au Sud. En effet, les dirigeants des pays du Sud redoutent que les contraintes de durabilité s'ajoutent aux obstacles déjà nombreux mis en place par les pays industrialisés pour retarder l'amélioration des conditions de vie de leurs populations. C'est pour cette raison que les pays du Sud ont de vraies réticences face à la notion de développement durable propagée par des acteurs venus du Nord. C'est ainsi qu'il a été observé, lors de la signature de grandes conventions internationales comme celles portant sur le climat[35] et les forêts, une certaine

[35] La première conférence mondiale sur le climat remonte à 1979, à Genève (Suisse). À cette occasion, un Programme de recherche climatologique mondial est lancé, sous la responsabilité de l'Organisation météorologique mondiale (OMM), du Programme des Nations unies pour l'environnement (PNUE) et du Conseil international des unions scientifiques (CIUS). En 1988, le Groupe d'experts intergouvernemental sur l'évolution du climat (GIEC) est créé par l'OMM et le PNUE pour procéder, à intervalles réguliers, à une évaluation de l'état des connaissances sur les changements climatiques. Son premier rapport en 1990 reconnaît la responsabilité humaine dans le dérèglement climatique. Il sert de base à l'élaboration de la Convention-cadre des Nations unies sur les changements

réticence[36] des pays pauvres à se voir imposer le partage de fardeaux, de charges, de contraintes dont ils peuvent craindre qu'elles ne rendent encore plus difficile leur propre développement. L'essentiel n'est-il pas pour ces pays d'abord dans le développement économique et social, quel qu'en soit le prix pour l'environnement car, en effet, en privilégiant l'environnement, on les oblige à retarder leur propre développement ?

La crainte des pays pauvres est que ces exigences de développement durable ne constituent une distorsion de concurrence supplémentaire ou un désavantage concurrentiel. En effet, le droit de l'environnement réintroduit des instruments pour lutter contre la liberté du commerce international. C'est ce qu'a voulu prouver F. EWALD, en écrivant : « Dans le même temps que, dans le cadre de l'OMC, l'on cherche à faire tomber les barrières, à limiter les subventions que certains pays riches accordent à leurs industries, le droit de l'environnement peut servir à rétablir des limites et des protections, en particulier au nom de menaces concernant la santé ou la biodiversité. C'est ainsi que l'on voit le principe de précaution systématiquement introduit comme une sorte de clause de sauvegarde offerte à chaque pays pour lutter contre ce qu'il estimera être une menace grave et irréversible pour son environnement. Le droit de l'environnement est un droit protecteur qui, dans un monde globalisé, fournit des instruments de restauration des souverainetés nationales au nom de la protection des populations. La France ne plaide-t-elle pas pour une réciprocité environnementale afin de lutter contre un dumping environnemental qui ne peut guère venir que des pays pauvres ? »[37]

C'est pourquoi afin d'éviter les dérives, il faut favoriser l'émergence des méthodes et normes de développement durable adaptées à la situation des pays du Sud. Il convient surtout de réaffirmer le caractère prioritaire de l'élévation du niveau de vie dans ces pays qui est impossible à atteindre sans

---

climatiques (CCNUCC). Le troisième sommet de la Terre qui s'est tenu en 1992 à Rio de Janeiro (Brésil) est une étape cruciale dans les négociations climatiques internationales avec la signature de la Convention-cadre des Nations unies sur les changements climatiques. Elle reconnaît officiellement l'existence du dérèglement climatique et la responsabilité humaine dans ce phénomène. Son objectif est de stabiliser les concentrations atmosphériques de gaz à effet de serre à un niveau qui empêche toute perturbation humaine dangereuse du système climatique. La Convention-cadre est entrée en vigueur le 21 mars 1994 et a été ratifiée par 195 pays, appelés parties, plus l'Union européenne.

[36] F. EWALD, « Le droit de l'environnement : un droit des riches ? », in *Pouvoirs*, n° 127, 2008, p.13.

[37] F. EWALD, *Op.Cit.,* p.16.

une accélération de la croissance économique. De ce point de vue, le développement durable se différencie des idéologies malthusiennes prônant la décroissance.

La forte croissance démographique enregistrée dans les décennies 1960 et 1970 a suscité des débats qui ont fait resurgir le malthusianisme[38], thèse postulant que la surpopulation humaine engendrée par une natalité élevée est source de dégradation de l'environnement. Pour les tenants de cette thèse, l'augmentation de la population humaine provoque une compétition qui entraîne l'amenuisement des ressources de la Terre[39]. Cette situation pourrait ensuite déboucher sur la baisse des rendements, avec pour conséquences les famines et l'augmentation de la mortalité. Ce postulat a été largement relayé par un certain nombre des publications, faisant émerger le « néo-malthusianisme ». L'ouvrage de Ehrlich (1968)[40], intitulé « The Population Bomb » dont la traduction française est intitulée la Bombe P, avec P comme population, s'inscrit dans ce courant de pensée.

Mais c'est surtout le rapport Meadows, publié en 1972 sous le titre « Halte à la croissance ? » qui va alimenter les forums et les débats sur les rapports entre les sociétés humaines et l'environnement dans le contexte d'une croissance démographique et économique continue. Meadows fait une simulation dans laquelle il met en relation cinq paramètres : population humaine, production alimentaire, industrialisation, utilisation des ressources naturelles non renouvelables et pollution. L'objectif est de mettre en évidence les interactions et les interdépendances entre la société et l'environnement, cet environnement, global, étant considéré au sens de ressources naturelles. Le résultat de la simulation est la prédiction d'une ère

[38] Selon l'économiste, démographe et historien anglais Thomas Robert Malthus (1766-1834), la population humaine augmenterait plus vite que les moyens de subsistance, cela exposerait la population humaine à la famine. Pour éviter ce désastre, Malthus a préconisé la limitation de la population grâce aux freins volontaires ou involontaires (cas de la politique de contrôle de natalité en Chine, guerres, famines) tout en redoutant la surexploitation des moyens de production (cas de l'agriculture extensive avec forte utilisation des engrais en Occident) afin de suivre le rythme de croissance de la population dont le risque est la détérioration de l'environnement naturel. Lire à ce propos T.R. MALTHUS (1798), *Essai sur le principe de population*, Paris, Ed. Gonthier, 1963.

[39] M. T. DEMAZE, « Paradoxes conceptuels du développement durable et nouvelles initiatives de coopération Nord-Sud : le Mécanisme pour un Développement Propre (MDP) », *Cybergeo : European Journal of Geography* [En ligne], Environnement, Nature, Paysage, document 443, mis en ligne le 20 mars 2009, consulté le 12 avril 2013. URL : http://cybergeo.revues.org/22065 ; DOI : 10.4000/cybergeo.22065.

[40] P. EHRLICH, *The population Bomb*, New York, Ballantine Books, 1968.

de pénurie des ressources naturelles pour les années 1980 suivie de l'effondrement des systèmes économiques des pays développés à l'horizon 2025 si la croissance n'est pas fortement réduite et si les habitudes de consommation ne sont pas modifiées dans des délais brefs.

La conclusion de cette étude est que, la dynamique d'une population croissante d'individus qui consomment et polluent de plus en plus dans un monde fini, mène inexorablement à une catastrophe environnementale. Quel que soit le scénario testé, la croissance exponentielle que l'on enregistre aboutit à un effondrement de la dynamique du système socio-économique mondial, du fait notamment de l'épuisement des ressources naturelles et ce, à un horizon temporel assez rapproché.

Par ce rapport, les membres du Club de Rome dénoncent les effets de l'industrialisation et de l'urbanisation galopantes et appellent à une « croissance zéro » aussi bien sur le plan démographique que sur le plan économique. Les arguments invoqués remettent le malthusianisme à l'ordre du jour : étant dans un monde fini, tout accroissement de la population se traduit par une accélération de la dégradation de l'environnement. Les exemples ne manquent pas : augmentation de l'effet de serre induisant le réchauffement climatique, destruction de la couche d'ozone, appauvrissement de la biodiversité, érosion des terres arables, diminution et pollution de l'eau, diminution des réserves d'énergies. La croissance démographique et ses effets en termes de forte consommation des ressources sont donc pointés du doigt comme cause principale des problèmes auxquels les sociétés humaines sont confrontées dans leur cadre de vie qui est la Terre[41].

Même si la posture défendue par le Club de Rome n'a pas été unanimement admise[42], elle a néanmoins eu un grand écho qui retentit encore parfois dans le monde scientifique et la sphère politique d'aujourd'hui. Elle a suscité des travaux qui ont fait émerger de nouveaux concepts pour aborder la problématique des relations entre société et environnement. C'est le cas du concept « *human carrying capacity of the Earth* », traduit en français par la capacité de charge humaine de la Terre, c'est à dire le nombre d'individus que peut supporter la Terre sans se

---

[41] M.T. DEMAZE, *Idem*.

[42] Elle s'oppose à la thèse des anti-malthusiens qualifiés des populationnistes qui voient en la croissance démographique une chance pour l'humanité en termes de progrès, innovation scientifique et technique, y compris pour la résolution des problèmes d'environnement.

dégrader, soit en quelque sorte l'équivalent de « l'empreinte écologique »[43] vulgarisée par le WWF.

Le rapport de Meadows a servi de catalyseur aux mouvements écologistes et aux organisations internationales de défense de la nature. Ils ont saisi cette opportunité pour accroître la dénonciation de la dégradation de l'environnement du fait des actions néfastes de l'Homme basées sur une vision anthropocentrique[44]. La pression exercée alors sur les responsables politiques dans les pays développés a contribué à la mobilisation de la communauté internationale. Cela a amené l'ONU à adopter des résolutions et à convoquer des sommets planétaires pour débattre de l'état de l'environnement et de la gestion durable des forêts.

**B. Gestion durable des forêts comme aspect du développement durable**

Selon Arnaud E., Berger A. et de Perthuis C., la gestion durable des forêts est l'application du développement durable à la gestion des ressources forestières[45]. Elle comprend deux aspects notamment :

- une gestion forestière écologiquement durable consistant à mieux comprendre l'écosystème forestier en vue d'en conserver le capital de biodiversité et y minimiser l'impact écologique de l'exploitation ;

- ainsi qu'une gestion forestière socialement équitable qui consiste à mieux intégrer les populations locales dans le processus de gestion de la ressource forestière. Pour ces populations, les revenus tirés de l'exploitation

---

[43] L'empreinte écologique est la mesure de la pression qu'exerce l'homme sur la nature. C'est un outil qui évalue la surface productive nécessaire à une population pour répondre à sa consommation de ressources et à ses besoins d'absorption de déchets. A l'échelle d'une personne, l'empreinte écologique est une estimation de la superficie nécessaire pour répondre à l'ensemble de vos besoins en ressources naturelles.

[44] L'anthropocentrisme est une conception philosophique qui considère l'homme comme l'entité centrale la plus significative de l'Univers et qui appréhende la réalité à travers la seule perspective humaine au détriment des autres entités comme la nature. Cfr F. SARRAZIN et J. LECOMTE, « Peut-on dépasser l'anthropocentrisme dans nos regards sur la biodiversité ? », in *Plateforme La nature en question : Regards et débats sur la biodiversité, Société française d'écologie,* 2014. P. GIMENO, « Ethique environnementale, valeur, anthropocentrisme et démocratie », in *Critique*, 1998, vol. 54, no 612, pp. 225-245.

[45]E. ARNAUD, A. BERGER et C.de PERTHUIS, *Op.cit.,* p.7.

des ressources forestières qui peuvent provenir du commerce du bois, des substances naturelles utilisées comme matières premières par l'industrie pharmaceutique ainsi que de la valorisation locale des produits forestiers ligneux et non ligneux, sont généralement de première nécessité.

Au niveau européen, il y a lieu de citer la résolution n° 1 de la Conférence interministérielle sur la protection des forêts en Europe de 1993 à Helsinki, qui définit la gestion durable des forêts dans les termes ci-après : « *la gestion durable des forêts signifie la gestion et l'utilisation des forêts et des terrains boisés, d'une manière et à une intensité telles qu'elles maintiennent leur diversité biologique, leur productivité, leur capacité de régénération, leur vitalité et leur capacité à satisfaire, actuellement et pour le futur, les fonctions écologiques, économiques et sociales pertinentes aux niveaux local, national et mondial ; et qu'elles ne causent pas de préjudices à d'autres écosystèmes* »[46].

C'est pourquoi il serait vain de pouvoir chercher à protéger la richesse écologique des forêts si aucune redistribution équitable des revenus tirés de son exploitation n'est assurée au profit des individus et des territoires dans le cadre de la promotion du développement local ainsi que des droits des populations riveraines.

### Paragraphe II. Droits des riverains et développement local

Les populations riveraines des forêts sont constituées des populations locales vivant en forêt (communément appelées populations autochtones des forêts telles que les Pygmées Batwa en RDC et Baka au Cameroun) et des populations vivant au bord de celles-ci et dont la vie socio-économique et culturelle ne dépend que de ces forêts. Les droits des riverains des forêts sont tous les droits inhérents à leur qualité d'être humain et qui sont reconnus par les instruments juridiques tant internationaux qu'internes. Ces droits des riverains sont : le droit d'accès aux ressources forestières ou droit d'usage, le droit à un environnement sain et son pendant le droit à la santé ainsi que le droit au développement qui a pour corollaire le développement local et la lutte contre la pauvreté par les pouvoirs publics ainsi que le droit de participation à la gestion des ressources forestières.

Tous ces droits énumérés ci-haut sont des droits inaliénables, inviolables et inhérents à la qualité d'être humain des populations riveraines.

---

[46] Disponible sur http://www.onf.fr/gestion_durable/@@index.html. [Consulté le 26 décembre 2015].

Il s'agit là de la définition même des droits de l'homme. Le Conseil constitutionnel français en a donné la définition suivante : « les droits sont fondamentaux d'une part, parce qu'ils se rapportent à l'homme qui est le fondement de tout droit et d'autre part, parce que leur reconnaissance traverse ou devrait traverser tout l'ordre juridique » [47]. En outre, Louis FAVOREU, qui avait d'abord, comme beaucoup de publicistes, limité les droits fondamentaux aux seuls droits et libertés constitutionnellement garantis, les a définis par après comme « l'ensemble des droits et libertés reconnus aux personnes physiques comme aux personnes morales de droit privé et de droit public, en vertu de la Constitution mais aussi de textes internationaux et protégés tant contre le pouvoir exécutif que contre le pouvoir législatif par le juge constitutionnel ou le juge international en y ajoutant les juges judiciaire et administratif »[48].

S'agissant de leur justiciabilité dont le but est de rendre effectifs les droits fondamentaux de l'homme, ces derniers sont protégés sur le plan judiciaire, et ce, depuis leur consécration au niveau universel, par la Déclaration universelle des droits de l'homme. A ce propos, Olivier LE BOT a écrit : « La Déclaration universelle des Droits de l'homme comporte une contradiction : alors même qu'elle constitue un instrument non contraignant, proclamant des droits que son préambule qualifie de fondamentaux – sans les rendre obligatoires, elle apparaît dans le même temps soucieuse de garantir la protection de ce type de droits sur le plan juridictionnel. Son article 8, en effet, reconnaît un droit au recours effectif contre les actes violant les droits fondamentaux »[49].

En ce qui concerne le droit positif congolais, il définit les populations riveraines et locales, dans le Code forestier Congolais[50]. En effet, en son article 1er alinéa 17, il dispose : « la communauté locale est la population qui est traditionnellement organisée sur la base de la coutume et unie par les liens de solidarité clanique ou parentale qui fondent sa cohésion interne. Elle est caractérisée en outre par son attachement à un terroir déterminé ». De plus, dans le code foncier, le législateur parle des terres occupées par les

---

[47] S. PREUSS-LAUSSINOTTE, *L'essentiel des libertés et droits fondamentaux,* t.1, Paris, Ed. Gualino, 2001.

[48] S. PREUSS-LAUSSINOTTE, *Idem.*

[49] O. LE BOT, « Le droit au recours comme garantie des droits fondamentaux : l'article 8 de la Déclaration universelle des Droits de l'homme », in *CRDF*, n ° 7, 2009, pp. 107-116.

[50] Le code forestier de la RDC de 2002 définit la population riveraine ou locale dans son article 1er al.17. En revanche la loi foncière ne la définit pas mais y fait allusion en ses articles 387 et 388.

populations locales[51]. Selon MUSAFIRI RUBUYE (2008) : « la population locale ou riveraine désigne donc un groupe d'individus enraciné à un terroir donné dans et/ou environnant une forêt qui constitue la source de leur vie spirituelle, culturelle, alimentaire, sociale, sanitaire… Il s'ensuit que ces populations, autrefois dites indigènes, ne peuvent vivre sans la forêt. C'est pourquoi, le législateur congolais a conféré un statut spécial à ces terres »[52].

Conformément à l'ordonnance du 1er juillet 1885, les terres du Congo pouvaient être classées en trois catégories au point de vue administratif : on distinguait les terres occupées par les populations indigènes et sur lesquelles celles-ci avaient un droit d'occupation ; des terres enregistrées qui constituaient des propriétés privées de non indigènes ; et enfin on distinguait les terres domaniales qui comprenaient les terres vacantes. L'article 2 du décret du 14 septembre 1886 prévoyait que les terres occupées par les populations indigènes continuaient d'être régies par les coutumes et les usages locaux.[53] En outre, l'article 34 al.1 de la Constitution de 2006 garantit le droit à la propriété collective acquis conformément à la coutume.

Actuellement les terres occupées par les communautés locales sont assimilables aux terres indigènes. En effet, les droits coutumiers sur les terres indigènes ou terres des communautés locales ont été reconduits par la loi du 20 juillet 1973 même si, au terme de l'article 387, ces terres sont devenues de terres domaniales conformément au prescrit de l'article 53 de la même loi. Aux termes de l'article 388 de la loi foncière, par terres occupées par les communautés locales, il convient d'entendre celles que les communautés habitent, cultivent ou exploitent individuellement ou collectivement conformément aux coutumes et usages locaux.

En ce qui concerne les droits des individus sur les terres des communautés locales, il convient de remarquer que les droits que les membres de la communauté en retirent sont davantage des droits égaux d'usage collectif que des droits de propriété individuelle, sauf à les considérer comme une indivision.

---

[51] Art. 387 et 388 de la Loi foncière de 1973.

[52] MUSAFIRI RUBUYE, *La protection de l'écosystème forestier congolais : cas de la réserve forestière d'Itombwe*, Mémoire de Licence de Droit, Université de Bukavu, 2008, p.10.

[53] Voir décret du 14 septembre 1886 in *Bulletin Officiel de l'Etat Indépendant du Congo*, 1892-1893, p.209.

En effet, aucun membre de la communauté, fut-il le chef ne peut mettre fin à l'indivision par voie de partage. La communauté elle-même n'a pas le droit d'aliéner les biens collectifs. Cette restriction rapproche lesdits biens de ceux du domaine public de l'Etat en ce qu'ils ne sont pas aliénables tant qu'ils servent à la collectivité.[54] En RDC, la terre est inaliénable car, d'une part, le sol et le sous-sol appartiennent à l'Etat conformément à la loi foncière de 1973 telle que modifiée[55] . D'autre part, selon la coutume africaine des populations forestières, la terre est et demeure la mère nourricière, donc aucun individu faisant partie des populations autochtones n'a le pouvoir de l'aliéner[56]. Ceci est semblable à ce qui ressort du droit comparé : en droit italien par exemple, il existait le concept de « propriété collective »[57] qui ressemblait beaucoup à cela et qui était utilisé en droit agraire et forestier.

Le code forestier congolais n'utilise aucunement l'expression « autochtone » pour qualifier la population forestière. Les deux termes qui sont utilisés indistinctement sont population riveraine et population (communauté) locale. A notre entendement, en parlant de communauté locale, le législateur du code forestier de 2002 fait allusion à une communauté regroupant des populations autochtones à l'instar des pygmées Batwa. La différence est que la population riveraine vit aux alentours des forêts au moment où la population locale et autochtone vit dans la forêt. Généralement, en parlant des populations forestières tant riveraines qu'autochtones, nous ne retiendrons que l'expression « populations ». Concernant le développement local en milieu forestier, il convient de dire qu'il s'agit de l'amélioration des conditions de vie d'une communauté des populations de la forêt. De ce fait, une politique forestière recherchant la gestion durable des forêts doit mieux intégrer les populations locales dans le processus de gestion de la ressource forestière ainsi que de la redistribution des fruits provenant de l'exploitation de ladite ressource. Le développement local est garanti quand il y a une équité redistributive dans le cadre de la politique forestière.

---

[54] V. KANGULUMBA, *La gestion des écosystèmes forestiers de la RDC*, Kinshasa, EUA, 1998, p.371.

[55] Selon les articles 53 à 56 de la Loi foncière de 1973 modifiée, la terre est une propriété exclusive, inaliénable et imprescriptible de l'Etat Congolais. Les domaines fonciers public et privé lui appartiennent.

[56] C. COQUERY-VIDROVITCH, *Le régime foncier rural en Afrique noire*, dans E. LE BRIS et al. (dir.), *Enjeux fonciers en Afrique noire*, Paris, ORSTOM-KARTHALA, 1982, p.65.

[57] H. DESPLANQUES, « La réforme agraire italienne », in *Annales de géographie*, Vol.66, N° 356, 1957, pp.310-327.

**Paragraphe III. Développement en milieu forestier et fiscalité forestière**

Ce paragraphe est dédié à la présentation du développement local en milieu forestier (A) et de la fiscalité forestière comme règle et technique de prélèvement de la rente forestière (B).

**A. Développement local, pendant de la décentralisation administrative**

Pour bien parler du développement local, il est nécessaire de parler aussi de la décentralisation qui est un mode d'organisation juridique et politique des compétences au sein d'un Etat unitaire en vue d'accorder plus d'autonomie aux autorités subalternes pour le mieux du développement local[58]. Dans les faits, le développement local est l'objectif ultime de la décentralisation administrative et politique. Laurent Bossard et Normand Lauzon définissent la décentralisation en ces termes :« La décentralisation au sens littéral consiste à transférer certains aspects du pouvoir central vers le niveau local. Cela implique que l'Etat transfère aux collectivités locales non seulement une partie de son autorité mais également certaines ressources financières et humaines »[59].

Après l'échec des politiques centralisatrices menées par les divers Etats africains depuis les indépendances et le fiasco des différents programmes d'ajustement structurel qui ont jalonné l'histoire africaine, les institutions financières internationales (FMI et Banque mondiale) ont poussé, vers les années 1980-90, tous les Etats africains à favoriser la prise des décisions à la base par les autorités des entités décentralisées. Manor (1995) a écrit que vers la fin des années 80 et le début des années 90, les gouvernements africains ont lancé une nouvelle génération de programmes de décentralisation. Conçus dans un contexte de démocratisation naissante, ces programmes poursuivaient avec plus de force une logique de délégation de pouvoirs et de ressources envers des autorités locales élues et insistaient sur l'objectif de promouvoir des formes de gestion plus participatives et responsables. Manor a qualifié ce type de décentralisation de « décentralisation démocratique » car elle permet le « transfert de ressources, de fonctions et de pouvoirs de décision envers des autorités de niveau

---

[58] F.P. YATTA, *La décentralisation fiscale en Afrique : enjeux et perspectives*, Paris, Karthala, 2009, p.215.

[59] L. BOSSART et N. LAUZON, *Processus de décentralisation et développement local en Afrique de l'Ouest,* OCDE, 2005.

inférieur qui sont largement ou totalement indépendantes du gouvernement central, et élues démocratiquement »[60].

Cette décentralisation a été matérialisée par des lois dont la première date de 1982 en RDC (VUNDUAWE TE PEMAKO F., 1982)[61]. Ainsi, les autorités gouvernementales ont transféré plusieurs compétences et moyens aux autorités locales afin qu'elles décident et gèrent le développement de leurs communautés urbaines et rurales.

La Constitution de la 3ème République, adoptée par le référendum du 18 février 2006, se distingue par l'option décentralisatrice dans l'organisation et la répartition des compétences entre l'Etat central et les collectivités territoriales[62]. Le pays est subdivisé en 26 provinces, dont la ville de Kinshasa. La province est une composante politique et administrative du territoire de la RDC, dotée d'une personnalité juridique et gérée par les organes locaux. L'Assemblée provinciale, élue au suffrage universel direct pour un mandat de cinq ans, est l'organe délibérant. Le gouvernement provincial est l'organe exécutif. Le Gouverneur et le Vice-Gouverneur sont élus pour un mandat de cinq ans, renouvelable une seule fois par les députés provinciaux, au sein ou en dehors de l'Assemblée provinciale, et ils sont investis par ordonnance du Président de la République. C'est un savant dosage, un compromis entre deux conceptions à travers la mise en place d'un régionalisme politique qui a créé de nouvelles provinces et une décentralisation au sein des provinces avec la création de nouvelles entités territoriales décentralisées (ETD), à savoir la ville, la commune, le secteur et la chefferie. Le transfert des compétences voulu par la constitution se traduit par des dispositions financières sous forme de rétrocession d'une partie des recettes à caractère national[63].

En ce qui concerne le transfert des compétences, il convient de citer entre autres l'éducation primaire et secondaire, la santé, l'agriculture et le développement rural qui sont des secteurs décentralisés par la Constitution,

---

[60] J. MANOR, "Democratic decentralization in Africa and Asia", in *IDS Bulletin*, 26(2), 1995, p.81.

[61] F. VUNDUAWE TE PEMAKO, « La décentralisation territoriale des responsabilités au ZaïreV : pourquoi et comment? », in *Zaïre-Afrique*, 1982, vol. 22, n° 165, pp. 261-273.

[62] P. IBANDA KABAKA et S. MATENDO, « La collaboration des pouvoirs publics et de l'Eglise dans le Kwango hier et aujourd'hui et ses enjeux pour le développement des populations », in A. N'TEBA MBENGI et al. (dir.), *Op.cit.* , pp. 317-330.

[63] P. IBANDA KABAKA et S. MATENDO, *Op.cit.* , pp. 317-330.

ce qui implique que la gestion de la prestation des services est de la responsabilité des gouvernements provinciaux et locaux, alors que l'établissement des normes demeure une compétence dévolue au niveau national [64].

Ainsi que le signale le Gouverneur de province Jacques Mbadu[65], la décentralisation a l'avantage de rapprocher l'administration de l'administré, d'associer les communautés de base dans la gestion de la cité à travers des organes élus, dotés des pouvoirs spécifiques propres dans des matières telles que définies dans la Constitution.[66] Toutefois, selon Jacques Mbadu, le législateur n'a pas tenu compte des critères objectifs de viabilité des nouvelles provinces à créer. En effet, il n'y a eu ni recensement des populations, ni consultation préalable des populations concernées, ni inventaire des ressources disponibles dans chaque province à créer, ni consolidation du sentiment du vouloir-vivre collectif, ni formation des experts et animateurs de la décentralisation. Bien plus, on n'a pas non plus tenu compte des infrastructures administratives, du redéploiement des fonctionnaires, des moyens financiers à mobiliser pour appliquer la décentralisation, des textes réglementaires, du renfoncement des capacités de gestion. Cela a pour conséquence que certaines provinces à créer manquent presque de tout.

L'évolution institutionnelle prévue pour la RDC soulève des défis institutionnels, sociaux et économiques de taille et sa concrétisation sera certainement très laborieuse. Toutefois, la décentralisation est susceptible d'améliorer la responsabilité des gouvernements provinciaux auprès de leurs populations.

En outre, le principe de la rétrocession des recettes fiscales aux entités territoriales décentralisées est un pas important concernant la décentralisation financière dont l'intérêt principal est la matérialisation de la réduction de la pauvreté et la concrétisation du développement local à la

---

[64] Forum national sur la décentralisation, Grand Hôtel de Kinshasa (3 - 5 octobre 2007). Disponible sur http://www.mediacongo.net/show.asp?doc=7268. [Consulté le 21 avril 2017].

[65] Monsieur Jacques MBADU, né en 1954, est diplômé en psychologie et homme politique congolais. Ancien sénateur, il est gouverneur de la province du Kongo central depuis 2012.

[66] J. HERDERSCHEE, D. MUKOKO SAMBA et M. TSHIMENGA TSHIBANGU (dir.), *Résilience d'un géant africain : accélérer la croissance et promouvoir l'emploi en RDC*, Vol.1, Kinshasa, Médiaspaul/ World Bank Publications, 2012, p.115.

base. En effet, « la décentralisation n'est pas recherchée comme une fin en soi, mais dans l'intention de réaliser un certain nombre d'objectifs de développement. Ces derniers peuvent varier d'un pays à l'autre. Les programmes de décentralisation actuels en Afrique font généralement référence à des objectifs de développement assez larges tels que la promotion de la démocratie locale, la participation, la réduction de la pauvreté et le développement local »[67]. Dorénavant chaque EAD devrait avoir les moyens de financer en toute autonomie le développement économique et social de sa population locale.

Avec le processus de démocratisation commencé au début des années 1990, plusieurs ONG et bailleurs des fonds internationaux (Banque mondiale, FMI, Union européenne, Agence Française de développement, USAID) ont commencé à s'intéresser au financement des projets gérés par les populations elles-mêmes et ces dernières ont été poussées à participer à la gestion des affaires publiques les concernant. Dorénavant, au lieu de rechercher un développement national difficile à atteindre, les acteurs de développement misent sur le développement des petites contrées où vivent effectivement les populations les plus pauvres et vulnérables : c'est le sens même du développement local. Cette stratégie de développement local se matérialise par des projets de développement conçus et gérés avec les personnes concernées elles-mêmes. La gestion participative est l'une des caractéristiques essentielles du développement local et du développement durable.

Une décentralisation effective et bien réussie impliquant une gestion participative, peut constituer un facteur déterminant le succès d'un processus de développement local, dans la mesure où les acteurs locaux peuvent orienter leurs décisions vers la promotion d'activités qui sont propres, spécifiques et adaptées à leur territoire. Il faut toutefois noter que la décentralisation peut, sous certaines conditions, conduire à la marginalisation de localités pauvres aux côtés d'autres relativement plus riches. En effet, le dynamisme particulièrement important de certaines localités peut attirer vers celles-ci l'essentiel de l'activité économique générée par les projets, laissant les localités voisines dans un état de pauvreté. Cette situation donne lieu à un déséquilibre dans le développement des localités d'un même environnement.

---

[67] C. LOQUAI, *Priorités stratégiques et défis opérationnels de l'appui européen à la décentralisation démocratique dans le contexte de l'Accord de Cotonou*, Document de réflexion n° 24, ECDPM, disponible sur http://www.oecd.org/fr/social/pauvrete/33741484.pdf [consulté le 25 février 2016].

A ce propos, Mr Hounmenou (2003) dit ceci : « le fait que les élus locaux émanent des choix démocratiques des populations, ne les dédouane pas toujours de toute tentative égoïste pouvant les amener à vouloir tirer des rentes politiques de leur position. En effet, il peut arriver qu'ils profitent de cette position pour opérer des choix égoïstes qui biaisent les aspirations réelles des populations qu'ils représentent. Ainsi, la décentralisation, malgré ce mérite de permettre une prise en compte plus accrue de la volonté des populations dans les choix publics, ne constitue pas cependant une panacée en la matière de révélation de préférences collectives au plan local »[68].

Dès lors, comme dit précédemment, le développement local d'un territoire va se mesurer à l'aune de l'amélioration des conditions de vie des populations y vivant. Ceci concerne généralement l'accès aux soins de santé, à l'éducation, à l'eau potable, à l'emploi, à un logement décent, aux activités génératrices des revenus, bref à la réduction de la pauvreté.

En ce qui concerne le milieu forestier, les objectifs poursuivis par cette gestion participative des ressources forestières sont les suivants : le premier c'est le bien-être des populations riveraines locales ou autochtones dans la mesure où c'est leur milieu de vie et leur principale source d'approvisionnement en toutes sortes de produits. Le second a trait au développement local et surtout national dans la mesure où les ressources forestières font partie du patrimoine collectif de la nation. Le troisième est enfin la protection de l'environnement tant au plan local, national que mondial dans la mesure où les forêts sont le réservoir d'un riche patrimoine en diversité biologique d'un intérêt primordial pour l'ensemble de l'espèce humaine tant dans ses générations actuelles que futures.

Sur le plan juridique, le développement local tire son origine du droit de l'homme au développement, faisant partie des droits de l'homme de 3$^{ème}$ génération qualifiés des droits de solidarité. Ce droit est consacré par plusieurs instruments juridiques internationaux notamment le Pacte international des droits économiques, sociaux et culturels de 1966 ainsi que la Déclaration du Millénaire du Développement qui a le mérite de fixer les objectifs à atteindre en ce qui concerne la réduction de la pauvreté afin d'assurer le développement des populations locales. Vu sous l'aspect de la

---

68 B.G. HOUNMENOU, « Nouveaux modes de coordination des acteurs dans le développement local : cas des zones rurales au Bénin », in *Développement durable et territoires* [En ligne], Dossier 2 | 2002, mis en ligne le 01 octobre 2003, consulté le 17 février 2016. URL : http://developpementdurable.revues.org/1094 ; DOI :10.4000/développement durable.1094.

matérialisation du bien-être de la population, le développement local peut aussi se prévaloir des droits de l'homme à un environnement sain, à la bonne santé et à l'éducation.

Dans le cadre de la politique forestière mise en œuvre en RDC en 2002, l'Etat Congolais a mis en place une rétrocession des recettes tirées de la fiscalité forestière afin d'assurer l'équité distributive et de garantir le développement des communautés forestières. Cette politique économique et sociale du gouvernement en faveur des populations forestières passe par la mise en œuvre de ces instruments notamment fiscaux[69]. Ceci montre le lien étroit qu'il y a entre la fiscalité forestière et le développement local en milieu forestier et nous permet de parler de la fiscalité forestière.

### B. Signification et justification de la fiscalité forestière

Avant toutes choses, il convient de faire une distinction entre la notion d'impôt et celle de la taxe. Selon Gaston JEZE, l'impôt est une prestation pécuniaire exigée aux particuliers et aux entreprises, par voie d'autorité et sans contrepartie, c'est-à-dire de manière contraignante et exécutoire par l'Administration afin de permettre la couverture des charges publiques, donc le financement des dépenses de l'Etat[70]. Par contre la taxe est une prestation pécuniaire prélevée par le service public en contrepartie d'un service rendu (cas de la taxe d'enlèvement des ordures ménagères, taxe d'abattage forestier ou de la taxe de stationnement). Il convient de relever que la TVA, bien qu'ayant reçu le nom de taxe n'est pas une taxe ; il s'agit bien d'un vrai impôt répondant à la définition susmentionnée.

S'agissant de la fiscalité forestière, nous parlerons respectivement de sa signification (1) ainsi que de sa justification (2).

#### 1. Signification de la fiscalité forestière

L'analyse du rôle de la fiscalité forestière dans les pays tropicaux a été initiée par Page, Pearson et Leland (1976)[71] en formulant un modèle

---

[69]J.-Y. CHEROT, *Droit public économique*, Paris, Economica, 2007, p.6.

[70] O. NEGRIN, « Une légende fiscale : la définition de l'impôt de Gaston Jèze », in *Revue du Droit Public*, 2008, n° 1, pp. 119-131. C. LAUZAINGHEIN et M.-H. STAUBLE- DE LAUZAINGHEIN, *Droit fiscal général*, 14ème éd., Paris, Dalloz, 2009, p.13.

[71]J. M PAGE, S. R. PEARSON et H. L. LELAND," Capturing economic rent from Ghanaian timber", in *Food Research Institute*, vol.15 (1), 1976, pp.25-51.

économique d'exploitation d'une forêt tropicale. Leur principale contribution est d'avoir proposé l'utilisation de la fiscalité forestière comme une écotaxe sans abandonner le thème de la contribution des recettes forestières au développement économique des pays forestiers. Comme l'ont relevé Carret et Giraud[72], ces chercheurs ont démontré la complémentarité de deux objectifs. L'article de Page et alii (1976) intitulé « Capturing economic rent from Ghanaian Timber »[73], a suscité de vives polémiques qui ont contribué à préciser plusieurs notions et à clarifier les rôles de la fiscalité forestière[74].

De ce fait, analysant récemment les effets de la fiscalité forestière sur la gestion durable des forêts tropicales, Carret (2000) [75] et Karsenty (2002) [76] ont mis en exergue l'existence d'un débat sur le rôle controversé de la fiscalité forestière dans la gestion durable des forêts. Concernant la définition de la fiscalité forestière et de la valeur (= rente) des ressources forestières, ces auteurs ont défini la rente économique comme un paiement pour l'utilisation d'une ressource rare. L'existence de la rente forestière vient confirmer le caractère fini des ressources forestières. Cette rente appartient

---

72 J. C. CARRET et P. N. GIRAUD, *Les débats sur la fiscalité de l'exploitation des forêts tropicales,* Paris, Cerna, 1998,56 p.

73 J. M PAGE, S. R. PEARSON, H. L. LELAND, *Idem.*

74 Toujours citée parmi les instruments économiques et financiers au service de la protection de l'environnement, très étudiée notamment par les économistes de l'environnement, la fiscalité environnementale intéresse relativement peu les juristes et représente, en pratique, une part très faible des recettes fiscales des États. Ce paradoxe apparent tient, en grande partie, à la définition retenue de la notion de fiscalité environnementale. Souvent limitée aux écotaxes, cette notion est abordée de manière analytique, sur la base de critères a priori. Non seulement une telle approche ne permet pas d'embrasser les instruments fiscaux employés dans leur diversité, mais elle ne favorise pas l'émergence d'un véritable concept de fiscalité environnementale. Ce concept, oscillant entre impératifs fiscaux et objectifs environnementaux, présente de multiples dimensions tant fiscales qu'économiques, tant politiques qu'écologiques. Une interrogation sur la pertinence des fondements (principes pollueur-payeur, de prévention, de précaution...) et des critères généralement proposés par la doctrine va révéler la nécessité de changer de paradigme, afin de parvenir à appréhender ce concept de fiscalité environnementale. Cfr N. CARUANA, *La fiscalité environnementale : entre impératifs fiscaux et objectifs environnementaux : une approche conceptuelle de la fiscalité environnementale,* Thèse de doctorat en droit, Université d'Aix-Marseille, 2015.

75 J.-C. CARRET, *Op. cit.,* 2000.

76 A. KARSENTY, « Le rôle controversé de la fiscalité forestière dans la gestion durable des forêts tropicales », in *Cahiers d'économie et sociologie rurales*, n° 64, 2002, pp.5-36.

au propriétaire de la ressource rare. Dans les pays tropicaux, le propriétaire de la ressource forestière est l'Etat mais ce dernier doit partager cette rente forestière avec les populations riveraines des forêts dont les droits d'usage sont actuellement acceptés par les différentes législations nationales régissant les forêts. En pratique, cette rente forestière est obtenue en faisant la différence entre les revenus gagnés de l'exploitation forestière et le coût total de l'entretien et de l'exploitation de la forêt tropicale. Il convient de relever que la ressource forestière n'étant pas homogène, certaines essences de bois sont plus rares que d'autres et que certaines forêts sont plus facilement accessibles que d'autres. Donc, cette rente forestière est différentielle à la marge, intensive avec l'augmentation de la récolte dans une forêt donnée et extensive avec la mise en production de nouvelles forêts.

Ainsi, la rente forestière dans les pays tropicaux présente les caractéristiques suivantes :

- Elle est transférable car la majeure partie des sociétés d'exploitation sont étrangères et minorent les prix de transfert entre filiales ;

- Elle est fluctuante avec les variations des prix des bois tropicaux sur les marchés internationaux ;

- Elle est inégalement répartie selon la situation géographique des arbres et des forêts ;

- Elle peut déclencher une ruée vers l'or vert si elle est substantielle ;

- Et elle représente pour le pays tropical le principal bénéfice quantifiable de l'exploitation de sa ressource naturelle[77].

S'agissant de la fiscalité forestière, elle est définie comme le moyen utilisé par le propriétaire de la ressource naturelle pour prélever la rente forestière[78]. Ce paiement est légitime, car il comporte une contrepartie qui est l'accès à la ressource rare : il s'agit des redevances (royalties en anglais) ou de taxes forestières sauf pour la taxe à l'exportation qui est un impôt sans contrepartie. Pour Karsenty, « la fiscalité forestière est là une fiscalité spécifique, qui s'ajoute à la fiscalité générale des entreprises, et est perçue

---

[77]M. GILLIS, "Fiscal and financial issues in the tropical hardwood concessions", in *Development discussion paper n ° 110*, Cambridge, Harvard Institute for International Development, 1980, p.29.

[78] M. GILLIS, *Idem.*

pour l'accès à la ressource forestière, l'exploitation et la commercialisation du bois ou d'autres produits forestiers »[79].

Concernant le rôle économique de la fiscalité forestière, il convient de signaler que l'Etat et les populations locales forestières sont les propriétaires de la rente forestière qui sont tenus de se partager les recettes fiscales forestières afin de les investir dans des programmes et projets de lutte contre la pauvreté dans le cadre du développement local. L'objectif poursuivi dans le domaine économique est de sédentariser le réinvestissement de la rente par les entreprises en favorisant les entrepreneurs nationaux et en incitant à la transformation locale de la matière première en vue de pourvoir à la création d'emplois et à la croissance économique.

Face à la montée des préoccupations environnementales et de la déforestation dans les pays tropicaux, il est question également de voir comment la fiscalité forestière peut être considérée comme un instrument de protection de l'environnement, c'est-à-dire la considérer comme une écotaxe. Selon Alain Lipietz[80], il existe deux façons de concevoir une écotaxe :

- Soit une incitation économique destinée à modifier le comportement du pollueur, dite taxe incitative ;

- Soit comme une redevance qui ne modifie pas le comportement du pollueur mais que l'on affecte à la réparation des dégâts à condition que les atteintes apportées à l'environnement soient réversibles. Celle-ci est appelée redevance environnementale ou redevance affectée.

Pour Repetto et Gillis[81], la fiscalité forestière, en jouant le rôle d'écotaxe, peut limiter la déforestation. Ce constat est tiré de l'étude de l'écrémage réalisée par Gillis[82]. Ce dernier a montré que l'accroissement des taux des redevances fixes ou ad valorem utilisé en Indonésie a accru l'écrémage. A contrario, plus les taux de ces redevances sont bas, plus l'exploitation est intensive dans une forêt donnée et plus elle s'étend en direction des forêts marginales. La déforestation a des causes différentes :

---

79 A. KARSENTY, *Idem.*

80 A. LIPIETZ, *Economie politique des écotaxes. Fiscalité de l'environnement,* Paris, La documentation Française, 1999, pp.9-39.

81 R. REPETTO et M. GILLIS, *Public policies and the misuse of forests sources*, Cambridge, Cambridge University Press, 1988, p.58.

82 M. GILLIS, *Idem.*

elle résulte primo d'une surexploitation de la ressource naturelle et secundo de l'ouverture de l'exploitation à de nouveaux peuplements. Par conséquent, plus les superficies des forêts soumises à l'exploitation sont grandes, plus les dangers d'une déforestation sont grands.

Par conséquent, pour restreindre la propension marginale des opérateurs forestiers vers le gaspillage de la ressource par le biais de la déforestation, une redevance élevée constitue un moyen de limitation des espaces naturels offerts à l'exploitation. A ce propos, Karsenty (2002) a écrit : « Si incontestablement une pression fiscale accrue ne garantit pas l'usage de meilleures techniques, le maintien d'une très faible pression et le gaspillage du bois (en forêt et aussi au cours de la transformation) sont généralement corrélés. Un renforcement de la pression fiscale (là où celle-ci est initialement basse) est aussi un signal de rareté de la ressource, adressé dans le cadre d'une politique forestière cohérente aux opérateurs présents et futurs. »[83]

En ce qui concerne l'aménagement des forêts, plusieurs auteurs établissent un lien entre l'aménagement durable des forêts et la fiscalité forestière dans les pays forestiers tropicaux. En effet, Vincent (1990) [84] conseille d'utiliser les recettes de la fiscalité forestière pour financer les travaux destinés à favoriser la régénération naturelle du peuplement forestier. Ici, la fiscalité forestière est considérée comme une redevance affectée à la réparation des dégâts causés à la forêt en application du principe pollueur-payeur. Car, tout d'abord, une fiscalité vouée à l'écologie peut privilégier l'application de ce principe pollueur-payeur[85] . De ce fait, la taxe écologique va permettre d'intégrer les coûts externes dans les prix pratiqués par le pollueur et ainsi rapprocher les coûts supportés par le pollueur des coûts réels pour la société. Reprise dans la Déclaration de Rio de 1992, cette proposition se heurte à de nombreuses critiques. La plus évidente concerne la difficulté d'estimer économiquement les externalités. On peut également opposer la menace qui pèse sur la compétitivité des entreprises taxées. Cela renvoie aux conjectures sur une taxe mondiale comme palliatif ultime.

Le principe selon lequel le pollueur répare le dommage causé par lui à l'environnement, soit principe du pollueur-payeur, a été énoncé pour la

---

[83] A. KARSENTY, *Idem.*

[84] J.R. VINCENT, "Rent capture and the feasibility of tropical forest management", in *Land Economics,* vol.66 n°2, 1990, pp.213-223.

[85]http://www.developpementdurable.banquepopulaire.fr/ddfr/liblocal/docs/travauxetudiants/PasquietFISCALITENVIRONNEMENT.pdf [consulté le 12 avril 2016].

première fois par le traité instituant la Communauté européenne. Ce principe signifie que « les coûts de la prévention de la pollution, des mesures de contrôle et de réduction doivent être supportés par le pollueur »[86]. Il vise d'une part, à rendre disponibles des fonds pour maintenir ou rétablir l'équilibre environnemental et d'autre part, à instituer des mesures de contrôles dissuasifs afin d'encourager l'utilisation rationnelle des ressources naturelles. Il convient de préciser que le droit de l'environnement repose essentiellement sur les principes de la précaution, de la prévention des risques, de l'information, de la participation des populations aux décisions et du pollueur-payeur en vue de réparer les dommages causés à l'environnement[87].

L'objectif environnemental de la fiscalité forestière est important parce qu'il vise à la fois à freiner la déforestation et à instaurer l'aménagement durable ainsi que la gestion durable de la forêt. Selon Hyde et Sedjo (1992)[88], la fiscalité forestière peut inciter l'exploitant forestier à diminuer les dégâts causés par l'exploitation forestière sur les arbres qui restent sur pied et à adopter un comportement de sylviculteur en favorisant les arbres d'avenir et en recourant aux méthodes d'exploitation forestière à faible impact sur le milieu naturel. Karsenty renchérit en disant qu'une pression fiscale forte est recommandée pour donner un signal fort de la rareté de la ressource forestière et ainsi éviter le gaspillage[89].

Cela justifie l'importance de la taxation de l'exploitation des ressources naturelles.

### 2. Justification de la taxation environnementale et forestière

Il convient d'expliquer la nécessité de l'intervention étatique dans le domaine environnemental[90]. En effet, les agents privés ne tiennent compte que des utilités et des désutilités privées. Pourtant certains actes qu'ils posent ont des impacts sur les autres agents : ce sont les effets externes. En cas d'externalité positive, seul l'agent à l'origine de cette externalité en supporte

---

[86] A. KISS et J.-P. BEURIER, *Droit international de l'environnement*, Paris, LGDJ, 2012, p. 144.
[87] P. PLANCHET, *Droit de l'environnement*, Coll. Les mémentos, Paris, Dalloz, 2015, pp.3-18.
[88] W. F. HYDE et R. A. SEDJO, "Managing tropical forests: reflections on the rent distribution discussion", in *Land Economics*, vol. 68 (3), 1992, pp .343-350.
[89] A. KARSENTY, *Idem.*
[90] Cfr J.-P. DELAS, *Economie contemporaine. Faits, concepts, théories*, Paris, Ellipses, 2008, pp.540-548.

le coût. Tous les autres en profitent sans en payer les prix. Le coût marginal social (de la communauté entière) est inférieur au coût marginal privé de l'individu dépensier. Dans ce cas, une subvention (dépense fiscale) est nécessaire pour ramener l'équilibre.

S'agissant d'une externalité négative, comme celle résultant d'une usine qui rejette des déchets polluants dans la rivière, cette usine fait subir aux riverains en aval des effets néfastes. Dans ce cas, cet agent privé a un avantage à réaliser une production supérieure à l'optimum social parce qu'il en rejette le coût sur la société. De ce fait, il subit en effet un coût marginal privé inférieur au coût marginal social. Dans cette hypothèse, l'échec du marché se traduit par une surproduction.

Dans les deux cas d'externalités, le produit net social diffère du produit net privé car l'action individuelle augmente ou abaisse l'utilité sociale. Dès lors, l'action interventionniste de l'Etat se trouve justifiée pour rétablir l'équilibre social. Pour permettre aux agents privés de prendre en compte leurs effets externes, il est nécessaire qu'ils les reprennent dans leur comptabilité sous l'effet d'une contrainte extérieure venant des pouvoirs publics. L'Etat interviendra en règlementant, en taxant ou en subventionnant. Ainsi, les trois types d'intervention en matière environnementale[91] sont :

- La règlementation : par le biais des dispositions légales et réglementaires contraignantes, les pouvoirs publics interdisent les effets externes nocifs en fixant des normes de performance en matière environnementale.

- La taxation : ce type d'intervention est utilisé pour internaliser les externalités négatives. La taxe doit être fixée à un niveau où il est plus avantageux de ne pas produire d'effet externe. Le producteur va intégrer le coût social à son calcul privé. Dans ce cas, l'Etat cherche à reconstituer ce qui donnerait un marché parfait pour calculer le surcoût à appliquer au producteur d'effet externe négatif.

- La subvention : qui est utilisée pour internaliser les effets externes positifs. Tel sera le cas si un propriétaire construit une route qui augmentera la valeur des terrains riverains. Ce propriétaire doit être subventionné par la collectivité.

---

[91] P. IBANDA KABAKA, *Droits des riverains, développement local et gestion durable des forêts en RD Congo,* Mémoire, Master 2 Droit international et européen des droits fondamentaux, Université de Nantes, 2013, p.45.

Concernant la fiscalité ou taxation résultant de l'internalisation des externalités négatives, en reprenant le cas de la pollution de la rivière, l'entreprise pollueuse ne prend pas en compte le coût de la pollution, car elle le rejette sur d'autres agents. Sa condition d'équilibre est donc modifiée dans le sens d'une production supérieure à celle qui résulterait d'une internalisation de ce coût. Dans ce cas, la firme pollueuse dégage un profit positif c'est-à-dire supérieur à la simple rémunération du capital investi normalement incluse dans le coût. Un effet identique augmente les quantités émises par les consommateurs, ce qui aboutit à une surconsommation et à une surproduction qui détériorent davantage la rivière.

Pour revenir à l'optimum social, il suffit d'appliquer une taxe. Cette taxe serait de nature à internaliser les externalités, ce qui réduirait la production. Il faut noter que ce type de taxe n'a pas pour but les recettes fiscales puisqu'il vise à décourager la pollution et à favoriser des comportements vertueux. Ici, la recherche d'une modification des comportements apparaît comme une alternative à la recherche d'une couverture des externalités. On cherche à prévenir tout dommage écologique en incorporant dans les prix un signal incitatif pour que les agents économiques recourent à des pratiques plus économes en ressources naturelles ou à des produits moins polluants[92]. Ainsi, est encouragée la recherche de tels produits.

---

[92] Cfr T. PASQUIET,*Idem.*

Encadré 1. La tragédie des biens communs

La tragédie des communaux ou la tragédie des biens communs de Hardin (1968)[93] décrit comment l'accès libre à une ressource limitée pour laquelle la demande est forte mène inévitablement à la "surexploitation de cette ressource" et finalement à sa disparition. Chaque individu a un intérêt personnel à utiliser la ressource commune de façon à maximiser son usage individuel. Prenant l'exemple d'une prairie en libre accès, régime de propriété fréquent en Angleterre au Moyen Âge, l'auteur avance que chaque éleveur, pour maximiser son profit, a intérêt à accroître son troupeau jusqu'à épuisement complet du pâturage. Sa conclusion est que l'homme perçoit les ressources naturelles comme infinies et qu'il sous-estime les conséquences de sa ponction individuelle. Pour Hardin, seule une autorité extérieure ou la privatisation des terres est susceptible de limiter cette logique de destruction.

Afin d'éviter de soumettre les forêts à la tragédie des biens communs, de nouveaux instruments financiers ont été conçus dans le cadre de l'aide publique au développement.

**Paragraphe IV. Nouveaux instruments de financement de la politique environnementale**

Avec le développement récent de nouvelles initiatives de financement, certains auteurs ont commencé à étudier les nouveaux mécanismes de financement des politiques de réduction des gaz à effets de serre dans les pays forestiers tropicaux ainsi que leur légitimité. Karsenty et al.[94] analysent les paiements pour services environnementaux (PSE) réclamés par les pays tropicaux en guise de rémunération de leurs initiatives en matière de protection et de préservation de leurs forêts auxquelles un statut de bien public mondial a été conféré. Depuis 2005, dans le cadre de la REDD (Réduction des Emissions de gaz à effets de serre dues à la Déforestation et à la Dégradation des forêts) et du MDP (Mécanisme de Développement Propre), des financements d'un genre nouveau viennent suppléer aux recettes fiscales forestières traditionnelles pour assurer l'aménagement durable ainsi que la gestion forestière durable.

---

[93] G. HARDIN, "The Tragedy of the Commons", in *Journal of Natural Resources Policy Research*, vol. 1, n° 3,2009, pp. 243-253.

[94] A. KARSENTY et al. , *Op. Cit.*

La REDD est un mécanisme international visant à rémunérer la déforestation évitée par les pays forestiers tropicaux. Son principal atout est de pouvoir intégrer les pays forestiers en voie de développement dans le processus d'adoption des objectifs quantifiés de réduction de leurs émissions de gaz à effet de serre conformément à l'Accord de Kyoto. En revanche le MDP (Mécanisme de Développement Propre) est un mécanisme grâce auquel des entreprises pollueuses originaires des pays industrialisés compensent leurs émissions de $CO_2$ en investissant dans des projets de puits de carbone dans les pays du Sud.

Encadré 2. Les marchés du carbone

En plus des taxes et réglementations, les marchés du carbone sont l'un des trois grands outils économiques permettant de réduire les émissions. Ils se déclinent selon deux modalités : les systèmes d'échange de quotas (ou Cap and Trade) et les mécanismes de compensation carbone qui génèrent des crédits. Le système d'échange de quotas concerne des secteurs entiers de l'économie ; chaque installation doit rendre autant de quotas qu'elle a émis de GES. Pour y parvenir, les installations qui disposent d'un excédent de quotas peuvent les vendre aux installations déficitaires. La compensation, elle, consiste à délimiter de manière ad hoc un périmètre de projet sur lequel on va réduire les émissions. Les émissions du périmètre sont comparées à un scénario de référence, et la différence est valorisable sous forme de crédits carbone. Cette modalité permet aux acteurs d'un secteur non inclus dans un système d'échange de quotas de valoriser, s'ils le souhaitent, leurs réductions d'émissions. Le label utilisé pour certifier les réductions d'émissions – et donc les crédits carbone – détermine le marché sur lequel ces réductions sont valorisables. Le MDP et la MOC sont les deux labels historiques des marchés de conformité, au premier rang desquels se trouve le marché européen d'échange de quotas (EU ETS). Ces marchés sont de plus grande taille, plus liquides, et les prix y sont plus élevés que sur les marchés volontaires. Tous les autres labels ne sont reconnus que par les marchés volontaires, sur lesquels différentes entités – entreprises, établissements publics, particuliers, etc. – achètent des crédits pour atteindre un objectif volontaire de réduction d'émissions. Cette diversité de labels fait des marchés volontaires un cadre plus souple, plus réactif et plus innovant que les marchés de conformité.

Source M. DEHEZA et V. BELLESSEN, « Développer le secteur forestier avec la finance carbone », in Exploitation, valorisation et préservation de la forêt, Revue Secteur privé et développement, n°14, 2012, pp.9-12.

Tous ces mécanismes de financement ne peuvent jouer que s'il y a une certaine diversité biologique dans les écosystèmes des pays recevant ces différents projets, et c'est le cas dans le Bassin du Congo.

### Section II. Bassin du Congo, un milieu d'une diversité biologique inouïe : fonctions de la forêt, politique publique forestière et populations autochtones des forêts

Il est question dans cette section portant sur les généralités géographiques du Bassin du Congo et sur la présentation des notions de l'exploitation forestière de faire état de la riche diversité biologique du Bassin du Congo (1) ; de l'exposition du contexte économique et géographique de la RDC (2), de l'analyse des fonctions des forêts (3), de la définition de la politique forestière (4) et de l'explication de la notion de population autochtone (5).

#### Paragraphe I. Bassin du Congo, diversité biologique et aspects géographiques exceptionnels

L'origine des forêts denses d'Afrique est expliquée de la manière suivante par les scientifiques qui ont étudié ce sujet : « concernant la forêt dense humide sempervirente à Gi/bertiodendron dewevrei, on a vu plus haut que le remplacement des forêts sempervirentes par des formations forestières de type semi-caducifolié intervient lorsque la saison sèche passe à 3 mois. De ce point de vue, la seconde partie du Kibangien A, entre environ 7000 et 3500 ans BP [before present], a dû être une période favorable à ce type forestier par diminution des saisons sèches, particulièrement celle d'origine australe, comme on l'a montré pour la région du lac Bosumtwi au Ghana , ou encore dans la région de Pointe Noire, sur le littoral du Congo ».[95] Ces forêts denses, en ce qui concerne l'Afrique Centrale, ont donné naissance au massif forestier du Bassin du Congo.

Le massif forestier du Congo forme une superficie de 220 millions[96] d'hectares de forêts humides, avec 20 millions[97] d'hectares de forêts

---

[95] J. MALEY, « L'histoire récente de la forêt dense humide africaine : essai sur le dynamisme de quelques formations forestières », in *Faunes, Flore et Paléo-environnements continentaux*, pp.367-382.

[96] http://www.afd.fr/Jahia/Jahia/home/NosProjets/Focus-Projet/pid/1215[consulté le 15 novembre 2012].

marécageuses. Il constitue de ce fait la deuxième réserve mondiale de forêts denses et humides, au monde, après l'Amazonie. Il représente 70% du couvert forestier d'Afrique qui abrite un capital unique de biodiversité avec près de la moitié des espèces terrestres connues.

Au plan géographique, les forêts du Bassin du Congo se composent d'un côté des forêts denses humides d'altitudes qui comprennent les reliefs du Cameroun, les hauts plateaux bordant le Rift à l'Est de la République démocratique du Congo, au Burundi, au Rwanda et en Ouganda. De l'autre côté, les forêts de basse altitude se répartissant en trois zones : les forêts denses humides sur terres fermes de l'Ouest qui couvrent le Cameroun, le Gabon, la Guinée Equatoriale, la République du Congo et la République Centrafricaine ; les forêts denses humides sur les terres fermes de l'Est de la RDC, et les forêts denses humides de la Cuvette centrale[98].

Le Bassin du Congo demeure un milieu énigmatique. Outre qu'il est le lieu de conservation d'une diversité biologique et d'un écosystème variés, il est également un milieu d'une importance vitale pour la lutte contre le réchauffement climatique. En effet, selon une découverte récente[99] faite par les chercheurs britanniques et congolais en janvier 2017, un énorme puits de carbone sous forme de tourbière s'y trouverait et renfermerait 30 milliards de tonnes de carbone[100]. Cela équivaut à trois années d'émissions mondiales liées aux énergies fossiles, ou à vingt années de celles des Etats-Unis. Dès lors, la protection de ce massif forestier devient un enjeu planétaire évident. A ce propos, le professeur Suspense IFO (2017) de l'Université Marien Ngouabi de Brazzaville estime que « la protection de cette tourbière, ainsi

---

[97]W. MARIE, *Les forêts du bassin du Congo placées en observation*, 2008, article disponible sur http://mediaterre.org/afrique-centrale/actu.20080401094732.html [consulté le 15 novembre 2016].

[98] P. IBANDA KABAKA, *Fiscalité forestière et gestion durable des forêts en République démocratique du Congo*, Mémoire de Maîtrise de Géographie économique et Aménagement du territoire, Université du Maine, 2011, p.23.

[99] G. DARGIE, S. LEWIS et al., « Age, extent and carbon storage of the Central Congo Basin peatland complex », in *Nature,* n° 542, 11 janvier 2017, pp. 86-90.
Disponible sur https://www.nature.com/articles/nature21048. [Consulté le 30 juillet 2017].

[100] Disponible sur https://www.letemps.ch/sciences/2017/02/02/une-tourbiere-trois-plus-grande-suisse-decouverte-bassin-congo.[Consulté le 31 juillet 2017].

que celle des forêts, pourrait constituer la plus grande contribution de l'Afrique Centrale au problème mondial du changement climatique »[101].

En outre, ces forêts abritent en plus un patrimoine génétique impressionnant[102] : environ 400 espèces de mammifères, 1300 espèces d'oiseaux, 400 espèces de reptiles, au moins 1000 espèces de papillons, 336 espèces d'amphibiens et plus de 20000 espèces des plantes dont 8000 endémiques y sont recensées. Des espèces rares et endémiques à l'exemple de l'Okapi (Okapi Johnstoni), le Bonobo ou chimpanzé nain et le gorille de montagnes ne sont pas en reste. En matière de diversité biologique, elles comptent plus de 800 essences forestières. Un tel potentiel n'aurait pu laisser indifférent notamment en ce qui concerne la RDC.

### Paragraphe II. RDC comme bloc géographique majeur du Bassin du Congo et contexte général

Nous parlerons des potentialités géographiques de la RDC au sein du bassin du Congo (A) et du contexte général de ce pays (B).

#### A. RDC comme bloc géographique majeur du Bassin du Congo

La République Démocratique du Congo, avec 135 millions d'hectares[103], couvre à elle seule plus de 60% du massif forestier du Bassin du Congo. Prises individuellement, les forêts tropicales de la RDC sont les deuxièmes au monde par leur superficie après les forêts brésiliennes (massif amazonien). La RDC héberge plus de la moitié des espèces végétales et animales répertoriées en Afrique Centrale[104].

Dans les régions rurales, près de 60 millions de Congolais,soit trois-quarts de la population, dépendent de la forêt pour leurs besoins de subsistance notamment nourriture, revenus, énergie, logement, soins de santé

---

[101] Disponible sur http://www.journaldelenvironnement.net/article/au-congo-decouverte-d-un-gigapuits-de-carbone,77859. [Consulté le 31 juillet 2017].

[102]COMIFAC, disponible sur http://www.comifac.org/comifac [consulté le 15 novembre 2016].

[103]Cette donnée statistique est tirée du site internet du ministère congolais de l'environnement disponible au http://www.mecnt.cd/Download/Politique Sectorielle.pdf. [Consulté le 15 novembre 2015].

[104] P. IBANDA KABAKA, *Op.cit.,* Mémoire de Master 1, Université du Maine, p.24.

(médicaments)[105]. Certains groupes de populations sont tributaires de la forêt : c'est le cas des Pygmées qui constituent le plus grand peuple autochtone des forêts d'Afrique Centrale[106]. Les forêts congolaises sont qualifiées de « second poumon »[107] de la planète à cause de leur capacité à stocker le dioxyde de carbone à l'échelle planétaire. C'est pour cette raison que lesdites forêts constituent un bien public mondial que le Congo, en dépit d'un contexte social et économique difficile, tente à préserver.

### B. Contexte général de la RDC

La République Démocratique du Congo (RDC) est située en plein cœur du continent africain, à cheval sur l'Equateur, dans la région des Grands Lacs. Avec ses 2 345 000 kilomètres carrés, elle représente à elle seule le treizième de l'étendue de l'Afrique et recouvre une superficie à peu près égale à 67 % de l'Europe. Ce vaste morceau du continent noir occupe essentiellement le bassin du fleuve Congo, dont la longueur est de 4374 km, alimenté par un réseau hydrographique très dense et bien réparti dans le pays entier. Son relief, étonnant pour sa complexité et sa diversité, est constitué de plateaux, de cuvettes et de montagnes, aussi bien que de forêts et de savanes. On estime que près de 48% du territoire national est couvert par la forêt ; soit près de 140 millions d'hectares des forêts.

[105] Selon Greenpeace, sur 60 millions de Congolais en 2007, 40 millions vivaient grâce à la forêt. Disponible sur Internet http://www.greenpeace.org/ [consulté le 15 novembre 2015].

[106] S. BAHUCHET, *Op.cit.,* p.7.

[107] Jean PING, Allocution d'ouverture du Président de l'Union Africaine au 6ème Forum mondial sur le développement durable, 2008. Disponible sur internet au http://www.africaunion.org/root/UA/Conferences/2008/oct/REA/27.[Consulté le 18 novembre 2015].

**Carte politique de la RDC**

Source :WRI

Selon les estimations[108] réalisées en 2002 au lancement de la réforme forestière, la population congolaise avoisinait 60 millions d'habitants (70 millions en 2016)[109], avec un taux de croissance compris entre 3% et 3.2%. La structure de la population était la suivante :

- Les femmes étaient légèrement plus nombreuses que les hommes, constituant le 51% de la population.
- Les jeunes de moins de 20 ans représentaient près de 60% des congolais. Il y a plus de jeunes en milieu rural où 59,2% des personnes ont moins de 20 ans contre 58,3% en milieu urbain.
- La répartition de la population active (15-59 ans) est de 47 % en zone rurale et de 53 % en milieu urbain, ce qui traduit un transfert de la force de travail des campagnes vers les villes. En effet, au cours des trente dernières années, la population urbaine a augmenté jusqu'à avoisiner les 60% de la population totale, contre 23% en 1970. Cet exode est favorisé par les mauvaises conditions de vie en milieu rural, où les infrastructures de base sont en très mauvais état.

La République Démocratique du Congo bénéficie de conditions naturelles favorables à un développement économique rapide : une diversité climatique propice à l'agriculture (café, cacao, thé, maïs, manioc, riz, pommes de terre, canne à sucre, soja, légumes, fleurs,...), de l'élevage (vaches, moutons, porcs, chèvres, dindes, poules, lapins,...) et à l'agroforesterie ; des ressources minières diversifiées (cuivre, cobalt, uranium, étain, manganèse, diamants, or, coltan utilisé dans la fabrication des ordinateurs et des téléphones portables, pétrole, gaz méthane,...) et s'étalant sur de vastes régions qui font du pays l'un des plus riches potentiellement au monde[110].

Cependant, malgré ces énormes potentialités climatiques, minières, agricoles, sylvicoles et pastorales, la majorité du peuple congolais n'a, à aucun moment, joui pleinement des richesses du pays. Depuis l'indépendance, les vicissitudes politiques marquées par des assassinats et coups d'Etat, l'autoritarisme des régimes d'exception qui se sont succédé sur une longue période n'ont pas permis la mise en place et la consolidation

---

[108] RDC (Ministère du Plan), *Document intérimaire de la stratégie de réduction de la pauvreté,* Kinshasa, mars 2002.

[109] Selon le PNUD, la population congolaise serait de 70 millions d'habitants en 2016.

[110] P. IBANDA KABAKA, *Op.cit.,* Mémoire de Master 2, Université de Nantes, p.62.

d'institutions politiques œuvrant pour le développement de la population ainsi que du territoire national, ni l'émergence d'un leadership traduisant les aspirations réelles du peuple congolais.

En dépit de ces vastes ressources humaines et naturelles qui l'ont fait qualifiée de « scandale géologique » par certains scientifiques, la RDC est paradoxalement classée parmi les pays les plus pauvres au monde. En 2001, l'Indice du Développement Humain (IDH) de la RDC est de 0,363, ce qui la positionne à la 167ème place sur 177 pays classés. Entre 1975 et 1990, l'IDH a fluctué entre 0,417 et 0,429, mais à partir de 1990 il a baissé à 0,380 en 1995 et 0,363 en 2001[111]. Cette pauvreté généralisée est l'un des facteurs qui a poussé depuis quelques années à la mise en œuvre en RDC des politiques publiques tournées vers la lutte contre la pauvreté en favorisant le développement local tant en milieu urbain que rural (forestier y compris) d'une part et d'autre part, le développement durable qui est dorénavant la conditionnalité à respecter pour que ces politiques publiques soient acceptées, voire financées par les partenaires au développement.

Les forêts du Congo étant importantes pour son développement comme vu ci haut, il est indiqué de voir aussi quelles sont leurs fonctions.

### Paragraphe III. Fonctions de la forêt

Avant de parler des fonctions des forêts, il est indiqué de les définir. Selon le Code forestier congolais[112], par forêts il faut entendre :

« a) les terrains recouverts d'une formation végétale à base d'arbres ou d'arbustes aptes à fournir des produits forestiers, abriter la faune sauvage et exercer un effet direct ou indirect sur le sol, le climat ou le régime des eaux.

b) Les terrains qui, supportant précédemment un couvert végétal arboré ou arbustif, ont été coupés à blanc ou incendiés et font l'objet

[111] PNUD, *Rapport sur le développement humain 2003*, New York, 2003.

[112] Le Code forestier est l'ensemble des dispositions régissant le statut, l'aménagement, la conservation, l'exploitation, la surveillance et la police des forêts et des terres forestières. Il définit également les règles juridiques applicables à la sylviculture, à la recherche forestière, à la transformation et au commerce des produits forestiers. Il contribue aussi à la valorisation de la biodiversité, à la protection de l'habitat naturel de la faune sauvage et au tourisme. Cfr Article 3 du code forestier de la RDC.

d'opérations de régénération naturelle ou de reboisement. Par extension, sont assimilées aux forêts, les terres réservées pour être recouvertes d'essences ligneuses soit pour la production du bois, soit pour la régénération forestière, soit pour la protection du sol. » [113] Pour mieux appréhender le rôle de la forêt, il convient de répondre à la question suivante : pourquoi la préserver ? La réponse à la question posée ci-dessus nous mène tout droit à l'importance de la forêt dans la vie de l'homme et de l'humanité. La forêt est tenue d'être préservée parce qu'elle joue plusieurs fonctions (multifonctionnalité) [114] à savoir biologique (A), environnementale (B), économique (C) et socio-culturelle (D).

### A. Fonction biologique de la forêt

La forêt est un cadre de vie qui permet l'éclosion, le développement et la pérennisation de plusieurs espèces constituant la flore et la faune sauvages. Il existe des milliers d'espèces végétales, animales et des insectes qui vivent dans la forêt, de la forêt et grâce à la forêt. La forêt est le milieu de vie des animaux, des oiseaux, des fleurs, des plantes, des produits ligneux (bois) et des produits non ligneux (écorces des arbres, racines, feuilles, sève, copal, caoutchouc etc.). C'est ce qu'on appelle l'écosystème et la biodiversité.

### B. Fonction environnementale

La forêt joue un rôle fondamental dans la protection de l'environnement et dans le renouvellement du cycle de l'eau sur la terre[115].

#### 1. Forêt et protection de l'environnement

Dans la protection de l'environnement, la forêt intervient dans la stabilisation du sol en évitant les érosions du sol qui sont dommageables à la nature et dans la séquestration du dioxyde de carbone qui limite le

---

[113] Article 1er du Code forestier congolais.

[114] O.L. RAKOTONDRASOA, F. MALAISSE, G.L. RAJOELISON et al., « La forêt de tapia, écosystème endémique de Madagascar: écologie, fonctions, causes de dégradation et de transformation (synthèse bibliographique) », in *Biotechnologie, Agronomie, Société et Environnement,* 2012, vol. 16, no 4, pp. 541-552.

[115] J.RANGER, F. ANDREUX, S. BIENAIMÉ et al., « Effet des substitutions d'essence sur le fonctionnement organo-minéral de l'écosystème forestier, sur les communautés microbiennes et sur la diversité des communautés fongiques mycorhiziennes et saprophytes (cas du dispositif expérimental de Breuil-Morvan) », in *Rapport final du contrat INRA-GIP Ecofor*, 2001, vol. 24, pp. 1-202.

réchauffement climatique. A ce sujet, le professeur Michel LAGARDE (2016) a écrit : « Le classement en forêt de protection constitue actuellement l'outil juridique le plus solide pour la protection des forêts menacées à un titre ou à un autre… Les motifs de classement limités à l'origine à la lutte contre l'érosion en montagne et sur les dunes littorales, ont été étendus en 1976 à la valeur écologique des écosystèmes forestiers ainsi qu'au bien-être des populations et des forêts périurbaines ».[116]

Depuis que notre planète Terre est l'objet des phénomènes horribles résultant du réchauffement climatique notamment l'élévation des températures, la multiplication des cyclones dévastateurs, l'apparition du phénomène El Nino en Amérique latine, la survenance des inondations ravageuses, il est évident que tout ce qui contribue à la stabilisation de l'environnement est nécessaire à la bonne tenue du climat. C'est le cas des forêts et des océans[117].

En effet, les émissions de gaz à effets de serre comme le CO2 résultant des activités anthropiques dans le monde prennent la destination suivante : une moitié participe au réchauffement climatique et l'autre moitié des émissions est détruite grâce à l'absorption faite à efforts égaux par les océans et les forêts. Avec l'absorption du dioxyde de carbone, dite aussi séquestration du carbone, le rôle de la forêt devient primordial dans la lutte contre le changement climatique et donc de la survie de l'humanité[118].

Duchiron M.S. et Schnitzler A. (2009) ont renchéri à ce propos : « La gestion forestière basée sur une sylviculture-science des écosystèmes ne considère plus la forêt comme devant produire du bois mais comme devant être d'abord un écosystème riche en diversité biologique et une « réserve » de biodiversité avant de remplir un certain rôle économique. Le raisonnement du forestier est ainsi l'inverse de celui pratiqué dans les sylvicultures-traitements : il part de l'idée de forêt naturelle avec une certaine richesse biologique dont ensuite on pourrait se permettre d'exporter du bois. Son action se base sur le principe fondamental de ne pas déstabiliser l'écosystème mais de renforcer sa stabilité naturelle avant de songer à la récolte commerciale de bois : « Comment conserver et renforcer la

---

116 M. LAGARDE, *Code forestier pratique. Dispositions pour toutes les forêts*, Pau, Ed. droitforestier.com, 2016, p.141.

117 B. MONTENY, « Forêt équatoriale, relais de l'océan comme source de vapeur d'eau pour l'atmosphère », in *Veille climatique satellitaire*, 1986, n° 12, pp. 39-51.

118 D. TERRASSON, « Aménités, fonctions non marchandes et aménagement forestier », in *Ingénieries n° Spécial Aménités rurales : une nouvelle lecture des enjeux territoriaux,* 2002, pp. 57-62.

biodiversité de ma forêt ? Faut-il ou non intervenir ? Et comment perturber le moins possible son évolution sur le long terme (gestion « durable ») ? » Etant donné que l'état référent (la forêt naturelle) a disparu, la démarche du sylviculteur doit reconstruire mentalement puis sur le terrain toutes les étapes qui manquent. »[119]

### 2. Forêt et cycle de l'eau

Le couvert forestier est indispensable au renouvellement du cycle de l'eau sur la Terre[120]. Pour s'en rendre compte, il suffit de considérer tous les espaces désertiques du monde (Sahara, Kalahari,Arizona,…) qui manquent d'eau du fait de leur carence en végétation. La forêt, en recueillant l'eau de pluie, l'entraîne dans le sol, favorise l'évaporation des rivières, permet la condensation dans l'air, ce qui engendre de nouvelles pluies et ainsi de suite. La pluie se forme essentiellement au-dessus des forêts et dans les zones forestières et océaniques, donc non désertiques. Cela fait de la forêt un pilier majeur dans le cycle de l'eau.

## C. Fonction économique de la forêt[121]

La forêt est un substrat majeur dans la consommation et la production des richesses pour les habitants du monde. Elle sert de support pour l'agriculture pourvoyeuse de l'alimentation, elle fournit directement de la nourriture par le biais des produits forestiers non ligneux (PFNL) qui sont prélevés par la population en vue de satisfaire leurs besoins de subsistance, et elle donne des matières premières pour l'exploitation forestière (industrie du bois, papeterie, ameublement, BTP, chemins de fer, construction navale) et sources de revenus pour les populations et les pays forestiers. Dans les pays tropicaux, la forêt est la principale source d'énergie : c'est le cas avec l'exploitation de l'énergie-bois.

En outre, la forêt est un bien public du fait de sa fonction environnementale qui correspond à un service public. En effet, en participant

---

[119] M.S. DUCHIRON et A. SCHNITZLER, « La forêt face aux changements climatiques : de la gestion productiviste à une sylviculture de l'écosystème », in *Courrier de l'environnement de l'INRA,* n° 57, juillet 2009, pp. 35-52.

[120]C. COSANDEY, « Influence de la forêt sur le cycle de l'eau : conséquences d'une coupe forestière sur le bilan d'écoulement annuel », in *Hydrologie continentale*, 1992, vol. 7, no 1, pp. 13-22.

[121] C. BARTHOD et H. OLLAGNON, « Vers une gestion patrimoniale de la protection et de la qualité biologique des forêts » in *Revue Forestière Française*, n° 45 (2), 1993, pp. 159-163.

à la protection de l'environnement et au renouvellement du cycle de l'eau, la forêt participe à la production des services publics caractérisée par la non-révélation des préférences dans la consommation (phénomène du passager clandestin)[122] et l'existence des externalités (une fois produits, ces services bénéficient à tout le monde). C'est pour ces différents aspects que le couvert forestier mondial est qualifié de bien public mondial au même titre que la paix mondiale et que la communauté internationale s'implique dans les questions relatives aux forêts au niveau mondial en proposant des mesures de protection opposables à tous et en cherchant des moyens de financement de provenance mondiale. Dès lors, théoriquement, appartenant à tout le monde, la forêt n'appartient plus à personne et son financement doit être assuré par tout un chacun.

Il convient de relever que l'exploitation forestière est un processus de production s'appliquant à un ensemble d'arbres en vue de leur acheminement vers un site de valorisation. L'exploitation est souvent réalisée dans le cadre de l'application d'un aménagement forestier. Il existe 3 types d'exploitation forestière[123] : la coupe à blanc, la coupe sélective et la coupe progressive. Dans la phase de pré-abattage, on identifie les arbres à couper en opérant le marquage de la zone d'exploitation puis en marquant les arbres à couper avec le marteau (martelage).

Par après vient la phase de l'abattage durant laquelle l'arbre à couper est coupé avec une tronçonneuse ou une abatteuse. Puis cet arbre est ébranché et tronçonné. Lors du débardage, le bois est déplacé de la souche au dépôt en utilisant des véhicules qui peuvent le transporter, le tirer ou le débusquer.

Lors de son transport, le bois est transporté à une scierie ou un port en général par camion mais aussi par train, par flottage vers l'aval d'un cours d'eau ou tiré par bateau.

Quant au débardage, il consiste à prendre en charge les arbres (entiers ou sous forme de billons) depuis le lieu de coupe jusqu'à l'aire de dépôt.

---

[122] Ce phénomène caractérisé en économie de l'environnement ainsi qu'en économie des transports résulte du fait que l'eau et l'air obtenus grâce au travail de la forêt bénéficient à tout le monde sans distinction aucune et personne ne veut se manifester pour en payer le prix car chacun cherchant à les consommer clandestinement et gratuitement. C'est la règle de non révélation des préférences tendant à éluder le paiement des biens ou services consommés.

[123]Disponible sur https://fr.wikipedia.org/wiki/Exploitation_foresti % C3%A8re. [Consulté le 4 juillet 2017].

Dans certaines situations, il s'effectue en deux temps et on distingue alors le débusquage et la vidange. La première étape, le débusquage, consiste à tirer le tronc jusqu'à la piste ou jusqu'au câble porteur. Cette étape n'a pas toujours lieu en Europe mais elle est quasiment systématique en Afrique. Dans les forêts tropicales, on utilise pour la réaliser des machines du type bulldozer Caterpillar D7G. Ensuite, la vidange, consistera à amener la grume jusqu'à un lieu accessible aux camions. Le débardage est actuellement réalisé par des machines, le cheval est encore en service de nos jours, notamment dans les Ardennes belges où l'on compterait environ 400 chevaux[124]. En Asie, l'éléphant est également utilisé. Toujours parmi les techniques au sol, on compte le dévaloir qui sert en montagne. Le principe consiste à mettre en place une sorte de toboggan géant par lequel les billons peuvent descendre[125].

La vidange peut se faire par les airs à l'aide de câbles, il s'agit du téléphérage. Cette technique est utilisée en cas de forte pente ou de sols à faible portance. De manière plus marginale, l'hélicoptère peut être utilisé dans les zones de montagnes pour les bois de haute qualité mais s'avère être la méthode la moins rentable.

Concernant les opérations post-abattage, il y a lieu de citer le brûlage, le dégagement, le reboisement et la protection des routes forestières. Le brûlage des débris de l'abattage et autre bois réduit des futurs risques d'incendie. Le dégagement consiste en l'élimination de végétation concurrente pour augmenter la croissance des arbres plantés. Quant au reboisement, c'est l'opération qui se fait par le biais de l'épandage de graines ou en réalisant un plantage manuel de plants d'arbres. Enfin, la protection des anciens chemins forestiers est l'opération dont le but est d'éviter leur érosion et le glissement de terrain en installant des barrages à eau et en remettant le sol excavé à sa place tel qu'il était à l'origine[126]. S'agissant des méthodes de récolte qui président à l'abattage des arbres, elles sont réparties en trois méthodes :

### 1) En grande longueur

Les arbres sont abattus puis ébranchés et éhoupés sur place. La grume est alors transportée dans la zone de dépôt où elle est tronçonnée

---

124 Disponible sur https://fr.wikipedia.org/wiki/Exploitation_foresti%C3%A8re. [Consulté le 4 juillet 2017].

125 Idem.

126 *Ibidem.*

et chargée sur un camion. Cette méthode laisse les rémanents sur la zone de coupe.

### 2) En arbre entier

Les arbres sont abattus et transportés directement en zone de dépôt où seulement ils seront ébranchés et tronçonnés. Cette méthode laisse une grande quantité de rémanents sur la zone de dépôt.

### 3) En bois court

Les arbres sont abattus, ébranchés, tronçonnés et triés sur la zone de coupe, laissant les branches et le houppier dans la forêt.

Pour ce qui est de la commercialisation du bois, il peut être fait sur pied (on vend des arbres debout non coupés) ou sur billes (bois déjà coupé). Les entreprises privées africaines vendent souvent du bois déjà coupé au moment où l'ONF (Office national des forêts) français vend les deux types de bois.

### D. Fonction socio-culturelle

De nombreuses plantes et espèces animales provenant de la forêt concourent à l'élaboration des potions médicamenteuses et des médicaments qui soignent des milliards des personnes à travers le monde[127]. Plusieurs grands laboratoires pharmaceutiques du monde ont fait de l'accès aux forêts primaires une priorité de leur politique de recherche- développement, car ils y trouvent les molécules qui sont à la base de la fabrication des médicaments de demain. Ces massifs forestiers sont de nature à améliorer le bien-être des populations humaines et animales. Par ailleurs, la forêt fournit les matériaux pour le logement (construction des maisons), constitue un habitat pour certains peuples indigènes (cas des Pygmées Batwa qui ne vivent que dans la forêt en RDC) et est un médiateur important dans leur culture[128]. Pour les peuples des forêts, les objets culturels nécessaires à leur rituel tels que les

---

[127]C. J. P. COLFER, D. SHEIL, D. KAIMOWITZ et al. , « Les forêts et la santé humaine dans les tropiques: quelques interactions importantes », in *Unasylva (FAO)*, 2006. J. LAPLANTE, « Le médicament aux frontières des savoirs humanitaires et autochtones », in *Anthropologie et sociétés*, 2003, vol. 27, no 2, pp. 59-75.
[128]P. R. OYONO, « Usages culturels de la forêt au Sud-Cameroun : rudiments d'écologie sociale et matériau pour la gestion du pluralisme », in *Africa,* 2002, pp. 334-355.

statuettes et les tissus de raphia sont fabriqués grâce aux arbres et la forêt est aussi vénérée en elle-même en sa qualité de la mère- nourricière.

Pour préserver toutes ces fonctions exercées ou attribuées à la forêt, les différents Etats du monde ont pris l'habitude de le réaliser dans le cadre des politiques forestières.

### Paragraphe IV. Politique forestière et environnementale

Par politique forestière et environnementale[129], il faut entendre un ensemble coordonné des actions relevant d'une stratégie déterminée des pouvoirs publics tendant à assurer une bonne gestion des ressources naturelles forestières et la protection de l'environnement. Ainsi, une politique environnementale et forestière se mesurera à l'aune de ses objectifs poursuivis, les moyens employés (lois, règlements, taxes, subventions…) et les procédures de contrôle et d'évaluation.

Selon leurs objectifs et leurs modalités, il existe plusieurs types des politiques environnementales[130]. En se basant sur leurs objectifs, on a des politiques visant la gestion des ressources naturelles renouvelables et non renouvelables, des politiques visant à limiter les rejets, des politiques protégeant les espaces naturels et les écosystèmes menacés, des politiques visant à internaliser les externalités négatives en appliquant le principe pollueur-payeur, des politiques visant à infléchir le comportement des entreprises et à les amener à prendre en compte leurs effets sur l'environnement, des politiques visant à informer et à éduquer le public et à éclairer les décisions publiques et des politiques visant à réprimer des comportements gaspilleurs et pollueurs et à inciter aux comportements protecteurs et aux choix des techniques propres.

Se référant aux modalités de mise en œuvre, il y a lieu de distinguer les politiques incitatives et les politiques dissuasives selon la maxime dite « de la carotte et du bâton ». Les politiques incitatives s'appuient sur des subventions ou des exonérations fiscales accordées en vue du développement des comportements souhaités. C'est le cas des mesures incitatives, subventions et exonérations fiscales qui concourent à développer l'usage des

---

[129]D. DE MAGALHAES, « Ethique et politique environnementale en Amazonie contemporaine », in *Lusotopie*, 2002, pp. 13-23. P. LASCOUMES, « Les politiques environnementales », in *Académique,* 2008, pp. 29-67.

[130] P. LASCOUMES, *L'éco-pouvoir : environnements et politiques*, Paris, La découverte, 2010, pp. 6-17.

énergies renouvelables éolienne et solaire, des mesures d'exonération fiscale pour l'acquisition de certains équipements et des crédits d'impôts octroyés pour encourager les innovations environnementales.

Quant aux politiques dissuasives, elles sont des politiques qui interdisent, obligent et répriment. Dans ce giron, il convient de citer l'obligation de consultation, l'obligation des mesures préventives, l'obligation de déclaration ou d'agrément, l'obligation d'étude d'impact environnemental et d'analyse de risque, l'obligation de payer (cas du pollueur-payeur), l'interdiction de mettre en décharge, l'interdiction d'exporter des déchets et l'interdiction ou la limite des rejets dans l'air, l'eau et dans les sols. De plus, ces politiques dissuasives reposent également sur les taxes et redevances qui visent à rendre plus coûteux les comportements polluants et indésirables dans le but de faire changer les comportements en prenant en compte la vérité des coûts environnementaux. Toutes ces stratégies sont susceptibles d'être appliquées dans le domaine forestier.

Concernant la classification des instruments de politique forestière et environnementale, selon le chercheur Franck-Dominique VIVIEN (1994)[131], les économistes de l'environnement distinguent deux stratégies d'intervention. La première est l'approche réglementaire ou juridique qui se base sur toutes les interdictions et les demandes d'autorisation légales du type « installations classées » d'une part et d'autre part, sur toutes les normes qu'elles soient de qualité de l'environnement, d'émission d'effluents, de procédés techniques à adopter ou des produits à fabriquer.

La deuxième approche est dite économique, car elle prône l'utilisation des mécanismes du marché en modifiant un prix relatif et en provoquant un transfert financier. Les différents instruments économiques utilisés sont les taxes et les redevances, les permis négociables ou droits à polluer échangeables ainsi que les aides financières.

Rappelons que selon Michel LAGARDE (1985), le droit forestier est une branche du droit de l'environnement qui a pour objet de régir la propriété, l'usage, l'exploitation, la conservation et la valorisation des forêts[132]. Pour la RDC, il s'agit d'un droit à la fois environnemental,

---

[131] F.-D. VIVIEN, *Economie et Ecologie*, Coll. « Repères », Paris, La Découverte, 1994, p.47.

[132] Cfr M. LAGARDE, « Le régime forestier : un modèle de législation de protection de l'environnement », in *Revue juridique de l'environnement*, 1985, Vol. 10, n° 2, pp.175-187.

économique, public et de protection des droits humains des populations forestières.

Quant à la politique publique, selon THOENIG (2014), « le concept désigne les interventions d'une autorité investie de puissance publique et de légitimité gouvernementale sur un domaine spécifique de la société ou du territoire (…). Ainsi, parle-t-on de la politique d'aide aux personnes âgées »[133] ou de la politique du développement des populations forestières. C'est une mission d'intérêt général qu'un Etat se résout à atteindre. Cette mission, quant à sa mise en œuvre, peut être réalisée grâce à un ou plusieurs programmes. Il convient de relever que, conformément à la LOLF française[134] qui est une tentative de rationalisation des choix publics, un programme n'est susceptible d'être géré que par un seul ministère. Et ledit programme est décliné en actions. Ainsi, une politique publique pourrait impliquer plusieurs ministères dont chacun s'occuperait d'un programme bien précis décliné en actions à réaliser par différents services de chaque ministère concerné.

En RDC, conformément à l'article 4 du code forestier, il est institué une politique forestière nationale dont l'élaboration incombe au ministère ayant les forêts dans ses attributions. Cette politique publique définit des orientations générales qui sont traduites dans un plan forestier national. Ce dernier fixe les objectifs à atteindre et définit les actions à mettre en œuvre. Il comporte notamment :

a. la description des ressources forestières ;

b. l'estimation des besoins en produits forestiers ;

c. le programme des actions à mener en vue d'assurer la conservation des forêts et le développement du secteur forestier ;

d. la prévision des investissements nécessaires ;

---

133 J.C. THOENIG, « Politiques publiques », in L. BOUSSAGUET et al. (dir.), *Dictionnaire des politiques publiques*, Paris, Presses de Sciences Po, 2014, pp.460-466.

134 La Loi organique sur les lois des finances est la constitution financière de la France mise en application depuis 2006. Elle a introduit une réforme des finances publiques basée sur les objectifs à atteindre et sur la performance budgétaire.

e. les niveaux d'intervention et le rôle des différents acteurs concernés et

f. toutes autres indications utiles pour l'exécution de la politique forestière nationale.

Cette politique publique appliquée au monde forestier a un impact sur les populations autochtones y évoluant.

### Paragraphe V. Notion de peuple autochtone

La notion de « peuple autochtone » est une notion difficile à cerner à cause de ses connotations politiques (A) mais elle s'expose à la compréhension par description (B).

#### A. Peuple autochtone : une notion difficile à cerner

N'ayant pas de conception universelle, la notion de peuple autochtone est difficile à définir en droit positif. Les caractéristiques des populations autochtones sont différentes par rapport au reste de la population. Ces peuples tiennent à leur conservation néanmoins ils souffrent de la discrimination pis encore du phénomène de rejet et de domination provenant du reste de la société. Néanmoins ils ont une particularité : en effet, ces peuples s'identifient avec leurs territoires en leur qualité des premiers occupants. Toute tentative de définition a pour intérêt de préciser cette particularité.

Une première difficulté provient de la diversité des termes utilisés dans les travaux scientifiques ou administratifs : on parle parfois des peuples tantôt des populations. Les deux termes qui sont généralement utilisés indifféremment ne revêtent pas le même sens et sont porteurs de conséquences juridiques propres. En effet, les responsables politiques nationaux ont pris l'habitude de se référer aux populations en lieu et place de peuples. D'autres mots sont également utilisés comme synonymes notamment ethnies, nations, communautés, tribus. Les concernés eux-mêmes s'identifient par la notion de peuple[135] et estiment que le foisonnement des notions est de nature à contourner les implications juridiques découlant de cette notion. Par ailleurs, il convient de souligner que le qualificatif

[135] I. BELLIER, « Identité globalisée et droits collectifs : les enjeux des peuples autochtones dans la constellation onusienne. », in *Autrepart* 2/2006 (n° 38), pp. 99-118.

d'indigènes qui était longtemps collé à ces peuples ou populations pour les qualifier a été graduellement abandonné à raison de sa connotation coloniale pour être remplacé progressivement par le qualificatif d'autochtones qui a l'avantage de lier ces populations à leurs terres ou territoire.

Comme dit ci-haut, l'écueil majeur pour les peuples autochtones, à l'instar des minorités, porte sur leur acception intrinsèque, en l'occurrence la multitude ou la diversité des situations dans lesquelles ces peuples autochtones sont plongés. Ensuite faudra-t-il ajouter à cela les réactions dénotant de l'opposition ainsi que de la réticence des Etats dont la stratégie tend à éluder l'ampleur des conséquences politiques et juridiques avec un caractère contraignant pouvant résulter d'une pareille définition[136]. Dès lors, l'intérêt historique de replacer dans son cadre cette notion s'impose.

Avec les deux grandes vagues de colonisation qui ont permis aux européens d'asseoir leur domination politique et économique à travers le monde[137] , sur les cinq continents aux 15ème et 16ème siècles d'abord et ensuite au 19ème siècle, a surgi la question des peuples autochtones. En réalité, cette question des populations autochtones s'est posée à partir de l'expansion de la colonisation européenne sur les autres populations du monde. Dans le cadre du choc frontal entre les deux cultures, les peuples autochtones ou indigènes trouvés par les Européens sur leurs territoires ont souvent été exterminés totalement, mais parfois ils ont été mis en sujétion et exploités selon diverses techniques d'administration coloniale[138].

A la colonisation, avait succédé la décolonisation et son lot des indépendances dans les différents pays qui avaient connu la présence européenne. Cette décolonisation a été faite selon deux variantes :

- soit après des batailles politiques et parfois militaires, les peuples indigènes longtemps colonisés ont eu le droit de disposer d'eux-mêmes en propulsant leurs élites à la tête des nouveaux Etats (cas de la majorité des pays africains dont le Congo) ;

---

136 D. SALÉE, « Peuples autochtones, racisme et pouvoir d'État en contextes canadien et québécois : Éléments pour une ré-analyse », in *Nouvelles pratiques sociales*, 2005, vol. 17, no 2, pp. 54-74.
137 J. MARIN, « Dimension historique de l'ethnocentrisme européen dans le processus de domination coloniale et post-coloniale de l'Amérique », in *Perspectives de l'interculturel*, 1994, pp. 123-134.
138 J. MARIN, *Idem.*

- soit lors de l'indépendance des Etats dirigés par des colons européens se détachant de la métropole (Etats-Unis, Canada, Brésil, Australie, Nouvelle-Zélande, Afrique du Sud) et maintenant leur domination sur les peuples autochtones, souvent très composites ethniquement, par des luttes politiques internes tendant à la reconnaissance de leurs droits.

**B. Description des peuples autochtones**

Dans la convention 107 de l'Organisation internationale du travail (O.I.T.), adoptée en 1957 a été esquissée la première description tendant à définir les peuples autochtones. Ainsi, les dispositions de la Convention 107 dite Convention relative à la protection et l'intégration des populations aborigènes et autres populations tribales et semi-tribales dans les pays indépendants précisent ces aspects. [139] En effet, cette convention s'applique aux membres des populations tribales ou semi-tribales dans les pays indépendants, dont les conditions sociales et économiques correspondent à un stade moins avancé que le stade atteint par les autres secteurs de la communauté nationale et qui sont régies totalement ou partiellement par des coutumes ou des traditions qui leur sont propres ou par une législation spéciale .

Elle concerne également les membres des populations tribales ou semi-tribales dans les pays indépendants, qui sont considérés comme aborigènes du fait qu'elles descendent des populations qui habitent le pays ou une région géographique à laquelle appartient le pays, à l'époque de la conquête ou de la colonisation et qui, quel que soit leur statut juridique, mènent une vie plus conforme aux institutions sociales, économiques et culturelles de cette époque qu'aux institutions propres à la nation à laquelle elles appartiennent.

Aux fins de cette convention, le terme semi-tribal sous-entend les groupes et personnes qui, bien que sur le point de perdre leurs caractéristiques tribales, ne sont pas encore intégrés dans la communauté nationale.

Cette convention était élaborée sur base d'une conception du progrès dictant une évolution linéaire des sociétés humaines qui se caractérisait par une attitude paternaliste et assimilationniste. Conçue par les représentants de seuls anciens Etats colonisateurs sans l'association des peuples autochtones,

---

[139] Convention 157 de l'OIT.

elle a été à cet effet critiquée notamment par les populations autochtones elles-mêmes.

Après tant de débats et de tergiversations au niveau tant national qu'international, une révolution dans la compréhension de la notion des peuples autochtones incita sa réforme en 1989 en instituant la convention 169, instrument de droit international se substituant à la convention 107. Ce changement est tributaire de la contestation des peuples autochtones eux-mêmes, du rôle exercé par la doctrine ainsi qu'aux discussions internationales réalisées dans le cadre de l'ONU [140] .La grande avancée de la convention 169 réside dans le fait qu'elle fait état de la dualité de situation des peuples autochtones : d'une part, elle dénomme les peuples colonisés vivant en Afrique et en Asie de tribaux et d'autre part, elle fait référence aux indigènes pour parler des peuples situés dans les anciennes colonies de peuplement européen au moment où plusieurs Etats africains, occidentaux et asiatiques cherchent à éluder à reconnaître l'existence de peuples autochtones sur leur territoire.

La Convention 169 de l'OIT concernant les peuples indigènes et tribaux dans les pays indépendants stipulent qu'elle s'applique aux peuples tribaux dans les pays indépendants qui se distinguent des autres secteurs de la communauté nationale par leurs conditions sociales, culturelles et économiques et qui sont régis totalement ou partiellement par des coutumes ou des traditions qui leur sont propres ou par une législation spéciale. Par ailleurs, elle s'adresse aussi aux peuples dans les pays indépendants qui sont considérés comme indigènes du fait qu'ils descendent des populations qui habitaient le pays ou une région géographique à laquelle appartient le pays, à l'époque de la conquête ou de la colonisation ou de l'établissement des frontières actuelles de l'Etat, et qui, quel que soit leur statut juridique, conservent leurs institutions sociales, économiques, culturelles et politiques propres ou certaines d'entre elles.

Le sentiment d'appartenance indigène ou tribale doit être considéré comme un critère fondamental pour déterminer les groupes auxquels s'appliquent les dispositions de la présente convention. L'emploi du terme peuples dans la convention n° 169 ne peut en aucune manière être interprété comme ayant des implications de quelque nature que ce soit quant aux droits qui peuvent s'attacher à ce terme en vertu du droit international[141].

---

[140] I. BELLIER, *Op.cit.,* pp. 99-118.

[141] Art.1^er de la Convention 169 de l'OIT.

Malgré ces différentes tentatives de consécration conceptuelle, les deux conventions de l'OIT se cantonnent à identifier les peuples autochtones et non à les réellement définir. Cela étant, nous emprunterons la définition dite de travail utilisée dans le cadre des travaux préparatoires à l'ONU. Ainsi, José R. Martinez Cobo (1986) donne la définition des populations autochtones dont la teneur suit :

« Par communautés, populations ou nations autochtones, il faut entendre celles qui, liées par une continuité historique avec les sociétés antérieures à l'invasion et avec les sociétés précoloniales qui se sont développées sur leur territoire, se jugent distinctes des autres éléments des sociétés qui dominent à présent sur leurs territoires ou partie de ces territoires. Ce sont à présent des éléments non-dominants de la société et elles sont déterminées à conserver, développer et transmettre aux générations futures les territoires de leurs ancêtres et leur identité ethnique qui constituent la base de la continuité de leur existence en tant que peuple, conformément à leurs propres modèles culturels, à leurs institutions sociales et à leurs systèmes juridiques »[142].

En résumé les facteurs considérés aujourd'hui comme pertinents par les organisations internationales et les experts juridiques (y compris les experts juridiques autochtones et les universitaires) pour comprendre le concept d'« autochtone » sont :

a) L'antériorité s'agissant de l'occupation et de l'utilisation d'un territoire donné ;

b) Le maintien volontaire d'un particularisme culturel qui peut se manifester par certains aspects de la langue, une organisation sociale, des valeurs religieuses ou spirituelles, des modes de production, des lois ou des institutions ;

c) Le sentiment d'appartenance à un groupe, ainsi que la reconnaissance par d'autres groupes ou par les autorités nationales en tant que collectivité distincte ;

d) Le fait d'avoir été soumis, marginalisé, dépossédé, exclu ou victime de discrimination, que cela soit ou non encore le cas.

---

142 J.R. MARTINEZ COBO, *Etude du problème de la discrimination à l'encontre des populations autochtones*, ONU, E/CN.4/Sub.2/1986/7Add. 4.

D'une manière générale, le qualificatif d'autochtone est donc réservé à des populations aujourd'hui non dominantes du point de vue économique, politique et socio-culturel mais pas nécessairement numérique, descendant des habitants originels d'un territoire donné, victimes de génocide, de conquête, et de colonisation[143]. Cette acception du concept de population autochtone fait dorénavant l'unanimité et c'est pour cette raison qu'elle est naturellement acceptée par les associations de ces populations autochtones. Par ailleurs, même la Déclaration des Nations Unies sur les droits des peuples autochtones, dont l'adoption par l'Assemblée générale de l'ONU est intervenue en date du 13 septembre 2007, n'a pas pu établir un cadre définitionnel précis si ce n'est que de fournir différents éléments susceptibles de permettre l'identification desdits peuples en en citant ou en énumérant les divers critères précités.

Les réalités de ces populations autochtones sont souvent les mêmes à travers tous les pays du monde, voire en RD Congo, dont l'histoire et la genèse de l'exploitation forestière ont été des aspects ayant impacté la vie de ces populations.

**Conclusion du chapitre I**

Le mérite de ce chapitre est de nous avoir permis de clarifier les diverses notions importantes qui concourent à la bonne compréhension de cette étude scientifique. Tout en définissant le développement durable en tant qu'un développement tenant compte des besoins des populations actuelles tout en préservant la capacité des générations futures à satisfaire les leurs, elle nous aide à comprendre le sens de la gestion durable des forêts (avec ses aspects environnementaux, économiques et sociaux), de la politique forestière, de la fiscalité environnementale forestière ainsi que des populations autochtones.

Dans ce chapitre, il est également fait état de la grande richesse du Bassin du Congo en diversité biologique et géographique. De plus, la place du Congo en tant que second poumon forestier de la planète Terre est mise en exergue. S'agissant de la fiscalité forestière, il a été relevé qu'une controverse a vu le jour entre certains chercheurs qui n'attribuaient à cette fiscalité que le rôle du développement économique et d'autres qui pensent que cette fiscalité a une vocation écologique de décourager le gaspillage des ressources forestières en donnant un signal de la rareté. Mais, pour Alain

---

[143] I. SHULTE–TENCKHOFF, *La question des peuples autochtones*, coll. Axes, Bruxelles, Bruylant, 1997, p. 7.

Karsenty, cette fiscalité peut à la fois chercher à mobiliser davantage de ressources en vue du développement tout en ayant un rôle écologique de préservation des ressources forestières.

Cette exploitation forestière de la RD Congo qui vient de nous fournir toutes les notions vues précédemment a débuté depuis la création de ce pays et se poursuit actuellement. En revanche, la grande question qui demeure pendante est celle de savoir si cette exploitation des forêts répond aux aspirations des populations en respectant leurs différents droits. Cela nous conduit à étudier les droits de ces populations forestières dans le deuxième chapitre.

# CHAPITRE II

## DROITS DES POPULATIONS FORSTIERES A L'ENVIRONNEMENT ET A LA SANTE

Ce deuxième chapitre nous permettra d'analyser la consécration des droits des populations forestières. Les droits fondamentaux[144] de l'homme sont des droits inviolables inhérents à la personne humaine et qui sont reconnus en tant que tels par les instruments juridiques[145]. Dans ce livre, nous n'étudierons que le droit à l'environnement et le droit à la santé car ces deux conditionnent tous les autres en ce qui concerne les populations forestières. Par droits de l'homme, il faut entendre l'ensemble des droits universels, inaliénables, intangibles et inviolables qui sont inhérents à toute personne humaine. Avec l'avènement du droit international des droits de l'homme, qui a scellé la reconnaissance internationale des droits de l'homme pour tous les individus et groupes d'individus, les individus étaient désormais susceptibles d'accéder par voie de recours aux instances tant nationales qu'internationales garantissant la protection effective de leurs droits.

La première section parlera de la reconnaissance internationale et nationale du droit à l'environnement, puis la reconnaissance du droit à la santé sera étudiée dans la deuxième section.

---

[144] Parmi les droits fondamentaux de l'homme, sans être exhaustifs, nous pouvons retenir entre autre, le droit à la vie, le droit de ne pas être soumis à la torture et autres traitements et peines inhumains et dégradants, le droit de prendre part à la direction des affaires publiques de son pays (ceux-ci sont qualifiés : droits de la première génération ou droits-libertés) ; le droit au travail, le droit à l'alimentation, le droit à la sécurité sociale (font plutôt partie des droits de la deuxième génération ou droits-créances) et enfin les droits de la troisième génération ou droits de solidarité constitués des: droits à la paix, au développement et bien évidemment à l'environnement.

[145] Ch. DE VISSCHER, « Droit international des droits de l'homme : droits de l'homme expressément reconnus et protégés par des textes internationaux », in *Annuaire de l'Institut du Droit International, session de Lausanne,* 1957, t.41, p.4.

## Section I. Droit à l'environnement

La reconnaissance du droit de l'homme à l'environnement sain s'est faite d'abord sur le plan international (paragraphe 1) puis au plan national de la RDC (paragraphe 2).

### Paragraphe I. Reconnaissance internationale du droit à l'environnement

La reconnaissance du droit de l'homme à l'environnement sain s'est réalisée sur le plan international à deux stades : universel (A) et régional africain (B).

#### A. Au niveau universel

Les droits des riverains des forêts étant essentiellement des droits relatifs à leur droit d'avoir une qualité de vie saine[146] , bref du droit à un environnement sain, il sera question de voir comment ce droit à l'environnement sain des populations forestières s'est forgé dans la mouvance du droit international des droits de l'homme d'une part et d'autre part, de relever ses liens avec les autres droits de l'homme.

Pour des auteurs intégrationnistes comme le professeur Mahfoud GHEZALI, qui ont soutenu l'appartenance du droit à l'environnement aux droits de l'homme, ils affirment que le droit à l'environnement est un droit dont la violation fragilise l'homme dans tout ce qu'il a de plus cher c'est-à-dire sa santé, son intégrité, son habitat et en un mot sa vie. Les tenants de cette thèse ne comprennent pas comment un droit aussi sensible pouvait ne pas figurer au rang des droits inhérents à la personne humaine et dont dépendait sa dignité. Selon eux, le droit de vivre dans un cadre satisfaisant et où la qualité de la vie est bonne, appelle la lutte contre les pollutions de toutes sortes, contre l'exploitation irrationnelle des ressources, la généralisation des études d'impact environnemental avant toute réalisation

---

146 « Une qualité de vie saine ne peut être obtenue que si l'environnement est écologiquement équilibré. Avoir une qualité de vie saine, c'est avoir un environnement non pollué » selon P. A. L. MACHADO, « L'environnement et la constitution brésilienne », in *Cahiers du Conseil constitutionnel n° 15* (Dossier : Constitution et environnement), janvier 2004. Disponible sur http ://www.conseil-constitutionnel.fr/.[Consulté le 23 février 2015].

pouvant influencer l'environnement, la lutte et la protection contre les catastrophes, car la santé et la vie des hommes en dépendent.

Pour le droit à l'environnement ainsi reconnu comme droit de l'homme, ce qui le fait dorénavant appelé droit de l'homme à l'environnement (D.H.E.), nous verrons le cheminement de sa reconnaissance d'abord au niveau international et ensuite au niveau national congolais comme dit supra.

En droit international, la protection de l'environnement est une valeur fondamentale qui, néanmoins, apparaît beaucoup plus tardivement. En effet, il faut attendre la Conférence de Stockholm sur le développement humain de 1972 pour se prononcer sur cette question et s'interroger sur les relations entre la protection de l'environnement et les droits humains. Par après, cette problématique de la protection de l'environnement a été approfondie au sommet de la Terre à Rio.

Nous parlerons tour à tour de l'avènement du DHE avec la Déclaration de Stockholm (1) et de sa consécration généralisée à la conférence de Rio (2).

### 1. Déclaration de Stockholm et naissance du droit international de l'environnement

Naguère méconnus, mais reconnus il y a peu en qualité des droits de l'homme, les droits des riverains des forêts (communautés locales, peuples des forêts) ont connu leur consécration à partir des années 1970 en qualité de droit international à l'environnement. Ces communautés locales forestières ont obtenu la capacité de fonder des revendications conformément au droit de l'homme à l'environnement sain qui a été érigé en premier principe de la conférence des Nations unies sur l'environnement organisée à Stockholm en 1972. Le Rapport Brundtland de la commission mondiale pour l'environnement ne constitue pas moins un instrument juridique ayant contribué à la promotion ou à la proclamation explicite du droit de l'homme à un environnement sain.

Face aux problèmes croissants de la pollution qui devient un danger en matière de santé publique au niveau mondial, l'assemblée générale de l'ONU a convoqué une conférence mondiale sur l'environnement, tenue en juin 1972 à Stockholm, et qui a adopté une déclaration historique proclamant les principes applicables en matière environnementale. En effet, le principe 1er de la déclaration de Stockholm proclame : « L'homme a un droit fondamental à la liberté, à l'égalité et à des conditions de vie satisfaisantes, dans un environnement dont la qualité lui permette de vivre dans la dignité et le bien-être ». Cette déclaration est à l'origine du droit de toute personne à un environnement sain et digne. Pour le professeur Alexandre KISS, « il est permis de penser que ce principe constitue un très fort lien entre environnement et droits fondamentaux. Parmi les termes utilisés dans la première phrase, la liberté, l'égalité et la dignité reflètent les droits civils et politiques, alors que les conditions de vie satisfaisantes et le bien-être rappellent les droits économiques, sociaux et culturels ».[147] Le préambule de cette même déclaration stipule en outre que « l'environnement est indispensable à la pleine jouissance des droits fondamentaux, y compris le droit à la vie elle-même ». Voilà ainsi établie la relation entre le DHE et les droits de l'homme.

Néanmoins, le principe premier ainsi adopté dans la déclaration finale est cependant en retrait, car il n'accorde pas de droits substantiels ni ne définit le droit procédural. En effet, pour donner un contenu aux droits environnementaux, il faut identifier les droits de l'homme qui peuvent nécessiter un droit environnemental comme un prérequis. Parmi ces derniers, on peut citer l'accès à l'information sur l'environnement, la participation du public à la prise de décisions et l'accès à la justice en cas d'atteinte à l'environnement.

Si l'on examine les objectifs principaux poursuivis par les droits de l'homme, on constate qu'il s'agit de protéger les individus des abus de pouvoir des agents de l'Etat, chaque Etat devant s'assurer que les droits de l'homme ne sont pas violés par des agents non étatiques. Ceci implique de faire diligence pour rechercher et prévenir tout abus, enquêter sur toute violation qui a pu se produire et poursuivre les auteurs de manière appropriée. Si l'on met en parallèle le développement du droit de l'environnement et du droit des droits de l'homme, on constate que la tenue de la Conférence de Stockholm, qui reconnaît officiellement le droit de l'environnement au niveau international, coïncide plus ou moins avec la Conférence de Téhéran de 1968 sur les droits de l'homme, qui stipule que tous les droits de l'homme sont interdépendants et indivisibles. La Conférence de Téhéran s'inquiétait déjà du développement économique face

---

[147] http://www.conseil-constitutionnel.fr/conseil-constitutionnel/francais/ nouveaux-cahiers-du-conseil/cahier-n-15/environnement-droit-international-droits-fondamentaux.52001.html.[Consulté le 23 février 2017].

aux droits de l'homme. Il faut cependant reconnaître que c'est essentiellement au niveau régional que cette interdépendance a été abordée.

Cette déclaration de Stockholm ne règle pas plusieurs questions notamment la définition de l'environnement, le contenu du droit à l'environnement, la détermination des instances compétentes et de la procédure applicable en cas de violation du droit de l'homme à l'environnement. Ceci a été à l'origine des plusieurs controverses tant doctrinales que jurisprudentielles[148]. D'ailleurs, à titre d'exemple, Patrick THIEFFRY (2015)[149], dans son traité de droit européen de l'environnement, fait allusion aux nombreuses controverses qui affectent le principe de précaution.

Pour mettre fin à ces controverses, les deux aspects du droit ont été dotés au droit à l'environnement : le droit procédural et le droit substantiel. En tant que droit procédural, le droit à l'environnement doit disposer des procédures garantissant la protection de l'environnement en faveur de chaque individu sans aucune discrimination. Comme un droit substantiel, le droit à l'environnement a été défini et précisé par des décisions jurisprudentielles se basant généralement sur les considérations des droits de l'homme. A. KISS a dit à ce propos : « Les développements intervenus ou en cours permettent d'entrevoir une évolution vers la proclamation de droits substantiels spécifiques détaillant le contenu du droit à l'environnement, comme le droit à l'eau, à l'air pur, à la jouissance de paysages, aux bénéfices de la biodiversité, donc en somme à la vie dans des conditions environnementales saines »[150]. A contrario, plusieurs théoriciens[151] du droit estiment que, d'une part, le droit à l'environnement est un droit liberticide en sa qualité de droit de police qui limite les droits et libertés et d'autre part, c'est un droit de la démesure créant la surprotection qui paralyse tout effort de création à cause des surcoûts engendrés et du principe de précaution.

---

148 Gilles SENECAL, « Controverses en environnement et développement durable urbain : la formation d'un nouvel espace public », in *Vertigo - la revue électronique en sciences de l'environnement* [En ligne], Volume 3 Numéro 2 | octobre 2002, mis en ligne le 01 octobre 2002, consulté le 21 octobre 2017. URL : http://vertigo.revues.org/3762 ; DOI : 10.4000/vertigo.3762.

149 Lire P. THIEFFRY, *Traité de droit européen de l'environnement*, Bruxelles, Bruylant, 2015.

150A. KISS, *Op.cit.*

151 M. MOLINER-DUBOST, *Droit de l'environnement*, Cours, Paris, Dalloz, 2015, pp.13-16.

Aujourd'hui, le droit international des droits de l'homme considère la protection de l'environnement comme faisant partie de ses objectifs et de son agenda. Il s'agit de ce qu'on appelle l'intégration du droit à l'environnement dans des droits déjà garantis[152]. A ce propos, Alexandre KISS renchérit : « Les droits de l'homme dans leur ensemble sont proclamés et leur respect est garanti par une série de conventions internationales, tant universelles que régionales. Deux de ces instruments qui sont aussi parmi les plus récents … contiennent des clauses visant explicitement la protection du droit à l'environnement »[153]. Les autres, plus anciennes, garantissent des droits qui peuvent être invoqués dans cette perspective, en particulier lorsqu'il existe des institutions chargées d'en assurer l'application. Au niveau des Nations unies, le Comité des droits de l'homme créé par le Pacte relatif aux droits civils et politiques, peut recevoir des communications permettant d'assurer le respect des droits garantis. Dans les affaires en rapport avec la protection de l'environnement, il a ainsi été invoqué devant cet organe les dispositions du Pacte relatives au droit à la vie et à la protection des minorités (Pacte, respectivement art. 4 et 27). En outre, le droit à la santé, garanti par l'article 12 du Pacte des Nations unies relatif aux droits économiques, sociaux et culturels, a souvent été cité comme pouvant soutenir des revendications touchant à la protection de l'environnement.

Toutefois, il n'y a pas que les rapports de la Commission des droits de l'homme des Nations unies qui en font état. Au niveau européen, ce sont surtout les articles 8 (droit au respect de la vie privée et familiale) et 10 (liberté d'expression) de la Convention européenne de sauvegarde des droits de l'homme et des libertés fondamentales ainsi que l'article 1er de son premier Protocole (protection de la propriété) qui ont fait l'objet de recours impliquant des questions d'environnement auprès de la défunte Commission européenne des droits de l'homme et de la Cour européenne des droits de l'homme.[154]

De nombreux recours concernant la protection de l'environnement ont été introduits devant les tribunaux établis pour garantir le respect des droits de l'homme. C'est auprès de ces cours et tribunaux que l'on trouve la grande majorité de la jurisprudence internationale en matière d'environnement. Pour ce faire, différents intérêts sont évoqués : le droit à la vie, le niveau de vie adéquat, la liberté d'expression, d'information, de participation, la liberté

---

[152]Pour en savoir plus sur l'ensemble de cet aspect, lire M. DEJEANT-PONS et M. PALLEMAERTS, *Op.cit.*

[153] A. KISS, *Idem.*

[154] A. KISS, *Ibidem.*

individuelle, l'égalité de traitement, le respect du droit des minorités à maintenir leur culture. La Commission des Nations Unies des droits de l'homme, la Commission interaméricaine des droits de l'homme, la Cour européenne des droits de l'homme, la Commission africaine des droits de l'homme et la Cour africaine des droits de l'homme, sont autant d'institutions qui ont développé une jurisprudence faisant autorité.

Ainsi, la Cour européenne des droits de l'homme a-t-elle admis que la détérioration de l'environnement pouvait constituer une violation de droits garantis[155]. De ce fait, le droit au respect de la vie privée et familiale[156] a vite pris la première place pour permettre à l'article 8 de consolider les assises du droit de l'homme à un environnement sain. Cette évolution s'est réalisée grâce à l'arrêt GUERRA C/ ITALIE du 19 février 1998[157] par lequel la CEDH a accordé au titre de l'article 8 ce que les requérantes, voisines d'une usine chimique à hauts risques, lui avaient demandé sur le fondement du droit à recevoir des informations garanties par l'article 10. La Cour a en effet estimé que l'attente d'informations essentielles leur ayant permis d'évaluer les risques pour les requérantes et leur famille de continuer à vivre à proximité d'une installation aussi inquiétante, avait entraîné une violation par l'Etat de son obligation positive de garantir leur droit au respect de leur vie privée et familiale.

Ensuite, les liens entre l'environnement sain et le droit au respect de la vie privée et familiale ont été consolidés par l'arrêt MC GINLEY et EGAN C/ ROYAUME-UNI du 9 juin 1998[158] qui a posé le principe essentiel selon lequel un gouvernement qui s'engage dans des activités dangereuses susceptibles d'avoir des conséquences néfastes sur la santé des personnes qui y participent doit, au nom du respect de leur vie privée familiale, mettre en place une procédure effective et accessible leur permettant de demander la communication des informations pertinentes et appropriées.

Par ailleurs, l'arrêt HATTON C/ ROYAUME-UNI du 2 octobre 2001[159] relatif aux nuisances sonores subies par les riverains de l'aéroport

---

[155] Comme vu précédemment, ces droits garantis sont constitués du droit au respect de la vie privée, du droit à l'information, du droit à la jouissance des lieux légalement ou légitimement occupés et du droit à l'environnement.
[156] J.-P. MARGUENAUD, *Cours de droit de l'environnement et la Cour européenne des droits de l'homme,* Université de Limoges, Master 2 de Droit international et comparé de l'environnement,2013, pp.17-18.
[157] J.-P. MARGUENAUD, *Op.cit.*
[158] J.-P. MARGUENAUD, *Idem.*
[159] *Ibidem.*

d'Heathrow de Londres depuis la mise en œuvre d'une nouvelle réglementation autorisant les vols une partie de la nuit, a encore augmenté considérablement la portée environnementale de l'article 8. Cet arrêt a en effet découvert une obligation positive renforcée d'étudier avec la plus extrême précision l'apport économique véritable des vols de nuit et leur impact réel sur la durée et la qualité du sommeil des riverains. Surtout il a enfermé dans des limites spécialement étroites la marge d'appréciation des Etats en matière d'ingérences dans le droit au respect du domicile, de la vie privée et de la vie familiale qui affectent l'environnement. L'article 8 a été un bon outil permettant d'assurer la protection concrète et effective d'un droit de l'Homme à un environnement sain.

Selon J.-P. MARGUENAUD, « l'article 2 de la CEDH selon lequel le droit de toute personne à la vie est protégé par la loi pourrait efficacement suppléer l'article 8 aux ailes rognées par l'arrêt HATTON n°2 comme support d'un droit de l'Homme à un environnement sain et calme. Sa portée environnementale a seulement été dégagée par l'arrêt L.C.B. C/ ROYAUME-UNI du 9 juin 1998 également rendu dans l'affaire des essais nucléaires britanniques, qui sans constater non plus de violation pour des raisons de droit transitoire a posé ce principe essentiel dont les prolongements environnementaux sont considérables : "la première phase de l'article 2 §1 astreint l'Etat non seulement à s'abstenir de provoquer la mort de manière volontaire et irrégulière, mais aussi à prendre les mesures nécessaires à la protection des personnes relevant de la juridiction". »[160]

Concernant l'article 10, il est d'un intérêt très relatif pour ceux qui souhaitent recevoir des informations sur des activités dangereuses. En effet, l'article 10 est d'une plus grande utilité pour les défenseurs de la nature et de l'environnement qui expriment leurs convictions inébranlables et leurs franches oppositions par des écrits, des paroles ou des comportements un peu vigoureux. Ce sont les défenseurs des animaux sauvages qui ont été les premiers à procéder au recours juridictionnel sur base du droit à la liberté d'expression garanti par l'article 10. Sur ce terrain ils ont été d'abord encouragés par un arrêt BLADET TROMSO et STENSAAS C/ NORVÈGE du 20 mai 1999[161] qui a constaté une violation de la convention parce qu'un journaliste avait été condamné pour avoir diffusé des informations approximatives sur la cruauté de la chasse aux phoques. Il s'agissait cependant d'une victoire indirecte, car la liberté d'expression protégée en l'espèce par la CEDH n'était pas celle des opposants à cette forme de chasse

[160] J.-P. MARGUENAUD, *Op. Cit.*, p.23.
[161] *Idem*, p.34.

mais celle d'un journaliste dont les motivations et le comportement étaient d'ailleurs un peu équivoques.

En 1987, quinze ans après la déclaration de Stockholm, le Rapport Brundtland ayant défini le développement durable et validant les travaux de la commission mondiale pour l'environnement et le développement, a réaffirmé le droit de l'homme à un environnement sain en disposant : «Tous les êtres humains ont un droit fondamental à un environnement approprié pour leur santé et leur bien-être »[162]. Le Rapport Brundtland, à l'instar de la déclaration de Stockholm, a fait du droit à l'environnement sain un droit fondamental en ce qu'il était inhérent à la nature humaine, au même titre que les autres droits de l'homme.

Après la Déclaration de Stockholm en 1972 et le Rapport Brundtland en 1987 qui ont présidé à la naissance du droit de l'homme à l'environnement, c'est à la Conférence de Rio au Brésil en 1992 que ce droit connaîtra sa consécration généralisée. C'est à la sortie de cette conférence que le droit de l'homme à l'environnement recevra sa consécration finale et généralisée.

S'agissant du droit au développement, qui fait aussi partie des droits de l'homme de 3ème génération[163] avec le DHE, celui-ci place la personne humaine au centre du processus de développement et fait d'elle le principal participant et bénéficiaire du développement. Dans la Déclaration des Nations Unies sur le droit au développement (1986)[164], on peut lire ceci :

1. toute personne humaine et tous les peuples ont le droit de participer et de contribuer a un développement économique, social, culturel et politique dans lequel tous les droits de l'homme et toutes les libertés fondamentales puissent être pleinement réalisés, et de bénéficier de ce développement.

2. Le droit de l'homme au développement suppose aussi la pleine réalisation du droit des peuples à disposer d'eux-mêmes, qui comprend, sous

---

[162] E. BRUNDTLAND, *Our Common Future,* Oxford, Oxford university press, 1987, p.348.

[163]On a coutume de ranger le droit au développement, dans la 3ème génération des droits de l'homme, celle des « droits de solidarité » avec le droit à la paix et le DHE, les deux premières générations étant respectivement consacrées aux droits civils et politiques ainsi qu'aux droits économiques, sociaux et culturels.

[164] ONU, *La Déclaration sur le droit au développement a 25 ans*, New York, 2011. Disponible sur http://www.un.org/fr/events/righttodevelopment/background.shtml. [Consulté le 23 juillet 2016].

réserve des dispositions pertinentes des deux Pactes internationaux relatifs aux droits de l'homme, l'exercice de leur droit inaliénable à la pleine souveraineté sur toutes leurs richesses et leurs ressources naturelles.

Le droit au développement repose sur le principe de l'indissociabilité et de l'interdépendance de tous les droits de l'homme et des libertés fondamentales. Il faudrait accorder la même attention et veiller d'urgence à la mise en œuvre, à la promotion et à la protection des droits civils, politiques, économiques, sociaux et culturels.

Dans les Objectifs du Millénaire pour le Développement[165] de septembre 2000, l'élimination de la pauvreté est définie comme l'objectif premier du processus de développement. Les Etats membres des Nations Unies se sont engagés à atteindre notamment les objectifs suivants, la plupart avant 2015 : réduire de moitié la proportion de la population dont le revenu est inférieur à un dollar par jour, ainsi que la proportion de la population qui souffre de la faim; assurer l'éducation primaire pour tous, filles et garçons; réduire la mortalité infantile de deux tiers; réduire de trois quarts le taux de mortalité maternelle; combattre le VIH/sida, le paludisme et d'autres maladies; assurer un environnement durable et mettre en place un partenariat mondial pour le développement , etc.

Néanmoins, il convient de constater quinze ans après qu'il ne s'agissait que d'un chapelet de bonnes intentions. Que ce soit au niveau international, africain ou congolais, nous sommes loin du compte. En effet, avec les nombreuses guerres qui ont détérioré la situation sociale et humanitaire des centaines des millions de gens, la misère, l'immigration et la pauvreté se sont accélérées à travers le monde. Il est temps de se demander ce que les puissances de la communauté internationale ont fait de ces objectifs du millénaire du développement.

Après avoir vu les deux instruments notamment la Déclaration de Stockholm et le rapport Brundtland qui en est le prolongement ayant institué le droit de l'homme à l'environnement, et après avoir évoqué le droit au développement qui fait également partie des droits de l'homme de 3$^{ème}$ génération, il convient de parler à présent de la Déclaration de Rio.

---

165 ONU, *Eliminer la pauvreté. C'est possible. Objectifs du millénaire pour le développement et l'après 2015*, New York, 2015. Disponible sur http://www.un.org/fr/millenniumgoals/background.shtml. [Consulté le 23 octobre 2016].

### 2. Déclaration de Rio et consécration internationale du droit de l'homme à l'environnement

La consécration internationale du droit à l'environnement s'est faite dans le cadre de la déclaration de Rio de 1992 d'une part (a) et d'autre part, dans le cadre des conventions ultérieures qui s'inspireront des principes de Rio (b).

#### a. Résultats de la Conférence de Rio : la déclaration de Rio et les principes de gestion des forêts de 1992

La deuxième conférence des Nations-Unies sur l'environnement et le développement tenue à Rio au Brésil en 1992, a abouti à 2 déclarations distinctes : la déclaration de Rio sur l'environnement et le développement ainsi que celle sur les principes de gestion des forêts. Ces deux instruments juridiques internationaux sont venus renforcer l'arsenal en matière du droit de l'homme à l'environnement. La Déclaration de Rio contient plusieurs références aux droits de l'homme. Le principe 1er déclare que les êtres humains sont au centre des préoccupations relatives au développement durable. Ils ont le droit à une vie saine et productive en harmonie avec la nature. La Déclaration admet également le droit des Etats à exploiter leurs ressources, ainsi que le droit au développement. Enfin, mentionnons le principe 10, qui reconnaît le rôle du public dans la formation et le contrôle de la norme environnementale. La Déclaration de Rio fait écho à la participation de toutes les composantes de la société civile dans la prise de décision, et cite nommément les femmes, les jeunes, les populations autochtones et les communautés locales. L'Agenda 21 va dans le même sens.

S'agissant du droit d'accès à la justice, le principe 10 de la Déclaration de Rio énonce qu'un accès effectif à des actions judiciaires et administratives, notamment des réparations et des recours, doit être assuré. L'Agenda 21[166] reprend cette exigence. Cet aspect est très important, car il veille à la bonne application des éléments précédents, soit le droit à l'information et le droit à la participation aux procédures de décisions en matière d'environnement.

En outre parlant des populations forestières, la déclaration des forêts énonce le droit de ces populations à un environnement sain et dispose que les politiques forestières nationales ont l'obligation de reconnaître et de protéger

---

[166] L'Agenda 21 est la feuille de route pour la mise en œuvre des résolutions contenues dans la Déclaration de Rio de 1992.

l'identité, la culture, et les droits des populations autochtones, leurs collectivités et les autres habitants des forêts. Des conditions appropriées doivent être accordées à ces groupes pour leur permettre d'être économiquement intéressés à l'exploitation des forêts, de mener des activités rentables, de réaliser et conserver leur identité culturelle et leur organisation sociale propre et jouir de moyens d'existence et d'un niveau de vie adéquats, notamment grâce à des régimes fonciers incitant à une gestion écologiquement viable des forêts.

La déclaration sur les principes de gestion des forêts met les populations locales riveraines des forêts au centre du droit de l'homme à l'environnement et en fait également les principaux bénéficiaires. Néanmoins, bien qu'ayant consacré le droit à l'environnement, la seule faiblesse des déclarations de Stockholm et de Rio, est qu'elles constituent des instruments juridiques non contraignants car ils font partie de ce qu'on appelle la soft law[167]. En effet, comme mentionné plus haut, le droit à un environnement sain a été en premier reconnu dans les Déclarations de Stockholm et de Rio comme principe non-obligatoire. Ces déclarations n'étaient pas destinées à créer des obligations et droits légaux. Quoi qu'il en soit, elles ont vraiment contribué à l'élaboration du droit international et national. Cependant la Déclaration de Rio, bien qu'elle ne soit pas un traité, a généré certaines obligations pour les États. La Commission du développement durable a été mandatée par l'Assemblée Générale de l'ONU pour être un forum central pour surveiller le progrès et inciter plus de mise en œuvre des documents de Rio.

C'est ce qui a justifié l'adoption des conventions et déclarations internationales en matière de droit à l'environnement afin de les rendre opposables aux Etats.

---

[167] Plusieurs définitions de la soft law existent dans la doctrine. Certains auteurs la qualifient de droit incitatif moulé dans des recommandations plus que dans des interdits comminatoires et reconnaissent que l'absence de sanctions officielles ne fait pas obstacle à l'efficacité des règles. Cfr. F. OST et M. VAN DE KERCHOVE, *De la pyramide au réseau – Pour une théorie dialectique du droit*, Bruxelles, Publications des Facultés universitaires Saint-Louis, 2002, p. 119. Pour d'autres, la soft law concerne les normes qui n'obligent pas juridiquement mais que l'on tente, par divers procédés, de juridiciser, Cfr. P. GAUTIER, *Essai sur la définition des traités entre États – La pratique de la Belgique aux confins du droit des traités*, Bruxelles, Bruylant, 1993, pp. 315-316.

### b. Conventions et déclarations internationales subséquentes à la déclaration de Rio

Au titre de ces conventions, nous parlerons respectivement de la Convention sur la diversité biologique (b.1.), de deux déclarations sur les peuples indigènes et autochtones de l'ONU (b.2.) ainsi que de la Convention n° 169 de l'OIT (b.3.).

#### b.1. Convention sur la diversité biologique : un instrument contraignant à caractère général

La Convention sur la diversité biologique[168] (CDB) a marqué un véritable tournant dans le droit international. Elle reconnaît, pour la première fois, la conservation de la biodiversité comme étant une préoccupation commune à l'humanité et une partie intégrante au processus de développement. Entrée en vigueur en 1993, elle a pourtant été adoptée à la Conférence de Rio de 1992.

S'agissant des populations forestières, la CDB fait obligation aux Etats d'informer, d'éduquer et de sensibiliser le public concernant les questions environnementales (art.13). Mais également de réaliser des études d'impact et de réduction des effets nocifs sur l'environnement. Il exige aux Etats de permettre au public de participer à toutes ces procédures. L'article 14 A dispose que chaque Partie contractante, dans la mesure du possible, adopte des procédures permettant d'exiger l'évaluation des impacts sur l'environnement des projets qu'elle a proposés et qui sont susceptibles de nuire sensiblement à la diversité biologique en vue d'éviter et de réduire au minimum de tels effets, et, s'il y a lieu, permet au public de participer à ces procédures. Conformément à l'art.8 E, la CDB demande aux Etats de promouvoir le développement durable et écologiquement rationnel dans les zones adjacentes aux zones protégées. En outre, l'article 8 J exhorte les Etats à respecter, préserver et maintenir les connaissances, innovations et pratiques des communautés autochtones et locales qui incarnent des modes de vie traditionnels présentant un intérêt pour la conservation et l'utilisation durable de la diversité biologique et en favoriser l'application sur une plus grande échelle, avec l'accord et la participation des dépositaires de ces connaissances, innovations et pratiques et encourager le partage équitable

---

[168] La convention sur la diversité biologique, CDB en sigle, est un traité international sur la conservation de la biodiversité, adoptée à Rio en 1992 et qui est entrée en vigueur en 1993 après ratification par plusieurs pays.

des avantages découlant de l'utilisation de ces connaissances, innovations et pratiques.

Il convient de relever que les peuples autochtones des forêts constituent le principal groupe des populations forestières. Il y a deux déclarations faites à ce sujet les concernant qui méritent d'être vues.

#### b. 2. Déclaration de Kimberley et la DDPA

D'abord la déclaration de Kimberley adoptée lors du sommet mondial du développement durable de 2002 en République Sud-Africaine, qui réaffirme le droit des peuples indigènes au bien-être physique, spirituel, mental et social. Ensuite, la Déclaration des Nations-Unies sur les droits des peuples autochtones (DDPA) du 13 septembre 2007 qui reconnait le droit à un environnement sain (article 29), au développement (art.21 à 24), à l'auto-détermination et à d'autres droits connexes (éducation, santé...) à ces populations[169].

La DDPA reconnait le droit de participation de ces populations aux politiques forestières dans son article 18 en ces termes : « les peuples autochtones ont le droit de participer à la prise de décisions sur des questions qui peuvent concerner leurs droits, par l'intermédiaire de représentants qu'ils ont eux-mêmes choisis conformément à leurs propres procédures, ainsi que le droit de conserver et de développer leurs propres institutions décisionnelles »[170].

Concernant leur droit au développement qui est le fondement du développement local, il est garanti par la DDPA qui dispose notamment en son article 21 §1 que « les peuples autochtones ont droit, sans discrimination d'aucune sorte, à l'amélioration de leur situation économique et sociale, notamment dans les domaines de l'éducation, de l'emploi, de la formation et de la reconversion professionnelles, du logement, de l'assainissement, de la santé et de la sécurité sociale »[171].

Par ailleurs, en ce qui concerne le droit à l'environnement sain, il est repris dans son article 29 qui stipule : « alinéa 1er : Les peuples autochtones ont droit à la préservation et à la protection de leur environnement et de la

---

[169] ONU, *Déclaration sur les droits des peuples autochtones*, New York, 13 septembre 2007.
[170] *Idem.*
[171] *Ibidem.*

capacité de production de leurs terres ou territoires et ressources. À ces fins, les États établissent et mettent en œuvre des programmes d'assistance à l'intention des peuples autochtones, sans discrimination d'aucune sorte. Alinéa 2 : Les États prennent des mesures efficaces pour veiller à ce qu'aucune matière dangereuse ne soit stockée ou déchargée sur les terres ou territoires des peuples autochtones sans leur consentement préalable, donné librement et en connaissance de cause. Alinéa 3 : Les États prennent aussi, selon que de besoin, des mesures efficaces pour veiller à ce que des programmes de surveillance, de prévention et de soins de santé destinés aux peuples autochtones affectés par ces matières, et conçus et exécutés par eux, soient dûment mis en œuvre ».

Quant à leur droit à l'autodétermination, il est contenu dans l'Article 20 : alinéa 1 qui dispose que les peuples autochtones ont le droit de conserver et de développer leurs systèmes ou institutions politiques, économiques et sociaux, de disposer en toute sécurité de leurs propres moyens de subsistance et de développement et de se livrer librement à toutes leurs activités économiques, traditionnelles et autres. Les populations autochtones sont souvent très sensibles aux atteintes à leur environnement, généralement fragile au nombre desquelles on peut citer la déforestation, la désertification, la réduction de la biodiversité et la contamination des ressources naturelles. L'Agenda 21, dans son chapitre consacré aux populations autochtones, reconnaît déjà la possibilité de leur octroyer des moyens de gestion et des pouvoirs de décisions plus importants concernant leurs ressources naturelles, ceci en conformité avec les lois nationales. La Déclaration des droits des peuples autochtones prévoit des droits en matière d'environnement, ainsi que des droits spécifiques sur leurs ressources naturelles. Ces deux déclarations (Kimberley et DDPA) destinées aux communautés autochtones forestières n'envisagent le droit de l'homme à l'environnement que de façon collective au moment où ceux résultant de Stockholm et de Rio consacrent un droit individuel à l'environnement.

**b. 3. Droits des populations autochtones[172] dans le registre de la Convention n° 169 de l'OIT**

L'Organisation Internationale du Travail, en sigle OIT, créée en 1919, est l'une de plus anciennes organisations du système des Nations Unies dont

[172] OIT, *Fiche descriptive No. 8: L'organisation internationale du travail et les peuples autochtones et tribaux*, fiche disponible sur http://www.ohchr.org/ [consulté le 13 avril 2016].

le but est d'établir et de maintenir la justice sociale[173]. Elle a été la première instance internationale à appréhender l'intégralité des questions autochtones. L'Organisation œuvre pour protéger et promouvoir les droits des peuples autochtones et tribaux depuis le début des années 1920. Les actions de l'OIT relatives aux peuples autochtones et tribaux se classent en deux principales catégories : la promotion et la supervision des deux Conventions relatives aux peuples indigènes et tribaux et les programmes d'assistance technique visant à améliorer les conditions économiques et sociales des peuples autochtones et tribaux.

L'OIT est à l'origine de deux seuls instruments internationaux concernant exclusivement les peuples autochtones et tribaux : la Convention relative aux peuples indigènes et tribaux n° 107 de 1957 et la Convention relative aux peuples indigènes et tribaux n° 169 de 1989. La Convention n° 107 est maintenant fermée à la ratification. En revanche, elle s'applique toujours aux États qui l'ont ratifiée.

S'agissant de la Convention 169, au 1er janvier 2013, 20 États membres l'avaient ratifiée et bon nombre d'autres pays envisageraient de le faire. Ces deux Conventions établissent des normes minimales concernant le respect des droits civils, politiques, sociaux et économiques des peuples autochtones et tribaux. Elles sont contraignantes pour les États qui les ont ratifiées. La Convention n° 107 de l'OIT, adoptée en 1957, est le premier instrument international traitant dans son intégralité des droits des peuples indigènes et tribaux et des obligations des États à l'égard de ces populations. Malgré son caractère novateur, la Convention n° 107 employait un langage paternaliste en qualifiant dans son article 1^er^, 1-a) ces populations de « moins avancées » et en prônant une politique d'assimilation. Cela l'a fait bouder par plusieurs pays devenus indépendants qui voyaient en elle un instrument de tendance coloniale[174].

Dans les années qui ont suivi son adoption, la Convention n° 107 a révélé ses limites et les groupes autochtones ont commencé à demander de nouvelles normes internationales. L'OIT a écrit à ce propos ; « Au fil du temps, certains points faibles de la convention N° 107 sont apparus, en particulier la supposition implicite que l'unique avenir des peuples

---

173 OIT, *Les droits des peuples autochtones et tribaux dans la pratique- un guide sur la Convention n° 169*,2009, p.173.

174 Organisation des Nations et des Peuples non-représentés, *Campagne pour la ratification de la Convention de l'OIT de 1989*, janvier 2008. Disponible sur http://www.unpo.org/article/9127 [consulté le 16 avril 2016].

autochtones était de s'intégrer à la société majoritaire et que la prise de décisions concernant leur développement revenait à des personnes extérieures à ces peuples. Grâce à une prise de conscience grandissante et à l'organisation et à la participation des peuples autochtones au niveau national et international pendant les années 1960 et 1970, ces suppositions furent ébranlées. En 1989, la convention N° 169 a remplacé la convention N°107. »[175]

En 1986, préoccupée par l'approche intégrationniste prônée par la Convention n° 107, l'OIT s'est engagée dans un travail de révision de ladite Convention. En 1989, l'OIT a rédigé un nouveau projet de Convention portant modification de la Convention n° 107. C'est la Convention n° 169 relative aux peuples indigènes et tribaux. Comme la précédente, la Convention n°169 fait état des droits des peuples autochtones et tribaux et des devoirs des États l'ayant ratifiée à leur égard. La Convention n° 169 part du principe que les cultures et les institutions des peuples indigènes et tribaux doivent être respectées et affirme leur droit à continuer de vivre dans leurs sociétés nationales, à établir leurs propres institutions et à déterminer leur propre mode de développement. La Convention n° 169 de l'OIT appelle les gouvernements à mener des consultations avec les populations concernées sur les mesures administratives ou législatives qui les concernent directement. Elle établit également le droit de ces populations à participer aux processus de prise de décisions relatives aux politiques et aux programmes qui les concernent.

Les dispositions les plus importantes de cette Convention concernent notamment dans un premier temps le fait qu'elle demande , en son article 4, aux États l'ayant ratifiée d'adopter des mesures spéciales, en tant que de besoin, en vue de sauvegarder les personnes, les institutions, les biens, le travail, la culture et l'environnement des peuples indigènes et tribaux[176].Puis dans le second temps, elle dispose[177] qu'en appliquant la Convention , les États devront reconnaître et protéger les valeurs et les pratiques sociales, culturelles, religieuses et spirituelles de ces peuples et respecter l'intégrité des valeurs, des pratiques et des institutions desdits peuples.

Dans l'article 6, elle dispose, entre autres, que les États ayant ratifié la Convention devront consulter les peuples indigènes et tribaux, par des procédures appropriées, et en particulier à travers leurs institutions

[175] OIT, un guide sur la Convention 169, Idem.
[176] Art.4 de la Convention n° 169 de l'OIT, Genève, 1989.
[177] Art.5, *Idem.*

représentatives, chaque fois que l'on envisage des mesures législatives ou administratives susceptibles de les toucher directement. Les États devront également mettre en place les moyens permettant de développer pleinement les institutions et initiatives propres à ces peuples. Elle dispose également notamment que les peuples indigènes et tribaux doivent avoir le droit de décider de leurs propres priorités en ce qui concerne le processus du développement, et d'exercer autant que possible un contrôle sur leur développement économique, social et culturel propre, et que les gouvernements doivent prendre des mesures, en coopération avec les peuples intéressés, pour protéger et préserver l'environnement dans les territoires qu'ils habitent[178].

Par ailleurs, la Convention demande aux États de tenir dûment compte des coutumes ou du droit coutumier des peuples indigènes et tribaux, en appliquant la législation nationale aux peuples intéressés[179].Elle dispose que les gouvernements doivent respecter l'importance spéciale que revêt pour la culture et les valeurs spirituelles des peuples indigènes et tribaux la relation qu'ils entretiennent avec les terres ou territoires, qu'ils occupent[180].

Elle exige, en son article 14, que les droits de propriété et de possession sur les terres qu'ils occupent traditionnellement doivent être reconnus aux peuples indigènes et tribaux et que des procédures adéquates doivent être instituées dans le cadre du système juridique national en vue de trancher les revendications relatives à des terres émanant des peuples intéressés.

Les normes fixées par la Convention n° 169 de l'OIT forment un cadre de base pour la protection des peuples indigènes et tribaux au regard du droit international. De nombreuses instances internationales, telles que le Programme des Nations Unies pour le développement (PNUD) et la Banque mondiale, se réfèrent à la Convention n° 169 pour le développement de leurs propres politiques et programmes en faveur des populations autochtones. Si la Convention n° 169 de l'OIT affirme les droits minimaux des peuples autochtones et tribaux, sous de nombreux aspects, elle n'établit que des obligations de base, en laissant les États qui l'ont ratifiée libres de déterminer quelles sont les mesures spécifiques qu'ils adopteront et, pour respecter la terminologie des autres conventions de l'OIT, en établissant des normes internationales minimales.

---

[178] Art.7, *Op. cit.*

[179] Art.8 de la Convention n° 169 de l'OIT, Genève, 1989.

[180] Art.13, Convention n° 169 de l'OIT.

Il convient de relever que le fait que cette Convention ne soit que ratifiée par un petit nombre des pays ne facilite pas son application au niveau international. En effet, la ratification de la Convention par un nombre croissant d'États facilite l'acceptation des normes internationales qu'elle établit. Nombre de pays ont actuellement entamé la procédure de ratification de la Convention n° 169 ou s'apprêtent à le faire.

Telles sont les émanations de ce droit à l'environnement sur le plan universel qui ont entraîné leur reconnaissance au niveau régional africain.

**B. Reconnaissance régionale au niveau africain du droit des communautés forestières à un environnement sain**

L'Afrique a été le premier continent à avoir proclamé le droit de l'homme à l'environnement le 28 juin 1981 à Nairobi au Kenya. En effet, c'est d'abord au plan régional africain que le droit de l'homme à l'environnement a fait l'objet d'une reconnaissance conventionnelle. En effet, la « Charte africaine des droits de l'homme et des peuples est le premier ouvrage à avoir reconnu le droit de l'homme à l'environnement »[181] en son article 24 qui énonce que tous les peuples ont droit à un environnement satisfaisant et global, propice à leur développement.

Depuis cette date, cet article 24 va incarner une valeur emblématique qui va rapidement se répandre à travers le monde. Elle sert désormais de référence à chaque réforme constitutionnelle ou à l'occasion de l'adoption de toute nouvelle loi environnementale que les différents Etats actuels du monde comptent mettre en œuvre.

Cette Charte africaine, bien que proclamant un droit collectif des peuples, a imposé un devoir envers l'environnement. La Charte africaine contient aussi un article 7 imposant le droit à un recours adéquat devant des tribunaux indépendants et à une compensation en cas de spoliation des ressources naturelles.

Il convient de dire qu'au plan régional, depuis la consécration du droit à l'environnement sain au niveau africain en 1981, tous les autres continents ont emboîté le pas à l'Afrique. Au niveau du continent américain, la Convention américaine des droits de l'homme, dans l'article 11 de son Protocole additionnel adopté à San Salvador en 1988, reconnaît le droit de

---

[181] L. GRANIER (dir.), *Aspects contemporains du droit de l'environnement en Afrique de l'Ouest et Centrale*, Gland, UICN, 2008, p.166.

vivre dans un environnement sain et de bénéficier des équipements publics essentiels. En Europe, le système européen quant à lui est en retard sur la question, car il n'est fait état à l'environnement que dans la déclaration du parlement européen sur les droits et libertés fondamentaux du 12 avril 1989[182].De plus, la Convention d'Aarhus adoptée par les pays européens en 1998[183], dans son préambule, reconnaît à chacun le droit de vivre dans un environnement propre à assurer sa santé et son bien-être. En outre, la jurisprudence de la Cour européenne des droits de l'homme a interprété de manière très large le droit au respect de la vie privée, de la vie familiale et du domicile, ainsi que du droit à la vie, de manière à reconnaître le droit à un environnement sain.

S'inspirant de la Convention d'Aarhus adoptée au niveau régional par l'Europe, la nouvelle Convention africaine sur la conservation de la nature et des ressources naturelles, adoptée par l'Assemblée de l'Unité africaine le 11 juillet 2003, ne se contente pas de reconnaître le droit de tous les peuples à un environnement satisfaisant, favorable à leur développement, comme l'avait fait la Charte africaine des droits de l'homme et des peuples. Elle proclame dans son article 16 des droits procéduraux comportant l'obligation des États parties d'adopter des mesures législatives et réglementaires nécessaires pour assurer en temps utile la propagation des informations relatives à l'environnement, l'accès du public à de telles informations, sa participation à la prise de décisions et l'accès à la justice[184].

La consécration internationale du droit de l'homme à l'environnement sur le plan universel et africain, a contraint les différents Etats dont la RDC à le reconnaître dans leur législation nationale. En effet, l'article 215 de la Constitution de 2006 dispose que tout traité international est une base du droit congolais. Il prime sur les lois dès sa ratification et publication. Cet

---

182 M.A. MEKOUAR : « Le droit à l'environnement dans la Charte Africaine des droits de l'homme et des peuples », in *Etude juridique de la FAO en ligne*, 2001. [Consulté le 24 novembre 2015].

183 Le préambule de cette Convention d'Aarhus établit un lien entre les droits environnementaux matériels et procéduraux. Il stipule que « les citoyens doivent avoir accès à l'information, être habilités à participer aux processus décisionnels et avoir accès à la justice en matière d'environnement » afin d'être en mesure de faire valoir leur droit de vivre dans un environnement sain. Par ailleurs, les Etats doivent assurer leur devoir de protection et d'amélioration de l'environnement dans l'intérêt des générations présentes et futures. M. SANCY, *Cours de Droits de l'homme et droit de l'environnement*, Master 2 Droits fondamentaux, Université de Nantes, 2012-2013, p.7.

184 A. KISS, *Idem.*

article 215 confirme le caractère moniste du droit congolais. Contrairement au dualisme qui exige qu'un traité international soit préalablement transposé en droit interne avant son application, le monisme se veut être une conception du rapport entre les ordres juridiques interne et international qui considère les deux ordres comme un tout : un traité est directement applicable en droit interne dès lors qu'il a été ratifié[185].

### Paragraphe II. Reconnaissance nationale du droit à l'environnement

Le DHE a d'abord été consacré par le droit international par le biais des différentes déclarations et conventions internationales vues et analysées précédemment conformément au caractère moniste du droit congolais, mais également, il a été transposé dans le droit interne de l'Etat par une insertion constitutionnelle ainsi qu'une élaboration des lois spécifiques s'y rapportant. Dès lors, la mise en œuvre du droit de l'homme à l'environnement sur le plan national en RDC passe par son insertion dans la constitution (A), dans les lois et règlements (B) et par la compréhension en droit comparé des droits d'usage forestiers qui en découlent (C).

#### A. Au plan constitutionnel

Dans la hiérarchie des normes juridiques, la constitution figure au sommet comme étant la norme suprême[186] . Ainsi, quand il est nécessaire d'instituer un droit sacré, il est recommandé de le consacrer dans la constitution qui est le texte de base de l'organisation de l'Etat. C'est ce qui justifie le fait que la majorité des pays africains voire du monde ont choisi de hisser le droit de l'homme à l'environnement, DHE en sigle, à un niveau supérieur des normes juridiques internes. En effet, toute norme inférieure violant le droit à l'environnement contenu dans la constitution, s'exposerait à l'invalidation par le juge constitutionnel à l'occasion du contrôle de la constitutionnalité de ladite loi[187]. Le juge judiciaire est aussi susceptible de

---

[185] Pour comprendre le monisme, lire J. MORET-BAILLY, « Ambitions et ambiguïtés des pluralismes juridiques », in *Droits*, 2002, no 1, pp. 195-206. J. KAZADI MPIANA, *La Position du droit international dans l'ordre juridique congolais et l'application de ses normes*, Paris, Publibook Université, 2013, p.41.

[186] C. BIGAUT, « La Constitution demeure la norme suprême : le pouvoir constituant est souverain », in *La revue administrative*, 2003, pp. 605-608.

[187] Lire à ce propos P. BRUNET, « Le juge constitutionnel est-il un juge comme les autres ? Réflexions méthodologiques sur la justice constitutionnelle », in E. MAULIN et P. WACHSMANN et al. (dir.), *La notion de justice constitutionnelle*, Paris, Dalloz, 2005, pp. 115-135. S. PEYROU-PISTOULEY, *La Cour*

se prononcer contre toute violation du DHE sur base des dispositions transcrites dans la constitution.

Avec son insertion dans la constitution, le DHE accède au rang des droits fondamentaux, car plusieurs auteurs disent que, dès qu'un droit figure dans la constitution, il devient un droit fondamental[188]. A ce propos, le constitutionnaliste Abdoulaye Diarra (2010)[189] a écrit que la constitutionnalisation d'un droit lui conférait le caractère de droit fondamental, car par droits fondamentaux, il convient d'entendre un ensemble de droits et de garanties que l'ordre constitutionnel reconnaît aux particuliers dans leurs rapports avec les autorités étatiques[190].

Il convient de relever que dans la constitution, un droit consacré peut figurer soit dans le préambule, soit dans la partie articulée du texte. Contrairement au Cameroun où le droit à l'environnement est consacré dans le préambule de la constitution de 1996, plusieurs pays africains dont la RDC l'ont incorporé dans la partie articulée qui constitue le corps même de la constitution. En effet, certains juristes comme Maurice Kamto[191] estiment que le préambule n'a aucune force contraignante au motif qu'il constitue un énoncé des principes généraux. En dehors du Cameroun, tous les autres Etats de l'Afrique qui ont reconnu le droit à l'environnement l'ont fait dans leur partie articulée. Cette position occupée par l'énoncé de ce droit dans la constitution le rend, semble-t-il, dans tous les cas, beaucoup plus fort que si on l'avait consacré dans le préambule. Dans les pays africains, le droit à l'environnement est consacré soit dans la constitution, soit dans la loi, soit simultanément dans les deux.

En République Démocratique du Congo, la Constitution du 18 février 2006 qui est actuellement en vigueur dans ce pays, a introduit quelques

---

*constitutionnelle et le contrôle de la constitutionnalité des lois en Autriche*, Thèse de doctorat de droit public, Université de Pau, 1991. P. BLACHER, *Contrôle de constitutionnalité et volonté générale*, Thèse de doctorat de droit, Montpellier 1, 1998.

188 V. CHAMPEIL-DESPLATS, « La notion de droit "fondamental" et le droit constitutionnel français », in *Recueil Dalloz,* 1995.

189 A. DIARRA, *Démocratie et droit constitutionnel dans les pays francophones d'Afrique*, Paris, Karthala, 2010, p.247.

190 R. BADINTER et B. GENEVOIS, « Normes de valeur constitutionnelle et degré de protection des droits fondamentaux », in *Revue française de droit administratif*, n°3, 1990, p.317.

191 M. KAMTO, *Le droit de l'environnement en Afrique*, Vanves, EDICEF, 1996, p.9.

dispositions constitutionnelles applicables à la protection de l'environnement en ses articles 53, 54 et 55. En effet, le droit à l'environnement sain est consacré par l'article 53 qui dispose que « toute personne a droit à un environnement sain et propice à son épanouissement intégral. Elle a le devoir de le défendre. L'Etat veille à la protection de l'environnement et à la santé des populations »[192]. Avec cette disposition constitutionnelle, l'Etat congolais est le débiteur du droit de l'homme à un environnement sain et l'individu son créancier. De plus, l'Etat a l'obligation de veiller à la santé de la population, y compris celle forestière.

S'agissant du droit au développement des populations forestières, il est érigé par l'article 58 qui énonce : « Tous les Congolais ont le droit de jouir des richesses nationales. L'Etat a le devoir de les redistribuer équitablement et de garantir le droit au développement »[193]. Cet article signe la consécration constitutionnelle du droit au développement local et oblige l'Etat congolais à procéder à une redistribution équitable des revenus tirés de l'exploitation des ressources nationales notamment des ressources forestières et minières. Par ailleurs, la constitution de 2006 fait également allusion dans ses articles 54 et 55 à la compensation et à la réparation des dommages puis instaure les modalités d'exécution qui seront ainsi définies selon les cas par la loi spécifique en cette matière.

Ainsi, c'est dans les lois organiques et les règlements que nous trouverons les détails relatifs à ce DHE.

### B. Au plan législatif et réglementaire

En vertu de ce qui précède, force est de constater que le Congo dispose d'un arsenal juridique important, preuve inéluctable de sa volonté d'assurer une meilleure protection de l'environnement. En dehors des mesures juridiques adoptées conformément aux engagements internationaux souscrits par l'Etat Congolais, l'application du droit international de l'environnement au Congo a des impacts sur le plan légal et réglementaire.

La Loi de protection de l'environnement de 2011[194] dispose en son article 46 que « toute personne a droit à un environnement sain et propice à son épanouissement intégral. Elle a le droit de le défendre, par toutes voies

---

[192] Lire RDC, *Constitution du 18 février 2006,* Kinshasa, Journal Officiel, 2006.
[193] Disposition de l'article 58 de la constitution de 2006.
[194] Cfr RDC, *Loi n° 11/009 du 9 juillet 2011 portant principes fondamentaux relatifs à la protection de l'environnement*, Kinshasa, Journal Officiel, 2011.

de droit en action individuelle ou collective » et dans son article 47 que « toute personne a le droit de respirer un air qui ne nuise pas à sa santé »[195]. Ici, on voit clairement que la RDC reconnaît le droit à l'environnement à ses citoyens. Ceci est une avancée majeure en matière des droits inhérents à la personne, car, à cette reconnaissance, est ajouté le droit de recours juridictionnel par le biais d'action individuelle ou collective.

Par ailleurs, l'Etat est le débiteur de ce droit à l'environnement sain. En effet, il est fait obligation aux pouvoirs publics de prendre notamment les mesures nécessaires en vue d'opérer la réduction des émissions de gaz à effets de serre et le contrôle des substances qui appauvrissent la couche d'ozone. Ils prennent les mesures nécessaires d'adaptation aux changements climatiques (art.48). Egalement, les pouvoirs publics (l'État, provinces, entités territoriales décentralisées) ont le devoir d'assurer le développement local et de lutter contre la pauvreté en application de l'article 30 qui dispose qu'ils assurent la conservation et la gestion des écosystèmes forestiers en vue d'accroître leur contribution au développement économique, social et culturel durable.

En ce qui concerne les infractions forestières par exemple, elles sont prévues par l'article 143 du code forestier ainsi que par les dispositions des articles 42 et 64 de l'arrêté ministériel n°035/CAB/MIN du 05 octobre 2006 relatif à l'exploitation forestière.

S'agissant des droits d'usage[196] dont les populations riveraines des forêts sont titulaires en vertu de la loi portant code forestier de 2002, ceux-ci sont déterminés et précisés dans quelques dispositions légales. Les droits d'usage forestiers des populations vivant à l'intérieur ou à proximité du domaine forestier sont ceux résultant des coutumes et traditions locales pour autant que celles-ci ne soient pas contraires aux lois et à l'ordre public. Ils permettent le prélèvement des ressources forestières par ces populations en vue de satisfaire leurs besoins domestiques, individuels ou communautaires. Mais cet exercice est subordonné à l'état et à la possibilité des forêts. Cela voudrait dire que si la forêt ne le permet pas, il sera interdit aux populations riveraines d'effectuer tout prélèvement.

---

[195] Article 47 de la loi sur la protection de l'environnement précitée.

[196] Les précisions détaillées sur les droits d'usage des populations forestières congolaises sont données dans le code forestier de 2002 notamment en ses articles 11, 20, 23, 36, 39,41 et 44.

La vente des produits forestiers prélevés au titre des droits d'usage est expressément interdite, sauf quelques fruits et produits déterminés par l'Autorité provinciale par voie d'arrêtés. Cette interdiction de commercialisation des produits forestiers vient rappeler que le droit d'usage n'est exercé que dans un cadre exclusif de subsistance. Néanmoins cette interdiction est décriée par plusieurs observateurs qui estiment qu'elle est à l'origine des difficultés financières rencontrées par la population forestière qui n'a pas d'autres sources des revenus que la vente des produits forestiers en l'absence d'emplois rémunérés en milieu forestier.

Dans les forêts classées, les droits d'usage sont limités :

- Au ramassage du bois mort et de la paille ;

- A la cueillette des fruits, des plantes alimentaires et médicinales ;

- A la récolte de gommes, de résines ou du miel ;

- Au ramassage des chenilles, escargots et grenouilles ;

- Au prélèvement du bois destiné à la construction des habitations et pour un usage artisanal, ce qui l'apparente au droit d'affouage pratiqué en droit forestier français[197]. A voir les prélèvements autorisés et cités nommément, il est interdit de chasser le gibier, chose étonnante car cela porte atteinte au droit à l'alimentation des populations forestières qui risquent de connaître des carences en protéines animales[198]. En outre le plan d'aménagement de chaque forêt classée détermine les droits d'usage autorisés pour la forêt concernée. Dans les forêts protégées, l'agriculture est autorisée sauf interdiction motivée et temporaire du Gouverneur de province.

Pour les forêts concédées, les populations riveraines des concessions forestières continuent à exercer leurs droits d'usage traditionnels sur la concession dans la mesure de ce qui est compatible avec l'exploitation

---

[197] Droit d'usage concédé, à l'origine, de la propre volonté du seigneur à une communauté d'habitants, l'autorisant à se servir du bois pour se chauffer. La plupart des coutumes limitent le droit de l'usager au bois mort, ou au bois vif des essences inférieures de la forêt. L'affouage peut aussi être le produit de la forêt de la communauté, destiné au chauffage et qui est délivré aux habitants. La forêt, qui fournit l'affouage, s'appelle souvent la fourasse. Disponible sur http://foret.chambaran.free.fr/ [consulté le 14 juin 2016].

[198] Lire à ce propos J. ZIEGLER, *Le droit à l'alimentation,* Paris, Fayard, 2003.

forestière à l'exception de l'agriculture. Le concessionnaire forestier ne peut prétendre à une quelconque indemnisation ou compensation du fait de cet exercice des droits d'usage, rencontrés au Congo tout comme en France, qui permettent aussi aux populations d'être en bonne santé.

### C. Les droits d'usage forestiers en droit français et en droit congolais

En parlant des droits d'usage forestiers, il convient de spécifier la doctrine afférente à cette notion des droits d'usage (1), leur évolution historique (2) et les similitudes et différences rencontrées dans les deux pays (3).

#### 1. Doctrine relative aux droits d'usage

Cette doctrine relative aux droits d'usage trouve ses fondements dans le droit civil (a) ainsi que dans le droit forestier (b).

##### a. En droit civil

En droit civil, le droit d'usage[199] est un droit réel qui constitue un démembrement du droit de propriété[200]. Pour comprendre la fonction de ces droits réels qui coexistent avec la propriété, il sied de se référer à l'article 543 du code civil français. Aux termes de cet article, on peut avoir sur les biens, soit un droit de propriété, ou un simple droit de jouissance, ou seulement des services fonciers (servitudes telles que le droit de passage et le droit de surélévation). A côté de la propriété, des droits réels tels que l'usufruit, le droit d'usage et d'habitation ou les servitudes ont été consacrés parce que les droits réels sont destinés à tempérer l'égoïsme de la propriété individuelle[201].

En effet, le code Napoléonien a marqué une rupture avec le système féodal de l'Ancien Droit[202]. Dans le système féodal, il n'y a pas, du moins

---

199 Selon les dispositions de l'article 630 du code civil, le droit d'usage permet à son titulaire d'user de la chose et d'en percevoir les fruits, mais dans la mesure seulement de ses besoins et de ceux de sa famille. P. BIRH et M.-H. BIHR, *Droit civil général*, Coll. Les mémentos, 19 éd., Paris, Dalloz, 2013, p.210.

200 P. BIRH et M.-H. BIHR, *Op. Cit.*, p.205.

201 R. BOFFA, *Droit civil, Examen national du CRFPA session 2017*, Paris, LGDJ, 2017, p.85.

202 Idem.

sur la terre, de propriété exclusive : il n'y a que des jouissances simultanées ou des saisines. Tous les membres d'un village ont une saisine sur la terre, qui est reçue de Dieu et qui n'est accaparée par personne[203]. Les rédacteurs du code Napoléon de 1804, après la Révolution de 1789, ont fait de l'individu le cœur du système juridique[204] : dès lors, ils ont liquidé le régime féodal, en revenant à la notion romaine de propriété, entendue comme un droit exclusif. Mais ils ont tempéré cette consécration de la propriété en reconnaissant des droits réels à l'article 543 du code civil.

Par exemple, grâce à la servitude, le propriétaire d'une parcelle enclavée va pouvoir passer chez son voisin. De ce fait, le droit réel devient un vecteur de solidarités familiales et sociales. On retrouve l'esprit de compromis qui énerve ou couvre l'intégralité du code Napoléon.

Précisons que ce droit d'usage est un droit réel sur la chose d'autrui[205] tant en droit civil qu'en droit forestier.

**b. En droit forestier**

Les droits d'usage forestiers sont des droits accordés aux populations riveraines des forêts afin d'y accéder ou d'y effectuer des prélèvements nécessaires pour leur vie quotidienne et pour leur subsistance. Ce droit d'usage du droit forestier est « sui generis » en ce qu'il est un droit réel, sur les forêts détenues par un titulaire, mais qui est accordé à son voisin. En effet, l'usage dont s'occupe le code forestier est une servitude réelle, discontinue et non apparente, qui donne à celui qui l'exerce le droit d'exiger, pour ses besoins, et à raison de son domicile, certains produits de la forêt d'autrui[206]. Ce droit est une servitude réelle, car il profite au possesseur du fonds auquel il est attaché, quel que soit l'individu qui l'habite ou le détient et non à une personne déterminée[207]. Cette servitude doit même être suspendue dans certains cas, notamment lorsque son exercice pourrait porter atteinte grave aux productions essentielles du sol forestier[208].

---

[203]R. BOFFA, *Op. Cit.*, p.85.
[204] Idem.
[205] R. BOFFA, *Op. Cit.*, p.86.
[206] E. MEAUME, *Des droits d'usage dans les forêts, de l'administration des bois communaux et de l'affouage*, Paris, Ed. Auguste Durand, 1851, p.3.
[207] *Idem.*
[208] *Ibidem.*

L'usage est un démembrement de la propriété qui n'engendre au profit de l'usager aucun droit de copropriété. Il a aussi pour effet de diminuer la propriété, en ce qu'il affaiblit la jouissance du propriétaire qui n'a plus le « *dominium plenum* », mais seulement une propriété plus restreinte, « *dominium minus plenum* »[209]. Ce propriétaire se trouve obligé de faire participer un étranger à la jouissance du fonds et à la perception d'une partie des fruits de son fonds, mais cet étranger ne pourra jamais contraindre le propriétaire à lui céder une portion de la forêt grevée d'usage[210].

L'usage est moins un démembrement de propriété qu'une division de la jouissance en ce qu'il confère à l'usager le droit de participer à la perception du fruit de la propriété. La constitution d'un droit d'usage a pour effet d'amoindrir la jouissance plutôt que de démembrer la propriété. L'usager ne fait jamais acte de propriétaire, mais il se borne à pouvoir exiger des délivrances mobilières que le propriétaire est contraint de lui consentir tout en gardant la propriété entière[211]. Cela est une constante de l'exercice du droit d'usage à travers l'histoire.

### 2. Evolution historique

Cette évolution historique sera examinée dans les deux pays d'abord en France (a) et ensuite en RDC (b).

#### a. En France

Les droits d'usage afférents aux forêts apparaissent en France au Moyen-âge avec la constitution de la noblesse. Les paysans qui avaient, naguère, accès à toutes les forêts, connussent soudainement des restrictions d'accès avec l'apparition des nobles, des châtelains, des seigneurs, du clergé qui commencèrent à s'accaparer et à exercer des droits de propriété sur les forêts.

Après maintes contestations, surtout au XIIIe siècle et sous l'Ancien Régime qui avaient vu apparaître l'expansion de l'utilisation du bois avec respectivement le début de l'urbanisation et l'industrie naissante[212], des

---

209 E. MEAUME, *Des droits d'usage dans les forêts, de l'administration des bois communaux et de l'affouage,* Paris, Ed. Auguste Durand, 1851, p.3.
210 *Idem.*
211 E. MEAUME, *Op. Cit.,* pp.3-4.
212 M. LAGARDE, *Un droit domanial spécial : le régime forestier, Contribution à l'étude du domaine,* Thèse de Droit, Université de Toulouse, 2004, p.130.

droits d'usage divers avaient été accordés[213], avec l'érection des législations forestières, aux riverains notamment le droit d'affouage[214], le droit de pâturage, le marronnage[215], le droit d'essartage[216], le droit de passage et la glandée[217].

Pour permettre aux habitants d'exercer leurs droits d'usage, deux pratiques sont observées : le triage et le cantonnement. Le triage est l'opération grâce à laquelle le propriétaire des forêts perçoit le tiers du

---

213 P. GROMITSARI, *Le droit forestier. Etude comparée de la France et de la Grèce*, Thèse de Droit, Université Paris 1, 2016, p.217.

214 Droit d'usage concédé, à l'origine, de la propre volonté du seigneur à une communauté d'habitants, l'autorisant à se servir du bois pour se chauffer. La plupart des coutumes limitent le droit de l'usager au bois mort, ou au bois vif des essences inférieures de la forêt. L'affouage peut aussi être le produit de la forêt de la communauté, destiné au chauffage et délivré aux habitants. La forêt, qui fournit l'affouage, s'appelle souvent la fourasse. Cfr Les droits d'usage forestiers sous l'Ancien Régime.

215 Droit, pour un membre d'une communauté d'habitants, d'obtenir du bois de construction, appelé bois de marronnage ou de marnage, bois merrain ou merrien, destiné à la construction ou à la réparation des maisons (pièces de charpente,etc), haies, tonneaux. On parle aussi de droit d'outillage lorsque le bois est destiné à la réalisation d'outils. Cfr Idem.

216 L'essartage est la suppression de l´état boisé par arrachage et brûlage des arbres et broussailles sur une surface donnée pour y faire une culture. Les essarts sont des lieux essartés, fréquents dans la toponymie française. Ce droit permettait d'essarter dans les coupes réalisées avant que les taillis ne reprennent. II ne s'agissait pas d'un simple défrichement, mais plutôt de la mise en culture périodique, pour un an ou deux, d'une portion de terrain boisée ou broussailleuse, qui retournait à l'état de bois ou de bruyère. La pratique de l'essartage au bois résultait de la constatation que, après la coupe d'un taillis, il existait un terrain découvert qui, s'étant reposé au cours d'une vingtaine d'années, se prêtait aux semailles. Le sol devait cependant être préparé et, autant que possible, fumé. C'est ce qu'on arrivait à faire, sans aucun apport étranger, par la combustion des végétaux restés à la surface : herbages, ronces, brindilles. Cfr *Ibidem.*

217 C'est le droit de faire paître des porcs dans les forêts à la recherche de glands et faînes pendant une période déterminée, après évaluation de la production des chênes chaque année ; selon les régions, cela va du 8 septembre (Notre-Dame de septembre), du 29 septembre (Saint-Michel), ou du 1er octobre (saint Rémy) au 30 novembre (saint André), parfois au 1er février. Selon certaines coutumes, cette période est prolongée jusqu'au 23 avril (Saint Georges) : c'est le temps de recours, d'arrière-paisson ou d'arrière-panage. La redevance qui correspond à cet usage de première nécessité permet de faire des baux de glandée un placement assez important, dont les règles sont précisées par l'ordonnance de 1669, avec fixation du nombre maximum des porcs par les maîtres particuliers des eaux et forêts. Cfr Ibidem.

produit récolté par les habitants ayant exercé leurs droits d'usage. Quant au cantonnement, il consiste pour le propriétaire forestier à accorder le droit d'exploitation du fond et l'usage sur les produits sur une partie de ses forêts, tout en se réservant le restant des forêts sur lesquelles est exclu tout exercice du droit d'usage.

En 1827, à l'aube de la révolution industrielle, la forêt ne constitue plus que 16 % du territoire français et elle est mal en point. C'est pourquoi le code forestier promulgué cette année, a mis en œuvre de nouvelles restrictions des droits d'usage. Cela a engendré des troubles dans certaines régions forestières notamment dans les Pyrénées[218].

Par la suite, ces droits d'usage ont été reconduits par les différentes lois forestières successives dont la dernière constitue le code forestier actualisé[219] en 2012.

**b. Au Congo**

Avant l'arrivée des colonisateurs belges, toutes les forêts entourant un village, constituaient des biens communs appartenant à toute la communauté villageoise et qui faisaient partie, de ce fait, d'une indivision conformément aux coutumes congolaises qui ont toujours eu une emprise certaine sur les matières foncières et forestières. Ainsi, ces forêts étaient accessibles à tout le monde[220]. En ce qui concerne les droits d'usage, ils étaient exercés sans restriction pour faire la chasse, faire des prélèvements vitaux (alimentaires, médicaux, culturels, d'habitat), paître le bétail. Ces droits d'usage étaient similaires à ceux qui existaient en France sous l'Ancien Régime[221].

Cependant, avec la première ordonnance réglementant le foncier de 1885[222], les forêts déclarées vacantes et celles attribuées aux entreprises, sont soustraites du régime de l'universalité des droits de propriété de l'ère précoloniale. Ainsi, les seuls droits qui sont reconnus sur ces forêts ainsi retirées aux communautés indigènes, sont les droits d'usage encadrés par l'ordonnance précitée. Les communautés indigènes continuent à exercer

---

[218] L. CLARENC, « Le code de 1827 et les troubles dans les Pyrénées centrales au milieu du XIXe siècle », in *Les Annales du Midi*, 1965, Vol.77, n° 73, pp.293-317.

[219] Ordonnance n°2012-92 du 26 janvier 2012.

[220] V. KANGULUMBA, *La gestion des écosystèmes forestiers de la RDC*, Kinshasa, EUA, 1998, p.371.

[221] R. BOFFA, *Op. Cit.,* p.85.

[222] MUSAFIRI RUBUYE, *Op. Cit.,* p.10.

leurs droits de propriété sur les forêts avoisinant leurs villages et les forêts exploitées avant l'arrivée du colon.

Cette répartition du foncier forestier en forêts indigènes, forêts de l'Etat et en forêts concédées aux entreprises, a été confirmée par le décret de 1949 portant loi forestière. Ensuite, la loi foncière dite loi Bakajika de 1973 qui a étatisé le sol et le sous-sol congolais[223], en excluant les agents privés, a renforcé le rôle des droits d'usage et d'autres droits démembrés pour ceux qui comptent bénéficier des avantages des forêts.

Bien qu'elle reconnaisse la propriété détenue par les communautés indigènes sur leurs terres conformément à l'ordonnance de 1885, la loi foncière telle que modifiée à ce jour, précarise les différents droits réels des populations en ce qui concerne l'exploitation des forêts et la détention du foncier.

Dans cette optique, il est clairement établi dans le code forestier de 2002 qu'il n'y a pas de forêts privées au Congo car tout le fonds foncier forestier appartient au seul Etat. C'est à ce dernier qu'il revient d'accorder les droits d'usage, de concession ou de superficie aux agents privés. Il sied de préciser qu'il y a des forêts qui relèvent du domaine public de l'Etat (les forêts classées) et du domaine privé (forêts protégées et les forêts d'exploitation). Les forêts classées, à cause de leur caractère de domaine public, sont incessibles et inaliénables avec interdiction d'exercice des droits d'usage. Par contre, les forêts protégées et les forêts concédées sont soumises à l'exercice des droits d'usage des habitants riverains. Ainsi, en s'appuyant sur la distinction[224] opérée par la théorie de la puissance publique et celle des actes de gestion privée, le législateur de 2002 a réparti les forêts congolaises en deux grands types selon qu'elles sont susceptibles d'être gérées conformément au droit public ou au droit privé.

Selon le professeur Léon Duguit, on distingue deux catégories d'actes administratifs : les actes d'autorité ou de puissance publique et les actes de gestion. Seuls les actes d'autorité donnent lieu à des procès jugés en principe par les juridictions administratives. L'ensemble de ces procès forme ce qu'on appelle le contentieux administratif par nature. Au contraire les procès

---

223 G. KALAMBAYI, *Régime foncier et immobilier,* Kinshasa, Presses Universitaires du Zaïre, 1989, pp. 5 à 25.

224 L. DUGUIT, « Les transformations du droit public – Chapitre 5, L'acte administratif », in *Revue générale du droit* on line, 2014, numéro 17372. Disponible sur www.revuegeneraledudroit.eu/?p=17372. [Consulté le 6 octobre 2017].

nés à l'occasion des actes administratifs de gestion appartiennent en principe à la compétence des tribunaux judiciaires ; ils ne doivent être portés devant les tribunaux administratifs que lorsque la loi les leur attribue expressément. L'ensemble de ces procès forme ce qu'on appelle le contentieux par détermination de la loi.

### 3. Similitudes et différences

Pour mieux cerner la comparaison du droit appliqué aux droits d'usage forestiers dans les deux pays, il sera procédé à l'énumération des similitudes (a) et des différences (b).

#### a. Similitudes

La première similitude qui semble se dégager de la pratique des droits d'usage forestiers dans les deux pays réside dans leur philosophie qui consiste à mettre à la disposition des populations démunies certains biens et services provenant des forêts qui les entourent en dépit du fait qu'ils n'en sont pas propriétaires. Selon GROMITSARI, « la philosophie des droits d'usage correspond à une ouverture de la forêt à la société pour satisfaire les besoins primaires des usagers et non pour l'exploiter. C'est pourquoi la loi française limite l'exercice des droits d'usage aux besoins domestiques et familiaux[225] »[226]. Le professeur M.E. Meaume (1846) a écrit à ce propos : « La reconnaissance des droits d'usage a quelquefois été considérée par les commissaires réformateurs comme une grâce et une faveur accordée à la misère des habitants. »[227] Il s'agit d'un dispositif par excellence de lutte contre la pauvreté et de protection des droits humains des populations.

La seconde similitude consiste en la possibilité donnée, dans les deux pays, aux autorités étatiques d'interdire l'exercice des droits d'usage forestiers si l'état et les possibilités de la forêt ne permettent plus de

---

[225] Articles L. 138-8 et L. 138-14 du Code forestier français.
[226] P. GROMITSARI, *Op. Cit.*, p. 216.
[227] M.E. MEAUME, *Commentaire du code forestier et de l'ordonnance rendue pour son exécution ou Manuel de droit forestier*, t.3, Paris/Nancy, Ed. Cosse et N. Delamotte/ Guimblot et veuve Raybois, 1846, p.452. Disponible sur http://gallica.bnf.fr/ark:/12148/ bpt6k97367315/f1.image.[Consulté le 30 septembre 2017].

continuer à effectuer les prélèvements. Cette prérogative est exercée par le Préfet en France et le Gouverneur de province en RDC[228].

La troisième similitude est l'interdiction des droits d'usage dans les forêts domaniales dans les deux pays. Actuellement, il existe une interdiction d'ordre public : aucune concession de droit d'usage dans les forêts de l'État de quelque nature et sous quelque prétexte que ce soit n'est possible [229]. Précisons que, contrairement à ce qui concerne les forêts de l'État, aucune disposition n'interdit au propriétaire d'une forêt privée de concéder un droit d'usage à autrui sur sa forêt, y compris à une collectivité territoriale[230]. Mutatis mutandis, en RDC, les forêts faisant partie du domaine de l'Etat sont aussi totalement exclues de l'exercice des droits d'usage forestiers en application des dispositions de l'article 40 du code forestier.

Malgré l'existence des similitudes dans les deux droits forestiers, cependant des différences se font sentir dans les deux pays.

**b. Différences**

Les droits d'usage en France sont des droits fortement reliés avec le passé, car ils constituent des droits acquis et sont figés au temps du code forestier de 1827. C'est en cela qu'ils sont qualifiés des droits perpétuels qui sont exercés, non à titre personnel, mais du fait de l'habitation[231]. A cet effet, E. MEAUME (1851) a dit : « Ces droits appartenaient aux habitants des villages, non pas considérés *ut singuli*, mais, au contraire, envisagés *ut universi*, c'est-à-dire que le droit était accordé à l'être moral représentant la communauté des habitants, et que la durée de ce droit n'avait pour terme que la fin de l'existence de la communauté elle-même. »[232] Par ailleurs, il est interdit d'en créer des nouveaux. P. GROMITSARI (2016) a écrit à cet effet :

---

[228] Art. 42 du code forestier congolais.

[229] P. GROMITSARI, *Idem.*

[230] Lire M. LAGARDE, « La jouissance du domaine forestier », in *Répertoire immobilier et civil*, Dalloz, 2005-2, n° 2 à 993, pp.1-96.

[231] Par qui les droits d'usage peuvent-ils être exercés ? Quelque soit le propriétaire du fonds auquel la servitude est due, il ne peut en réclamer l'exercice, s'il ne réside pas dans l'habitation à laquelle le droit est attaché. M. E. MEAUME, *Commentaire du code forestier*, p.276.

[232] E. MEAUME, *Des droits d'usage dans les forêts, de l'administration des bois communaux et de l'affouage,* Paris, Ed. Auguste Durand, 1851, pp.23-24.

*« En effet, leur existence dans la forêt publique remonte à l'Ancien Régime lorsque des droits d'usage furent accordés aux populations riveraines de grands massifs forestiers soit par des concessions octroyées par leur propriétaire, soit par tolérance. Ces droits leur permettaient de faire paître leurs troupeaux et de prélever des produits de la forêt dans la limite de leurs besoins. À condition d'avoir été établis avant 1827, ils perdurent aujourd'hui et les forêts qui en sont grevées sont dites usagères. Ces droits doivent donc être fondés en titre et il est interdit d'en constituer de nouveaux. Leur existence est indubitablement liée aux rapports de dépendance que l'Homme entretenait autrefois avec la forêt et leur nature juridique est celle d'une servitude réelle sui generis. »*[233]

S'agissant de la prescription acquisitive rencontrée en droit français[234], cette dernière est absente en droit congolais. En France, il y a une prescription acquisitive trentenaire, c'est-à-dire qu'un individu qui a exercé ses droits d'usage pendant trente ans sur une forêt pourrait en obtenir le droit de propriété par une action en justice. Mais ceci est impossible en droit congolais car toutes les forêts sont « insusceptibles » d'appropriation privée.

En RDC, les droits d'usage sont à considérer comme des droits dynamiques qui ne sont pas figés à une époque, mais qui sont censés s'exercer sans restriction en ce qui concerne les usagers. Ainsi, tout riverain d'une forêt pourrait les exercer sans justifier d'une quelconque ancienneté de résidence dans le voisinage de ladite forêt.

En France, contrairement à la RDC où il y a une double domanialité (publique et privée) sur les forêts, toutes les forêts de l'Etat relèvent de son domaine privé. Cette domanialité privée des forêts de l'Etat, est consacrée par la loi depuis la promulgation du code général de la propriété des personnes publiques (CGPP). Ainsi, conformément aux dispositions de l'article L. 2212-1 du CGPP, les bois et forêts de l'Etat font partie du domaine privé. Cette consécration de la domanialité privée devrait être interprétée comme une volonté de sécurité juridique[235] pour protéger les acteurs forestiers français contractant avec l'Etat. Dès lors, en l'absence de toute nouvelle disposition législative contraire conformément à la théorie de l'acte contraire, les forêts publiques soumises au régime forestier constituent

---

[233] P. GROMITSARI, *Op. Cit.*, p.217.

[234] Aurélien TAVELLA, *Chronique d'une fin annoncée. La disparition de la forêt usagère au XIXe siècle. Etude des droits d'usage forestiers dans les Vosges*, Thèse de Droit, Université de Lorraine, 2012, p.175.

[235] P. GROMITSARI, *Op. Cit.*, p.222.

des biens faisant partie du domaine privé. Cependant l'État, propriétaire des forêts, garde la possibilité d'accorder l'utilisation des concessions forestières à ses services, tels que le ministère de la Défense nationale, dont la loi exige de n'effectuer les entraînements et les essais militaires que sur des sites lui appartenant. Dans ce cas, ces terrains forestiers sont incorporés dans le domaine public de l'Etat[236].

Enfin, dans le cadre des forêts communales, la pratique[237] de certaines communes françaises qui consiste à distribuer le bois aux habitants au titre des droits d'usage est inenvisageable en RDC au regard de la corruption endémique et du détournement des biens publics qui battent leur plein dans ce pays où l'on a du mal à mettre en œuvre des droits pourtant nécessaires au bien-être de la population à l'instar du droit à la santé.

## Section II Droit à la santé

Etant liée au maintien même en vie de l'individu, la bonne santé est le droit le plus fondamental de l'être humain. L'effectivité du droit à la santé est un préalable à la réalisation de tous les autres droits fondamentaux de l'homme[238]. Ce droit fondamental à la santé est désormais protégé tant au niveau national qu'international. D'ailleurs, les préoccupations sanitaires au plan international et régional prennent une place de plus en plus considérable. Les questions sanitaires ont une dimension internationale évidente et sont une préoccupation constante pour les organisations internationales, en particulier pour l'Organisation mondiale de la santé. Par ailleurs, la bonne santé est nécessaire pour les individus qui constituent le capital humain[239] afin qu'ils soient à même de participer à l'effort productif

---

[236] P. GROMITSARI, *Op. Cit.,* p.222.

[237] M. PETITOT-MAURIES, « Forêt communale, droits d'usage et affouage en Châtillonnais », in *Études rurales*, 1972, no 48, pp. 78-104.

[238] R. J. DUPUY, *Le droit de la santé en tant que droit de l'homme,* Amsterdam, Académie de droit international de la Haye, Ed. Sijthoff and Noordhoff, 1979, p.346.

[239] Selon Gary BECKER, le capital humain est un stock de ressources productives incorporées aux individus eux-mêmes, constitué d'éléments aussi divers que l'état de la santé, le niveau de l'éducation, de la formation et d'expérience professionnelle. Toute forme d'activité susceptible d'affecter positivement ce stock comme se faire soigner ou poursuivre des études est définie comme un investissement. C'est ce qui justifie l'investissement réalisé par les pouvoirs publics dans les hommes par l'amélioration de leurs connaissances (éducation nationale) et de leur état de santé (santé publique) afin qu'ils participent positivement et durablement à la croissance économique qui, de ce fait, deviendra endogène et donc auto-entretenue. C'est la

concourant à l'enrichissement des Etats ainsi qu'à l'exploitation des ressources nationales.

Toutefois il convient de rappeler que dans le préambule de la Constitution de l'OMS, il est stipulé que « les gouvernements ont la responsabilité de la santé de leurs populations »[240]. Cependant les maladies ignorent les frontières et les actions qui entraînent la protection de la santé publique revêtent un caractère transfrontalier qui nécessite une coopération interétatique. C'est pour cela que l'harmonisation des politiques sanitaires initiées au niveau national impose le recours à un instrument international par lequel s'engagent les souverainetés nationales ayant parfois des intérêts divergents.

Nous étudierons l'évolution du droit à la santé au travers de sa reconnaissance tant internationale (Paragraphe 1) que nationale au niveau du Congo (Paragraphe 2).

### Paragraphe I. Reconnaissance internationale

De prime abord, il est nécessaire de dire qu'au plan international, le droit de la santé a été reconnu au niveau universel (A) et au niveau régional (B).

#### A. Au niveau universel

Nous parlerons respectivement de l'actualité du DIS (1), de l'ADPIC en tant que contribution des conventions internationales des droits de l'homme (2), de la définition et élaboration du DIS (3), de l'évolution historique du DIS (4), du DIS, un droit applicable en temps de paix ou de guerre (5), du DIS comme un droit idéologiquement marqué (6), des fondements onusiens du DIS (7), de la pluralité des textes juridiques onusiens portant sur la santé (8), du DIS émanant de l'OMS (9) et des aspects relatifs à l'interdépendance du DIS avec les autres droits de l'homme (10).

---

théorie de la croissance endogène. Lire K.D.A. LOGOSSAH, « Capital humain et croissance économique : une revue de la littérature », in *Économie & prévision*, 1994, vol. 116, no 5, pp. 17-34.

[240] Cfr. Préambule de la constitution de l'OMS. Disponible sur http://apps.who.int/ [consulté le 24/10/2015].

### 1. Actualité du DIS

L'actualité juridique, en matière de DIS a été particulièrement riche ces dernières années, on citera pour illustrer cette situation la convention-cadre antitabac de l'OMS du 21 mai 2003[241]. Ce texte est une riposte à une menace mondiale. Le nombre des décès dus au tabagisme atteignant cinq millions selon les estimations et continuant d'augmenter, la convention répondra au besoin très largement admis de juguler les stratégies commerciales de l'industrie du tabac. C'est la première convention négociée sous l'égide de l'Organisation mondiale de la Santé mais d'autres organismes ont déjà adopté des textes protégeant la santé en utilisant des conventions internationales.

### 2. Contribution des conventions internationales des droits de l'homme à la protection de la santé

Les conventions internationales sur les droits de l'homme contribuent, elles aussi, directement à la protection de la santé[242]. Si elles sont dépourvues de tout dispositif pénalisant ceux qui les enfreignent, elles peuvent néanmoins servir à exercer des pressions sur eux. C'est ce qui s'est passé en avril 2001, lorsque 39 laboratoires pharmaceutiques ont abandonné leur action judiciaire se basant sur l'ADPIC (Accord sur les aspects des droits de propriété intellectuelle liés au commerce), contre le gouvernement sud-africain et les mesures qu'il avait prises pour mettre des médicaments essentiels à la portée de tous[243]. Dans le cadre de l'ADPIC signé à l'OMC en 1994, un pays qui fait face à une grave crise sanitaire peut décréter l'état d'urgence sanitaire et utiliser les brevets détenus par des groupes pharmaceutiques en obtenant des licences pour faire fabriquer des médicaments génériques nécessaires pour soigner ses habitants malades.

Cet accord a déjà fait l'objet de plusieurs controverses, au rang desquelles on peut citer l'interdiction qui est faite aux pays en développement de fabriquer des médicaments génériques contre le sida à un coût accessible à leurs populations[244]. Cependant il est actuellement

---

[241] Disponible sur http://www.who.int/fctc/text_download/fr/ (Consulté le 22 avril 2016).

[242] R. J. DUPUY, *Op. Cit.*, p.343.

[243] Lire à ce propos A. GOLLOCK, *Les implications de l'Accord de l'OMC sur les Aspects de Droits de Propriété Intellectuelle qui touchent au Commerce (ADPIC) sur l'accès aux médicaments en Afrique subsaharienne*, Thèse d'économie, Université Grenoble 2,2008.

[244] A. GOLLOCK, *Idem.*

confronté à une véritable crise de légitimité car il apparaît de plus en plus comme un instrument de protectionnisme servant à favoriser les monopoles industriels sur les technologies, les semences, les gènes et les médicaments.

Cela a poussé les pays du Sud à s'unir pour revendiquer une renégociation en profondeur de cet accord, et en l'absence de réponse positive de la part des pays industrialisés, ils ont refusé toute poursuite des négociations sur les autres sujets au sein de l'OMC. Ce sont principalement les textes sur les droits de l'homme et les obligations qui en découlent qui ont permis de modifier les dispositions prises par l'Organisation mondiale du Commerce. Partant du principe que certaines valeurs transcendent la diversité culturelle, on invoque également les droits de l'homme pour exercer des pressions croissantes et obtenir l'interdiction du clonage de l'être humain et de sa modification par la manipulation des lignées germinales.

Tout ceci nous oblige à décliner la définition de ce droit ainsi que son processus d'élaboration.

### 3. Définition et élaboration du DIS

S'agissant du droit international de la santé, il sied de dire que cette branche du droit international public a pour objet d'étudier les règles juridiques applicables par la communauté internationale aux actions de santé, ces règles étant produites essentiellement par les organisations internationales et régionales. Michel Bélanger (1997) dans l'un de ses ouvrages relève que cette branche du droit international public est un droit mixte, en ce sens qu'il mélange le droit administratif, le droit économique et le droit social.[245] Le droit international de la santé apparaît comme une partie du droit international économique et une partie du droit international du développement.

Le DIS se caractérise par une très forte institutionnalisation. Les organisations internationales contribuent en effet largement à l'évolution du droit de la santé quant aux rapports entre santé et droits de l'homme tant au plan national qu'international. C'est presque une banalité de souligner que fréquemment le droit de la santé au plan national doit être complété par l'élaboration d'un corps de règles et de normes à l'échelon international ou

---

[245] M. BELANGER, *Le droit international de la santé,* Paris, PUF, coll. QSJ n° 3234, 1997, p. 8.

régional. Ce travail est en fait assumé par un grand nombre d'institutions intergouvernementales.

Depuis la fin de la deuxième guerre mondiale, la portée et l'incidence des activités internationales ont augmenté considérablement, tout comme le rôle joué par le droit de la santé. On doit souligner qu'à côté de l'OMS un grand nombre d'organisations internationales exercent des compétences d'ordre sanitaire : c'est le cas de l'ONU, l'UNESCO, l'OIT, la FAO, l'UNICEF et l'ONUSIDA. Pour l'essentiel, l'élaboration du DIS résulte de leurs activités. Si les Etats participent à l'élaboration du DIS directement à travers la conclusion de conventions sanitaires, la plupart du temps à caractère bilatérales ou faiblement multilatérales, c'est dans le cadre des organisations intergouvernementales que leur participation à l'élaboration est la plus active et déterminante dans la mesure où ce sont eux qui en dernier lieu décident d'adopter ou non les textes proposés par les institutions internationales. La doctrine, et notamment le professeur M. BELANGER, a eu l'occasion de montrer que le droit international de la santé est tiraillé par deux tendances institutionnelles antagonistes (en fait influencé par un double mouvement institutionnel), à savoir la recherche de la centralisation et la nécessité de la décentralisation. L'idée de centralisation sanitaire internationale, il faut bien le dire, a en grande partie échoué. L'OMS, seule organisation à objet sanitaire, qui a succédé à l'Office international d'hygiène publique et à l'Organisation d'hygiène de la SDN, a vu, dès sa naissance, son activité concurrencée, voire limitée, par les compétences sanitaires exercées par les autres organisations du système des Nations Unies.

L'augmentation des activités transfrontalières et du commerce international, et par voie de conséquence de la concurrence, a un impact sur de nombreuses dimensions des soins et des droits de l'homme connexes. L'intérêt commun des Etats et la nécessité impérieuse de fixer des règles et des lignes directrices internationales du fait des mouvements transfrontières permettent d'expliquer la place de plus en plus grande prise par le DIS[246].

Cela permet d'expliquer le soutien donné par les organisations internationales au développement de la politique sanitaire de nombreux pays ainsi qu'à l'élaboration de règles et de normes internationales ayant force obligatoire. Le droit de la santé devenant de plus en plus tributaire de l'internationalisation et de la mondialisation du commerce, il faut donc que

[246] J. M. CROUZATIER, *Droit international de la santé,* Paris, Ed. AUF, 2009, pp. 15-19.

les organisations internationales, acteurs et auteurs du DIS, fassent pleinement usage de leurs compétences afin d'empêcher que des considérations d'ordre économique ne prennent le pas sur les intérêts de la santé.[247]

Traditionnellement on distingue le droit de subordination et le droit de coopération : le droit interne apparaît comme un droit de subordination (un seul ordre juridique, et des sujets subordonnés au pouvoir de l'Etat), tandis que le droit international public apparaît comme un droit de coopération[248] élaboré entre Etats souverains directement ou indirectement par ces derniers au sein des organisations internationales dans l'ordre international[249]. Le droit international public ne connaît ni législateur, ni juge, ni sanction obligatoire en dehors du consentement des Etats visés.

Les normes sanitaires internationales n'appartiennent pas au droit de subordination dans la mesure où elles se développent dans le cadre de la société internationale. Toutefois, elles ne semblent pas participer exclusivement au droit de coordination puisqu'elles visent à affirmer un droit de la protection de la santé en tant que droit de l'homme au plan international. Les normes sanitaires internationales sont élaborées en fonction de l'intérêt de l'homme.

Il faut néanmoins souligner que la plupart du temps, ce sont davantage les préoccupations liées au souci croissant d'éliminer les obstacles au commerce et aux exportations et à la volonté de se protéger contre les « fléaux exotiques » qui font que les préoccupations humanitaires soient à l'origine des actions publiques concertées en matière sanitaire. La volonté d'éradication des maladies transmissibles fut, faut-il le rappeler, la principale préoccupation des Etats européens, et les premiers textes de législation

---

247 E. MONDIELLI, « Brèves considérations sur les spécificités des normes sanitaires internationales en général et du règlement sanitaire international en particulier », in *Cours de droit de la santé et des droits de l'homme*, Master 2 DIDF, Université de Nantes, 2013.

248 M. VIRALLY, « Vers un droit international du développement », in *Annuaire français de droit international,* 1965, vol. 11, no 1, pp. 3-12. Alain SUPIOT, « Les nouveaux visages de la subordination », in *Droit social*, 2000, no 2, pp. 131-145. Marie BOURICHE, *Les instruments de solidarité en droit international public*, Paris, Ed. Connaissances et savoirs, 2012, p.505.

249 M. DELMAS-MARTY, *Études juridiques comparatives et internationalisation du droit: Leçon inaugurale prononcée le jeudi 20 mars 2003*, Paris, Fayard/Collège de France, 2015.

sanitaire internationale avaient un objectif précis en l'occurrence la lutte contre les maladies contagieuses.

Affirmer la spécificité du droit international de la santé et des normes qui le composent ne signifie pas qu'il ne puisse pas y avoir des interconnexions avec d'autres branches du droit international public, mais simplement qu'il se structure autour d'un noyau dur des principes et des règles qui le singularise. Il s'agit donc d'identifier, de définir les caractéristiques de cette branche du droit international, tout en en intégrant l'idée que ces caractéristiques sont évolutives en fonction des mutations politiques et juridiques de la société internationale et des développements scientifiques et technologiques. De surcroît, les branches existantes ou émergentes, qui ont une dimension sanitaire, peuvent connaître elles-mêmes des évolutions qui les feront apparaître comme des branches du droit international à caractère hégémonique, ou du moins comme exerçant un pouvoir attractif sur d'autres secteurs disciplinaires[250].

Le droit international de la santé est une branche à part entière du droit international public. Cette affirmation ne s'appuie pas sur de simples prétentions doctrinales. Le fait que diverses organisations internationales aient des compétences sanitaires au niveau international et régional, voire sous régional, et qu'il existe une organisation spécialisée à objet sanitaire au plan universel (OMS) a permis l'essor du DIS. Plusieurs disciplines juridiques internationales apportent leur pierre à l'élaboration d'une véritable protection internationale de la santé en tant que droit de l'homme :

- le droit international du travail ;

- le droit international de l'environnement ;

- le droit international médical ;

- et le droit international humanitaire.

On reprendra à notre compte l'analyse de M. Bélanger, selon laquelle la spécificité du DIS réside dans le fait qu'il doit être considéré comme un droit de la protection internationale de la santé humaine en temps de paix. En parlant de la paix dont les ruptures ont été fréquentes dans l'histoire de l'Humanité, nous remarquons que ce droit international à la santé a été dynamique à travers le temps.

---

[250] E. MONDIELLI, *Idem.*

### 4. Evolution historique du DIS

Force est de constater que le droit international de la santé est un droit qui s'analyse comme un droit de la protection internationale de la santé humaine[251].Historiquement, le DIS a été dominé par des règles qui s'appuient sur une conception défensive de la santé ou négative. Les Etats ont pris conscience très tôt de la nécessité de se protéger contre les fléaux qu'étaient les grandes épidémies et pandémies. Il s'agissait essentiellement d'organiser la défense de l'Europe contre les maladies dites quarantenaires (conseils quarantenaires, conférences sanitaires internationales, les conventions internationales). Ces maladies furent d'abord la peste, le choléra, la fièvre jaune, par la suite ont y a ajouté la variole en 1926 et le typhus. Cette tendance défensive existe toujours aujourd'hui, l'actuel Règlement sanitaire international (RSI) apparaît comme incarnant par excellence cette conception négative. Cependant sous l'impulsion de l'OMS, à côté du concept de maladies quarantenaires, le concept de maladie sous surveillance prend une place de plus en plus importante ce qui peut être interprété comme un assouplissement. La dimension négative du DIS et des normes qui le compose connaît depuis les années 1980 un regain d'intérêt dans le cadre notamment de la lutte contre la pandémie du SIDA.

Toutefois, progressivement on va assister à une montée en puissance d'une approche offensive ou positive de la protection sanitaire internationale, qui est devenue en fait dominante dans le DIS. La norme sanitaire internationale aujourd'hui est essentiellement une norme qui s'appuie sur l'approche positive. Cette conception intègre tous les facteurs et toutes les dimensions qui concourent à protéger effectivement la santé. C'est ainsi que très tôt on s'est efforcé d'établir des statistiques sanitaires internationales dès 1855, puis la classification internationale des maladies, traumatismes et causes de décès, la classification des handicaps (1980 dans le cadre de l'OMS). Un grand nombre d'actions de lutte contre les grandes maladies non transmissibles ou transmissibles avec un volet prévention important tout en intégrant la pratique des soins de santé primaires, ou les actions de luttes contre les grands maux sociaux que sont la drogue, l'alcoolisme ou le tabac, se fonde sur une telle approche (l'exemple de la lutte contre le cancer)[252].

---

[251] Cfr E. MONDIELLI, *L'action de l'Organisation Mondiale de la Santé en faveur de l'enfance, Thèse de doctorat de Droit*, Université Montpellier 1,1990, p.23 et suivantes.

[252] E. MONDIELLI, *Cours de droit de la santé, Op. Cit.,*p.28.

Il se fait que, sur le plan historique, en tant que droit du temps de paix , le droit international humanitaire et le droit international médical (protection des personnels de santé en temps de guerre) sont des branches plus anciennes que le DIS, le développement de ces deux branches du droit étant lié au contexte historique du 20ème siècle ébranlé par les deux grands séismes que furent les guerres mondiales. Les principes et règles de ces droits sont les seuls en pratique utilisables dans un contexte de conflits armés.

Après le second conflit mondial, la communauté internationale, avec la mise en place du système des Nations Unies, a intégré l'idée qu'il fallait développer un DIS, et cette posture s'est affirmée dans les années 70 avec la montée en puissance du Tiers-monde et la prise de conscience des immenses problèmes et enjeux sanitaires rencontrés par ces pays. C'est ainsi que le DIS a pu et a dû se distinguer. De surcroît, en pratique, en cas des conflits armés, le DIS est largement inapplicable. Sur un plan global, le DIS en tant qu'instrument des politiques et stratégies internationales en matière de santé, apparaît comme un aspect important et structurant du droit de la paix, puisqu'il est un facteur de cohésion de la communauté internationale, et qu'il fixe le cadre de la coopération sanitaire internationale.

**5. DIS, un droit applicable en temps de paix ou de guerre, ayant des sources variées**

La doctrine met en évidence les limites de la spécificité du DIS en tant que droit du temps de paix. La santé est un des droits fondamentaux de l'homme. Il est donc tout à fait artificiel d'opérer une distinction dans le domaine de la protection internationale de la santé entre les règles applicables en temps de paix et de conflits armés. L'activité même de l'OMS témoigne de sa préoccupation pour les questions de santé en période de conflits armés.

Néanmoins, il convient de constater que le DIS se caractérise par la grande variété de ses sources. En effet, les traités internationaux sont peu nombreux, la coutume est quasi inexistante, la jurisprudence internationale apparaît très peu développée, les sources sont essentiellement constituées par les chartes constitutives des organisations internationales et les actes des organisations à objet sanitaire ou ayant des compétences sanitaires et essentiellement des recommandations. On notera au passage que l'OMS n'a élaboré à ce jour qu'une seule convention, à savoir la convention-cadre de l'OMS pour la lutte antitabac, adopté le 21 mai 2003, qui d'ailleurs n'est pas encore entrée en vigueur. Le DIS se caractérise ensuite par une forte hétérogénéité des normes. À côté de normes sanitaires juridiques, comme par exemple le règlement sanitaire international de l'OMS, les normes élaborées par des organismes tel que le codex alimentarius[253], il existe un grand nombre de normes sanitaires techniques. L'inflation des normes techniques est sans nul doute l'élément dominant du droit international de la santé, ce qui en soi n'a d'ailleurs rien de surprenant puisque le développement de ce droit est intimement lié à l'évolution des sciences et des technologies en matière socio-médicales ainsi qu'en fonction de l'appartenance idéologique des pays concernés.

### 6. DIS, un droit idéologiquement marqué

Enfin, le DIS est un droit qui a une dimension idéologique marquée[254] : il s'agit d'un droit traversé par des prétentions idéologiques fortes à partir des années 1960-70.Pour s'en convaincre, il suffit de voir comment certains concepts tiers-mondistes de protection de la santé ont été admis et explicités par diverses organisations internationales dont l'ONU, et principalement l'OMS notamment les concepts de nouvel ordre sanitaire international, de soins de santé primaires et de coopération sanitaire entre pays en développement . A cet effet, Bélanger a soutenu ce qui suit : « Avant d'être une branche du droit international général, le droit international de la santé est une branche du droit international du développement. Cela explique qu'il présente un certain caractère idéologique. La situation sanitaire d'un pays sert par exemple de critère pour l'utilisation du concept, nouveau en droit

---

[253] Le codex Alimentarius est un programme commun de l'Organisation des Nations unies pour l'alimentation et l'agriculture (FAO) et de l'Organisation mondiale de la santé (OMS) consistant en un recueil de normes, codes d'usages, directives et autres recommandations relatifs à la production et à la transformation agroalimentaires qui ont pour objet la sécurité sanitaire des aliments, soit la protection des consommateurs et des travailleurs des filières alimentaires, et la préservation de l'environnement. La commission du codex Alimentarius en est l'organe exécutif. Cette commission internationale, où siègent les représentants de près de 200 pays, a été créée en 1963 par la FAO et l'OMS. Elle est chargée d'élaborer des normes alimentaires, des définitions et des critères applicables aux aliments, de contribuer à leur harmonisation et donc, notamment, de faciliter les échanges internationaux. Elle joue un rôle prépondérant dans la normalisation alimentaire mondiale et a été reconnue à ce titre par les accords de l'Organisation mondiale du commerce (OMC) en 1994, sous réserve que ses prescriptions n'entravent pas les échanges si elles ne sont pas suffisamment scientifiquement étayées.
Disponible sur https://fr.wikipedia.org/wiki/Codex_Alimentarius. [Consulté le 22 septembre 2016].

[254] P. A. MOLINARI, « Le droit à la santé : de la solennité des énoncés aux enjeux de l'exercice. », in *Riv. int. leg. san,* 1998, vol. 49, no 1, pp. 41-57.

international, de pays les moins avancés (P.M.A.). Il n'y a donc pas de politique du développement sans politique de la santé. Une telle conception est nettement contenue dans les concepts de soins de santé primaires et de nouvel ordre sanitaire international. »[255]

Dès lors, l'analyse de ce DIS dans le cadre international des instruments onusiens s'impose.

### 7. Fondements du DIS dans la charte des Nations et le PIDESC

Concernant les fondements du droit international de la santé, au niveau de la Charte des Nations unies, plusieurs articles tablent sur cette problématique sanitaire[256].

L'article 13 demande à l'assemblée générale de l'ONU de susciter des études et de faire des recommandations en vue de « développer la coopération internationale dans les domaines économique, social, de la culture intellectuelle et de l'éducation, de la santé publique et de faciliter pour tous sans distinction de race, de sexe, de langue ou de religion, la jouissance des droits de l'homme et des libertés fondamentales ». En outre, l'article 55 du chapitre IX de la Charte relative à la coopération économique et sociale internationale affirme que les Nations Unies doivent favoriser la solution des problèmes internationaux dans le domaine économique, social, de la santé publique et d'autres problèmes connexes.

Il y a aussi l'article 56 de la Charte de l'ONU qui soutient que, afin de réaliser ces objectifs, les membres de l'Organisation s'engagent à agir, conjointement et séparément, en coopération avec l'Organisation. De plus, l'article 62 de la Charte précise que le Conseil économique et social des Nations unies (ECOSOC), a la faculté d'entreprendre des études et rapports sur les questions internationales, notamment dans le domaine de la santé publique, et d'adresser des recommandations à l'Assemblée générale, aux membres de l'Organisation et aux institutions spécialisées intéressées.

La santé est une préoccupation présente dans divers instruments généraux en matière des droits de l'homme. Dans la DUDH du 10 décembre 1948, la santé n'est pas mentionnée en tant que droit spécifique. Néanmoins,

---

[255] M. BELANGER, "Une nouvelle branche du droit international : Le droit international de la santé.", in *Études internationales 134* (1982): 611–632. DOI : 10.7202/701420ar. [Consulté le 28 septembre 2017].

[256] R.J. DUPUY, *Op. Cit.,* p.13.

elle est prise en compte dans le cadre du droit à un niveau de vie suffisant. L'article 25 de ce texte dispose que « toute personne a droit à un niveau de vie suffisant pour assurer sa santé ou son bien-être et ceux de sa famille, notamment pour l'alimentation, l'habillement, le logement, les soins médicaux ainsi que pour les services sociaux nécessaires ; elle a droit à la sécurité en cas de chômage, de maladie...».

Il faut rappeler que très tôt, lors de l'élaboration du Pacte relatif aux droits économiques, sociaux et culturels de 1966 et entré en vigueur en 1976, la nécessité de faire figurer la santé au nombre des droits économiques, sociaux et culturels s'est imposée. Le Pacte codifie au niveau international les droits de l'homme relatifs à la santé, en s'inspirant des termes de la Constitution de l'OMS. L'article 12 dispose que les Etats parties au présent Pacte reconnaissent le droit qu'a toute personne de jouir du meilleur état de santé physique et mentale qu'elle soit capable d'atteindre et que les mesures que les Etats parties au présent Pacte prendront en vue d'assurer le plein exercice de ce droit devront comprendre les mesures nécessaires pour assurer :

- La diminution de la mortinatalité[257] et de la mortalité infantile ; ainsi que le développement sain de l'enfant ;

- L'amélioration de tous les aspects de l'hygiène du milieu et de l'hygiène industrielle ;

- La prophylaxie et le traitement des maladies épidémiques, endémiques, professionnelles et autres, ainsi que la lutte contre ces maladies ;

- La création de conditions propres à assurer à tous des services médicaux et une aide médicale en cas de maladie ».

Le Pacte vise la santé de l'homme depuis son origine, au cours de son développement jusqu'à l'âge adulte. Il souligne que la santé dépend de la qualité du milieu de travail où l'homme évolue, et plus généralement d'un environnement sain. La santé passe également par la lutte préventive et curative contre les maladies et notamment les maladies professionnelles ; la santé résulte de la mise en place de dispositifs sanitaires développés tant

---

[257] Ce phénomène traite de la mise au monde des enfants morts-nés. Cfr R. WOODS, « La mortinatalité : éclairage historique sur des problèmes persistants d'estimation et d'interprétation », in *Population,* (Vol. 63), 2008/4, p. 683-708.

préventifs que curatifs, tout en donnant l'accès à l'ensemble des services médicaux et aides disponibles.

On notera que le Pacte ne fait allusion à aucune mesure concernant l'éducation sanitaire et le développement de la responsabilité individuelle en matière de santé. Par ailleurs, dans ses dispositions en vue d'assurer le droit au meilleur état de santé, il se situe en retrait par rapport aux exigences résultant de la définition de l'OMS. Selon cette définition, la santé est un état de complet bien-être physique, mental et social, et ne consiste pas seulement en une absence de maladie ou d'infirmité[258].

Toutefois il ne semble pas qu'il faille exagérer le décalage entre les termes du Pacte et ceux utilisés par la Constitution de l'OMS. Le Pacte reconnaît un grand nombre de droits et indique les mesures qui ont une influence évidente sur l'état de santé en se référant à la notion d'interdépendance des droits de l'homme. En effet, le droit au meilleur état de santé est notamment conditionné par le droit au travail (art.6); le droit de jouir de conditions justes et favorables qui assurent une existence décente, la sécurité et l'hygiène, le repos et les loisirs (art.7); le droit à la sécurité sociale (art.9); la protection et l'assistance accordées à la famille, aux mères et aux enfants ( art.10); le droit à un niveau de vie suffisant, y compris une nourriture, un vêtement et un logement suffisants, et à l'amélioration constante des conditions d'existence (art.11); le droit à l'éducation (art.13) et le droit de bénéficier du progrès scientifique et de ses applications (art.15).

Il convient de faire ressortir que les engagements des Etats qui ont ratifié le Pacte, globalement interprété, concourent à atteindre un but qui

---

258 V. HAROUEL-BURELOUP, *Histoire du droit international de la santé*, Bordeaux, Ed. Les Etudes Hospitalières, 2014, p. 9. Selon elle, le droit international de la santé a pour objectif mondial de permettre à tous de conserver ou de parvenir à la santé, qui est, d'après l'Organisation mondiale de la santé (OMS), "un état de complet bien-être physique, mental et social". Forgé aux XIXe et XXe siècles, le droit international de la santé provient de deux grandes sources : les politiques mises en œuvre pour lutter contre la propagation de la peste noire et autres épidémies et la création du droit humanitaire intervenue à Genève en 1864 pour organiser les secours aux militaires blessés ou malades en temps de guerre. En 1851 s'est tenue à Paris la première conférence sanitaire internationale afin de lutter contre l'expansion du choléra, de la peste noire et de la fièvre jaune. La première convention sanitaire internationale sera adoptée en 1892 à la conférence de Venise. Puis en 1907, celle de Rome décide de la création à Paris de l'Office international d'hygiène publique, proposée dès 1874.

n'est guère très lointain du bien-être physique, mental et social qui caractérise la santé au sens de l'OMS.

Par ailleurs, à part le PIDESC, il y a aussi d'autres instruments onusiens qui traitent du DIS.

**8. Pluralité des instruments juridiques onusiens portant sur la santé**

Il existe de nombreux textes juridiques adoptés par l'Assemblée générale de l'ONU sous forme de recommandations et conventions, qui font référence à la santé. Ces textes énoncent des dispositions relatives à la santé, qui sont susceptibles d'avoir des répercussions sur la santé des personnes ou qui reconnaissent des droits dans le domaine sanitaire. C'est notamment le cas de la plupart des grandes déclarations et conventions en matière de droits de l'homme à caractère général ou spécifique. Tel est le cas de la Déclaration sur le progrès et le développement dans le domaine social votée par l'ONU (résolution 2542 du 11 décembre 1969)[259], fixant l'objectif de satisfaire aux normes les plus élevées en matière de santé et de protéger la santé de la population toute entière si possible gratuitement (art.10-2) en recourant à la fourniture des services de santé gratuits à toute la population ainsi que d'installations adéquates de soins préventifs et curatifs et de services de médecine sociale accessible à tous.

Il convient aussi de rappeler le caractère sanitaire manifeste, pour les personnes handicapées même celles vivant en forêts que revêt la Convention relative aux droits des personnes handicapées adoptée en 2006 par l'Organisation des Nations Unies, et qui est entrée en vigueur le 3 mai 2008. Cette convention constitue le premier grand traité du XXIe siècle en matière de droits de l'homme, de plus il est le premier traité en matière de droits de l'homme à être ouvert à la signature des organisations d'intégration régionale.

Les principes de la convention sont les suivants : le respect de la dignité intrinsèque, de l'autonomie individuelle, y compris la liberté de faire ses propres choix, et de l'indépendance des personnes; la non-discrimination; la participation et l'intégration pleines et effectives à la société; le respect de la différence et l'acceptation des personnes handicapées comme faisant partie de la diversité humaine et de l'humanité; l'égalité des chances; l'accessibilité; l'égalité entre les hommes et les

---

[259] E. MONDIELLI, Cours de droit de la santé, Op. Cit.,p.46.

femmes; le respect du développement des capacités de l'enfant handicapé et le respect du droit des enfants handicapés à préserver leur identité.

Toutes ces questions relatives à la santé sont aussi traitées dans le cadre de l'OMS qui en est l'organisation internationale de pleine compétence.

### 9. DIS émanant de l'OMS

S'agissant du droit international à la santé dans le cadre de l'OMS, une grande déclaration de l'OMS est à signaler.

#### a. Déclaration de la Conférence d'ALMA ATA

D'abord, la Déclaration d'Alma Ata de 1978. En effet, la conférence d'ALMA ATA fut organisée de façon conjointe par l'OMS et l'UNICEF du 6 au 12 septembre 1978[260]. A l'occasion de ladite conférence, fut adoptée la Déclaration ayant institué les soins de santé primaires, en sigle SSP et qui sont définis dans le préambule à la Déclaration de la manière suivante : « On entend par soins de santé primaires des soins de santé essentiels universellement accessibles à tous les individus et à toutes les familles de la communauté par des moyens qui leur sont acceptables, avec leur pleine participation et à un coût abordable pour la communauté et le pays. Les soins de santé primaire font partie intégrante du système de santé du pays, dont ils constituent le noyau, ainsi que du développement social et économique global de la communauté. »[261]

Pour les objectifs de la déclaration d'Alma Ata, ils sont précisés à l'article 5. Il s'agissait de donner à tous les peuples du monde, jusqu'à l'an 2000, un niveau de santé qui leur permette de mener une vie socialement et économiquement productive.

Les soins de santé primaires sont le moyen qui permettra d'atteindre cet objectif dans le cadre d'un développement empreint d'un véritable esprit de justice sociale (art. 5). Les SSP reflètent les conditions économiques et les caractéristiques socioculturelles et politiques du pays ; ils sont fondés sur l'application des résultats de la recherche (art.6 à 7) et visent à résoudre les

---

[260] R. EDOUARD et M. CLEMENT, *Les soins de santé primaires. Critique d'une orthodoxie*, Québec, Presses de l'Université du Québec, 2010, p.3.
[261] R. EDOUARD et M. CLEMENT, *Op. Cit.*, p.13.

principaux problèmes de santé par la promotion, la prévention, les soins et la réadaptation.

Les soins de santé primaires comprennent l'éducation aux problèmes de santé et à leur prévention; la promotion de l'importance de la nutrition; l'approvisionnement en eau saine; la protection maternelle et infantile y compris la planification familiale, la vaccination contre les grandes maladies infectieuses; le traitement des maladies courantes, la fourniture des médicaments essentiels; et exigent l'auto-responsabilisation de la collectivité et des individus et leur participation à la planification, à l'organisation, au fonctionnement et au contrôle des soins de santé primaires. Ils doivent être soutenus par des systèmes d'orientation et recours intégrés, fonctionnels et se soutenant mutuellement, afin de parvenir à l'amélioration progressive de services médico-sanitaires complets accessibles à tous et accordant la priorité aux plus démunis.

Par ailleurs, ils font appel aux personnels de santé préparés à travailler en équipe. Pour ce faire, le rôle des gouvernements, en application de l'article 8, est d'élaborer des politiques et des plans d'action pour introduire et maintenir un niveau de santé publique acceptable pour tous. La Conférence réaffirme avec force que la santé, qui est un état de complet bien-être physique, mental et social et ne consiste pas seulement en l'absence de maladie ou d'infirmité, est un droit fondamental de l'être humain, et que l'accession au niveau de santé le plus élevé possible est un objectif social extrêmement important qui intéresse le monde entier et suppose la participation de nombreux secteurs socioéconomiques autres que celui de la santé. Notons que plusieurs recommandations et principes de politique de santé publique ont été posés lors de la Conférence d'Alma Ata[262].

### b. Recommandations et principes de politique de santé publique

La Conférence d'Alma Ata a formulé plusieurs recommandations et principes de politique de santé publique. Primo, les inégalités flagrantes dans la situation sanitaire des peuples, aussi bien entre pays développés et pays en développement qu'à l'intérieur même des pays, sont politiquement, socialement et économiquement inacceptables et constituent de ce fait un sujet de préoccupation commune à tous les pays. Le développement économique et social, fondé sur un nouvel ordre économique international, revêt une importance fondamentale si l'on veut donner à tous, le niveau de

---

262 OMS, Conférence Mondiale de la Santé, Alma-Ata, Kazakhie, 1978, p.1 et s.

santé le plus élevé possible et combler le fossé qui sépare sur le plan sanitaire les pays en développement des pays développés. La promotion et la protection de la santé des peuples est la condition sine qua non d'un progrès économique et social soutenu en même temps qu'elles contribuent à une meilleure qualité de la vie et à la paix mondiale.

Secundo, tout être humain a le droit et le devoir de participer individuellement et collectivement à la planification et à la mise en œuvre des soins de santé qui lui sont destinés. Les gouvernements ont vis-à-vis de la santé des populations une responsabilité dont ils ne peuvent s'acquitter qu'en assurant des prestations sanitaires et sociales adéquates. L'un des principaux objectifs sociaux des gouvernements, des organisations internationales et de la communauté internationale tout entière au cours des prochaines décennies doit être de donner à tous les peuples du monde un niveau de santé qui leur permette de mener une vie socialement et économiquement productive. Les soins de santé primaires sont le moyen qui permettra d'atteindre cet objectif dans le cadre d'un développement empreint d'un véritable esprit de justice sociale.

Tertio, les soins de santé primaires sont des soins de santé essentiels à l'être humain. Ils sont ainsi fondés sur des méthodes et des techniques pratiques, scientifiquement valables et socialement acceptables, rendus universellement accessibles à tous les individus et à toutes les familles de la communauté avec leur pleine participation et à un coût que la communauté et le pays puissent assumer à tous les stades de leur développement dans un esprit d'auto-responsabilité et d'autodétermination. Ils font partie intégrante tant du système de santé national, dont ils sont la cheville ouvrière et le foyer principal que du développement économique et social d'ensemble de la communauté. Ils sont le premier niveau de contacts des individus, de la famille et de la communauté avec le système national de santé, rapprochant le plus possible les soins de santé des lieux où les gens vivent et travaillent, et ils constituent le premier élément d'un processus ininterrompu de protection sanitaire.

Quarto, tous les gouvernements se doivent d'élaborer au plan national des politiques, des stratégies et des plans d'action visant à introduire et à maintenir les soins de santé primaires dans un système national de santé complet et à les coordonner avec l'action d'autres secteurs. À cette fin, il sera nécessaire que s'affirme la volonté politique de mobiliser les ressources du pays et d'utiliser rationnellement les ressources extérieures disponibles.

Quinto, tous les pays doivent coopérer dans un esprit de solidarité et de service en vue de faire bénéficier des soins de santé primaires l'ensemble de leur population, puisque l'accession de la population d'un pays donné à un niveau de santé satisfaisant intéresse directement tous les autres pays et leur profite à tous. Dans ce contexte, le rapport de l'OMS sur les soins de santé primaires constitue une base solide pour l'avenir du développement de la mise en œuvre des soins de santé primaires dans le monde entier.

L'humanité tout entière pourra accéder à un niveau acceptable de santé si l'on utilise de façon plus complète et plus efficace les ressources mondiales dont une part considérable est actuellement dépensée en armements et en conflits armés. Une politique authentique d'indépendance, de paix, de détente et de désarmement pourrait et devrait permettre de dégager des ressources supplémentaires qui pourraient très utilement être consacrées à des fins pacifiques et en particulier à l'accélération du développement économique et social dont les soins de santé primaires, qui en sont un élément essentiel, devraient recevoir la part qui leur revient.

Parmi les instruments fondamentaux internationaux du droit à la santé, il se trouve la constitution de l'OMS qui affirme que : « La possession du meilleur état de santé qu'il est capable d'atteindre constitue l'un des droits fondamentaux de tout être humain, quelles que soient sa race, sa religion, ses opinions politiques, sa condition économique ou sociale »[263].

Par ailleurs, le droit à la santé est un droit consacré par de nombreux instruments juridiques. Le droit à la santé est consacré par de nombreux instruments internationaux et régionaux sur les droits de l'homme. A cet effet, il est garanti désormais dans les constitutions de plusieurs pays du monde entier, à côté d'autres droits de l'Homme dont le caractère interdépendant est toujours rappelé.

### 10. Aspects relatifs à l'interdépendance du DIS avec les autres droits de l'homme

Il convient de citer quelques exemples d'instruments des Nations Unies sur les droits de l'homme : le Pacte international relatif aux droits économiques, sociaux et culturels de 1966 ; la Convention sur l'élimination de toutes les formes de discrimination à l'égard des femmes de 1979 et la Convention relative aux droits de l'enfant de 1989. Quant à l'article 12 du Pacte international relatif aux droits économiques, sociaux et culturels de

263 OMS, *Idem.*

1966, il stipule que les mesures à prendre pour assurer le plein exercice du droit à la santé doivent assurer :

- La diminution de la mortalité infantile, ainsi que le développement sain de l'enfant ;

- L'amélioration de tous les aspects de l'hygiène du milieu et de l'hygiène industrielle ;

- La prophylaxie et le traitement des maladies épidémiques, endémiques ; professionnelles et autres, ainsi que la lutte contre ces maladies;

- La création de conditions propres à assurer à tous des services médicaux.

Néanmoins, pour préciser et concrétiser ces dispositions de l'article 12 du Pacte qui traite du droit au meilleur état de santé susceptible d'être atteint, le Comité des droits économiques, sociaux et culturels, qui surveille l'application de la Convention, a adopté en 2000 une observation générale sur le droit à la santé, l'Observation générale n° 14, dans laquelle il est clairement stipulé plusieurs aspects[264].

Premièrement, la santé est un droit fondamental de l'être humain, indispensable à l'exercice des autres droits dudit être humain. Toute personne a le droit de jouir du meilleur état de santé susceptible d'être atteint, lui permettant de vivre dans la dignité. La réalisation du droit à la santé peut être assurée par de nombreuses démarches, qui sont complémentaires, notamment la formulation de politiques en matière de santé ou la mise en œuvre de programmes de santé tels qu'ils sont élaborés par l'Organisation mondiale de la santé (OMS), ou l'adoption d'instruments juridiques spécifiques. En outre, le droit à la santé comprend certains éléments dont le respect est garanti par la loi.

Deuxièmement, le droit de l'être humain à la santé est consacré dans de nombreux instruments internationaux. La Déclaration universelle des droits de l'homme prévoit, au paragraphe 1er de son article 25 : " Toute personne a droit à un niveau de vie suffisant pour assurer sa santé, son bien-être et ceux de sa famille, notamment pour l'alimentation, l'habillement, le

---

[264] ONU, Comité des droits économiques, sociaux et culturels, *Observation générale n° 14,* New York, 2000.

logement, les soins médicaux ainsi que pour les services sociaux nécessaires"[265]. Le Pacte international relatif aux droits économiques, sociaux et culturels contient l'article le plus complet consacré dans le droit international des droits de l'homme au droit à la santé. Conformément au paragraphe 1 de l'article 12 du Pacte, les États parties reconnaissent " le droit qu'a toute personne de jouir du meilleur état de santé physique et mental qu'elle soit capable d'atteindre " et le paragraphe 2 de l'article 12 contient une énumération, à titre d'illustration, d'un certain nombre des mesures que les États parties prendront en vue d'assurer le plein exercice de ce droit".

En outre, le droit à la santé est consacré, notamment, à l'article 5 de la Convention internationale sur l'élimination de toutes les formes de discrimination raciale de 1965, aux articles 11 et 12 de la Convention sur l'élimination de toutes les formes de discrimination à l'égard des femmes de 1979 et à l'article 24 de la Convention relative aux droits de l'enfant de 1989.

Le droit à la santé est étroitement lié à d'autres droits de l'homme et dépend de leur réalisation. Il s'agit des droits énoncés dans la Charte internationale des droits de l'homme, à savoir les droits à l'alimentation, au logement, au travail, à l'éducation, à la dignité humaine, à la vie, à la non-discrimination et à l'égalité, le droit de ne pas être soumis à la torture, le droit au respect de la vie privée, le droit d'accès à l'information et les droits à la liberté d'association, de réunion et de mouvement. Ces droits et libertés, notamment, sont des composantes intrinsèques du droit à la santé.

Lors de la rédaction de l'article 12 du Pacte, la Troisième Commission de l'Assemblée générale de l'ONU n'a pas repris la définition de la santé contenue dans le préambule de la Constitution de l'OMS, pour laquelle "la santé est un état de complet bien-être physique, mental et social, et ne consiste pas seulement en une absence de maladie ou d'infirmité". Toutefois, la formulation "le droit qu'a toute personne de jouir du meilleur état de santé physique et mental qu'elle soit capable d'atteindre" figurant au paragraphe 1 de l'article 12 du Pacte ne se limite pas au droit aux soins de santé. Au contraire, comme il ressort du processus d'élaboration et du libellé spécifique du paragraphe 2 de l'article 12, le droit à la santé englobe une grande diversité de facteurs socioéconomiques de nature à promouvoir des conditions dans lesquelles les êtres humains peuvent mener une vie saine et

[265] Les différents traités internationaux contraignants relatifs aux droits de l'homme sont présentés sur le site de l'ONU disponible http://www.un.org/fr/ [consulté le 16 mars 2016].

s'étend aux facteurs fondamentaux déterminants de la santé tels que l'alimentation et la nutrition, le logement, l'accès à l'eau salubre et potable et à un système adéquat d'assainissement, des conditions de travail sûres et hygiéniques et un environnement sain.

Ainsi, le Comité n'ignore pas que, pour des millions d'êtres humains dans le monde, la pleine jouissance du droit à la santé reste un objectif lointain. De plus, dans de nombreux cas, en particulier pour les couches de la population vivant dans la pauvreté, cet objectif devient de plus en plus inaccessible. Le Comité reconnaît l'existence d'obstacles structurels et autres considérables résultant de facteurs internationaux et autres échappant au contrôle des États, qui entravent la pleine mise en œuvre de l'article 12 dans un grand nombre d'États parties.

Dans le souci d'aider les États parties à mettre en œuvre le Pacte et à s'acquitter de leurs obligations en matière d'établissement de rapports, cette Observation générale a porté sur le contenu normatif de l'article 12 (sect. I), les obligations des États parties (sect. II), les violations (sect. III) et la mise en œuvre au niveau national (sect. IV), tandis que les obligations des acteurs autres que les États parties ont fait l'objet de la section V.

Cette Observation générale est fondée sur l'expérience acquise depuis de nombreuses années par le Comité à l'occasion de l'examen des rapports des États parties voire des institutions agissant au niveau régional.

**B. Au plan régional**

Le droit international de la santé a fait l'objet de plusieurs préoccupations au niveau régional dans les différents continents notamment en Europe, en Amérique et en Afrique. A cet effet, plusieurs instruments régionaux relatifs aux droits de l'homme reconnaissent également le droit à la santé, notamment la Charte sociale européenne de 1961[266], telle que révisée, la Charte africaine des droits de l'homme et des peuples de 1981 (art. 16) et le Protocole additionnel à la Convention américaine relative aux droits de l'homme traitant des droits économiques, sociaux et culturels de 1988 [267].

S'agissant du niveau régional africain, il est important de noter que la charte africaine des droits de l'homme et des peuples a été mise en place dès 1981. En effet, lors de la dix-huitième conférence des chefs d'Etats et des

---

[266] Article 11 de la Charte sociale européenne.
[267] Article 10 de la Convention américaine des droits de l'homme.

gouvernements tenue à Nairobi au Kenya en juin 1981 dans le cadre de l'Union Africaine, les dirigeants des Etats africains avaient fini par répondre à la critique qui les taxait d'être indifférents face aux problèmes sanitaires et des droits de l'homme de leurs populations. C'est ainsi qu'après plusieurs congrès et conférences, l'Afrique a tenu à consacrer tous les droits de l'homme dont celui à la santé par un instrument juridique régional[268].

En ce qui concerne le droit à la santé, la charte africaine des droits de l'homme et des peuples en son article 16 dispose que toute personne a droit de jouir du meilleur état de santé physique et mental qu'elle soit capable d'atteindre et que les Etats parties à la Charte sont tenus de prendre les mesures nécessaires en vue de protéger la santé de leurs populations et de leur assurer l'assistance médicale en cas de maladie.[269]

Il convient de relever qu'au niveau africain, le droit à la santé est garanti pour chaque individu et il s'agit d'un droit-créance dont chaque Etat devient débiteur vis-à-vis de sa population conformément à la Charte africaine susmentionnée. Cette dernière est très explicite par rapport à la déclaration universelle des droits de l'homme, en effet, elle établit de façon nette le droit pour toute personne de jouir des meilleures conditions de santé et de jouir de ses prérogatives en matière de santé pour se faire soigner dès lors qu'elle est malade.

L'alinéa 2 du même article impose l'obligation aux Etats de prendre des mesures urgentes pour faire bénéficier leur population de leur droit à la santé. Il est fait obligation aux Etats d'assurer une assistance médicale à leur population en cas de maladie. La Charte africaine des Droits de l'Homme et des Peuples vient dans le cadre régional renforcer le mécanisme de protection de droits à la santé.

Signalons qu'en plus de l'Afrique, plusieurs instruments régionaux relatifs aux droits de l'homme reconnaissent également le droit à la santé à travers le monde, notamment la Charte sociale européenne de 1961, telle que révisée (art. 11) et le Protocole additionnel à la Convention américaine relative aux droits de l'homme traitant des droits économiques, sociaux et culturels de 1988 (art. 10). De même, le droit à la santé a été proclamé par la

[268] A. D. OLINGA, *Le Système africain des droits de l'homme*, Cours de Master 2 Droit international et européen des Droits fondamentaux, Université de Nantes, 2012-2013, p.17.
[269] A. D. OLINGA, *Op. Cit.*, p.18.

Commission des droits de l'homme ainsi que dans la Déclaration et le Programme d'action de Vienne de 1993.

Néanmoins, force est de constater que bien que consacré au niveau régional en termes de droit, ce droit à la santé continuait à être négligé par certains Etats africains sinon tous. Cela fera qu'il sera nécessaire d'adopter des stratégies en termes de politiques de santé, ce qui justifie l'initiative de Bamako prise en 1987 et la nécessité d'une consécration au niveau national.

### Paragraphe II. Reconnaissance nationale

Le droit à la santé est reconnu au plan interne par certains instruments juridiques que compte la RDC. Il est reconnu au plan constitutionnel (A) mais peine à l'être tant au plan législatif que réglementaire (B).

#### A. Droit à la santé dans la Constitution congolaise

Le droit à la santé, clairement établi, est de reconnaissance récente dans le droit constitutionnel de la République Démocratique du Congo. Pourtant, la RDC a ratifié la déclaration universelle de droits de l'homme depuis les années 1970, mais les différents constituants ont cru garantir les droits fondamentaux des citoyens en s'engageant d'assurer la protection de la famille et de veiller aux soins et à l'éducation des enfants dans le cadre familial. Ceci est une constante dans toutes les constitutions qui se sont succédé : loi fondamentale de 1960, loi constitutionnelle de Luluabourg de 1964 ou la Constitution de 1967.

Pourtant plusieurs autres pays avaient eu à insérer dans leurs constitutions des dispositions en vue de protéger leurs populations contre tous les risques relatifs à la santé. Par le fait d'être membres des Nations Unies et de l'OMS, ces organisations internationales imposaient l'obligation à chaque Etat membre de veiller aux soins de sa population en vue de lui assurer le développement socio-économique.

Finalement, la République Démocratique du Congo qui était accusée d'être indifférente à cette recommandation a fini par transcrire dans sa Constitution de 2006 le droit à la santé conformément à ses engagements internationaux. En effet, le droit à la santé ainsi que le droit à l'environnement sain sont désormais consacrés par l'article 53 de la Constitution de 2006 qui dispose que « toute personne a droit à un environnement sain et propice à son épanouissement intégral. Elle a le devoir de le défendre. L'Etat veille à la protection de l'environnement et à la santé des populations »[270]. Avec cette disposition constitutionnelle, l'Etat congolais est le débiteur du droit de l'homme à un environnement sain et l'individu son créancier. De plus, l'Etat a l'obligation de veiller à la santé de la population, y compris celle forestière[271]. Dès lors, le droit à la santé engendre une obligation de la part de tous les acteurs publics qui interviennent dans le domaine de la santé publique. Cette responsabilisation est réellement un droit pour le citoyen et un devoir pour les gouvernants. Au niveau interne, en dehors de différentes constitutions qui ont existé en RD Congo, la constitution du 18 Février 2006 a eu les mérites de rendre ce droit plus explicite, l'article 47 dispose ce qui suit : le droit à la santé et la sécurité alimentaire est garanti. La loi fixe les principes fondamentaux et les règles d'organisation. En revanche, la République Démocratique du Congo connaît un sérieux problème des textes en matière de la santé. Les textes qui existent sont dépassés, inadaptés, imprécis voir ambigus et ne permettent pas l'application de la meilleure politique sanitaire, ouvrant à l'accessibilité aux soins de santé.

Un droit reste droit lorsqu'il est suivi d'un mécanisme de revendication, c'est pourquoi, il est important d'analyser le concept « droit à la santé », pour voir dans quelle mesure le peuple congolais peut jouir de ses prérogatives en matière de la santé.

### B. Droit à la santé dans les lois et règlements en RDC

Nous le présenterons ainsi au plan législatif (1), au plan réglementaire (2), au travers de la nécessité de réglementer la médecine traditionnelle (3), en faisant du droit à la santé un idéal à atteindre dans le giron des droits de l'homme (4) et en relevant la nécessité de l'actualisation de la législation sanitaire (5).

#### 1. Au plan législatif

Il est question de voir si la RDC respecte le principe du droit à la santé en le matérialisant par des lois et règlements. Le droit à la santé s'entendant ici comme un moyen qui permet à la population d'être assurée de l'accessibilité aux soins de santé, c'est-à-dire une politique mise en œuvre par les pouvoirs publics congolais pour permettre à la population d'avoir accès aux soins de santé. Dès lors, l'objectif du décideur public concernant

---

[270] RDC, *Constitution du 18 février 2006*, Kinshasa, Journal Officiel, 2006.
[271]http://www.minisanterdc.cd/Articles/Reformesanitaire/LOI_CADRE _de_la_sante.pdf. [Consulté le 23 septembre 2016].

le secteur sanitaire de la République Démocratique du Congo sera d'avoir l'assurance de l'amélioration des soins reçus par la population. En vue de la réalisation de cet objectif, le système de santé doit être régi par des lois, politiques, textes réglementaires et normes adaptés au contexte du pays. La révision en cours de la loi sur la santé publique pourrait avoir un impact important sur la situation sanitaire du pays en introduisant le concept de la couverture sanitaire universelle (CSU) ainsi que du droit à la santé dans le pays.

Avant décembre 2018, le secteur de la santé en RDC était encore régi par un décret qui datait de l'époque coloniale et qui avait été édicté en 1952, et qui se trouvait dépassé par rapport aux réalités nationales et au contexte socio-économique du pays à l'instar de l'ancienne réglementation forestière datant de 1949. En 2001, un projet de loi-cadre portant sur la santé[272] fut présenté au parlement mais ce dernier a été adopté seulement le 13 décembre 2018 [273]. Cela dit, grâce aux changements engendrés par la constitution de 2006 [274] qui a instauré entre autres le droit à la santé ainsi que la décentralisation administrative et a fait de l'organisation des soins de santé primaires une attribution exclusive des provinces, le ministère de la santé publique du gouvernement central et les ministères provinciaux en charge de la santé vont désormais être amenés à travailler ensemble de manière régulière et à se répartir les responsabilités. Le ministère de la santé et ses partenaires dont l'Organisation Mondiale de la Santé, ont récemment senti la nécessité d'actualiser la proposition de loi sur la santé publique en se basant sur la stratégie de renforcement du système de santé.

En revanche, il sied de signaler que la Loi de protection de l'environnement de 2011[275] dispose en son article 46 que toute personne a droit à un environnement sain et propice à son épanouissement intégral. Elle a le droit de le défendre, par toutes voies de droit en action individuelle ou collective et l'article 47 prévoit que toute personne a le droit de respirer un air qui ne nuise pas à sa santé [276]. Ici, on voit clairement que la RDC reconnaît le droit à la santé indirectement à ses citoyens par le biais du droit à l'environnement sain. Ceci est une avancée majeure en matière des droits

---

[272]http://www.minisanterdc.cd/Articles/Reformesanitaire/LOI_CADRE_de_la_sante .pdf[Con-sulté le 23 septembre 2016].

[273] RDC, Loi n° 18/035 du 13 décembre 2018 fixant les principes fondamentaux relatifs à l'organisation de la Santé publique, JO, 2019.

[274] RDC, Constitution du 18 février 2006, Kinshasa, Journal Officiel, 2006.

[275]RDC, Loi n° 11/009 du 9 juillet 2011 portant principes fondamentaux relatifs à la protection de l'environnement, Kinshasa, 2011.

[276] Article 47 de la loi sur la protection de l'environnement précitée.

inhérents à la personne humaine car, à cette reconnaissance, est ajouté le droit de recours juridictionnel par le biais d'action individuelle ou collective. Ainsi le juge congolais pourrait obliger l'Etat à garantir le droit à la santé pour la population en cas par exemple des actions judiciaires pour des maladies respiratoires qui entreraient dans le cadre de l'article 47 précité. Cela pourrait obliger le gouvernement congolais à édicter des actes réglementaires afférents à la santé.

### 2. Au plan réglementaire

Les actes qui ont réglementé le domaine de la santé datent de la période coloniale et du régime du président Mobutu[277], il s'agit entre autres du décret du 19 mars 1952 sur l'exercice de l'art de guérir. Ce décret fixe les modalités d'exercice de l'art de guérir par les médecins, les infirmiers, assistantes infirmières coloniales, les agents sanitaires, les pharmaciens et les agents de droguerie. Ce décret prévoit des sanctions pénales allant d'un mois à 2 ans et d'une amende de 1.000 à 10.000 francs ou d'une de ces peines seulement. Suivi de la fermeture de l'établissement par le tribunal saisi, avec l'interdiction temporaire ou définitive d'exercer. Ensuite l'ordonnance n°70-158 du 30 Avril 1970 déterminant les règles de la déontologie médicale, en annexe de laquelle est reproduit le code de déontologie médicale. Ce code prévoit les devoirs envers les malades, des pratiques interdites ainsi que les devoirs envers la collectivité.

Face aux difficultés d'accéder aux soins de santé dans les structures modernes, des millions de Congolais recourent à la médecine traditionnelle qui, fort malheureusement, n'est pas encadrée juridiquement.

### 3. La médecine traditionnelle, un secteur sanitaire à réglementer

Il est inenvisageable de parler du droit à la santé en République Démocratique du Congo sans traiter la question de la médecine traditionnelle. Cette médecine occupe une place importante dans les soins de santé des populations surtout forestières et est encore pratiquée dans tout l'arrière-pays. Dans les centres urbains comme dans les milieux ruraux, on rencontre toutes sortes des gens qui soignent notamment les praticiens de la médecine traditionnelle.

---

277 Monsieur Joseph-Désiré Mobutu Sese-Seko a été président de la RDC de 1965 à 1997.

En RDC, la médecine traditionnelle a été pratiquée depuis des temps immémoriaux et fut la seule source des soins de santé avant l'avènement de la médecine moderne. Aujourd'hui encore, une tranche importante de la population, surtout celle vivant en milieu forestier, recourt à la médecine traditionnelle pour ses besoins en soins de santé. Etant donné que de nombreuses vies humaines sont concernées par l'exercice de cette médecine, il devenait impératif, pour l'Etat, d'incorporer la médecine traditionnelle dans son système national de santé[278] et de créer un cadre juridique afin d'assurer les soins appropriés aux malades et de permettre une intégration harmonieuse de cette médecine dans le système de soins de santé. Comme dans tous les pays africains, la médecine traditionnelle n'était pas autorisée en milieu urbain pendant la période coloniale. Au Congo Belge cependant, en milieu rural, on la tolérait à condition qu'elle ne puisse pas perturber l'ordre public.

**4. Droit à la santé, un idéal à atteindre dans le giron des droits de l'homme**

Le droit à la santé, comme nous venons de le voir tout au long de cette étude, est un idéal à atteindre pour chaque Etat. Chaque pays détermine sa politique sanitaire, selon ses priorités pour permettre l'accès aux soins de santé nécessaires. Cependant, il faut faire la part des choses entre le droit à la santé et le droit d'être en bonne santé. Le droit à la santé suppose que les pouvoirs publics créent des conditions telles que chacun puisse jouir de meilleur état de santé.

Il est aussi admis que la réalisation du droit à la santé soit liée directement et dépende de la réalisation des autres droits de l'homme entre autres le droit à l'alimentation, à l'eau potable, au logement, à la terre, à l'éducation, au travail et à un revenu minimum. Le droit à la santé est reconnu et protégé dans de nombreux instruments internationaux en matière de droits de l'homme et des instruments régionaux. Il y a entre autres, la déclaration universelle de droit de l'homme de 1948, le pacte international des droits sociaux, économiques et culturels de 1966, la conférence d'Alma Ata tenue en 1978 sur les soins de santé primaire. Il y a aussi la charte africaine de droit de l'homme et des peuples, ainsi que plusieurs déclarations des conférences des chefs d'Etat et des gouvernements qui veillent à la protection dudit droit.

---

[278] Arrêté ministériel n°1250/CAB/MIN/S/CJ/KIZ/32/2002 du 15/10/2002 portant organisation de l'exercice de la profession de praticien de la médecine traditionnelle.

Il s'ajoute l'aspect de la pauvreté qui ne permet pas à toute la population de faire face aux dépenses liées aux frais chirurgicaux, médicaux et paramédicaux, aux frais pharmaceutiques, aux frais d'hospitalisation, de rééducation, de prothèse dentaire. La libéralisation du secteur de la santé fait que les acteurs privés, les organisations non gouvernementales et les confessions religieuses viennent investir dans ce domaine en appliquant des tarifs libres. Ceci vient aggraver le coût face aux problèmes de santé. Pour contourner ces contraintes budgétaires, une partie de la population se tourne vers la médecine traditionnelle qui semble présenter le moindre coût par rapport à la médecine moderne. Dès lors, la médecine traditionnelle a gagné toutes les agglomérations, ce qui justifie la nécessité de l'intégrer dans la politique sanitaire nationale dont le cadre juridique est à actualiser.

### 5. Nécessité d'actualisation de la législation sanitaire

Il est impérieux de revoir la législation congolaise dans le secteur de la santé, en votant les lois sur la santé publique, sur les droits de malades, sur les intervenants dans le système de la santé, sur les établissements des soins de santé, sur les produits pharmaceutiques pour les adapter au contexte socio-économique actuel en vue de répondre aux besoins sanitaires réels de la population. Les cours et tribunaux apparaissent comme une garantie en cas de préjudices en matière de droit à la santé, car les malades qui sont les créanciers du droit à la santé doivent recourir auprès des cours et tribunaux pour obtenir réparation en cas de préjudice subi. Le droit à la santé ne doit pas être pris comme un élément isolé. L'Etat devra créer les conditions nécessaires liées aux droits de l'homme, la lutte contre la pauvreté, l'accessibilité à l'eau saine, à l'éducation et au travail. Ceci permettra à la population d'accéder aux soins de santé primaire.

Le droit à la santé en faveur des populations forestières ainsi que des autres populations doit demeurer une préoccupation normative des autorités tant internationales que nationales, ce qui a justifié sa reconnaissance tant au niveau supranational dans le cadre des organismes internationaux relevant du droit international tels que l'ONU, l'OMS, l'OIT, la FAO, l'UNICEF pour la protection de la mère et de l'enfant, qu'au niveau national dans le cadre de la Constitution, des lois spécifiques et des ordonnances d'application de ce droit. Bien qu'inscrit dans la Constitution, les autorités congolaises ont du mal à traduire le droit à la santé par des lois conséquentes actualisées. Dès lors, il faut activer les démarches nécessaires pour la mise en place d'une nouvelle loi ou d'un code pour la santé afin de sécuriser toutes les couches sociales surtout celles forestières en matière sanitaire.

En effet, pour les populations forestières, la réalisation du droit à la santé est un aspect important de leur survie. Généralement isolées et souvent d'accès difficile, les populations vivant dans les zones forestières, grâce à ce droit sont assurées d'avoir à leur disposition des médicaments et des structures de santé disponibles. Et selon l'esprit de soins de santé primaires, elles sont censées avoir accès au traitement adéquat en cas de maladie. De plus, la mise en œuvre ou la garantie d'exercice de leurs droits d'usage leur permettent d'effectuer des prélèvements sur les PFNL. Ceci en vue d'assurer leur alimentation, gage de bonne santé et de cueillir les plantes, écorces et autres racines. Ces dernières sont nécessaires pour la fabrication des potions médicamenteuses dans le cadre de la médecine traditionnelle qui demeure la pratique prophylactique la plus répandue en milieu forestier congolais et africain pour les soins des personnes malades.

**Conclusion du Chapitre II**

La reconnaissance des droits de l'homme à l'environnement et à la santé, en partant du niveau supranational au niveau national, a été opérée pour tant soi peu garantir la protection des droits ainsi que des intérêts des populations forestières et celles vivant de la forêt afin d'améliorer de façon générale leurs conditions de vie.

En ce qui concerne le droit à l'environnement, il a été consacré au plan international notamment par le rapport Brundtland qui a défini le développement durable et la déclaration de Rio qui est à l'origine du droit forestier international, du droit international du climat et de la convention sur la diversité biologique. Au plan interne, le code forestier de 2002, la Constitution de 2006 et la loi de la protection de l'environnement ont fini par réglementer ce secteur.

Néanmoins, s'agissant du droit à la santé, il convient de relever qu'il a été consacré au plan international dans la constitution de l'OMS et dans le pacte de l'ONU relatif aux droits économiques, sociaux et culturels de 1966, un traité international qui a été ratifié par la RDC.

Bien que reconnu dans la Constitution de 2006 notamment en son article 47 qui garantit ce droit à la santé, les tergiversations en matière législative en ce qui concerne notamment l'actualisation du droit national réglementant le secteur de la santé publique, sont de nature à porter atteinte à la matérialisation de l'effectivité de ce droit dont les populations ont besoin pour avoir une vie meilleure.

Il convient de préciser que ces deux droits ont également été consacrés au niveau régional par des traités sous forme des conventions mais également grâce à la jurisprudence dont les arrêts ont été souvent déterminants pour asseoir l'effectivité de ces droits.

**Conclusion de la Première Partie**

Cette partie relative aux notions fondamentales et aux droits des populations forestières nous a permis de définir ces différentes notions en l'occurrence le développement durable, la gestion durable des forêts, le développement local, la fiscalité forestière, etc., de les clarifier mais également d'expliciter le schéma de la reconnaissance des droits à l'environnement sain et à la bonne santé notamment pour les populations forestières.

Tout en définissant le développement durable en tant qu'un développement tenant compte des besoins des populations actuelles tout en préservant la capacité des générations futures à satisfaire les leurs, elle nous aide à comprendre le sens de la gestion durable des forêts (avec ses aspects environnementaux, économiques et sociaux), de la politique forestière, de la fiscalité environnementale forestière ainsi que des populations autochtones. Il est également fait état de la grande richesse du Bassin du Congo en diversité biologique et géographique. De plus, la place du Congo en tant que second poumon forestier de la planète Terre est mise en exergue. S'agissant de la fiscalité forestière, il a été relevé qu'une controverse a vu le jour entre certains chercheurs qui n'attribuaient à cette fiscalité que le rôle du développement économique et d'autres qui pensent que cette fiscalité a une vocation écologique de décourager le gaspillage des ressources forestières en donnant un signal de la rareté. Mais, pour Karsenty, cette fiscalité peut à la fois chercher à mobiliser plus de ressources en vue du développement tout en ayant un rôle écologique de préservation des ressources forestières.

Quant à la reconnaissance des droits de l'homme à l'environnement et à la santé, en partant du niveau supranational au niveau national, elle a été opérée pour tant soit peu garantir la protection des droits ainsi que des intérêts des populations afin d'améliorer de façon générale leurs conditions de vie.

En ce qui concerne le droit à l'environnement, il a été consacré au plan international notamment par le rapport Brundtland qui a défini le développement durable et la déclaration de Rio qui est à l'origine du droit forestier international, du droit international du climat et de la convention sur la diversité biologique. Au plan interne, le code forestier de 2002, la Constitution de 2006 et la loi de la protection de l'environnement ont fini par réglementer ce secteur.

Néanmoins, s'agissant du droit à la santé, il convient de relever qu'il a été consacré au plan international dans la constitution de l'OMS et dans le pacte de l'ONU relatif aux droits économiques, sociaux et culturels de 1966, un traité international qui a été ratifié par la RDC. Bien que reconnu dans la Constitution de 2006 notamment en son article 47 qui garantit ce droit à la santé, les tergiversations en matière législative en ce qui concerne notamment l'actualisation du droit national réglementant le secteur de la santé publique sont de nature à porter atteinte à la matérialisation de l'effectivité de ce droit dont les populations ont besoin pour avoir une vie meilleure. Il convient de relever que les droits à l'environnement et à la santé ont également été consacrés au niveau régional par des conventions adoptées par les Etats membres mais également par la jurisprudence dont les arrêts ont été souvent décisifs dans la matérialisation de l'effectivité de ces droits.

Tous les aspects développés dans cette partie sont importants pour analyser et comprendre la politique forestière mise en œuvre en 2002 en RDC afin d'une part de prendre en compte l'aspect de durabilité des forêts et d'autre part de protection des intérêts des communautés locales et riveraines des forêts.

# DEUXIEME PARTIE

## ASPECTS JURIDIQUES, FISCAUX, ECOLOGIQUES ET SOCIOECONOMIQUES DE LA REFORME FORESTIERE DE 2002

La réforme forestière mise en œuvre en RDC à partir de 2002 est la résultante de plusieurs initiatives tant au niveau international, africain que national, afin de pouvoir permettre l'amélioration des conditions de vie des populations forestières et de contribuer à la gestion durable des forêts. Ainsi, nous verrons le cheminement de la mise en place de cette nouvelle politique forestière dans un premier temps puis nous en évaluerons les effets en tenant compte des attitudes de différents acteurs impliqués (stakeholders).

Le chapitre 1er traitant de la genèse de la réforme forestière de 2002 examine la prise de conscience sous-régionale et l'action des organisations internationales en matière forestière (Initiative de Bamako, COMIFAC, RBUE, Banque mondiale) dans la mise en place de la politique forestière de 2002.

Quant au chapitre 2 qui est le dernier de ce livre, il portera sur la mise en œuvre du droit fiscal forestier congolais, de la gestion durable des forêts et de la protection des droits des riverains en RDC ainsi que sur l'évaluation des effets de cette réforme forestière sur le comportement des acteurs impliqués.

# CHAPITRE I

# GENESE DE LA REFORME FORESTIERE DE 2002

Nous parlerons respectivement de la prise de conscience sous-régionale dans le cadre africain (section I) puis de l'action exercée par certains acteurs internationaux dont la Banque mondiale, la France et l'Union Européenne en ce qui concerne la politique forestière (section 2).

## Section I. Organisations internationales africaines

Au sein des organisations supranationales, plusieurs actions ou initiatives sont mises en place afin de prendre en compte les aspirations profondes de différentes populations dont celles forestières. Au nombre de ces actions, il y a les actions concernant la santé publique dans le cadre de l'initiative de Bamako (1) puis celles relatives aux questions de protection des forêts dans le cadre de la COMIFAC en ce qui concerne l'Afrique Centrale (2).

### Paragraphe I. Initiative de Bamako dans le cadre des soins de santé primaires

La vision de la « santé pour tous », dont la mission primordiale est d'assurer à chacun le libre accès aux soins de santé et l'égalité de traitement surtout pour des populations isolées parfois enclavées comme les populations forestières, a été mise à mal par la situation économique désastreuse de nombreux Etats d'Afrique subsaharienne. Face à la difficulté matérielle de promouvoir un régime de santé gratuite pour tous, les gouvernements des différents Etats et les organisations internationales, telles que l'UNICEF ou l'OMS, ont proposé de faire payer les usagers pour les soins qu'ils recevaient d'une part et d'autre part de décentraliser la gestion des systèmes de santé publics, afin de créer l'environnement favorable pour un marché de la santé publique. Cette réforme, qualifiée d'Initiative de Bamako, s'est proposée de résoudre les problèmes d'inefficacité et d'iniquité des systèmes gratuits de santé. [279] Ainsi, l'initiative de Bamako est entendue comme un ensemble de réformes politiques élaborées en réponse à la

---

[279] S. TIZIO et Y.-A. FLORI, « L'initiative de Bamako : santé pour tous ou maladie pour chacun ? », in *Tiers-Monde,* 1997, t. 38, n°152, pp. 837-858.

dégradation rapide des systèmes de santé dans les pays en voie de développement pendant les années 1970 et 1980 en vue de permettre un égal accès des populations aux soins de santé primaires. En effet, malgré une amélioration spectaculaire de l'état sanitaire de leur population au cours des décennies précédentes, l'espérance de vie dans ces pays d'Afrique demeurait faible. De ce fait, à la mauvaise performance des systèmes de santé venait s'ajouter l'accès limité de la population aux services de santé primaires, car dans certains pays africains, plus de la moitié de la population vit, surtout en zone forestière, à une distance de plus de 15 Km du premier centre de soins primaires.

Accablés par le poids du remboursement de la dette et par l'impact de la chute des cours des produits à l'exportation dans les années 70 et 80, les pays en développement ont vu se réduire leur capacité à financer les services publics de base, y compris les soins de santé primaires. Le problème de l'insuffisance des dépenses de santé publique est aggravé par des politiques qui favorisaient une mauvaise allocation budgétaire, un gaspillage des ressources et une gestion médiocre. De plus, dans un contexte caractérisé par l'application des politiques d'ajustement structurel dans la quasi-totalité des pays d'Afrique subsaharienne, les coupes budgétaires conjuguées à cette gestion médiocre, au gaspillage et à la mauvaise utilisation des ressources, rares de surcroît, sont les causes d'une pénurie chronique de médicaments, d'une déficience de services, de la détérioration des infrastructures, d'un manque de personnel qualifié et d'une faible motivation des agents de santé qui entraînent, à leur tour, une mauvaise prise en charge des malades[280].

Il en résulte un faible attrait pour les services de santé publique qui conduit les patients à s'adresser plutôt aux guérisseurs traditionnels, à des églises de guérison[281], à des praticiens privés non répertoriés et à des vendeurs ambulants sur les marchés. Cette pratique demeure la norme en région forestière des pays africains et le recours à la médecine moderne l'exception. Ce faisant, les habitants paient souvent des prix exorbitants pour des services de qualité douteuse et perdent ainsi l'occasion de recevoir des soins préventifs de première importance.

---

[280] V. RIDDE et J.-E GIRARD, « Douze ans après l'initiative de Bamako : constats et implications politiques pour l'équité d'accès aux services de santé des indigents africains », in *Santé publique,* 2004, vol. 16, no 1, pp. 37-51.

[281] Lire à ce propos S. FANCELLO, « Guérison, délivrance et sida : les femmes et la « maladie de Dieu » dans les Églises pentecôtistes africaines », in *Sciences sociales et santé* 4/2007 (Vol. 25), pp. 5-34.

Quant aux objectifs spécifiques de l'initiative de Bamako, ils ont été définis ainsi par l'OMS en 1999, il convient de citer à savoir :

- Renforcer les mécanismes de gestion et de financement au niveau local ;

- Promouvoir la participation communautaire et renforcer les capacités de gestion locale ;

- Renforcer les mécanismes de fourniture, de gestion et d'utilisation des médicaments essentiels ;

- Assurer des sources permanentes de financement pour le fonctionnement des unités de soins.

Lancée en 1987 par les ministres africains de la santé réunis à Bamako au Mali sous l'égide de l'Organisation Mondiale de la Santé (OMS) et de l'UNICEF, l'Initiative comptait à la fin de l'année 2012 une soixantaine de pays adhérents d'Afrique, d'Asie et d'Amérique latine et continue actuellement à prendre de l'essor.

Elle est de plus en plus considérée comme l'approche la plus valable et la plus viable à long terme pour revitaliser les systèmes de santé les plus dépourvus de structures de soins de santé primaires[282]. Elle ambitionnait de développer et d'étendre le contrôle ainsi que le financement communautaire des soins de santé essentiels. L'Initiative de Bamako a pour objectif principal d'assurer à l'ensemble de la population l'accès aux services de soins de santé primaire à des prix abordables :

- En contenant les coûts et en restaurant la confiance des usagers dans les services de santé publique,

- En améliorant la qualité des prestations,

- En déléguant le pouvoir décisionnel aux échelons inférieurs (cas de gestion participative des populations locales).

---

[282] UNICEF, *L'initiative de Bamako : reconstruire les systèmes de santé,* New York (USA), Rapport de Janvier 1995.

En outre, elle a pour but de promouvoir la santé en incitant les ménages à un changement des comportements néfastes.

L'application de l'Initiative de Bamako suppose que dans les pays où les institutions publiques sont fiables, des actions au niveau communautaire soient nécessaires pour mener à bien la politique de réformes décrétée à l'échelon national. La participation des communautés au financement et à la prise des décisions des activités de santé peut non seulement générer un revenu suffisant pour couvrir les coûts de fonctionnement. Mais également impulser une mobilisation en faveur des soins de qualité, gage d'un développement économique et social. Les gouvernements sont à même de fournir à moindre coût un paquet minimum de services de santé essentiels de qualité raisonnable et accessible à l'ensemble de la population. A condition toutefois que ce soi-disant paquet minimum soit défini sur la base d'un bon rapport coût efficacité, qu'il existe un système de santé opérationnel au niveau du district et un plan de financement communautaire[283].

L'Initiative de Bamako avait reçu comme mission de revitaliser les systèmes de santé en décentralisant le pouvoir décisionnel de l'échelon national à celui des districts, en réorganisant les services de santé de base, et en fournissant un paquet minimum de services de santé essentiels au niveau des unités de santé de base.

L'implication des communautés locales surtout en zone forestière est un élément fondamental en ce qu'elle modifie l'équilibre des pouvoirs entre les prestataires de soins de santé et les usagers et impulse une gestion novatrice des systèmes de santé publics. De simples consommateurs passifs, les bénéficiaires des soins deviennent des partenaires actifs dont la voix compte par le biais de la gestion participative.

Il a été remarqué que la mise en œuvre des soins de santé primaires butait à la problématique de financement qui amoindrissait la capacité des différentes couches de la population africaine à accéder à la santé pour tous, dès lors l'adoption de l'Initiative de Bamako poursuivait pour but la redynamisation des systèmes de santé pour une extension du réseau de SSP, le développement des médicaments essentiels avec des génériques, la mise

---

283 V. RIDDE, « Politiques publiques de santé et équité en Afrique de l'ouest. Le cas de l'Initiative de Bamako au Burkina Faso », in *Bulletin Amades* [En ligne], 69 | 2007, mis en ligne le 04 février 2009, consulté le 11 décembre 2015. URL : http://amades.revues.org/380.

en place d'un financement communautaire et du contrôle de la gestion par la communauté locale même forestière[284].

A part les questions de santé, ont fait également l'objet de préoccupations de plusieurs Etats africains à un niveau supranational, les questions forestières et environnementales notamment dans le cadre de la COMIFAC en ce qui concerne l'Afrique Centrale.

### Paragraphe II. COMIFAC, un instrument de la coopération sous-régionale des questions forestières en Afrique Centrale

Dans ce paragraphe, il est question de voir comment le cheminement vers la réalisation de nouvelles politiques forestières tenant compte de la GDF s'est opéré en commençant par le niveau sous-régional d'Afrique Centrale (A) puis grâce aux initiatives de la communauté internationale dans le cadre du FLEGT (B).

#### A. Prise de conscience régionale de la gestion durable des forêts en Afrique Centrale

Considérant le caractère de Bien Public Mondial des forêts tropicales du Bassin du Congo, et eu égard au rôle néfaste de la déforestation par rapport à la préservation de la ressource forestière ainsi que dans sa participation au réchauffement climatique par l'émission des gaz à effets de serre, les gouvernements des pays se partageant le Bassin du Congo se sont engagés dès 1999 dans des politiques concertées de protection de leur environnement et de gestion durable de leurs forêts notamment en coordonnant leurs politiques forestières par le biais de la COMIFAC, et en adoptant de nouvelles législations forestières de promotion du développement local et de la bonne gouvernance des ressources forestières .

##### 1. COMIFAC comme instrument de coordination des politiques forestières au niveau régional

Reconnaissant l'importance des forêts d'Afrique Centrale ainsi que les menaces croissantes qui pèsent sur elles, les Chefs d'État d'Afrique Centrale se sont engagés officiellement en mars 1999 à Yaoundé, à œuvrer de manière concertée à la conservation et à la gestion durable des écosystèmes forestiers de leurs pays. Au terme de ce sommet, une déclaration commune en 12 résolutions, la Déclaration de Yaoundé, fut signée et mandat fut donné

---

[284] V. RIDDE, *Idem.*

aux Ministres en charge des forêts des pays respectifs de suivre sa mise en œuvre.

L'Assemblée Générale des Nations Unies, à travers la résolution 54/214 de février 2000 [285], a apporté son soutien à cette initiative des Chefs d'État en invitant la communauté internationale à aider les pays d'Afrique Centrale dans leur effort de développement forestier en leur fournissant une assistance technique et financière sur une base régionale. Forts de ce mandat des Chefs d'État, les Ministres en charge des forêts des pays concernés se sont réunis en décembre 2000 à Yaoundé pour la première session de la Conférence des Ministres en charge des forêts d'Afrique Centrale (COMIFAC) au cours de laquelle le Plan de Convergence a été validé.

La COMIFAC y est définie comme unique instance d'orientation, de décision, de suivi, de coordination et d'harmonisation des actions et initiatives sous-régionales en matière de conservation et de gestion durable des écosystèmes forestiers. Elle assure le suivi de la Déclaration de Yaoundé et veille aussi à la mise en application des conventions internationales et des initiatives de développement forestier en Afrique Centrale. Conformément aux dispositions du Traité de Brazzaville, notamment en son article 5, la COMIFAC est chargée de l'orientation, de l'harmonisation et du suivi des politiques forestières et environnementales en Afrique Centrale[286].

Adopté par le conseil des ministres, le plan de convergence de la COMIFAC définit les stratégies communes d'intervention des Etats et des partenaires au développement de l'Afrique centrale en matière de conservation et de gestion durable des écosystèmes forestiers et de savanes. La Commission des Forêts d'Afrique Centrale (COMIFAC) est l'institution sous-régionale de référence en matière d'harmonisation des politiques forestières et environnementales en Afrique Centrale. Elle oriente, coordonne et prend des décisions sur les actions et initiatives sous-régionales dans le domaine de la conservation et de la gestion durable des écosystèmes forestiers. A l'origine Conférence des Ministres en charge des Forêts d'Afrique Centrale (COMIFAC), il faut citer la Déclaration de Yaoundé du 17 mars 1999. Cette déclaration, faite par les chefs d'Etats d'Afrique Centrale lors du premier sommet sur la conservation et la gestion durable des forêts tropicales, consacre leur engagement à œuvrer de manière concertée à la conservation et à la gestion durable des écosystèmes forestiers.

---

285 COMIFAC, *Rapport d'Activités 2004-2006*, 2007, p.2.
286 COMIFAC, *Op.cit.*, p.5.

Afin de concrétiser les engagements souscrits dans la Déclaration de Yaoundé, est créée en décembre 2000, lors de la réunion des Ministres en charge des Forêts des Pays d'Afrique Centrale, la Conférence des Ministres en charge des Forêts d'Afrique Centrale (COMIFAC)[287]. Celle-ci est officiellement instituée en 2002 par la signature de ses statuts et a pour objectif la mise en œuvre des résolutions contenues dans la Déclaration de Yaoundé. Un plan de convergence, dans lequel sont consignées les actions et programmes sous-régionaux et nationaux à mener a été adopté à cet effet. La première des résolutions contenues dans le Déclaration de Yaoundé étant la création des aires protégées transfrontalières, celle-ci fut mise en application immédiatement après la création de la COMIFAC, avec l'adoption le 7 décembre 2000 de l'Accord relatif à la mise en place du TNS (Tri national de la Sangha qui est un traité concernant la protection des aires naturelles protégées) signé entre la République du Cameroun, la République du Congo et la République Centrafricaine[288].

Lors de la première conférence extraordinaire de la COMIFAC qui eut lieu en mai 2004 à Yaoundé au Cameroun, en vue de se doter d'un cadre juridique internationalement reconnu, les Etats membres ont décidé de mettre en place un traité devant régir et consolider la coopération sous régionale en matière de forêts et d'environnement, et de changer la dénomination de l'organisation en "Commission des Forêts d'Afrique Centrale » en sigle COMIFAC. C'est ainsi qu'a été signé le 05 février 2005, par les chefs d'Etats de dix pays d'Afrique Centrale[289] , le Traité relatif à la Conservation et à la Gestion Durable des Ecosystèmes Forestiers d'Afrique Centrale et instituant la Commission des Forêts d'Afrique Centrale. La COMIFAC, qui assure le suivi de la Déclaration de Yaoundé, est dès lors définie comme unique instance d'orientation, de décision et de coordination des actions et initiatives sous-régionales en matière de conservation et de gestion durable des écosystèmes forestiers. Sur le plan technique, les réunions et les documents de la COMIFAC ont incorporé non seulement des plans pour poursuivre et appuyer le TNS mais ont également intégré des plans pour l'expansion de l'approche transfrontalière dans plusieurs autres zones de l'Afrique Centrale. Sur le plan pratique, les réunions de la COMIFAC ont constitué un forum pour tenir des réunions tripartites des ministres des trois pays partenaires du TNS et les deux principaux

---

[287] COMIFAC, *Op.cit.,* p.5.

[288] *Idem.*

[289] La République du Burundi, la République du Cameroun, la République Centrafricaine, la République du Congo, la République Démocratique du Congo, la République Gabonaise, la République de Guinée Equatoriale, la République du Rwanda, la République de Sao Tomé et Principe et la République du Tchad.

documents, l'Accord TNS et le Protocole d'Accord de lutte contre le braconnage ont été préparés pour les réunions de la COMIFAC et signées lors de ces réunions.

**2. Axes stratégiques de la politique de la COMIFAC**

La COMIFAC a mis en place une politique tendant à remplir les missions qui lui ont été assignées par ses initiateurs. Les axes stratégiques de cette politique que poursuit la COMIFAC sont entre autres :

a. L'harmonisation des politiques forestières et fiscales ;

b. La connaissance de la ressource ;

c. L'aménagement des écosystèmes,

d. La conservation de la diversité biologique ;

e. La valorisation durable des ressources forestières, la lutte contre la pauvreté, le développement socio-économique, le contrôle, la filière bois, le marché sous-régional du bois ;

f. Le renforcement des capacités, participation des acteurs, information, formation, sensibilisation ;

g. La recherche - développement ;

h. Le développement de mécanismes de financement ;

i. La coopération et les partenariats.

Toute cette politique mise en œuvre par la COMIFAC est largement inspirée de l'initiative FLEGT dont le but est d'instaurer la bonne gouvernance dans le secteur forestier grâce à la réforme de la législation forestière.

**B .Initiative FLEGT, vers une stratégie de la bonne gouvernance et de l'adaptation des législations forestières**

L'initiative FLEGT qui signifie en anglais « Forest Law Enforcement, Governance and Trade » est le plan d'action sur l'application de la législation forestière, la gouvernance et le commerce du bois. C'est la réponse de la communauté internationale au problème de l'exploitation illégale des forêts et au commerce illicite du bois. Le but de FLEGT est de promouvoir le commerce légal du bois et la bonne gouvernance du secteur forestier. Au terme de ce plan, les principaux pays développés du Nord s'engagent que le bois importé remplisse les exigences légales des pays forestiers d'origine.

La certification de la légalité du bois exporté est le premier palier de la certification forestière qui rentre dans le processus AFLEG « Processus d'Amélioration de la Gouvernance et l'Application des Lois dans le secteur Forestier en Afrique » initié en 2002 par les pays du G8.

Les contrôleurs sont tenus de s'attacher, entre autres :

• A vérifier si l'entreprise respecte le Code Forestier et ses divers arrêtés d'application ainsi que les guides opérationnels ;

• A contrôler sur le terrain le respect des limites des concessions et permis de coupe ;

• A s'assurer que l'entreprise respecte les aspects légaux applicables au niveau national et international ;

• A évaluer si son système de traçabilité permet de garantir l'origine du produit, que ce soit en grumes ou en sciages.

Pour mettre en place ce plan d'action, plusieurs accords ont été signés entre les pays occidentaux notamment ceux de l'Union Européenne et certains pays forestiers tropicaux. Dans le cadre du Programme FLEGT, il a été prévu comme premier volet de ce programme, le Règlement Bois de l'Union Européenne (RBUE) qui est entré en vigueur le 3 mars 2013. Il précise les obligations des opérateurs qui mettent du bois et des produits dérivés sur le marché afin d'empêcher toute introduction de bois d'origine illégale.

Le second volet du programme FLEGT concerne les Accords de Partenariat Volontaires (APV). Pour ce faire, l'Union Européenne peut négocier avec des pays tiers producteurs qui le souhaitent un accord de partenariat volontaire (APV).

Cet APV amène les deux parties à mettre en œuvre un régime d'autorisations FLEGT qui, d'une part, accompagneront tous les produits du pays producteur qui entreront sur le territoire de l'Union ; d'autre part apporteront la preuve que ces produits bois ont été produits conformément à la législation du pays producteur. En pratique, des négociations sont ouvertes entre les services de la Commission et les administrations des Etats candidats à un APV pour définir les conditions pratiques de mise en œuvre de l'APV (référentiel des obligations de légalité à respecter, délivrance des certificats, contrôles sur place et suivi par une tierce partie indépendante…), et notamment les contrôles dans les pays producteurs. Il est important d'indiquer qu'actuellement plusieurs pays d'Afrique Centrale ont conclu les APV. C'est le cas du Cameroun, de la RCA mais celui de la RDC est en cours de négociation.

De ce fait, dans les pays forestiers du Bassin du Congo par exemple, la définition de la légalité du bois concerne la production, l'exploitation et l'exportation du bois provenant des forêts naturelles ainsi que de la sylviculture. Les principes constitutifs de cette légalité du bois s'étendent :

- Aux conditions nécessaires à la constitution et à l'existence de l'entreprise forestière ;
- Aux droits d'accès aux ressources forestières dans les zones d'activité ;
- Aux obligations sociales (emploi et participation des populations locales) ;
- A la gouvernance forestière, à l'exploitation et à la transformation du bois ;
- Au transport et à la commercialisation du bois ;
- Au respect des obligations fiscales.

A côté de cette certification légale, il y a également la certification forestière d'origine privée initiée par les acteurs indépendants qui garantissent que les entreprises forestières qui exportent les bois vers des marchés de consommation du monde entier respectent des normes préétablies attestant du respect de la gestion durable des forêts d'exploitation, des droits des populations riveraines, des travailleurs, du fisc, des douanes, de la réglementation forestière et de la traçabilité[290]. Par exemple en RDC, la SODEFOR, lassée d'être toujours accusée injustement selon ses dirigeants, a engagé la procédure de certification de la FSC qui lui

[290] La certification de traçabilité a pour objectif de pouvoir garantir au consommateur final que le produit qu'il achète est composé de bois issus de forêts certifiées. Il s'agit d'assurer que les bois ronds et les produits ligneux sont suivis de façon spécifique tout au long des phases successives de la chaîne d'approvisionnement et de transformation.

a délivré en 2014 le certificat FSC valable 5 ans[291] jusqu'en 2019. La certification forestière par des organisations indépendantes est un outil important pour ceux cherchant à s'assurer que le papier et les produits en bois qu'ils achètent proviennent de forêts qui sont bien gérées et exploitées légalement. L'intégration de certifications indépendantes dans les pratiques d'obtention des produits forestiers peut être primordiale pour des politiques forestières qui incluent des facteurs tels que la protection de ressources forestières sensibles, la sélection réfléchie de matériaux et l'utilisation efficace de produits. La surface de forêts certifiées augmente rapidement. En décembre 2005, il y avait 2.420.000 $km^2$ de forêts certifiées selon les standards internationaux. En 2009, 8 % de la forêt mondiale était certifiée.

La certification a été promue après Rio pour améliorer la gestion forestière à travers le monde, mais à ce jour la plupart des forêts certifiées sont situées en Europe et Amérique du Nord. Une barrière importante pour de nombreux gestionnaires forestiers dans les pays d'Afrique dont le Congo est le manque de capacité à financer ou pratiquer les audits de certification ou à maintenir les standards de certification. Cela fait que peu de forêts sont certifiées dans ces grands pays forestiers, soit 12 % seulement des surfaces des concessions forestières en 2015.

Face à ces difficultés dans la certification dans certains pays et en vue de garantir la traçabilité du bois acheté au sein de sa juridiction territoriale, l'Union européenne a émis depuis lors un règlement sur la commercialisation du bois. Quant à la prise de conscience au niveau de

---

[291] Le référentiel élaboré par FSC (Forest stewardship council) comporte 10 principes, « règles fondamentales qui servent de base au raisonnement et à l'action », eux-mêmes déclinés en 57 critères « catégorie de conditions ou de processus par lesquels la gestion durable peut être évaluée ».Pour vérifier si ces critères sont remplis, les auditeurs vont vérifier des indicateurs ou variables mesurables, directs ou indirects, utilisés pour rendre compte de l'état ou de la tendance d'un critère au nombre de 205.Les 10 principes du FSC sont les suivants :

1. Respect des Lois et des Principes du FSC
2. Sécurité foncière, droits d'usage et responsabilités
3. Droits des peuples « autochtones »
4. Relations communautaires et droits des travailleurs
5. Prestations de la forêt
6. Impact environnemental
7. Plan d'aménagement
8. Suivi et évaluation
9. Maintien des Forêts de Haute Valeur pour la Conservation (FHVC)
10. Plantations

l'Afrique Centrale, elle s'est faite avec la constitution de la COMIFAC qui est l'outil de coordination des politiques forestières entre les Etats membres, est aussi favorisée par le rôle qu'y joue la Banque mondiale dans le cadre de sa mission d'assistance aux différents Etats en difficultés ou en besoin.

## Section II. Rôle de la Banque mondiale, de la France et de l'Union Européenne dans le cadre de la politique forestière du Bassin du Congo

Ces trois acteurs qui sont, parmi les principaux bailleurs des fonds en ce qui concerne le financement des projets de développement des Etats africains, ont été obligés, face aux opportunités qu'offrait le secteur forestier africain et au regard de la proportion des gens qui en dépendait dans certains Etats comme la RDC, à intervenir de façon efficace dans ce domaine pour la majorité des pays africains dont le profil forestier était indiscutable. Ainsi, les positions de la Banque mondiale (paragraphe 1^er^), de la France ( paragraphe 2), de l'Union européenne (paragraphe 3) et du commerce international du bois (paragraphe 4) seront examinées.

### Paragraphe I. Stratégie et action de la Banque mondiale concernant les questions forestières

Nous exposerons la stratégie de la Banque en général (A) et de tous les pays de l'Afrique Centrale notamment du Cameroun qui a été la première à expérimenter les stratégies de la Banque en cette matière, en particulier (B).

#### A. Stratégie concernant les questions forestières

Au début des années 1990, la Banque mondiale a modifié son approche dans le secteur forestier en mettant la réduction de la pauvreté et le développement économique au centre de ses préoccupations au même titre que la conservation de la nature[292]. Il s'agit là d'une initiative courageuse compte tenu des risques et compromis inhérents au maintien d'un équilibre adéquat entre ces trois objectifs. Plusieurs années après sa mise en œuvre, une évaluation de cette approche en termes des progrès et des résultats obtenus a été réalisée. L'évaluation comprenait un examen de la stratégie du Groupe de la Banque et de l'ensemble du portefeuille d'environ 350

---

[292] F. ANDRIAMAHEFAZAFY et P. MERAL, « La mise en œuvre des plans nationaux d'action environnementale : un renouveau des pratiques des bailleurs de fonds ? », in *Mondes en développement* 3/2004, n° 127, pp. 29-44.

opérations au cours de la décennie passée. Des études de cas sur le terrain ont été menées au Brésil, au Chili, en Chine, en République démocratique du Congo, en Inde, en Indonésie, en République démocratique populaire Lao, au Libéria, au Mexique, au Pérou, en Russie, au Sud-Soudan, en Uruguay ainsi qu'une étude théorique des petits états insulaires[293].

L'évaluation conduite par le Groupe indépendant d'évaluation, GIE en sigle, a conclu que la stratégie était toujours pertinente et conforme à la mission globale du Groupe de la Banque mondiale. Toutefois, la gestion des conflits et l'exploitation des synergies entre les trois objectifs que sont la réduction de la pauvreté, la conservation et le développement économique, s'était avérée difficile à mettre en œuvre, mis à part un plus grand succès sur le plan environnemental[294].

Concernant les rôles des forêts sur la stabilisation du changement climatique, la Banque mondiale a joué un rôle majeur dans le dialogue sur le rôle des forêts, le changement climatique et le développement d'instruments de carbone forestier. Selon l'examen du GIE, le Fonds de Partenariat pour le Carbone Forestier géré par la Banque mondiale offre une plate-forme efficace et hautement inclusive pour définir les modalités de la REDD +. Mais, il a également suscité des attentes auprès des pays qui ne pouvaient être satisfaites que si les flux financiers suivaient. Le GIE a souligné la nécessité d'un dialogue interne de haut niveau sur la façon dont la Banque intégrerait les stratégies nationales REDD dans la planification globale du développement.

Quant aux projets d'aires protégées qui constituaient un peu moins de la moitié (100 projets en nombre), du total du portefeuille forestier, ils ont largement réussi à mettre en place des zones de conservation importantes et à renforcer leur capacité de gestion. Au Brésil seulement, le Groupe de la Banque mondiale a aidé le gouvernement à mettre 24 millions d'hectares de terres forestières sous statut d'aires protégées. Toutefois, les compromis entre les objectifs de conservation et les objectifs de réduction de la pauvreté pourraient être mieux gérés en traitant ex-ante les revendications relatives à l'utilisation des ressources et des terres coutumières ainsi qu'en intégrant davantage les connaissances locales et les moyens de subsistance dans la conception du système (l'accès à l'eau, les droits de transit, la récolte, les protéines, le combustible et le fourrage et d'autres apports de ressources

---

[293] Banque mondiale, *Rapport d'évaluation du groupe indépendant d'évaluation*, Washington, 2000.
[294] *Idem.*

forestières essentielles à la sécurité des ménages). À ce jour, les efforts du Groupe de la Banque pour offrir aux populations locales des alternatives durables à la dégradation des forêts se sont souvent révélés inefficaces et non durables après la mise en place du projet (sur la base d'un examen des 32 projets qui ont été achevés au moment où l'étude a été réalisée).

S'agissant des PSE et de la gestion participative des forêts, les systèmes de paiement pour services environnementaux (PSE) que la Banque mondiale a soutenu en Amérique latine sont à l'avant-garde des efforts visant à identifier et à attribuer une valeur monétaire aux services environnementaux des forêts[295]. En outre, le programme biodiversité et produits agricoles de la SFI[296] a aidé les agriculteurs à produire et à commercialiser de l'huile de palme et de l'huile de soja durables quand bien même s'il a eu moins de succès dans la production de viande. L'appui de la Banque à la gestion participative des forêts et aux régimes de sous-traitance en Inde a relativement bien réussi à établir un équilibre entre la réduction de la pauvreté et les objectifs environnementaux. En outre, les deux décennies de soutien durable à la gestion communautaire des forêts au Mexique ont contribué à développer des entreprises forestières communautaires qui créent des emplois et participent à la gestion durable des forêts. Les efforts de la Banque pour promouvoir la gestion participative des forêts en Inde, en Honduras, en Tanzanie et en Albanie ont également produit des résultats positifs au niveau environnemental et au niveau des moyens de subsistance.

Dans le même temps, le désintérêt irréfragable à l'égard du secteur informel constitue une opportunité manquée d'atteindre plus de populations pauvres qui dépendent de la forêt pour leur survie, en même temps que la possibilité de promouvoir une gestion durable des espaces forestiers. Les réactions des parties prenantes au Brésil, au Mexique, au Pérou, en République démocratique populaire Lao[297], ainsi que les entretiens avec le personnel de la SFI travaillant au Nicaragua, au Guatemala, en Bolivie et en Indonésie ont tous souligné la nécessité de résoudre les problèmes de réglementations inappropriées ou excessives des activités forestières à petite échelle afin de réduire la pauvreté dans le secteur.

---

295 D. PESCHE et al., *Services écosystémiques et paiements pour services environnementaux : les deux faces d'une même logique,* Document de travail SERENA, 2011, vol. 1.

296 La Société financière internationale, SFI en sigle, est une filiale du Groupe Banque mondiale qui est chargée de financer et d'investir dans les entreprises privées à travers le monde.

297 C. AUBERTIN, « La forêt laotienne redessinée par les politiques environnementales », in *Bois et forêts des tropiques*, 2003, n° 278, pp. 39-50.

Quant aux investissements du secteur forestier, il convient de relever que les investissements de la SFI dans le secteur des produits forestiers ont aidé les entreprises à fournir des produits à forte valeur ajoutée, à augmenter la productivité et la capacité de production et ont produit des taux de rendement relativement élevés. Même si la SFI a intensifié ses efforts pour soutenir la viabilité tout au long de la chaîne d'approvisionnement, les résultats indiquent des défis encore persistants dans la mise en place de la certification et de la traçabilité. Par ailleurs, les activités de la MIGA dans ce secteur sont relativement faibles et sont principalement axées sur le soutien aux opérations de déchiquetage. La MIGA doit également améliorer les rapports de ses clients en matière de traçabilité.

Néanmoins il convient de dire qu'en ce qui concerne la réforme des concessions industrielles forestières, le GIE a également examiné le soutien de la Banque aux réformes des concessions forestières industrielles qui sont principalement mises en œuvre par le biais des opérations de politique de développement dans les forêts tropicales humides en Afrique Centrale et Occidentale et en Asie Orientale[298]. Le GIE s'est appuyé sur un examen approfondi des projets, des visites de terrain et des entretiens avec les parties prenantes, des études de la Banque, des études exhaustives de la documentation relative aux projets ainsi que sur des évaluations disponibles par des tiers. Alors, il a conclu que le soutien de la Banque mondiale à la réforme juridique et réglementaire des concessions forestières industrielles a amélioré la gouvernance forestière au niveau national, renforcé la transparence et la responsabilité, mis en place des normes environnementales et a permis d'augmenter les revenus du secteur formel.

Toutefois, les mêmes données indiquent de sérieux problèmes au niveau de la mise en œuvre sur le terrain en ce qui concerne la gestion de ces concessions, à savoir si elles sont gérées d'une manière écologiquement durable ou si elles ont des effets positifs sur les moyens de subsistance à l'échelle locale. Ces préoccupations concernant des projets antérieurs effectués au Cambodge et en République démocratique du Congo (RDC) ont été signalées par le panel d'inspection de la Banque mondiale. Plus récemment, des documents relatifs aux projets de la Banque mondiale ont fait état de certaines pratiques de gestion forestière non durables au Cameroun[299] et ont aussi évoqué des défis en matière d'application des

---

298 Banque mondiale, *Rapport d'évaluation,* Washington, 2000.

299 A. C. MILOL et J.-M. PIERRE, *Impact de la fiscalité décentralisée sur le développement local et les pratiques d'utilisation des ressources forestières au Cameroun*, Rapport final, Janvier 2000.

règlementations forestières en RDC[300]. La seule évaluation de la pauvreté et de l'impact social, menée par la Banque mondiale et réalisée ex post sur les effets des réformes des concessions au Liberia, a révélé que l'insécurité alimentaire dans et autour du système de concession était tout aussi élevée qu'au moment de la mise en place des concessions.

Par ailleurs, quand les rendements économiques des concessions et la capacité de percevoir des impôts, sont surestimés comme en RDC, au Libéria et au Ghana, les recettes ne peuvent pas être acheminées comme prévues afin de bénéficier aux communautés locales. Comme le souligne à juste titre la direction dans sa réponse, de plus en plus d'études tentent de mesurer la rentabilité et la viabilité des modèles de l'industrie forestière dans les forêts tropicales humides. C. AUBERTIN [301] souligne les mêmes difficultés de mise en œuvre, que celles indiquées dans le rapport du GIE, en ce qui concerne la rentabilité, la durabilité environnementale, la certification et la réduction de la pauvreté par le biais de la redistribution des revenus provenant de la fiscalité forestière. Il est important de noter que ce rapport est relativement récent.

C'est pourquoi le GIE a recommandé que la Direction de la Banque entreprenne et communique un examen complet des résultats économiques, environnementaux et sociaux associés à l'appui de la Banque mondiale aux réformes de concessions forestières dans les pays forestiers tropicaux humides à faible gouvernance, y compris une analyse des résultats qui pourraient être réalisés dans le cadre des systèmes alternatifs de gestion forestière. Bien que ces opérations soient relativement peu nombreuses, leur mise en œuvre déterminera le sort de millions d'hectares de forêts tropicales humides vierges qui abritent une biodiversité irremplaçable ainsi que des millions de personnes tributaires des ressources forestières, et qui fournissent des services environnementaux essentiels. En tant que principal bailleur de fonds international pour les forêts, le Groupe de la Banque mondiale doit déterminer si les systèmes de gestion forestière qu'il a aidé à mettre en place répondent aux attentes[302].

Dans son rapport au Conseil d'Administration de la Banque, le Comité pour l'efficacité du développement a souligné que les interventions futures du Groupe de la Banque mondiale doivent inclure des évaluations

---

300 A. KARSENTY, « Enjeux des réformes récentes de la fiscalité forestière dans le bassin du Congo », in *Bois et forêts des tropiques*, 2004, no 281, pp. 51-59.
301 C. AUBERTIN, *Idem.*
302 Banque mondiale, *Rapport d'évaluation 2000 du GIE.*

rigoureuses des impacts prévus sur les plans économique, environnemental, social et sur la pauvreté afin d'améliorer la mise en œuvre de la réforme des concessions forestières dans les environnements difficiles.

Dès lors la Banque mondiale entend poursuivre un engagement constructif avec toutes les parties prenantes concernées par la gestion durable des forêts notamment les pays forestiers d'Afrique Centrale dont le Cameroun et la RDC.

### B. Expérience de réforme forestière de la Banque Mondiale en Afrique Centrale : cas du Cameroun

Le Gouvernement de la République du Cameroun sous la supervision de la Banque mondiale a mis en œuvre en 1994 une réforme forestière qui est considérée comme la première de ce genre en Afrique Centrale et dont les objectifs étaient la mobilisation accrue des recettes fiscales d'origine forestière, l'augmentation de la valeur ajoutée de l'industrie du bois et de sa contribution à l'économie nationale et enfin l'amélioration des conditions de vie des populations forestières. A partir de cette date, la Banque mondiale se targue d'avoir une bonne expérience dans le domaine forestier africain. A cela il faut ajouter l'assistance technique qu'elle a dû prodiguer à de nombreux pays dans le secteur forestier en l'occurrence en Asie et en Amérique latine.

Ainsi, il sera question de la réforme forestière de 1994 (1) puis de la violation des droits des populations autochtones dans le cadre des réserves forestières protégées (2).

#### 1. Réforme forestière camerounaise de 1994

S'agissant de la réforme forestière camerounaise, un pays dont les structures économiques et sociales sont proches de celles de la RDC, il a été relevé que cette réforme qui a été l'une des premières à instituer la vente aux enchères de concessions forestières et qui a servi à instaurer l'aspect participatif dans la gestion forestière africaine[303], n'a pas eu des résultats escomptés. Néanmoins, la législation forestière de 1994 adoptée par le

---

303 G. M. NGUENANG, Q. DELVIENNE, V. BELIGNE et al., « La gestion décentralisée des ressources forestières au Cameroun : Les forêts communales après les forêts communautaires », in *6th Conference on Central African Moist Forest Ecosystems (CEFDHAC)*, November. 2000, pp. 20-23.

Cameroun a innové avec la mise en place des forêts communautaires, des forêts classées et des forêts d'exploitation[304].

Le Cameroun a engagé au début des années 90, sur fond des politiques d'ajustement structurel, plusieurs réformes administratives et judiciaire notamment celle de son secteur forestier. Dans la foulée, un nouveau Ministère de l'environnement et des forêts (MINEF) a été mis en place en 1992. Au plan juridique, la loi n° 94/01 portant régime des forêts, de la faune et de la pêche[305] a été votée par le Parlement et promulguée par le Chef de l'Etat Paul BIYA en date du 20 janvier 1994.

Le secteur forestier camerounais revêt une importance nationale primordiale, représentant 11% des exportations en 2004. La forêt est l'une des ressources naturelles les plus exploitées au Cameroun. Avec près de 22 millions d'hectares de forêt dense, le secteur forestier joue un rôle très important dans l'économie nationale. L'importance de l'exploitation forestière dans ce pays se chiffre en ordre de grandeur à près de 25 % de la valeur des exportations et a participé pour 6 % au PIB entre 2000 à 2006.

La production du bois du pays avoisinait les 5 millions de $m^3$ en 2004 avec une capacité de transformation locale pouvant atteindre les 2,67 millions de $m^3$ d'ici 2006. Cette production est officiellement assurée aussi bien par les entreprises nationales (qui détiennent 30 à 40 % des titres d'exploitation attribués) qu'expatriées qui elles, contrôlent environ 60 % des titres.

Les objectifs de cette politique forestière comprennent la gestion durable des ressources naturelles mais aussi une plus grande implication des communautés locales à la gestion et au partage des bénéfices tirés de l'exploitation des ressources forestières.

Dans ce cadre, le Gouvernement camerounais a également réalisé une réforme de la fiscalité forestière. Il s'est assigné des objectifs globaux en matière de politique forestière qui sont la gestion rationnelle et durable des ressources forestières, une industrie de transformation efficace et à forte valeur ajoutée et une redistribution équitable des revenus générés.

---

304 F. VERBELEN, *L'exploitation abusive des forêts équatoriales du Cameroun*, Rapport remis à Greenpeace Belgique, 1999.
305 République du Cameroun, *Loi portant régime des forêts, de la faune et de la pêche*, Présidence du Cameroun, Yaoundé, 1994.

En ce qui concerne les lignes directrices de la fiscalité forestière camerounaise[306] , il convient de relever que les sociétés d'exploitation et de transformation forestière sont soumises à la fiscalité générale puis à la fiscalité spécifique forestière. Comme dit supra, cette fiscalité forestière devait permettre à l'État, propriétaire de la ressource, de capter la valeur du bois en tant que matière première. Par ailleurs, sa structure et son poids devaient viser à encourager la gestion durable des ressources par les exploitants forestiers et les autres intervenants en milieu forestier ainsi qu'assurer une répartition équitable de la rente forestière entre les exploitants forestiers, les communautés des zones forestières et l'État et stimuler la compétitivité du secteur forestier.

Les principales taxes et redevances spécifiques du secteur forestier sont : la redevance forestière annuelle (RFA) ou redevance de superficie ; la taxe d'abattage (TA) destinée à lutter contre le gaspillage des ressources forestières et à aider à contrôler le véritable niveau d'exploitation gestion forestière. Pour ce qui est des institutions impliquées dans la fiscalité forestière, il faut dire que, en ce qui concerne la détermination de l'assiette des taxes forestières et leur recouvrement (RFA, TA, divers permis et surtaxe), ils étaient de la compétence du MINEF (Ministère de l'environnement et des forêts). Mais depuis 1999, un programme de sécurisation des recettes forestières a été mis en place. Dès lors le Gouvernement camerounais a fini par centraliser les déclarations ainsi que les paiements relatifs à la RFA et à la TA sous la coordination de la Direction générale des impôts au MINEFI (Ministère des finances). En outre, la Direction des Douanes avait mandaté la Société générale de surveillance pour évaluer les taxes d'exportation des bois d'œuvre ; et pour les taxes liées à l'exportation, la liquidation est faite par les Douanes et le recouvrement par le Trésor public.

Entre 2005 et 2008, la DGI du ministère des finances a collecté entre 30 à 40 millions de dollars américains des recettes forestières dont la redevance foncière sur la superficie pour 21,2 millions de dollars en 2004 et la redevance forestière annuelle (RFA) pour 24 millions en 2005 puis 30 millions des dollars en 2008 [307]. Les recettes douanières d'exportation du bois ont représenté 11 % du total des exportations, ce qui les classe en deuxième position après le pétrole exporté. Il convient de signaler que le

[306] T. FOMETE, *La fiscalité forestière et l'implication des communautés locales à la gestion forestière au Cameroun*, Document RDFN, n° 25 b(II), juillet 2001, pp.18-30.

[307] F. KENGOUM et A.M. TIANI, *Politiques d'adaptation et d'atténuation au Cameroun*, CIFOR, 2013, pp.8-13.

secteur forestier employait en 2007 directement 16 000 individus et détenait une part de 6% dans le PIB de l'économie camerounaise[308].

La réforme forestière de 1994 et les lois de finances ont institué la répartition des redevances entre l'Etat, les communes et les communautés villageoises riveraines respectivement : 50 %, 40 % et 10 %. Le chercheur Bigombe Logo estime pour sa part que cette loi forestière a mis davantage en scène une alliance stratégique de prédation de la rente forestière entre l'Etat central, les collectivités territoriales décentralisées et les comités de gestion des redevances forestières, entre le pouvoir, les autorités administratives locales et les notables politiques locaux[309] au détriment des populations forestières.

Néanmoins, en termes de résultats poursuivis, il a été amèrement constaté que les divers résultats n'ont pas été atteints ou réalisés tels que prévus[310]. Premièrement, bien qu'elles aient augmenté légèrement, les recettes forestières n'ont pas permis d'endiguer la pauvreté en milieu forestier puis la redistribution des revenus forestiers qui aurait dû profiter aux communautés forestières, n'a jamais atteint ses destinataires originaires à cause de son accaparement frauduleux par des apparatchiks politiques locaux qui n'ont nullement réalisé la rétrocession de cette manne forestière[311]. Deuxièmement, l'amélioration de la contribution du secteur forestier camerounais notamment de l'industrie du bois à l'économie nationale n'est attestée par aucune statistique plausible. A cet effet, il convient de dire qu'il a été remarqué une recrudescence des exportations des grumes en lieu et place du bois transformé depuis la réforme de 1994, ce qui place le Cameroun à la première place en termes d'exportations du bois dans le Bassin du Congo. Troisièmement, sa contribution à l'amélioration de l'aménagement forestier, bref sa participation à la gestion durable des forêts est contestée par plus d'un observateur qui stigmatisent la recrudescence de l'exploitation illégale du bois[312]. Enfin, dans les réserves forestières

---

[308] Idem.

[309] P. BIGOMBE LOGO, *Fiscalité forestière décentralisée et développement local au Cameroun méridional forestier : leçons apprises des expériences récentes et proposition d'un processus de renforcement des capacités locales.* ftp://ftp.fao.org/docrep/. [Consulté le 11 décembre 2015].

[310] J. BRUNER, et F. EKOKO, *La réforme de la politique forestière au Cameroun : enjeux, bilan et perspectives.*

[311] A. C. MILOL et J.-M. PIERRE, *Idem.*

[312] J.-C. CARRET, La réforme de la fiscalité forestière au Cameroun débat politique et analyse économique, in *Bois et forêts des tropiques*, 2000, no 264, pp. 37-52.

instituées par le gouvernement, les droits des populations sont systématiquement violés.

**2. Création des aires protégées : les droits des populations Baka à rude épreuve**

Il a été révélé un cas de violation des droits des populations autochtones Baka au Cameroun[313]. Suite aux recommandations de l'ONG WWF, l'Etat Camerounais a institué trois réserves forestières (Lobeke, Nkié et Boumba Beck) dans les territoires naguère habités par les pygmées Baka. Ces derniers ont été déplacés, sans leur consentement préalable, libre et éclairé pourtant rendu obligatoire par la DDPA[314], dans des villages en dehors des forêts. Non habitués à cet environnement, la majorité de ces déplacés Baka sont devenus malades, meurent sans raison et manquent de quoi manger. Par ailleurs, pour surveiller les réserves forestières ainsi constituées, une brigade des éco-gardes a été mise en place. Cette dernière est payée et équipée grâce au financement de WWF. Faute de moyens de subsistance, certains sujets Baka ont été obligés de s'aventurer dans leurs anciens lieux de résidence, transformés en réserves forestières, en vertu de leurs droits d'usage, pour effectuer des prélèvements en nourriture et médicaments pour assurer leur survie.

Comme ces réserves forestières sont gardées par des hommes surarmés, et en l'absence de toute disposition légale et réglementaire autorisant tout prélèvement par les peuples autochtones dans ces forêts, les Baka ont été victimes de plusieurs exactions : arrestations, tortures, viols, coups et blessures, meurtres, saisies du matériel, et autres violations des droits de l'homme. L'ONG Survival International, spécialisée dans la protection des populations autochtones, en a listé une trentaine.

Au regard de cette situation, Survival a déposé une plainte en 2016 auprès de l'OCDE contre WWF, une ONG à taille industrielle et commerciale, brassant de centaines de millions de dollars de ressources annuelles, et qui conseille des gouvernements ainsi que de nombreuses entreprises forestières. Survival a accusé WWF d'avoir privilégié seulement la protection de la nature (faune et flore) au détriment de la santé des

[313] Disponible sur http://www.lemonde.fr/afrique/article/2017/01/06/cameroun-une-enquete-lancee-contre-wwf-pour-violation-des-droits-de-l-homme_5058831_3212.html . [Consulté le 7 octobre 2017].
[314] Art.29 al. 2 de la Déclaration de l'ONU sur les droits des populations autochtones de 2007.

populations, de favoriser le « conservatisme »[315] et d'être un organisme à la base du « colonialisme vert »[316].

Bien que les procédures devant elle soient naturellement réservées aux multinationales provenant de ses trente-cinq pays membres, l'OCDE a jugé en janvier 2017 recevable la plainte formulée contre WWF sur base des critères économiques et d'origine évoqués ci-haut, ce qui constitue une grande première. Pour le directeur de Survival, Stephen Corry, il s'agit d'une grande victoire :

*« Le fait que l'OCDE ait accepté notre plainte est un immense pas en avant pour les peuples vulnérables. Ils pouvaient déjà se saisir de ces lignes directrices pour essayer de faire barrage aux multinationales qui piétinent leurs droits. Ils vont maintenant pouvoir les utiliser pour se protéger des ONG à taille industrielle comme WWF. »*[317]

Cependant en septembre 2017, face à la lenteur de l'OCDE pour trancher, Survival s'est retirée de la procédure[318]. WWF, tout en déclinant sa responsabilité, s'est défendue en affirmant qu'elle fait le nécessaire à ce que son partenaire, l'Etat camerounais, s'engage à mettre fin aux violations des droits des populations Baka.

En ce qui nous concerne, nous pensons que WWF doit savoir que le droit à la vie et à une meilleure santé des populations prime la protection de la nature, et la conservation de l'environnement doit être au service de l'homme et non le contraire. C'est le sens même du développement durable avec ses trois piliers : écologique, économique mais aussi social (humain). Ainsi, il serait absurde de s'imaginer que la nature irait mieux si tous les êtres humains disparaissaient. Quelle serait, dans cette hypothèse, sa finalité ? Aucune. Il est important, pour le cas en l'espèce, de maintenir la

---

315 Néologisme péjoratif utilisé pour désigner une stratégie de conservation de l'environnement qui poursuit des objectifs jugés non clairs ou inavoués.

316 C'est la main-mise sur le secteur environnemental des pays en développement effectuée grâce aux ONG de l'environnement et les institutions internationales bilatérales et multilatérales. Cfr M. HUFTY, A. RAZAKAMANANTSOA, et M. CHOLLET, « Néo-colonialisme vert à Madagascar ? », in *Ecologie contre nature. Développement et politiques d'ingérence*, 1995, pp. 143-148.

317 Disponible sur http://www.lemonde.fr/afrique/article/2017/01/06/cameroun-une-enquete-lancee-contre-wwf-pour-violation-des-droits-de-l-homme_5058831_3212.html . [Consulté le 7 octobre 2017].

318 Disponible sur http://www.lemonde.fr/afrique/article/2017/09/24/dans-le-bassin-du-congo-les-pygmees-sacrifies-sur-l-autel-de-la-protection-de-la-nature_5190365_3212.html. [Consulté le 7octobre 2017].

protection des zones forestières tout en y autorisant les droits d'usage des populations autochtones Baka. Ceci permettra aux gardes forestiers d'éviter les exactions et de sanctionner sévèrement ceux qui ne vont pas y obtempérer.

Par ailleurs, l'attitude des autorités étatiques camerounaises est à stigmatiser, car la protection de leurs populations et des ressources naturelles de leur pays n'incombe pas aux ONG internationales, si riches soient-elles, mais c'est une prérogative qui relève de la souveraineté nationale. Dès lors, s'il y a une institution à poursuivre, c'est l'Etat camerounais qui aurait pu être traduit devant le Conseil des droits de l'homme de l'ONU[319] ou la Cour pénale internationale de la Haye.

En résumé, la réforme fiscale forestière de 1994 du Cameroun, faite sous l'instigation de la Banque mondiale, n'a permis qu'une légère mobilisation des recettes fiscales d'origine forestière avoisinant les 40 %, mais demeure un fiasco évident en ce qui concerne la lutte contre la pauvreté en milieu forestier et dans la durabilité des forêts d'une part et d'autre part, dans l'amélioration de sa participation à l'économie nationale ainsi qu'à la lutte contre le chômage[320] et dans la protection des droits des populations autochtones notamment Baka.

De tels aspects déviationnistes ont amené certains pays développés œuvrant au développement de l'Afrique à avoir une politique relative aux forêts tropicales du Congo.

---

[319] Le principal organe des Nations Unies œuvrant à la promotion et à la protection des droits fondamentaux est le Conseil des droits de l'homme, créé par l'Assemblée générale le 15 mars 2006 pour remplacer la Commission des droits de l'homme qui avait été établie 60 ans plus tôt et pour donner suite à ses travaux. Le Conseil définit les grandes orientations en matière de politiques, examine les problèmes qui se posent dans le domaine des droits de l'homme, élabore de nouvelles normes internationales et en surveille l'application partout dans le monde. En tant que principal organe intergouvernemental d'élaboration de politiques relatives aux droits de l'homme, le Conseil est habilité à évaluer la situation des droits de l'homme n'importe où dans le monde et à étudier les éléments d'information présentés par les États, les ONG et d'autres sources.
Disponible sur http://www.un.org/fr/rights/overview/hrcouncil.shtml. [Consulté le 7 octobre 2017].

[320] J.-C. CARRET, *Idem.*

### Paragraphe II. Position française sur les forêts tropicales du Congo

Cette position résulte du rapport adressé par le député LE GUEN (2010)[321] au président de la république (A) ainsi que des interventions de l'AFD[322] (B).

#### A. Rapport LE GUEN sur les forêts tropicales

Selon ce rapport, bien qu'en baisse, la déforestation tropicale est restée très préoccupante dans les années 2000 avec 13 millions d'hectares de forêts détruits par an. De ce fait, la dégradation des forêts tropicales demeure une source d'inquiétude importante, notamment pour la biodiversité et le climat.

Face à cette situation, la France reste très engagée en faveur des forêts tropicales avec un niveau d'aide qui a considérablement augmenté ces dernières années, pour atteindre une enveloppe financière d'au moins 100 millions d'euros par an. En outre, il convient de préciser que l'Union européenne a signé des accords de partenariat volontaire avec 6 pays tropicaux notamment du Bassin du Congo pour lutter contre le commerce du bois issu de l'exploitation illégale des forêts.

Sept thèmes ont été développés dans ce rapport :

-La gestion durable des forêts de production ;

-Les modèles de conservation et de restauration des forêts de protection ;

-L'essor des demandes énergétique, alimentaire et minière mondiale et leur impact sur la déforestation ;

---

[321] J. LE GUEN, *Rapport au Président de la République sur la protection des forêts tropicales et de leur biodiversité contre la dégradation et la déforestation*, Paris, Présidence de la République, 12 octobre 2010.
Disponible sur http://www.ladocumentationfrancaise.fr/rapportspublics/104000542/index.shtml. [Consulté le 12 juillet 2017].

[322] Agence française de développement, chargée du financement de l'aide au développement et de la lutte contre la pauvreté dans les pays en voie de développement. C'est l'ancienne Caisse centrale de coopération au développement.

-Les problématiques de légalité et de durabilité dans le commerce du bois tropical ;

-Les investissements et le financement des externalités environnementales ;

-La gouvernance locale, nationale, régionale et mondiale ;

-La recherche et l'amélioration des connaissances.

La France a fait le constat qu'il y avait des progrès notables en termes d'aménagement et de conservation des forêts tropicales avec 31 millions d'hectares de forêts tropicales gérées durablement en 2010, soit 20% d'augmentation en 5 ans, et 20% des forêts tropicales du monde qui se retrouvent sous le statut des forêts protégées. Cependant dans ce rapport, il est relevé qu'il est nécessaire d'augmenter les bénéfices sociaux et environnementaux des concessions forestières aménagées et d'encourager d'autres modèles, tel que celui des forêts communales ou communautaires.

Le rapport rappelle également l'enjeu considérable de la restauration des écosystèmes forestiers dégradés, sachant que la Convention sur la diversité biologique a fixé un objectif de 15% de restauration d'ici à 2020[323]. La maîtrise de la demande, la certification des filières agroalimentaires et la réduction des gaspillages sont présentés comme les principaux axes de travail pour limiter la pression sur les forêts tropicales générée par la demande alimentaire, énergétique et minière mondiale[324].

Par ailleurs, il est fait appel à la poursuite des efforts au niveau européen pour lutter contre l'exploitation illégale de bois et le commerce associé en vue d'aboutir à l'interdiction d'importation de bois illégal sur le marché européen. Cela a été concrétisé avec la mise en œuvre du Règlement sur le bois de l'Union européenne en 2013.

Dans ce rapport, la France prône la création d'une agence spécialisée des Nations Unies sur l'environnement qui permettrait de donner un nouveau souffle à la gouvernance mondiale des forêts et qui se chargerait de la certification forestière ainsi que du contrôle du reboisement dans chaque pays à concurrence du taux annuel de déforestation. En effet, le rapport plaide pour une politique internationale de reforestation menée avec la

---

[323] J. LE GUEN, *Op. Cit.*.

[324] Idem.

participation et au bénéfice des populations locales[325]. Il propose de transformer le "département forêt" de la FAO en un Observatoire mondial de la forêt chargé à la fois de la certification de la gestion forestière et du contrôle du taux de boisement à l'aide d'un système international de télédétection par satellites. Pour convaincre les pays forestiers de passer d'une politique d'exploitation à une politique de préservation, il propose l'intervention de l'aide internationale et la création d'un Fonds mondial de reboisement et d'adaptation au changement climatique (FRAC) qui aura l'appui de l'AFD en ce qui concerne la France.

### B. Interventions de l'AFD

L'AFD intervient dans le domaine forestier africain depuis au moins 20 ans et y consacre un financement qui avoisinerait dorénavant 100 millions d'euros par an[326]. En vue d'aménager durablement le deuxième massif tropical au monde que sont les forêts du Bassin du Congo, l'Agence Française de Développement a octroyé en 2008 une subvention de 5 millions d'euros pour financer l'aménagement durable de ces forêts. Ceci afin d'aider la République du Congo à atteindre son objectif d'aménager durablement la totalité de ses forêts à l'horizon 2020. Dans ce cadre, l'Agence soutient un aménagement durable de la forêt associant tous les acteurs du territoire en l'occurrence les exploitants forestiers privés, les populations locales et autochtones ainsi que les acteurs publics.

Quant à la stratégie de son intervention dans le secteur forestier, l'AFD soutient toutes les activités notamment :

- Les concessions forestières pour une conservation à long terme dont Monsieur Jean-Luc FRANCOIS (2013)[327], son responsable Agriculture et Développement durable, a dit : « L'obligation de résultats pousse à agir et l'intérêt économique prime » ;

- Mais également des interventions à caractère social et écologique dans le cadre des « fondations pour la biodiversité » à créer avec le soutien

---

325 J. LE GUEN, *Rapport sur la protection des forêts tropicales.* Tiré de http://www.la documentationfrancaise.fr/rapportspublics/104000542/ index.shtml. [Consulté le 12 juillet 2017].
326Disponible sur http://www.afd.fr/home/pays/afrique/afd-afrique-subsaharienne /les-projets-de-l-afd-en-afrique. [Consulté le 12 juillet 2017].
327Disponible sur http://www.bfmtv.com/planete/gerer-durablement-forets-afrique-centrale-520200.html. [Consulté le 12 juillet 2017].

de tous les partenaires impliqués dans les affaires forestières. Ceci dans l'optique de soutenir les populations locales et autochtones et de procéder à la restauration du milieu naturel perturbé par l'exploitation forestière ou l'agriculture industrielle (café, cacao, palmier à huile, hévéa etc ).

Plusieurs compagnies minières, pétrolières, agricoles et forestières opérant dans la région ont été sensibilisées par l'AFD à cette problématique ainsi qu'à leur impact écologique sur le milieu et la biodiversité. C'est ainsi qu'a vu le jour la Fondation pour le Tri-national de la Sangha (FTNS) en 2007, un fonds fiduciaire de conservation unique au monde. Une partie de son capital est apportée par la société privée allemande Krombacher (à travers la Regenwald Stiftung), aux côtés de la KfW, la banque publique d'investissement allemande et de l'AFD. Ce fonds a également permis de renforcer le dialogue entre les trois pays (Gabon, Congo-Brazza et Centrafrique) avec notamment la création d'une brigade tri-nationale de lutte contre le braconnage.

Il convient de préciser que l'appui de l'AFD, aux concessions forestières, qui aurait comme conséquence d'augmenter la superficie des forêts à exploiter, a été rejeté en juillet 2017 par ses partenaires notamment la Norvège qui gère le CAFI (Central African Forest Intiative)[328], les ONG ainsi que les scientifiques qui s'intéressent aux questions forestières du Bassin du Congo. A ce propos, le journal Le Monde (2017) a écrit :

*« Deuxième revers pour l'Agence française de développement (AFD, partenaire du Monde Afrique) : son projet de gestion durable des forêts a de nouveau été retoqué par la Norvège, qui finance l'Initiative pour les forêts d'Afrique Centrale (CAFI), lors d'une réunion organisée le 18 juillet à Kinshasa. Ce projet est dénoncé avec force par une coalition d'ONG internationales et plusieurs associations de la société civile*

---

328 Six pays d'Afrique Centrale (Cameroun, Gabon, Guinée équatoriale, RCA, RDC et Congo) au couvert forestier élevé et une coalition de bailleurs volontaires ont décidé de conclure un partenariat de collaboration et d'établir l'Initiative Forêt de l'Afrique Centrale (CAFI). L'objectif de cette initiative est de valoriser et préserver la forêt dans la région dans l'optique d'atténuer le changement climatique, réduire la pauvreté et contribuer au développement durable... Cet objectif sera réalisé à travers la mise en œuvre par les pays de cadres d'investissement de développement sobre en carbone holistiques qui incluent des réformes et des mesures nationales portant sur les facteurs de déforestation et la dégradation des forêts. La gamme des activités devant être soutenues dépendra du contexte spécifique du pays et de la dynamique des moteurs. L'Initiative sera un forum de partenariat et de partage des expériences entre pays.

*congolaise. « Nous saluons cette décision, a déclaré Jules Caron de l'ONG britannique Global Witness. Ce projet menace la deuxième plus grande forêt tropicale du monde. Nous encourageons les efforts internationaux, dont ceux de CAFI, dans la lutte contre la déforestation dans le Bassin du Congo. Mais ces efforts ne doivent en aucun cas se baser sur un appui à l'exploitation industrielle des forêts qui, depuis cinquante ans en RDC, n'a jamais généré les retombées économiques escomptées, ni contribué à une protection effective de l'environnement. Nous appelons le gouvernement français à retirer définitivement ce programme et à repenser sa politique d'appui à la gestion durable des forêts du Bassin du Congo qui soit en droite ligne avec l'Accord de Paris et le Plan Climat récemment annoncé par le ministre de la transition écologique et solidaire, Nicolas Hulot. »*[329]

La relance de l'exploitation industrielle des forêts dans le cadre de grandes concessions est le point le plus controversé de ce programme de 18 millions de dollars (16 millions d'euros) qui doit s'inscrire dans le plan de réduction des émissions de gaz à effet de serre liées à la déforestation et à la dégradation des forêts (REDD) en République démocratique du Congo (RDC). Selon M. Joseph Bobia Bonkaw (2017) de l'ONG congolaise Réseau Ressources Naturelles (RRN), « REDD est là pour protéger les arbres, pas pour les couper. Je ne connais pas un seul exploitant en RDC qui soit capable de garantir que son activité a un faible impact sur la forêt ».[330]

Egalement, il est à noter que les différentes initiatives préconisées par la France sont restées lettres mortes à cause de la réticence des pays émergents[331] à être contrôlés sur leurs émissions de gaz à effet de serre. Concernant le financement de la lutte contre la déforestation, le Président américain Donald TRUMP a affirmé clairement au sommet du G20 qui s'est tenu à Hambourg en Allemagne en juillet 2017 la sortie des Etats-Unis de l'Accord sur le climat de Paris et qu'il n'allait pas verser la contribution de son pays de 3 milliards des dollars au Fonds vert des Nations Unies[332]. Cela a obligé le Président français Emmanuel MACRON d'annoncer la convocation en décembre 2017, date du deuxième anniversaire de l'Accord

---

329Disponible sur http://www.lemonde.fr/afrique/article/2017/07/24/forets-du-congo-des-scientifiques-denoncent-a-leur-tour-le-projet-de-l-agence-francaise-de developpement_5164263_3212.html.[Consulté le 30 juillet 2017].

330 Disponible sur http://www.lemonde.fr/afrique, *Idem.*

331 Disponible sur https://www.actu-environnement.com/ae/news/conference-climat-cancun-enjeux-11446.php4.[Consulté le 13 juillet 2017].

332 Disponible sur http://www.ladepeche.fr/article/2017/07/08/2608651-epilogue-pour-trump-contre-le-reste-du-monde-au-g20.html. [Consulté le 14 juillet 2017].

de Paris sur le climat[333], à Paris, d'un sommet des bailleurs des fonds afin de mobiliser les 100 milliards d'euros nécessaires pour ce projet[334].

Par ailleurs, les efforts fournis par la France sont aussi partagés au niveau européen avec la mise sur pied d'une réglementation concourant à l'interdiction de la commercialisation du bois illégal.

**Paragraphe III. Règlement sur le bois de l'Union européenne (RBUE) : un instrument de lutte contre le bois illégal**

Dans le cadre des initiatives tendant à lutter contre le commerce du bois d'origine illégale à travers le monde, l'Union européenne a édicté une législation depuis quelques années qui grâce à des diligences raisonnées, permet de contrôler l'origine légale du bois commercialisé sur son espace territorial.

Il n'existe pas de définition universelle du bois illégal, et il n'y a aucune réglementation universelle en ce qui concerne la récolte du bois. Chaque pays a ses propres règlements spécifiques ainsi que son propre régime forestier et fiscal en ce qui concerne la récolte et l'exportation du bois y compris de ses produits dérivés. Par conséquent, et de façon générale, le bois illégal est le bois qui a été récolté en violation de la législation forestière nationale applicable.

En Europe, la Réglementation sur le bois de l'Union Européenne donne une définition du bois légal en énumérant des aspects à respecter. Il s'agit entre autres de l'autorisation de récolter du bois dans les zones légalement déclarées; du paiement des droits de récolte y compris les droits liés à la récolte du bois; du suivi de la législation environnementale et forestière, y compris de la gestion durable des forêts et de la conservation de la biodiversité lorsqu'ils sont reliés directement à la récolte du bois; du respect des droits juridiques des tiers (populations forestières par exemple) concernant l'utilisation et l'ancienneté qui sont affectés à la récolte du bois et le respect du paiement des droits de douanes, dans la mesure où les produits

---

333 L'Accord de Paris sur le climat est un avenant à la Convention-cadre des Nations Unies sur le climat qui a été signé à Paris par 195 pays en décembre 2015 à l'issue de la COP21 et qui fixe comme objectif une limitation du réchauffement mondial entre 1,5 °C et 2 °C d'ici 2100.

334 Disponible sur http://www.lemonde.fr/climat/article/2017/07/10/au-g20-emmanuel-macron-annonce-la-tenue-d-un-sommet-climat-en-decembre_5158377_1652612.html. [Consulté le 14 juillet 2017].

forestiers sont passibles de droits d'entrée et des droits de sortie.[335]L'expression «produits dérivés de l'exploitation illicite du bois» renvoie aux objets fabriqués à partir de matériaux en bois qui ont été récoltés en violation des lois locales applicables. Le RBUE a défini une première liste des produits concernés par le règlement qu'il faut exclure notamment le papier journal qui est utilisé par la presse écrite.

S'agissant de ses aspects juridiques et opérationnels, il convient de relever que le Règlement sur le bois de l'Union européenne ne crée pas de nouvelle procédure douanière. Cela implique que la traçabilité du bois légal ne soit pas contrôlée aux frontières de l'Union européenne. Par ailleurs, ce règlement s'applique également même au bois d'origine européenne. Ce règlement est entré en application le 3 mars 2013. A compter de cette date, les opérateurs qui mettent en vente du bois ou des produits dérivés sur le marché de l'UE doivent avoir mis en place un système de diligence raisonnée. Ils pourront être contrôlés, a posteriori, et devront être en capacité de présenter leurs procédures de diligence raisonnée, sous peine de sanctions pénales et administratives définies dans l'article 76 de la loi d'avenir pour l'agriculture, l'alimentation et la forêt en France[336].

Dès lors, le Règlement sur le bois de l'Union Européenne (RBUE) vise à écarter du marché communautaire le bois et les produits dérivés issus d'une récolte illégale. Ce deuxième volet du plan d'action FLEGT qui fixe des obligations aux opérateurs mettant du bois et des produits dérivés sur le marché, agit sur la demande européenne et vise à interdire au bois illégal et aux produits qui en sont dérivés l'accès au territoire européen.

Il cible le secteur privé en Europe et fixe[337] :

- Une obligation de résultat : la mise sur le marché de bois issu d'une récolte illégale ou de produits dérivés issus de ce bois est interdite.

- Une obligation de moyens pour les premiers metteurs en marché : les opérateurs doivent s'assurer du caractère légal du bois lorsqu'ils le commercialisent pour la première fois sur le marché européen ou ses produits dérivés. C'est-à-dire qu'ils doivent prendre toutes les précautions

[335] Article 2 h du Règlement de l'UE 995/2010/EC.

[336] P. IBANDA KABAKA, *Le règlement sur le bois de l'Union européenne (RBUE) : un instrument de lutte contre le bois illégal*, 2016, HAL-01388353.

[337] Disponible sur http://agriculture.gouv.fr/le-reglement-sur-le-bois-de-lunion-europeenne [Consulté le 20 octobre 2016].

possibles pour éviter de commercialiser du bois issu d'une récolte illégale ou un produit dérivé de ce bois grâce à l'utilisation d'un système de diligence raisonnée.

- Une obligation de traçabilité minimale pour les commerçants qui doivent pouvoir identifier leurs fournisseurs et leurs acheteurs à l'exception des particuliers.

Pour assurer cette traçabilité, les opérateurs sont tenus de faire preuve de « diligence raisonnée » lorsqu'ils mettent du bois ou des produits dérivés sur le marché de l'UE afin de limiter le plus possible le risque de commercialisation de bois illégalement exploité ou de produits dérivés contenant du bois récolté illégalement. En d'autres termes, ils doivent appliquer un système de gestion des risques reposant sur trois piliers[338]:

1) Information : l'opérateur doit avoir accès aux informations concernant le bois et les produits dérivés, le pays où le bois est récolté (et, le cas échéant, la région infranationale et la concession), l'essence, la quantité, les coordonnées du fournisseur, ainsi qu'aux informations sur le respect de la législation nationale. Ces informations doivent être conservées durant cinq ans.

2) Évaluation des risques : l'opérateur est tenu d'évaluer les risques d'introduction de bois issu de l'exploitation illégale des forêts dans sa chaîne d'approvisionnement, en se fondant sur les informations précitées et en tenant compte des critères définis dans le règlement.

3) Atténuation des risques : lorsque l'évaluation indique que du bois issu de l'exploitation illégale des forêts risque d'être introduit dans la chaîne d'approvisionnement, il est possible d'atténuer ce risque en prenant diverses mesures, par exemple en demandant au fournisseur de communiquer des informations complémentaires et de procéder à des vérifications supplémentaires.

Les opérateurs ont la possibilité de mettre au point leur propre système de diligence raisonnée ou d'utiliser un système élaboré par une organisation de contrôle.

---

[338]https://fr.wikipedia.org/wiki/R%C3%A8glementeurop%C3%A9en_dans ldomainedu_bois [Consulté le 20 octobre 2016].

Il convient de noter que les autorisations FLEGT et les permis CITES[339], délivrés par les autorités des pays signataires d'un accord de partenariat volontaire avec l'UE sont reconnus comme des garanties de légalité par le RBUE. La mise en œuvre de la procédure RBUE n'est donc pas nécessaire lors de la mise en marché de bois ou de produits bois couverts par une autorisation FLEGT ou CITES[340]. Par principe, les mesures d'atténuation doivent être en proportion du risque : sauf risque fort, le RBUE n'impose pas d'avoir une traçabilité totale et exhaustive. Si l'analyse de risque à l'échelle du pays de récolte permet de conclure que le risque de récolte illégale est négligeable, il n'est pas nécessaire de recueillir des informations supplémentaires sur la région infranationale ou la concession de récolte. Le RBUE n'exige pas de recueillir tous les documents pour chaque expédition de bois ou de produits dérivés : il est obligatoire d'avoir des mesures et des procédures en place donnant accès aux informations concernant les produits mis en marché pour chaque chargement. Mais, pour un même fournisseur, il est suffisant de maintenir les informations et les documents nécessaires à jour sur une base annuelle (12 mois maximum), à condition que les essences forestières et le lieu de récolte demeurent inchangés.

Concernant le RBUE, Gérard LESCUYER et Nicol BAYOL (2014) ont écrit :

« *Le Règlement Bois de l'Union européenne (RBUE) fait partie du plan d'action FLEGT et est venu compléter les APV en 2010. Le RBUE n'est pas une mesure de contrôle aux frontières mais une mesure qui s'applique aux opérateurs plaçant du bois sur le marché européen, quelle que soit l'origine de ce bois (bois tropical ou tempéré, bois importé ou produit sur le territoire de l'UE). Il oblige les opérateurs à mettre en place un système de «diligence raisonnée» lequel leur permet de s'assurer que le bois qu'ils placent sur le marché est d'origine légale. Il fait du commerce de bois illégal un délit passible de sanctions et oblige ceux qui commercent du bois au sein de l'Union européenne à mettre en place un système de traçabilité. Il est explicitement mentionné dans le règlement bois, que les importateurs de bois ayant une autorisation FLEGT (ou CITES) ont respecté le RBUE, ce qui constitue donc un avantage certain pour tous les pays capables d'émettre une autorisation FLEGT. Promulgué en 2010, le RBUE est entré*

---

339 Convention sur le commerce international des espèces de faune et de flore sauvages menacées d'extinction.
https://fr.fsc.org/fr-fr/certification/fsc-et-la-lgalit-de-bois/le-rglement-bois-de-lue [Consulté le 20 octobre 2016].

*en vigueur le 3 mars 2013 alors que tous les pays engagés dans un APV ont pris du retard dans sa mise en œuvre. Ces pays ne sont donc pas en mesure d'émettre une autorisation FLEGT, ce qui inquiète le secteur privé des pays producteurs. Sans autorisations FLEGT, les importateurs vont considérer qu'il y a un risque que leur fournisseur leur vende du bois illégal. En l'absence de système national de vérification de la légalité, il appartient donc à chaque opérateur exportant vers l'Union européenne de fournir les éléments d'information qui vont rassurer son acheteur quant à la légalité du bois et des produits dérivés, et à la crédibilité des informations fournies. Les schémas de certification volontaire, déjà bien développés dans la région, vont certainement jouer un rôle positif important en ce sens. À terme, les autorisations FLEGT permettront aux opérateurs européens d'importer du bois en provenance de pays dont l'APV est opérationnel. Ils pourront ainsi s'acquitter sans difficultés de leurs obligations définies par le RBUE, ce qui constitue en soi une incitation pour avancer dans la mise en œuvre des APV* ».[341]

Il sied de noter qu'à côté de l'Union Européenne, les Etats-Unis (Lacey Act de 2008) et l'Australie (Illegal Logging Prohibition Act entré en vigueur en 2014) ont également mis en place une réglementation tendant à lutter contre le commerce du bois illégal[342]. Cela ne suffit pas car plusieurs autres grands pays consommateurs du bois mondial notamment la Chine et l'Inde qui ont augmenté leurs importations surtout en provenance des pays forestiers africains sont loin de discriminer le bois d'origine illégale. Ceci fait que l'exploitation illégale du bois continuera encore à prospérer dans plusieurs régions du monde.

Dès lors, il serait intéressant d'inclure cette question de la légalité du bois dans l'agenda des négociations commerciales internationales au sein de l'OMC de telle sorte que les pays qui importent du bois illégal soient exposés à des sanctions commerciales lors de leur exportation de tous produits dérivés contenant du bois vers des pays vertueux appliquant un contrôle strict sur la traçabilité du bois. Cela incitera les pays peu regardant à suivre l'exemple européen.

---

[341] G. LESCUYER et N. BAYOL et al., « Filière bois d'œuvre et gestion des forêts naturelles : les bois tropicaux et les forêts d'Afrique Centrale face aux évolutions des marchés », in *Les forêts du Bassin du Congo- Etat des forêts en 2013,* 2014, pp. 47-66.

[342]Disponible sur https://orbi.ulg.ac.be/bitstream/2268/174395/1/EDF2013_FR_chap2.pdf. [Consulté le 20 octobre 2016].

Il va falloir aussi de la volonté politique, de la bonne gouvernance dans la gestion des ressources naturelles forestières ainsi que de la détermination des dirigeants des Etats forestiers pour mettre fin à l'exploitation illégale du bois ainsi que des forêts. Surtout dans les Etats forestiers africains où l'exploitation illégale des forêts est très répandue, il est important de renforcer le contrôle étatique sur les concessions forestières en vérifiant le respect des cahiers des charges, la matérialisation de l'aménagement forestier, la régularité en matière fiscale et douanière ainsi que le respect des droits des populations riveraines (droits d'usage ou respect des droits des populations autochtones des forêts à l'instar des Pygmées dans le Bassin du Congo). Par ailleurs pour minimiser les risques d'exploitation illégale du bois, il est impérieux d'exiger à tous les exploitants forestiers de passer par une procédure de certification forestière.

Il convient de relever qu'une plainte contre X a été déposée début 2016 auprès du Tribunal de La Rochelle par Greenpeace France contre COTREFOR, une entreprise forestière basée à Kinshasa et certains de ses clients français[343]. Classée sans suite lors d'un premier dépôt devant le même tribunal en 2015, l'action judiciaire entreprise par Greenpeace France pour limiter les importations en France de bois jugées illégales se poursuivait en 2017. Cette nouvelle plainte pour trafic de bois illégal et manquement au devoir de diligence raisonnée, était instruite par la juge d'instruction Mélanie Mistral, et à ce jour, le verdict n'est pas encore rendu dans cette affaire.

S'agissant de la diligence raisonnée, à titre de rappel, elle oblige les importateurs et exploitants forestiers européens à s'assurer de la légalité du bois en vertu du Règlement sur le bois de l'Union européenne (RBUE), en vigueur dans les pays membres de l'Union européenne depuis 2013. A cet effet, ABEX, une société d'importation de bois exotique africain domiciliée à La Rochelle et les Établissements Peltier, les deux clients français de COTREFOR, seraient passibles de sanctions financières. Selon le ministère français de l'Agriculture, depuis l'entrée en vigueur de la réglementation européenne sur le bois, environ une centaine d'importateurs auraient été contrôlés sur les mille sociétés qui importent en France du bois depuis la Chine, l'Amazonie et le Bassin du Congo. Cinq sociétés auraient été mises en demeure de préciser la traçabilité de leur bois par la fourniture des documents supplémentaires. Des sanctions financières pourraient être

[343]http://www.jeuneafrique.com/398731/economie/bois-plusieurs-acheteurs-de-societe-congolaise-cotrefor-viseur-de-justice-francaise/.[Consulté le 4 février 2017].

prononcées en 2017 en vertu du RBUE, ce qui serait une grande première en France[344].

D'ores et déjà, soulignons le fait que comparé au droit forestier français et au commerce international du bois, le droit et l'économie des forêts de la RDC sont à un stade embryonnaire.

### Paragraphe IV. Comparaison au droit forestier français et données internationales sur le bois

Comparé au droit forestier français, le droit forestier congolais en particulier et africain en général paraît embryonnaire. Il n'énonce que des aspects simples de fiscalisation de l'activité forestière et ne connaît pas la complexification de législation d'une administration forestière pluriséculaire comme celle de la France. Par exemple en France, il est admis plusieurs régimes de faveur tendant à encourager l'exploitation forestière[345], ce qui n'est pas le cas en RDC.

De plus, les pays développés tels que la France, la Norvège, le Canada, et d'autres, ont développé une activité d'exploitation forestière importante si bien que, grâce à eux, l'exportation de bois représente la troisième activité commerciale en volume du transport et du commerce internationaux avec une consommation aux environs de 1,2 à 1,5 milliards de mètres cube dans les principaux pays de l'Europe, de l'Amérique du Nord et de la Fédération de Russie[346]. En effet, il a été constaté récemment que les

---

344 Disponible sur www.jeuneafrique.com, Idem.

345 Les articles 793, 795 A, 1131 et 1135 bis du code général des impôts (CGI) prévoient, sous certaines conditions, des exonérations totales ou partielles accordées en raison de la nature du bien transmis. La loi exonère ainsi, sous certaines conditions, des droits de mutation à titre gratuit, les successions et donations entre vifs, à concurrence des trois-quarts de leur valeur, intéressant les propriétés en nature de bois et forêts (CGI, art. 793, 2-2° ), les sommes déposées sur un compte d'investissement forestier et d'assurance (CGI, art. 793-3), les biens agricoles donnés à bail à long terme (CGI, art. 793, 2-3°), les parts de groupements fonciers agricoles (CGI, art. 793, 1-4°), les parts de groupements fonciers ruraux (CGI, art. 848 bis, CGI, art. 793, 1-3°, et CGI, art. 793, 1-4°), ainsi que les propriétés non bâties qui ne sont pas en nature de bois et forêts et qui sont situées dans des espaces naturels protégés en raison de la faune et de la flore qui s'y trouvent (CGI, art. 793, 2-7°). Lire, République Française, *Code général des impôts*, version 2016.

346 Observatoire économique de France Bois Forêts, *Le marché international des produits forestiers 2013-2014*, Disponible sur http://observatoire.franceboisforet.com/.[ Consulté le 12 décembre 2015].

plus grands changements sur le plan commercial en matière du bois se sont produits en Amérique du Nord, où les volumes d'exportation de rondins vers l'Asie ont augmenté de plus de 30%, et en Europe, où la demande de rondins importés a reculé de 8% depuis 2012. La majeure partie des échanges mondiaux de rondins continue de provenir de la Fédération de Russie, de Nouvelle-Zélande et des États-Unis en direction de la Chine, même si les exportations russes ont nettement diminué au cours des cinq dernières années. Dans la région de la CENUE, les hausses de prix des rondins les plus marquées de 2012 et 2013 se sont produites dans les régions occidentales des États-Unis et du Canada, dans les pays nordiques et dans les États baltes[347].

Il convient de rappeler que la capacité de production en bois de toutes les forêts mondiales est évaluée comme suit : « les forêts, selon les estimations, recèlent 390 milliards de mètres cubes de bois et la récolte mondiale annuelle de bois s'élève à 3,8 milliards de mètres cubes, soit 1 %, ce qui, d'emblée, apparaît relativement faible »[348] et les études de la FAO attestent que l'exploitation forestière représente 400 milliards de dollars en valeur et contribue au moins pour 2 à 2,5 % à la croissance de la richesse produite au niveau mondial[349]. Ainsi, la valorisation annuelle du bois de chauffage et des produits forestiers à base de bois pour l'économie mondiale est estimée à plus de 400 milliards de dollars américains, soit environ 2% du PIB mondial.

Selon nos estimations, en y appliquant une pression fiscale moyenne mondiale de 20 %, cela générerait des recettes fiscales moyennes de l'ordre de 80 milliards, soit l'équivalent de 10 années d'exercices budgétaires pour le Congo. Entretemps, la contribution du secteur forestier à l'économie mondiale n'a cessé d'augmenter au cours de ces dernières décennies et représente dorénavant un taux annuel moyen de 2,5%.

Par ailleurs, il convient de relever que la production, l'exploitation, la transformation et la commercialisation du bois et des autres produits forestiers, ainsi que les industries secondaires connexes, représentent des sources importantes d'emplois et de revenus, surtout dans les zones forestières où il existe peu d'autres possibilités. Le bois étant la matière

[347] Observatoire économique de France Bois Forêts, *Le marché international des produits forestiers 2013-2014*, *Op. Cit.*

[348] D. GUINARD, « La filière bois en Europe et dans le monde », in *Responsabilité et environnement,* n° 53, janvier 2009, pp.49-56.

[349] K.H. SCHMINCKE, *Les industries forestières : un secteur capital pour l'ensemble du développement socio-économique,* disponible sur http://www.fao.org/. [Consulté le 12 décembre 2015].

première renouvelable la plus couramment utilisée, à cause de sa facilité d'adaptation à beaucoup d'applications auxquelles il se prête, il n'existe parfois aucune autre solution à la fois respectueuse de l'environnement et rentable. C'est pourquoi, l'industrie forestière convertit la ressource naturelle en valeurs économiques et sociales au profit de la société dans son ensemble, ce qui fait de la forêt une possibilité d'utilisation des terres tout aussi justifiée que d'autres[350].

Pour matérialiser les différentes valeurs économiques et sociales de la ressource forestière dans les différents pays dont la RDC, l'adoption et la mise en œuvre d'une politique forestière est nécessaire.

**Conclusion du chapitre I**

Aux origines de la réforme forestière de 2002, il convient de relever plusieurs initiatives tendant à prendre en compte les préoccupations sanitaires et environnementales des populations forestières et des Etats des pays d'Afrique Centrale. Dans le cadre de l'Initiative de Bamako, les pays concernés ont été sensibilisés afin d'adopter des politiques de santé susceptibles à rendre accessibles et abordables les soins de santé aux populations les plus défavorisées notamment celles vivant en forêts.

S'inspirant de l'initiative FLEGT qui prône la bonne gouvernance des ressources naturelles et l'actualisation de la législation forestière afin de tenir compte de la durabilité des forêts, les pays d'Afrique Centrale ont, dans leur quasi majorité, réformé leur législation forestière.

Sous l'instigation de la Banque mondiale qui poursuivait l'augmentation des recettes forestières ainsi que l'aménagement forestier, le Cameroun a été le premier à promulguer une nouvelle loi forestière en 1994 et la RDC lui a emboîté les pas en 2002. Il convient de relever que la réforme forestière camerounaise n'a pas atteint les objectifs qui lui étaient assignés.

Par ailleurs, en vue de lutter contre le trafic illégal du bois, dont une bonne partie résulte de l'exploitation incontrôlée des ressources forestières surtout en ce qui concerne le Bassin du Congo, le Règlement sur le bois que l'Union européenne a mis sur pied, grâce aux diligences raisonnées, ainsi que la position de la France seraient de nature à moraliser le secteur forestier congolais et d'introduire la transparence dans les opérations dudit secteur.

---

[350] K.H. SCHMINCKE, *Idem.*

Cela justifie, face à ces acteurs privés, l'importance de l'autorité étatique dans l'application de toutes ces politiques forestières qui sont mises en œuvre par les différents Etats de la région dont le Congo.

# CHAPITRE II

# APPLICATION DESASTREUSE DE LA REFORME FORESTIERE CONGOLAISE

Dans ce chapitre, nous présenterons brièvement la réforme forestière (section 1) puis nous ferons l'évaluation de son application en analysant ses effets (section 2).

## Section I. Nouvelle politique forestière et dispositif fiscal forestier

Pour mieux cerner cette mise en œuvre de la nouvelle politique forestière congolaise, il convient de parler du contexte d'adoption du Code forestier et de ses innovations (paragraphe 1) ainsi que des principes de la politique sectorielle forestière (paragraphe 2).

### Paragraphe I. Contexte d'adoption et innovations

Plusieurs facteurs tant internes (A) qu'externes (B) ont présidé à la révision totale du régime forestier congolais dont les principales nouveautés seront présentées ci-dessous (C).

#### A. Sur le plan interne

Il y a lieu de relever que l'administration des forêts congolaises se basait sur la loi coloniale du 11 avril 1949. A cause de l'évolution politique, économique et sociale du pays, la mise en œuvre de ce régime s'avérait difficile. A ce propos dans l'exposé des motifs du Code forestier, il est écrit : « Le texte de base du régime forestier congolais et ses mesures d'exécution datent du 11 avril 1949. La mise en œuvre de ce régime s'est avérée difficile au fur et à mesure de l'évolution politique, économique et culturelle du pays. Ainsi, on constate que, 42 ans après son accession à l'indépendance, la République Démocratique du Congo ne s'est pas encore dotée d'un régime forestier approprié, à savoir un cadre légal qui permet, à la fois, à la forêt de remplir en équilibre ses fonctions écologiques et sociales, à l'administration forestière de contribuer substantiellement au développement national et aux populations riveraines de participer activement à la gestion des forêts pour pouvoir en tirer un bénéfice légitime. »[351]

En effet, indépendant le 30 juin 1960, le Congo a été confronté à des rébellions et sécessions spontanées ou manipulées[352] qui ont obligé les autorités nationales à se focaliser sur l'enjeu sécuritaire au détriment des politiques de développement, notamment de la mise en valeur des ressources naturelles forestières. Arrivé au pouvoir le 24 novembre 1965, le Président Joseph Désiré Mobutu réussira à mettre fin à ce désordre politique dans le pays mais finira par instaurer un régime de corruption généralisée qui livrera les intérêts économiques de l'exploitation des ressources naturelles entre les mains des collaborateurs nationaux clientélistes véreux dans le cadre de la zaïrianisation[353] mais surtout aux parrains occidentaux néocolonialistes[354].

Cet aspect des choses va perdurer jusqu'au départ du Président Mobutu en 1997 et à la réforme forestière de 2002 qui va tenter de sauvegarder les droits des populations forestières. Le juriste DOUMBE-BILLE (2004) a écrit à propos de la loi forestière de 1949 : « *Il s'agit, quels que soient les mérites ayant justifié sa durée, d'un texte ancien et inadapté aux modifications démographiques, sociales et politiques qui se sont produites dans ce pays* »[355]. Rappelons que le règlement forestier de 1949 ne portait que sur la propriété et l'exploitation des forêts du Congo. Il ne poursuivait aucun objectif de conservation des ressources forestières, de développement des populations riveraines et autochtones ni de mobilisation des revenus fiscaux d'origine forestière. Cet aspect des choses l'a fait qualifier d'être un règlement forestier obsolète au regard de l'évolution de la société congolaise à l'aube du 21e siècle. Dès lors, le nouveau code forestier

---

351 Code forestier de 2002, p.5.

352 M. GUYARD, « Les puissances occidentales et la crise congolaise : de la sécession du Katanga à l'accord de Kitona (1960-1961) », in *Guerres mondiales et conflits contemporains,* 1999, pp. 53-63.

353 Lire à ce propos S. M'BOUKOU, « Mobutu, roi du Zaïre. Essai de socio-anthropologie politique à partir d'une figure dictatoriale », in *Le Portique* [Online], 5-2007 | Recherches, Online since 06 December 2007, connection on 19 August 2015. URL : http://leportique.revues.org/1379.

354 Aspects développés par S. SMITH, « Naufrage de la Françafrique : Le président a poursuivi une politique privilégiant les hommes forts au pouvoir. The sinking of the Françafrique : The President pursued a policy privileging the strong men in power ", in *L'Histoire*, 2006, vol. 313, p. 70. E. NGUONG MOUSSAVOU, *Françafrique. Ces monstres qui nous gouvernent*, Paris, L'Harmattan, 2012, p.7.

355 S. DOUMBE-BILLE, *Le droit forestier en Afrique Centrale et occidentale*, FAO, Etude juridique en ligne, 2004, n° 2.

se devait de combler ces lacunes notamment en matière environnementale, de promotion des droits des populations et de maximisation des recettes fiscales de l'Etat. C'est pour cette raison que la RDC était obligée d'adopter un règlement forestier approprié à la hauteur des enjeux actuels et de l'état du développement de la société.

En effet, ce régime forestier nouveau est un cadre légal permettant, à la fois, à la forêt de remplir en équilibre ses fonctions écologiques et sociales, à l'administration forestière de contribuer substantiellement au développement local et aux populations riveraines de participer à la gestion pour pouvoir en tirer un bénéfice légitime grâce à la mise en place d'une rétrocession de 40% des recettes fiscales provenant de la redevance forestière.

**B. Au plan externe**

La Communauté internationale et les Etats ont pris conscience de l'importance et de la nécessité de la protection de la nature et de l'environnement. Ceci est visible au nombre important des conventions et accords internationaux conclus en matière d'environnement. La RDC, dès lors, s'est décidée à assumer ses responsabilités ; elle a en effet réalisé la place qu'elle occupait suite au rôle de premier plan joué par son écosystème forestier dans l'équilibre de la biosphère au niveau international, continental, national et local. C'est pour cette raison qu'elle a ratifié nombre de conventions et accords et s'est engagée à harmoniser ses lois au regard des accords internationaux précités. De ce fait, le Code forestier de 2002 a hérité des principes modernes de gestion des ressources forestières et des conventions internationales en matière d'environnement comme vu supra.

**C. Principales innovations**

La loi n° 11-2002 portant Code forestier du 29 août 2002 doit être considérée comme venant à point. C'est un texte imposant de 156 articles organisés en dix titres qui régit désormais les forêts congolaises. Les dispositions générales (titre I) comme celles relatives au statut des forêts (titre II), aux droits d'usage (titre III), à la protection des forêts (titre IV) et à l'inventaire, aménagement et reconstitution des forêts (titre V) sont particulièrement importantes. Il en est de même de celles relatives au régime d'utilisation par les concessions (titre VI), l'exploitation (titre VII) et le régime fiscal (titre VIII). Les dispositions pénales (titre IX), transitoires et finales (titre X) concluent le nouveau dispositif.

Au cœur de celui-ci figure le principe de l'élaboration d'une politique forestière dont les axes essentiels doivent déboucher sur un plan forestier national et des plans locaux dans les provinces. La concrétisation de ces orientations fondamentales devrait ainsi donner une impulsion nouvelle au développement forestier de la RDC dans la perspective du développement durable.

D'ores et déjà, la grande nouveauté par rapport à l'ancien système est la reconnaissance d'une vocation écologique des forêts dont certaines sont désormais protégées, cependant que celles qui sont exploitées le sont sur la base des principes de conservation. Ici également, comme dans les exemples précédents, l'exploitation est conditionnée par l'existence préalable d'un inventaire forestier et la réalisation d'un plan d'aménagement forestier. Le respect des droits d'usage est confirmé ; les outils classiques de la régénération forestière sont prévus tant pour les forêts naturelles qu'en vue du reboisement.

Tous ces aspects constituent les bases de la nouvelle politique forestière dont les principaux axes sont définis et gérés par les pouvoirs publics.

### Paragraphe II. Axes de la politique sectorielle forestière

Cette réforme politique forestière engagée en RDC en 2002 s'articule autour de deux axes principaux à savoir d'une part le régime fiscal forestier (A) et d'autre part la politique forestière sectorielle (B).

#### A. Régime fiscal forestier depuis 2002 et arsenal de fiscalité décentralisée

Dans les lignes suivantes, le régime fiscal mis en place pour encadrer les activités économiques dans le secteur forestier sera présenté.

Le droit fiscal forestier actuel ou la nouvelle fiscalité forestière (Mboko Dj'andima, 2007)[356] qui est mis en œuvre en République Démocratique du Congo est la résultante de la loi n° 011/2002 du 29 août 2002 portant Code forestier[357]. C'est dans cette loi forestière que sont

[356]La présentation de la fiscalité forestière congolaise est largement inspirée de J.-M. MBOKO DJ'ANDIMA, *Code Général des Impôts*, Kinshasa, PUC, 2007, pp.45-48.
[357] RDC, *Code forestier*, Kinshasa, J.O, 2002.

contenues les différentes dispositions qui constituent l'essentiel de la fiscalité forestière.

Il convient de signaler que toutes les taxes et redevances sur les concessions forestières faisant partie de la fiscalité forestière sont perçues par la régie financière dénommée DGRAD (Direction générale des recettes administratives, judiciaires, domaniales et de participation) en ce qu'elles constituent des recettes publiques provenant de l'exploitation du domaine de l'Etat.

Par rapport au décret du 11 avril 1949, la nouvelle loi insère dans le régime forestier des dispositions spécifiques relatives à la fiscalité forestière. Celle-ci se distingue de la fiscalité ordinaire et vise à asseoir une politique de taxation forestière qui garantisse à la fois une gestion durable de la ressource forestière, une incitation à la meilleure gestion forestière et une conciliation d'objectifs de développement de l'industrie forestière et de l'accroissement des recettes forestières.

Les impôts sur les forêts sont des impôts réels[358]. Ce sont des impôts[359] qui frappent la détention de certains biens nommément désignés par le législateur congolais. En principe, ils ne tiennent pas compte de la situation personnelle du contribuable sauf disposition expresse de la loi. Régis par l'ordonnance-loi n° 69-006 du 10 février 1969 telle que modifiée et complétée à ce jour, les impôts réels frappent les éléments suivants :

-La superficie des concessions foncière

-Les véhicules ;

-La superficie des concessions minières et des hydrocarbures.

Rappelons que les droits prélevés sur la superficie des concessions foncières sont aussi des droits réels au même titre que les impôts forestiers.

Conformément à l'article 204 de la Constitution du 18 février 2006, quatre impôts relèvent désormais de la compétence exclusive des Provinces

---

[358] Contrairement aux impôts personnels qui tiennent compte de la situation du contribuable (impôts sur les revenus par exemple), les impôts réels ne s'intéressent qu'à la détention de certains biens sans s'occuper des redevables.

[359] C. LAUZAINGHEIN et M.-H. STAUBLE-DE LAUZAINGHEIN, *Op. Cit.*, p.13.

et constituent des ressources des collectivités locales : il s'agit de l'impôt foncier, de l'impôt sur les véhicules automoteurs, de l'impôt sur les revenus locatifs et de l'impôt sur la superficie de concessions minières et d'hydrocarbures. A ces recettes, il faut également ajouter la rétrocession des recettes forestières.

Quant aux impôts dont les sociétés forestières congolaises sont contribuables ou redevables légaux, au nombre desquels il faut citer l'impôt sur les bénéfices des sociétés, l'impôt sur les revenus mobiliers, l'impôt professionnel sur les rémunérations, l'impôt exceptionnel sur les rémunérations des expatriés, l'impôt foncier sur les terrains bâtis et non bâtis et la TVA sur le bois transformé localement[360] . Ils sont assujettis et gérés par la DGI (Direction générale des impôts). Mais également par les nombreuses directions spécialisées des recettes publiques créées par toutes les provinces que compte la RDC.

Ces provinces sont dotées dans le cadre de la décentralisation de l'autonomie financière et fiscale en ce qui concerne l'impôt foncier, l'impôt sur les véhicules ainsi que d'autres taxes innommables, ce qui donne l'impression d'un millefeuille fiscal et de tracasserie administrative. Car, en matière fiscale, tout gestionnaire des questions fiscales d'une entreprise forestière est aux prises avec plusieurs interlocuteurs représentant les intérêts du Trésor public congolais. Cela est contraire au principe de l'unité de caisse publique[361], fondement de la gestion orthodoxe des finances publiques dans le cadre d'un Etat unitaire.

Depuis la mise en application de la Constitution de 2006, de nouvelles régies fiscales ont été créées dans les provinces. Ces régies fiscales n'ont aucune coordination avec la DGI qui est la régie fiscale nationale dont la compétence territoriale est totale sur l'ensemble du territoire. Selon l'esprit et la lettre du constituant de 2006, une rétrocession de 40 % sur les recettes réalisées dans chaque province devrait être destinée à son gouvernement provincial.

---

[360] Concernant les impôts perçus dans les entreprises congolaises y compris la TVA depuis janvier 2012, lire P. IBANDA KABAKA, *La TVA en R D. Congo : Mécanismes et application*, Paris, Edilivre, 2015, pp. 12 et suivantes.

[361] Principe selon lequel chaque poste comptable ne doit disposer que d'une seule caisse et les fonds doivent y être utilisés indistinctement selon le besoin. Par extension, le Trésor public ne doit avoir qu'un seul compte qui doit servir à la perception des toutes les recettes publiques et au paiement des dépenses de tous les services de l'Etat.

Quant à l'autonomie fiscale accordée aux provinces pour certains impôts locaux tels que l'impôt foncier et l'impôt sur les véhicules, cette dernière doit être interprétée comme l'exclusivité d'affectation des recettes provenant de ces impôts à ces personnes de droit public et non l'autorisation de création des administrations fiscales provinciales autonomes. En effet, la compétence de la DGI de percevoir ces impôts n'a pas été retirée par la Constitution en question.

Concernant le code forestier de 2002, une de ses innovations majeures est l'institution de l'adjudication comme le mode de droit commun d'attribution des concessions forestières. L'attribution de gré à gré est devenue une procédure d'exception. Cette évolution partant du gré à gré vers l'adjudication est l'inverse de ce qui s'est passé en République Française [362].

Les redevables des droits, taxes et redevances sur les concessions forestières sont tous les exploitants, exportateurs et transformateurs des produits forestiers. L'article 120 du Code forestier dispose qu'aucun exploitant forestier, exportateur ou transformateur des produits forestiers ne peut, quel que soit le régime fiscal auquel il est soumis, être exonéré du paiement des droits, taxes et redevances prévues par la présente loi ou ses mesures d'exécution.

Pour ce qui est des taux et tarifs d'imposition, ils sont fixés conjointement par les Ministres ayant les Finances et les Forêts dans leurs attributions suivant les modalités ci-après :

**1) Redevance de superficie concédée** : cette taxe concerne la superficie des immeubles exploités dans le cadre de la concession forestière. Ici, le taux plancher fixé est augmenté de l'offre supplémentaire proposée par le concessionnaire au moment de l'adjudication.

**2) Taxe d'abattage** : c'est une taxe qui porte sur les arbres coupés pris de façon individuelle. Son taux varie selon les classes des essences forestières et les zones de prélèvement.

**3) Taxes à l'exportation** : ce sont des impôts qui sont prélevés par la Douane lors de la sortie du bois du territoire national. Les taux de taxes à l'exportation des produits bruts sont supérieurs à ceux des taxes à l'exportation des produits transformés.

---

[362] Cfr M. LAGARDE, *Un droit domanial spécial : le régime forestier : contribution à la théorie du domaine,* Thèse de doctorat en Droit, Université de Toulouse, 1984.

**4) Taxe de déboisement** : c'est une taxe qui concerne les espaces déboisés ou défrichés. Cependant, son taux correspond au coût du reboisement à l'hectare.

**5) Taxe de reboisement** : cette taxe est chargée de financer, dans le cadre de la gestion durable des forêts, la plantation de nouvelles plantes afin d'assurer la régénération de la forêt. Son taux correspond à 10 % du coût du reboisement à l'hectare.

En application de l'Arrêté interministériel du 25 juillet 2005, les taux et tarifs sont fixés de la manière suivante (en francs fiscaux) :

- Taxe de superficie sur la concession forestière : 0,50 F par hectare à dater du 01/01/2007.

- Taxe sur le permis de coupe du bois : 10 F par hectare.

- Taxe de reboisement : 4% de la valeur EXW/ $m^3$ de bois brut (grume exportée), 2 % de la valeur EWK/ $m^3$ de bois brut exporté de l'essence TOLA (Gosweilerodendrom Balzamiferum) et des autres essences à promouvoir.

- Taxe d'abattage d'1 mètre cube : 1,25 % de la valeur EXW de l'essence concernée.

La valeur EXW est une valeur conventionnelle reconnue internationalement et qui est calculée à partir du prix FOB[363] auquel on retranche un coût moyen de transport lié à la localisation de la zone de provenance du bois. Elle sert à compenser en partie le surcoût de transport que doit supporter le bois exporté en provenance des régions forestières qui sont éloignées. Cette valeur « Ex Works » est fixée conjointement par les ministres ayant les Forêts et les Transports dans leurs attributions.

[363] Le prix « Free on Board », littéralement sans frais à bord, est un prix facturé à l'acheteur qui se limite aux éléments du coût de revient jusqu'au port d'embarquement, dès que la marchandise est embarquée dans le moyen de transport, elle est sous la responsabilité de l'acheteur c'est-à-dire le coût du transport, l'assurance et les droits d'entrée sont à charge de l'acheteur. Le transfert de propriété et le transfert des risques s'opèrent au départ. J.-M. JACQUET et al., *Droit du commerce international,* 2e éd., Paris, Dalloz, 2010, p.382.

En ce qui concerne le calcul de la taxe d'abattage, il se fait sur le volume commercial appelé volume bille. Ainsi, les billes abandonnées en forêt ou sur un parc à bois sont taxées au même taux que les billes commercialisées ou transformées. Pour le calcul des taxes à l'exportation et de reboisement, le mesurage des grumes concernées s'effectue sous écorce ou sur aubier[364], conformément aux règles de l'Organisation Internationale des Bois Tropicaux (OIBT).

Quant à la répartition des recettes domaniales forestières, en application de l'article 122 du Code forestier, ces recettes publiques mobilisées grâce aux taxes forestières sont réparties comme suit :

1. Redevance de superficie concédée : 40 % aux entités administratives[365] de provenance du bois ou des produits forestiers et 60 % au Trésor Public.

2. Taxe d'abattage et taxe de déboisement : 50% au Fonds forestier national et 50 % au Trésor Public.

3. Taxes à l'exportation : l'intégralité est versée au Trésor Public.

4. Taxes de reboisement : 100% au Fonds forestier national.

Pour les fonds destinés aux entités administratives décentralisées, ils sont répartis à raison de 25 % pour la Province et 15 % pour le Territoire d'exploitation concerné.

Enfin, le recouvrement des taxes et redevances forestières est garanti par les privilèges et hypothèques prévus par les législations fiscale et forestière en application de l'article 124. Les taxes et redevances ainsi que les intérêts de retard sont recouvrés conformément aux dispositions de la législation fiscale (article 123).

En ce qui concerne le contentieux fiscal, les réclamations sur les taxes et redevances forestières sont recevables jusqu'au 31 décembre de l'année suivant celle du versement de la taxe, de la redevance ou de la notification de l'avis de mise en recouvrement, s'il a été procédé à cette notification (article

---

364 L'aubier, de couleur blanche, est la partie de l'arbre se situant sous le cambium, généralement tendre et blanchâtre. C'est la partie correspondant aux zones d'accroissement les plus récemment formées, contenant des cellules vivantes.

365 Il s'agit de la province et du territoire d'origine.

125). Elles sont soumises à la procédure contentieuse ou gracieuse relative aux impôts directs.

Ce régime fiscal forestier congolais est une composante de la nouvelle politique sectorielle congolaise.

### B. Aspects de la nouvelle politique sectorielle forestière

Les aspects relatifs à la politique sectorielle forestière sont déclinés au travers de ses principes (1) et des formes de détention du foncier forestier et classement des forêts (2).

#### 1. Principes de la politique forestière

La politique forestière mise en place à partir de 2002 au Congo poursuit les objectifs suivants : la gestion durable des ressources forestières, le développement local des zones forestières, la lutte contre la pauvreté des populations vivant en région forestière, l'amélioration de la gouvernance des ressources forestières ainsi que l'accroissement des recettes d'origine forestière. Ces objectifs sont déclinés dans le Programme national forestier conçu avec la participation de tous les acteurs évoluant dans le secteur forestier notamment l'Etat, les ONG, la Banque Mondiale, la FAO, les populations riveraines et les entreprises forestières.

A l'instar de la réforme fiscale forestière réalisée au Cameroun, la Banque Mondiale a instauré :

- Un dispositif comportant une hausse des redevances forestières, une procédure des enchères lors de l'acquisition des concessions forestières ;

- La réalisation de l'aménagement durable des forêts concédées ;

- La rétrocession d'une partie des recettes forestières aux populations riveraines et autochtones dans le cadre de la gestion participative ;

- Le renforcement des capacités institutionnelles par la création du cadastre forestier chargé d'assurer le contrôle des ressources forestières.

Les principes généraux de cette nouvelle politique forestière sont entre autres :

• L'obligation faite à l'État d'élaborer une politique forestière nationale matérialisée par un programme forestier national ;

• La gestion rationnelle et durable de la forêt considérée comme l'objectif essentiel poursuivi par le Code ;

• La forêt congolaise traitée en tant qu'un patrimoine de grande valeur devant être mise au service du développement économique du pays et du bien-être social de la population ;

• La participation et l'implication de l'ensemble des acteurs tant publics que privés dans la gestion des forêts comme axe important pour la mise en œuvre du Code.

Il convient d'indiquer la création d'un cadastre forestier au niveau de l'administration centrale et à celui de l'administration provinciale. Si la mission du cadastre forestier provincial consiste à conserver tous les actes et contrats relatifs à la gestion forestière, le cadastre forestier national doit, tout en ayant la même mission, constituer une banque de données permettant au ministère chargé des forêts d'élaborer la politique forestière sur base des informations fiables.

Par ailleurs, les forêts sont classées en trois catégories à savoir les forêts classées, les forêts protégées et les forêts de production permanentes ; les forêts classées doivent à terme représenter au moins 15% du territoire national[366].

Toute concession forestière, attribuée exclusivement par voie d'adjudication, est régie par un contrat de concession forestière accompagnée de cahiers de charge dans lesquels sont spécifiés les droits et obligations des parties contractantes ; les anciens titres devant être convertis dans les délais prévus par la loi.

L'inventaire et l'aménagement forestiers constituent les deux principaux instruments de gestion durable des ressources forestières.

Le Code élargit la conception de la notion de l'exploitation forestière. Ainsi, l'exploitation concerne non seulement les activités traditionnelles de coupe et de récolte des produits forestiers, mais aussi des activités de mise en valeur de la forêt à des fins touristiques, récréatives et autres. Afin de

---

[366] RDC, *Code forestier de 2002.*

favoriser la mise en valeur des concessions forestières, les causes de déchéance ont été instaurées.

S'agissant des communautés locales, elles peuvent exploiter elles-mêmes les forêts qui leur ont été attribuées conformément à la loi et disposent des droits d'usage[367] sur les ressources forestières se trouvant dans les différentes concessions. Une communauté locale peut, à sa demande, obtenir à titre de concession forestière une partie ou la totalité des forêts protégées parmi celles régulièrement possédées en vertu de la coutume. L'attribution est gratuite. Les modalités d'attribution sont déterminées par un décret du Président de la République[368]. Comme toute l'exploitation des forêts est régie par les dispositions du code forestier, sous la supervision et le contrôle technique de l'Administration forestière locale, la communauté locale peut exploiter elle-même sa ou ses forêts ou peut le faire par l'intermédiaire des exploitants privés artisanaux en vertu d'un accord écrit. Ces derniers ne peuvent le faire que moyennant la détention d'un agrément délivré par le Gouverneur de province, sur proposition de l'Administration forestière locale[369]. La communauté locale peut confier l'exploitation de sa forêt à des tiers, mais la signature de ce contrat d'exploitation entre la communauté locale et l'exploitant est subordonnée à l'approbation de l'Administration forestière locale[370].

Par ailleurs, dans le contrat de concession forestière, il y a deux parties : le contrat de concession et le cahier des charges. Le cahier des charges comporte :

- Les clauses générales relatives aux conditions techniques d'exploitation des produits forestiers concernés ; les clauses particulières relatives aux charges financières, et aux obligations en matière d'installation industrielle ;

- et une clause particulière relative à la réalisation d'infrastructures socio-économiques au profit des communautés locales. Cette clause fait l'objet d'une négociation préalable entre la communauté locale intéressée et le futur concessionnaire avec l'assistance de l'Administration chargée des forêts avant d'établir le cahier des charges.

---

367 Nous avons détaillé les droits d'usage prévus par le Code forestier dans la seconde section du 2ème chapitre de la 1ère partie.
368 Article 22 du Code forestier de 2002.
369 Cfr Articles 111 et 112 du Code forestier de 2002.
370 Article 114, *Idem.*

Enfin, les arbres situés dans un village ou son environnement immédiat ou dans un champ collectif ou individuel sont reconnus comme étant la propriété collective du village ou celle de la personne à laquelle revient le champ[371].

Le droit congolais définit plusieurs formes de détention du foncier forestier mais procède également au classement des forêts.

**2. Formes de propriété foncière en droit congolais et classement des forêts**

Il est nécessaire de rappeler que le droit domanial congolais est essentiellement basé sur la propriété publique de toutes les forêts qui appartiennent à la seule personne morale publique dénommée l'Etat. Celui-ci est le seul habilité à pouvoir en céder la disposition ou l'utilisation temporaire aux agents privés (concessions forestières pour les sociétés d'exploitation, forêts communautaires pour les villageois, concessions minières, etc.).

Le droit foncier congolais tel qu'il résulte de la loi foncière de 1973 modifiée, prévoit plusieurs formes de propriété foncière notamment le domaine public et privé de l'Etat, la propriété coutumière collective des terres ainsi que l'usufruit résultant de la concession foncière. En effet, selon la loi foncière précitée, le sol et le sous-sol congolais appartiennent au seul Etat ; par conséquent le foncier relève du seul domaine de l'Etat. Néanmoins, l'Etat peut accorder des droits réels (usage, concession, usufruit, superficie,..) aux personnes tant physiques que morales sur le foncier. Par ailleurs, pour les communautés autochtones ou locales, la loi leur reconnaît le droit de détenir la propriété sur des terres ou des forêts, mais ce droit est collectif, en réalité il s'agit d'une indivision.

Par ailleurs, le code forestier congolais de 2002 classe les forêts en trois catégories : les forêts classées, les forêts protégées et les forêts de production. Toutes ces forêts font partie du domaine forestier de l'Etat.

Les forêts classées sont celles qui sont soumises, en application d'un acte de classement, à un régime juridique restrictif concernant les droits d'usage et d'exploitation. Elles sont affectées à une vocation écologique et relèvent du domaine de l'Etat, c'est pourquoi elles sont inaliénables. Font partie des forêts classées : les réserves naturelles, les forêts des parcs

[371] Article 9, *Ibidem.*

nationaux, les réserves de faune et de domaines de chasse, les réserves des biosphères, les jardins botaniques et zoologiques, les arboreta, les forêts récréatives et les forêts urbaines.

Quant aux forêts protégées, il s'agit de celles qui n'ont pas fait l'objet d'un acte de classement et qui sont soumises à un régime juridique moins restrictif en ce qui concerne les droits d'usage et ceux d'exploitation forestière. Ces forêts peuvent faire l'objet d'une concession n'excédant pas vingt-cinq ans.

Les forêts de production permanente sont des forêts concédées et livrées à l'exploitation forestière.

Les forêts protégées et celles de production font partie du domaine privé de l'Etat en ce qu'elles sont cessibles et aliénables. L'article 22 du code forestier dispose qu'une communauté locale peut, à sa demande, obtenir à titre de concession forestière une partie ou la totalité des forêts protégées parmi les forêts régulièrement possédées en vertu de la coutume. L'attribution est gratuite. Cette disposition reconnaît expressément les droits fonciers coutumiers des communautés locales sur leurs terres et forêts.

Il convient de relever que le monopole de la propriété des forêts réservé à l'Etat uniquement est une pratique assez répandue dans la région d'Afrique Centrale. C'est le cas notamment au Gabon[372], en République centrafricaine (RCA) et au Cameroun où les droits foncier et forestier ne reconnaissent pas la propriété privée sur les forêts, contrairement à un pays développé comme la France où la forêt constitue également une façon de détenir de la richesse pour les sujets de droit privé et où les forêts privées[373] sont plus importantes que les forêts domaniales et les autres forêts relevant du « régime forestier » du Livre II du code forestier[374].

---

[372] Dans la plupart des pays africains, la propriété privée des forêts n'est pas garantie aux agents non étatiques et ceux-ci sont exposés à tout moment à l'expropriation en cas de non mise en valeur des concessions forestières qui leur sont octroyées. Cfr C. WILKS, *La conservation des écosystèmes forestiers au Gabon,* IUCN, 1990, pp.45-48.

[373] En 2009, la France comptait 16 millions d'hectares de forêts dont 15 millions destinés à la production. Par ailleurs, 75 % des espaces forestiers appartenaient aux propriétaires privés. Disponible sur http://www.reseaurural.fr/. (Consulté le 25 décembre 2015).

[374] Lire à ce propos M. LAGARDE, *Code forestier pratique 2017,* Pau, Editions Droitforestier.com, Vol.1, 2017.

L'implication de différents acteurs publics et privés dans l'exploitation des forêts préfigure l'éventualité de l'existence des intérêts divergents entre les uns et les autres tant en ce qui concerne la GDF[375] que la protection des droits des riverains. Le non-respect des principes présidant à la répartition des biens forestiers peut entraîner plusieurs effets selon les comportements affichés par les différents acteurs en présence. Ainsi, après avoir examiné la politique forestière et son dispositif fiscal, l'analyse des effets qui en résultent devient une alternative qui s'impose naturellement.

## Section II. Influence des acteurs de la gestion durable des forêts et promotion des droits des riverains

Les dispositions de l'article 5 du code prévoient que, dans le cadre de l'élaboration de la politique forestière nationale, le Ministre en charge des forêts implique l'ensemble des acteurs tant publics que privés concernés, à tous les échelons territoriaux. L'article 5 précité consacre le droit de participation des populations et des autres acteurs à la politique forestière. De ce fait, l'étude de l'impact de la réforme forestière sur la gestion durable des forêts et le développement local en République Démocratique du Congo sera menée au regard des effets exercés sur les acteurs privés (paragraphe 1) et publics (paragraphe 2).

### Paragraphe I. Effets de la politique forestière sur les acteurs privés

Concernant les acteurs privés, leur comportement est différent selon qu'il s'agit des exploitants forestiers (A) ou des acteurs sans but lucratif (B).

#### A. Stratégies des opérateurs du secteur forestier

Les actions réalisées par les exploitants forestiers recouvrent leur participation à l'économie et à la GDF (1), leurs difficultés à l'exportation (2), leur contribution à l'exploitation illégale du bois et à la violation du moratoire (3), leur implication dans les guerres civiles (4), leur financement des œuvres socio-économiques (5), leur réaction à la pression fiscale ressentie (6) et leur participation à l'effort fiscal (7).

---

[375] Gestion durable des forêts.

### 1. Participation des entreprises à l'économie et à la gestion durable des forêts

Les entreprises du secteur forestier ont pour rôle d'assurer l'exploitation industrielle des ressources forestières en vue de produire du bois d'œuvre destiné à l'industrie locale de transformation du bois et aux entreprises du BTP (bâtiment et travaux publics) mais surtout à l'exportation vers le reste du monde. C'est ce qu'on qualifie de la mise en valeur ou de la valorisation des ressources forestières.

En RDC, nul ne peut concourir à cette mise en valeur s'il n'a pas obtenu un contrat de concession de l'Etat en application des articles 82 à 95 du Code forestier. Cette exploitation forestière s'entend, non seulement de la coupe ou de la récolte des produits forestiers, mais aussi de l'utilisation de la forêt à des fins touristiques ou récréatives (art.96 du code). En application de l'article 98 du code, les autorisations d'exploitation sont strictement personnelles et ne peuvent être ni cédées ni louées. Elles ne peuvent être accordées qu'à titre onéreux. Elles sont réglementées par arrêté du Ministre qui en fixe les types, les modalités d'octroi, les droits y attachés et la durée de validité et détermine les autorités habilitées à les délivrer.

Il convient de relever que l'exploitation des forêts, y compris celles faisant l'objet d'une concession forestière, est assujettie à l'élaboration préalable d'un plan d'aménagement. L'exploitation de toute portion de forêt doit être effectuée conformément aux prescriptions du plan d'aménagement s'y rapportant (art.100 du code). Elle est subordonnée à un inventaire préalable des ressources forestières réalisé dans les conditions prévues par les articles 65 à 70 du code. L'exploitant est tenu de se soumettre aux dispositions des législations relatives à la protection de la nature, à la chasse et à la pêche.

Pour la production de bois, notamment le bois de feu et le charbon de bois, l'exploitant assure, conformément à l'article 107 du code, une exploitation durable de la forêt, sous peine de l'annulation de son autorisation par l'autorité compétente.

Sous réserve de l'exercice des droits d'usage forestiers reconnus aux populations locales (art.44), l'exploitation de tout produit forestier est soumise à l'une des autorisations prescrites par l'article 98 du code et donne lieu au paiement d'une taxe dont l'assiette et le taux sont fixés par arrêté conjoint des Ministres ayant les forêts et les finances dans leurs attributions.

Toute coupe de bois en dehors d'une concession forestière donne lieu au paiement d'une taxe d'abattage.

S'agissant du concept « contrat de vente et d'exploitation forestière », dans les 156 articles du code forestier congolais, ce contrat n'y figure pas. Il s'agit bien d'un acte qui règle la vente du bois et l'exploitation forestière en France, mais cet aspect est méconnu en droit forestier congolais. Le seul contrat dont parle le code forestier est le contrat de concession par lequel l'Etat concède une partie de ses forêts à un exploitant privé en vue de leur exploitation. Cette carence pourrait s'expliquer par le fait que, contrairement à la France où le bois et les forêts du régime forestier sont vendus par l'ONF[376] grâce à ces contrats de vente et d'exploitation forestière, en RDC, cette pratique de vente de bois coupé par l'Etat n'existe pas. Et quand on parle de permis de coupe de bois, il s'agit de l'autorisation administrative délivrée par l'autorité provinciale à tout exploitant qui veut couper du bois dans sa concession forestière en vue de le vendre. De surcroît, le code forestier fait référence à la notion de commercialisation à 3 occurrences notamment: la non autorisation de la commercialisation des produits forestiers prélevés au titre du droit d'usage(art. 37), obligation faite à tout exploitant de marquer son bois ou ses arbres avant la mise sur le marché avec un marteau à empreinte indélébile dont le modèle doit être déposé et enregistré auprès de l'Administration forestière (art. 108), et l'octroi des quotas d'exportation dans la limite de 30% en rapport avec le volume de production (art. 109).

Le souci de ce secteur économique productif est de maximiser sa capacité de production tout en minimisant les différentes contraintes et charges financières dans le but de pouvoir réaliser des profits substantiels. A dire vrai, les exploitants forestiers se seraient bien passés de la gestion durable des forêts, instituant l'aménagement forestier, qui est une contrainte dans l'exploitation des ressources naturelles dont ils ont grandement besoin pour leur activité économique.

---

[376] Établissement public français à caractère industriel et commercial créé en 1964, l'Office national des forêts assure la gestion de près de 11 millions d'hectares de forêts publiques appartenant à l'État et aux collectivités territoriales. Sa gestion permet de concilier trois objectifs indissociables : répondre aux besoins des hommes grâce à la production et à la récolte de bois, préserver l'environnement et accueillir le public.
Disponible sur http://www.onf.fr/onf/sommaire/onf_en_bref/ONF_essentiel/@@index.html. [Consulté le 13 décembre 2017].

En RDC, la mise en œuvre de la GDF est accompagnée de l'institution de la procédure d'adjudication (art.85 du code forestier) rendant difficile, théoriquement, l'acquisition des forêts par les sociétés forestières dans le cadre de la réforme de la fiscalité forestière. Cette réforme fiscale forestière a été initiée principalement dans le but d'assurer la préservation des ressources naturelles et de renchérir le coût de leur utilisation. La procédure d'attribution des concessions forestières par adjudication aux enchères a été instaurée sur conseil de la Banque mondiale. Car, en vertu de la loi de la demande qui stipule que la quantité demandée d'un bien est une fonction inverse de son prix, plus le prix d'acquisition est élevé, moins les exploitants forestiers acquièrent plusieurs concessions, mieux la forêt se porte, puisqu' il y aura préservation des ressources forestières[377].

Il a été décidé, conformément à l'article 109 du Code Forestier que seulement 30% (RDC, 2002)[378] du bois coupé pouvaient être exportés en l'état sous forme de grumes, le reste devant être transformé localement en contreplaqués, en sciages et plaquages avant d'être exportés. Cette limitation du volume de grumes exporté a pour effet d'augmenter la contribution du secteur forestier à la croissance économique et à la création des emplois.

Ceci est primordial pour les Etats forestiers, car les entreprises forestières sont des acteurs qui constituent souvent les rares pôles de croissance et de développement dont les effets d'entraînement sont susceptibles d'engendrer le développement socio-économique et environnemental dans les zones forestières où elles opèrent[379].

Ainsi, une politique économique d'ajout de la valeur aux ressources naturelles exportées est une ligne directrice qui est porteuse en termes des recettes fiscales, d'augmentation de la richesse nationale et d'emplois additionnels. En diminuant le poids des biens exportés, elle permet de réaliser des économies en termes de consommation de carburant lors de leur transport maritime, car étant moins onéreux, ce qui diminue l'impact de ces exportations sur l'environnement.

---

[377] R. REPETTO et M. GILLIS, *Public policies and the misuse of forests sources,* Cambridge, Cambridge University Press, 1988, p.58.

[378] RDC, *Code Forestier*, Kinshasa, Journal Officiel, 2002.

[379] Par exemple au Brésil, les projets sous forme de pôles de développement sont créés à l'initiative de l'Etat notamment de la Banco do Nordeste do Brasil sous la supervision du Ministère du Plan. E. SABOURIN et O. A.de TEXEIRA, *Planification du développement territorial au Brésil,* Actes du séminaire 29-30 septembre 2009, Campina Grande, CIRAD/UFPB, p.28.

D'ailleurs, une stratégie de développement économique fondée sur l'exportation des ressources forestières brutes est vouée à l'échec à cause de nombreuses difficultés rencontrées sur le marché mondial.

### 2. Difficultés des nations exportatrices des ressources naturelles

L'un des grands problèmes, durant des décennies, pour les économies exportatrices des produits primaires tels que les ressources naturelles non transformées, est qu'elles sont exposées à la détérioration des termes de l'échange international[380]. En effet, le rapport entre la valeur de leurs exportations et celle de leurs importations est souvent inférieur à 1 et en plus baisse d'années en années, si bien qu'à terme, il faut plus de produits primaires exportés pour avoir la même quantité des produits manufacturés importés, ce qui aboutit à un échange inégal entre les pays industrialisés et les pays exportateurs des matières premières brutes.

Selon la théorie du centre et de la périphérie dite aussi théorie de la dépendance de Raul PREBISCH (1950), le commerce international est biaisé par la superpuissance des pays industrialisés qui sont au centre du système économique mondial, dont le but est de pomper les ressources naturelles[381] du Tiers-Monde, des pays de la périphérie. En effet, ils fixent à la fois les prix des produits manufacturés qu'ils leur vendent et ceux de leurs produits primaires qu'ils achètent.

De ce fait, la RDC restera perdante si elle continue à exporter des ressources naturelles brutes non transformées. Contrairement aux libéraux qui soutiennent que le libre-échange est profitable à toutes les nations, plusieurs économistes du Tiers-Monde ont toujours été contre cette thèse et

---

[380] À partir d'une étude du commerce extérieur de la Grande-Bretagne (1876-1938), R. Prebisch et H. Singer (1950) démontrent une détérioration des termes de l'échange au détriment de l'Amérique latine. Ce mécanisme aboutit à un échange inégal entre les 2 entités. I.GENEAU DE LAMARLIERE et J.F. STASZAK, *Principes de géographie économique,* Paris, Ed. Breal, 2000, pp.426-427.

[381] Le Président Jacques CHIRAC a affirmé dans un entretien télévisé en mars 2008 que l'argent qui se trouve dans le porte-monnaie des plusieurs pays occidentaux, provient de l'exploitation des anciennes colonies du Tiers-Monde. Disponible sur https://www.youtube.com/ (consulté le 28/02/2016).

l'ont toujours considéré comme un rapport d'exploitation des richesses des anciennes colonies au profit des pays industrialisés[382].

Au-delà de toutes ces considérations théoriques, au plan interne, les sociétés forestières sont accusées de contribuer à l'exploitation illégale du bois et leur rôle dans la violation du moratoire sur l'octroi des titres forestiers est stigmatisé.

### 3. Exploitation illégale des ressources forestières et moratoire sur l'octroi des titres forestiers

Malgré sa participation à la formation de la richesse nationale, le secteur forestier a été accusé d'être un fossoyeur de l'économie congolaise. En 2002, lors du changement de la politique forestière, il a été recensé 156 titres de propriété forestière[383]. Après réexamen par la Commission interministérielle instituée à cet effet, seuls 46 titres représentant sept millions d'hectares ont été jugés conformes et convertis en contrats de concessions forestières puis octroyés à des sociétés exploitantes à des fins d'exploitation.

Ce que l'on reprochait à tous ces titres forestiers anciens, c'est d'avoir été acquis à des prix dérisoires, bafouant la garantie des intérêts du Trésor Public, si bien que la fiscalité forestière afférente était inexistante parmi les moyens procurant des ressources à l'Etat Congolais. C'est pour cette raison que la réforme de la fiscalité forestière entreprise en 2002 avait pour but de permettre au secteur forestier de participer de façon conséquente au Budget de l'Etat. Or, ce que l'on a remarqué, malgré le moratoire décidé en 2003, après la promulgation du Code forestier et l'institution de la Commission ministérielle de revue légale des titres forestiers, c'est que les sociétés forestières avaient passé outre ledit moratoire en continuant d'acquérir ainsi que d'exploiter illégalement les forêts du Bassin du Congo[384].

---

382 I.GENEAU DE LAMARLIERE et J.F. STASZAK, *Op.cit.,* p.427. C. COQUERY-VIDROVITCH, « La mise en dépendance de l'Afrique noire: essai de périodisation, 1800-1970 (Making Africa Dependent: A Tentative Period-Definition 1800-1970) », in *Cahiers d'études africaines*, 1976, pp. 7-58.

383 B. AUGE, *Produire du pétrole en zone de conflit : cas de l'Afrique médiane*, Thèse de doctorat en Géographie mention géopolitique, Université Paris 8, 2012, p.177.

384 Officiellement les concessions forestières représenteraient 14 millions d'ha, soit 9 % de la superficie forestière de la RDC.

Le processus d'exploitation illégale des ressources forestières s'opérait de la manière suivante : certaines sociétés partaient acheter des titres forestiers à l'Est du Congo, essentiellement dans le Kivu, le Maniema, l'Equateur, l'Ituri, dans les territoires occupés par les Chefs rebelles (ANDRE C. et MARYSSE S., 2001)[385], au moment où d'autres les acquéraient à Kinshasa auprès d'une administration corrompue[386]. D'autres encore continuaient l'exploitation de leurs anciennes concessions avec la complicité des fonctionnaires locaux véreux.

Au plan mondial, l'OCDE a estimé à plus de 150 milliards d'euros le coût annuel de l'exploitation illégale des ressources forestières. En outre, la revue de la Banque Mondiale consacrée à la politique forestière mondiale observait en 2002 que dans de nombreux pays, l'exploitation illégale est similaire en taille à la production légale. Autrement dit, elle équivaut et parfois surpasse l'exploitation légale. Par ailleurs, les estimations de la Banque Mondiale, reprises dans son rapport de 2003, concluent sans beaucoup de peine que l'exploitation clandestine des forêts coûterait aux pays producteurs de bois d'Afrique un manque à gagner de 10 à 15 milliards d'euros par an. Il s'agit de recettes fiscales non perçues, qui pourraient dans le cas contraire être employées à la fourniture des meilleurs soins de santé, d'éducation et de ce fait contribuer au développement des pays en voie de développement[387].

En outre, les sociétés forestières œuvrant dans les forêts congolaises, ont exercé un lobbying actif par des pressions sur le Gouvernement congolais afin de décrédibiliser le processus de réforme mis en place dans l'unique but de conserver des dizaines de millions d'hectares des forêts supplémentaires acquises illégalement. Pour ce faire, elles ont recruté des cabinets d'avocats locaux et internationaux qui ont déposé près de 88 recours auprès de la Commission ministérielle en charge du processus de revue légale.

Aussi, sied-t-il de relever que de 2003 à 2009, les exploitants industriels forestiers ont obtenu du ministère de l'Environnement 114

---

[385] Lire C. ANDRE et S. MARYSSE, « Guerre et pillage économique en République Démocratique du Congo », in S. MARYSSE et F. REYNTJENS (dir.), *L'Afrique des Grands Lacs. Annuaire 2000-2001*, Paris, L'Harmattan, 2001, pp.307-332.

[386] R. OYONO et F. LELO NZUZI, « Au sortir d'une longue «nuit» institutionnelle, nouvelles transactions entre les politiques forestières et les sociétés rurales en RD Congo post-conflit », in *Afrique et Développement*, vol. 31, no 2, 2006, pp. 183-214.

[387] BANQUE MONDIALE, *Rapport d'activités de 2003,* Washington, 2004. Disponible sur www.banquemondiale.org [Consulté le 5 décembre 2016].

nouveaux contrats de concessions forestières en dépit du moratoire d'attribution, totalisant une superficie de 15 millions d'hectares de forêts, soit 5 fois l'étendue de la Belgique. A cet égard, les professeurs Kabuya Kalala et Tshiunza Mbiye (2009) ont écrit ce qui suit : « En dépit de cela, en 2006, les membres du gouvernement de transition avaient signé 107 nouveaux contrats avec les sociétés forestières, sous le couvert de redéfinition, d'échange, d'ajustement et de relocalisation d'anciens titres, tandis que d'autres concernaient des titres complètement nouveaux. Près de la moitié des 156 titres existants en 2007 se situaient dans des zones forestières intactes, et donc critiques pour le stockage du carbone et la protection de la faune. »[388]

Enfin, il convient de stigmatiser l'octroi des concessions forestières, à deux sociétés chinoises, qui a été opéré en août 2015 par le ministre de l'Environnement de l'époque monsieur Bienvenu Liyota en dépit du moratoire précité. En fait, il s'agit d'un problème récurrent en RDC que de violer impunément ledit moratoire. En guise de justification, le fameux ministre a rétorqué qu'il n'y avait aucune disposition légale qui aurait consacré ce moratoire et qui aurait interdit à un ministre d'opérer la cession du foncier forestier en vue de son exploitation.[389]

---

388 F. KABUYA KALALA et TSHIUNZA MBIYE, Ressources naturelles, gouvernance et défis d'une croissance soutenue en RDC, in *L'Afrique des grands lacs*, 2009, pp.141-159.

389 Disponible sur http://www.africanewsrdc.com/politique/2016/07/15/violation-du-moratoire-forestier-liyota-exhibe-une-lettre-de- matata.html. [Consulté le 15 novembre 2017].

Evolution des titres forestiers de 2003 à 2009

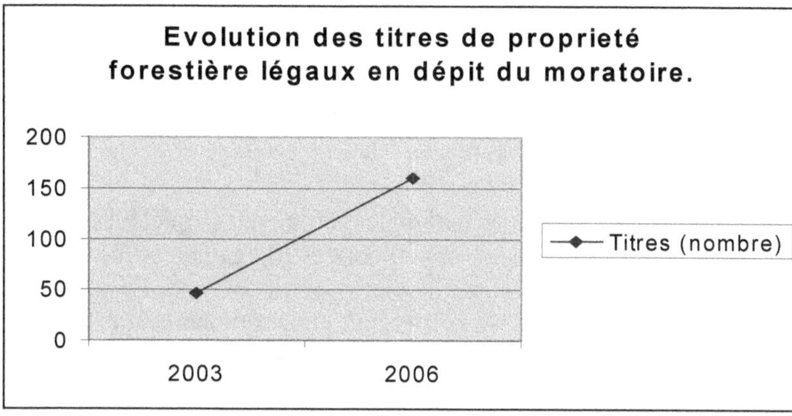


Source : de l'Auteur

Le fait de chercher à obtenir de nouvelles concessions auprès des autorités véreuses en dépit du moratoire susmentionné est constitutif de faute morale pour les exploitants. Il s'agit d'une pratique contraire à la responsabilité sociale de ces entreprises[390]. Cette façon prédatrice d'agir des sociétés forestières, couplée à la fraude fiscale sur les revenus forestiers des multinationales forestières, face à une administration congolaise corrompue, a été qualifiée, à juste titre, par l'ensemble des observateurs de pillage des ressources forestières de la RDC. Par là, il est clairement établi que, depuis la réforme forestière de 2003, les agissements des exploitants forestiers en RDC sont loin de s'approcher des exigences de la bonne gouvernance et de

---

[390] La responsabilité sociétale des entreprises (RSE) est un « concept dans lequel les entreprises intègrent les préoccupations sociales, environnementales, et économiques dans leurs activités et dans leurs interactions avec leurs parties prenantes sur une base volontaire ». Énoncé plus clairement et simplement, c'est « la contribution des entreprises aux enjeux du développement durable ». La commission européenne définit en 2011 la responsabilité sociétale des entreprises comme « la responsabilité des entreprises vis-à-vis des effets qu'elles exercent sur la société ».

- Pour assumer cette responsabilité, il faut respecter législation et conventions collectives.
- Pour s'en acquitter pleinement, il faut avoir engagé en collaboration étroite avec les parties prenantes, un processus destiné à intégrer les préoccupations en matière sociale, environnementale, éthique, de droits de l'homme et de consommateurs dans les activités commerciales et la stratégie de base. Disponible sur http://www.developpement-durable.gouv.fr/responsabilite-societale-des-entreprises [consulté le 20 mars 2017].

la gestion durable des forêts qui, pourtant, sont recherchées et conseillées par la majorité des acteurs en présence.

A cet effet, signalons qu'en avril 2017, le gouvernement zambien a intercepté et saisi 449 camions transportant du bois rouge dénommé « Mukula » (Pterocarpus tinctorius de son nom scientifique) provenant de l'exploitation illégale des forêts en RDC.

Selon des statistiques nationales zambiennes, quelques 17000 tonnes de ce bois rouge auraient été exportées illégalement de la RDC vers la Chine, via la Zambie, entre janvier et avril 2017[391]. En effet, ce sont le bois de santal rouge et le poirier qui étaient auparavant les principales victimes de cette pratique. Leur quasi-disparition a ainsi contraint les importateurs chinois de l'ameublement de luxe à se tourner vers d'autres espèces tropicales, dont le « Mukula ». Abondant en Zambie, le « Mukula » y a été intensément et illégalement exploité jusqu'à ce que le gouvernement durcisse sa législation forestière en 2013 et punisse sévèrement les trafiquants. Chassés du secteur forestier zambien, ces trafiquants chinois se sont alors tournés vers les forêts du Katanga, en RDC voisine où ils génèrent un trafic illégal important.

A ce sujet, Monseigneur Fulgence MUTEBA, le prélat catholique du Diocèse de Kilwa-Kasenga dans le Katanga, a qualifié ce trafic de bois rouge de « pillage des ressources naturelles et de destruction des forêts du Congo »[392] et a également dénoncé l'impunité entourant ce trafic en disant : « *La population congolaise doit vivre de ses ressources naturelles. Et ce bois est très précieux. On ne peut pas l'exploiter comme ça. La lutte contre le réchauffement climatique et celle contre l'impunité, le pillage des ressources naturelles doit commencer aujourd'hui »*[393].

Par ailleurs, notons que le rôle des entreprises tenant à obtenir des ressources naturelles en fomentant les guerres civiles, a été démontré par plusieurs analystes.

---

[391] Disponible sur http://www.jeuneafrique.com/mag/457866/societe/rdc-saignee-de-bois-rouge-haut-katanga/. [Consulté le 4 novembre 2017].

[392] Propos tenus par Mgr F. MUTEBA. Disponible sur https://www.lepotentielonline.com/index.php?option= com_content&view=article&id=16559: exploitation-illegale-du-bois-rouge-dans-le-haut-katanga-moise-katumbi-monte-au-creneau&catid=85:a-la-une&Itemid=472. [Consulté le 4 novembre 2017].

[393] Propos de Mgr F. MUTEBA, in *Op. Cit.*

**4. Abondance des ressources naturelles comme cause de déstabilisation de certains pays du Sud**

Il convient de relever qu'un conflit armé coûte cher, car il exige d'énormes moyens financiers afin de financer l'acquisition des armes, des munitions, des tenues militaires, des vivres, des médicaments, des véhicules, du matériel des télécommunications, et payer la solde des combattants. Cet argent doit venir de quelque part notamment des richesses qu'on a dans le pays. Comme les ressources naturelles telles que les forêts, les hydrocarbures et les mines sont convoitées par de nombreuses puissances et hommes d'affaires souvent peu regardants, leur contrôle est recherché par tous les acteurs parties prenantes aux conflits armés. C'est une manne financière indispensable pour la résistance armée[394]. En effet, le groupe armé qui perd le contrôle des ressources naturelles pourrait naturellement perdre aussi la guerre parce qu'il ne sera pas en mesure de persévérer dans l'effort de guerre. D'ailleurs dans plusieurs pays qui ont connu la guerre, les gouvernants ont toujours mis en place dans leur dispositif fiscal un impôt pour financer l'effort de guerre[395].

Aux Etats-Unis, par exemple, la Seconde Guerre mondiale fut le triomphe de l'explosion des impôts. Pour financer son effort de guerre, le gouvernement américain modifia profondément le système fiscal. L'impôt sur le revenu de l'année fiscale 1942 fut doublé par rapport à la précédente. Jusque-là, seuls les foyers fiscaux gagnant plus de 1500 dollars par an payaient un impôt sur le revenu, ce qui excluait le monde ouvrier. A partir de 1942, le revenu d'imposition minimale fut abaissé à 624 dollars, ce qui fit passer du coup le nombre des contribuables de 4 à 10 millions[396].

Mutatis mutandis, en RDC, Mzee Laurent-Désiré Kabila avait aussi institué un impôt d'effort de guerre en 1998 pour faire face aux rébellions du

---

394 Lire à ce propos M.L.J. CHIADJEU, *Comment comprendre la" crise" de l'Etat postcolonial en Afrique ? : un essai d'explication structurelle à partir des cas de l'Angola, du Congo-Brazzaville, du Congo-Kinshasa, du Liberia et du Rwanda*, Berne, Peter Lang, 2005.

395 « Aussi, très tôt, le financement de l'effort de guerre a-t-il été étudié de très près pour éviter tout dérapage (…) En fait, l'effort de guerre est financé à près de 50% par l'impôt — soit presque autant qu'en Grande-Bretagne. P. MELANDRI et J. PORTES, *Histoire intérieure des Etats-Unis au XXème siècle,* Paris, Masson, 1991, p.125.

396 Cfr A. AGLAN et R. FRANK (dir.) ,1937-1947. *La guerre-monde II*, Coll. Folio Histoire, Paris, Gallimard, 2015.

MLC de Jean-Pierre Bemba et du RCD d'Azarias Ruberwa[397] qui, elles, se finançaient en exploitant de manière désordonnée les ressources naturelles (minerais et forêts) des territoires occupés. La présence des ressources naturelles en quantité abondante est l'une des causes de la persistance des conflits armés en RDC[398]. En effet, l'abondance des ressources naturelles dans les exportations d'un pays décuple le risque de déclenchement et de perpétuation d'une guerre civile dans ce pays selon Collier et Hoeffler (2001)[399]. A cet effet, Hervé HUTIN (2012) a écrit :

« Ne pouvant disposer des chiffres concernant l'extorsion de ressources naturelles, Collier et Hoeffler utilisent comme variable d'approximation les exportations de biens primaires rapportées au PIB et trouvent qu'une proportion élevée de biens primaires dans les exportations est fortement corrélée au risque de conflit. Ainsi, le « danger maximum » est atteint quand les exportations de biens primaires représentent 32% du PIB, ce qui porte à 22% le risque de connaître une guerre civile dans les cinq ans, tandis qu'un pays ne disposant pas d'exportations de biens primaires ne présente un risque que de 1% (Collier et Hoeffler, 2001, p 12). Selon les auteurs, ce lien s'explique par la facilité avec laquelle les biens primaires peuvent être accaparés et exploités, comparativement à d'autres formes de richesses. Il est plus facile de s'approprier et d'exploiter des mines de diamants que des usines dans le secteur manufacturier (Collier, Hoeffler et Sambadenis, 2005, p. 16). Cette facilité rend la rébellion possible et parfois même attractive. »[400]

Par ailleurs, Pierre JACQUEMOT (2009) renchérit : « Certains résultats du modèle sont intéressants : le risque moyen d'un conflit dans la région des Grands Lacs était entre 1960 et 1999 de 27 % contre seulement 9 % pour le reste de l'Afrique. Les études de M. Berdal et D.M. Malone

---

397 P. IBANDA KABAKA, *Le conflit politique armé et l'exploitation des ressources naturelles en Centrafrique : Essai d'explication par la théorie des Etats 'faillis' et par l'approche régionale*, 2015. Disponible sur https://hal.archives-ouvertes.fr/hal-01250475.[Consulté le 24 janvier 2016].

398 Thèse développée par ELIKIA MBOKOLO, *L'Afrique au XXème siècle. Le continent convoité*, Paris, Etudes vivantes, 1980.

399 P. COLLIER, A. HOEFFLER, and N. SAMBANIS, "The Collier-Hoeffler Model of Civil War Onset and the Case Study Project Research Design", in P. COLLIER and N. SAMBANIS (eds.), *Understanding Civil War*, Vol. I, Banque mondiale, Washington, DC, 2005.

400 H. HUTIN, *Efficacité des programmes de reconstruction dans les sociétés post-conflictuelles*, Thèse de doctorat en Economie, Université de Grenoble Alpes, 2012, p.56.

(2000), puis de P. Collier et A. Hoeffler (2002) mettent quant à elles en évidence la distinction entre d'un côté le « modèle du grief » (grievance model), où le conflit résulte des inégalités, de l'oppression politique et des divisions soit ethniques soit religieuses, et de l'autre le « modèle de la cupidité » (greed model) qui met l'accent sur le rôle joué par les ressources naturelles dans l'émergence et l'entretien du conflit. Ainsi, l'exportation de ces ressources accroît le risque de guerre de quatre manières : financement des rebelles et des armes, aggravation de la corruption de l'administration, hausse des incitations à la sécession et augmentation de la vulnérabilité de la population aux chocs exogènes (Collier et al., 2003). »[401]

Dans ce registre, il convient de stigmatiser en passant l'attitude du nouveau gouvernement américain dirigé par le Président Donald TRUMP qui compte détricoter la réglementation DODD-FRANK[402]. Cette dernière a été mise en place par l'Administration OBAMA en 2010. Cela a permis de mettre fin à plusieurs foyers de guerre civile en Afrique en interdisant aux entreprises multinationales d'utiliser des ressources naturelles du sang et en les obligeant à fournir la liste de leurs fournisseurs à toutes les étapes de la chaîne de production. Le « Dodd-Frank Act » constitue une réforme législative ambitieuse visant à accroître la transparence et la responsabilisation dans le système financier américain. Néanmoins les dispositions de l'article 1502 de cette loi prévoient des exigences de divulgation obligatoire pour les sociétés extractives de leurs fournisseurs, ce qui est analogue à la diligence raisonnée du RBUE[403].

Mais Donald Trump a signé mardi 14 février 2017 une ordonnance autorisant le Trésor américain à revoir, dans un délai de 120 jours, la règle 1502 de la Loi Dodd-Frank, aussi dénommée « règle sur les minerais de sang »[404]. Or cette loi avait été initiée par son prédécesseur pour empêcher les multinationales américaines de financer, indirectement, les conflits armés notamment en RDC. La règle imposait l'obligation aux grandes multinationales américaines de préciser publiquement les origines des minerais tels que l'or, le coltan, ou le tungstène qu'elles utilisent dans la

[401] P. JACQUEMOT, « L'économie politique des conflits en République démocratique du Congo. », in *Afrique contemporaine*, n° 230, 2/2009, pp. 187-212.

[402] T. DE PUTTER, « Considérations et perspectives sur la question de l'exploitation illégale des ressources minérales dans la Région des Grands Lacs et sur le Dodd-Frank Act américain », in *Conjonctures congolaises. Chroniques et analyses de la RD Congo*, 2011, pp. 61-74.

[403] Règlement sur le bois de l'Union Européenne.

[404] Disponible sur http://www.jeuneafrique.com/403913/economie/conference-grands-lacs-ambeyi-ligabo/. [Consulté le 8 mai 2017].

fabrication de leurs produits. L'intention première étant de susciter un boycott par les consommateurs des produits contenant les minerais de sang provenant des zones affectées par les conflits armés.

L'autre obligation de la Loi Dodd-Frank faite aux multinationales obligeait celles-ci à rendre publics les paiements versés à des Etats étrangers afin de prévenir des faits de corruption. Depuis son entrée en vigueur, la loi a contraint plusieurs géants miniers et pétroliers de l'économie américaine d'être plus intègres et rigoureux dans leurs rapports avec les Etats africains riches en ressources naturelles.

Cependant, les détracteurs de la Loi Dodd-Frank affirmaient que cette dernière n'a pas produit les effets escomptés pour la RDC, en l'occurrence réduire l'exploitation illicite des minerais de conflits. Elle a au contraire aggravé les conditions socio-économiques des populations locales congolaises qui dépendaient de l'exploitation de ces minerais comme seule source de revenus[405]. Il se dit même que certains creuseurs artisanaux des mines, coincés financièrement, n'ont eu pour seule alternative que d'aller gonfler les rangs des forces négatives et rebelles que la loi voulait éradiquer.

Toujours d'après les opposants de cet instrument juridique, les groupes armés qui exploitaient de manière stationnaire certains sites miniers causaient moins de dégâts aux populations et aux forêts environnantes. La Loi Dodd-Frank aurait amené ces groupes à brouiller les pistes d'exploitation en devenant plus mobiles, élargissant le champ de désolation qu'ils occasionnaient.

Selon Donald Trump, ce détricotage de la Loi Dodd-Frank rendrait les multinationales américaines plus compétitives à l'échelle internationale en les libérant des obligations naguère imposées à elles, alors que les multinationales concurrentes chinoises par exemple en étaient exemptées. Ainsi, elles vont de nouveau avoir accès aux ressources naturelles issues des zones de conflits. Pourtant la tendance internationale (Union Européenne, OCDE, et d'autres pays tels que l'Australie et le Japon) consisterait aujourd'hui à la mise à l'écart pure et simple des minerais de sang.

Pour la RDC, les conflits armés qu'a connus ce pays depuis 1996 dans sa partie orientale ont sérieusement entrainé des effets néfastes sur le développement durable, sur l'état des forêts et sur les droits et la vie des

---

405 Propos recueillis sur Facebook le 23 février 2017 de M. MOKALANZO Dominique, Consultant financier auprès des entreprises minières et forestières.

populations (plus de 6 millions des morts, exploitation des enfants et viols des femmes). Mais également sur l'expansion de la pauvreté qui a envahi tous les recoins du territoire national congolais avec une sévérité marquante surtout en milieu forestier.

Ces violations des droits humains et de l'environnement sont commises sous la barbe à la fois de la Communauté internationale et des autorités nationales. Cela a étonné le chercheur OUMBA P. (2007) qui a écrit : « Plus patent est le cas des ressources naturelles de la RDC qui sont impunément pillées par des hordes en mal de puissance… » [406].

A part leur rôle néfaste dans la déstabilisation politique de certains Etats, les sociétés réalisent aussi fort heureusement des œuvres à caractère socio-économique qui profitent à la population.

### 5. Œuvres socio-économiques réalisées grâce aux cahiers des charges

Lors de l'attribution des concessions, il est imposé aux exploitants forestiers des cahiers de charges qui leur exigent qu'ils s'occupent de la lutte contre la pauvreté et du développement social des populations résidant dans les zones d'exploitation par la construction des écoles, des dispensaires médicaux et par la création des emplois nouveaux résultant de l'augmentation de la valeur ajoutée du fait de l'accroissement de la transformation industrielle du bois avant l'exportation.

Il convient de signaler qu'en application de ces cahiers de charges signés avec les autorités publiques, plusieurs œuvres sociales sont dorénavant financées et mises en place par les sociétés forestières dans les zones d'exploitation en vue de promouvoir le développement local profitant directement aux populations autochtones et riveraines. C'est le cas de la construction des écoles, des centres de santé, des routes, des télécommunications ainsi que de la création des emplois.

En réalisant ces œuvres à caractère social relevant en réalité des missions d'intérêt général, les sociétés forestières suppléent aux carences de l'Etat et les dépenses réalisées par ces exploitants dans de telles œuvres

[406]P. OUMBA, *Développement durable et gestion durable des forêts du Bassin du Congo : étude comparative du Cameroun et de la République du Congo,* Mémoire de Master en Droit international et comparé de l'Environnement, Université de Limoges, 2007, p.71.

relèvent de la fiscalité supplétive[407]. Cela fait penser aux tracasseries administratives et à une multiplicité des taxes auxquelles sont déjà exposés les dirigeants des entreprises privées forestières[408].

Pour certains observateurs, les cahiers de charges des concessions forestières apparaissent comme des échappatoires que l'Etat utilise pour se dédouaner de ses missions de service public. C'est ainsi que déplorant cet état des choses, la FIDH (Fédération internationale des droits de l'homme) citée par un rapport de Greenpeace[409] soutient que dans les régions reculées, les Etats fantômes du Bassin du Congo transfèrent souvent leurs devoirs envers leurs citoyens et leurs responsabilités vis-à-vis du développement local et régional aux opérateurs économiques. La prégnance des opérateurs économiques ainsi consacrée, leur confère une certaine influence à la fois sur les populations et les agents gouvernementaux, entravant par ce fait le bon fonctionnement des mécanismes de contrôle et de suivi des réalisations socio-économiques. On aboutit à l'inefficacité de ces réalisations.

En matérialisant ces réalisations qui sont assimilées aux tracasseries administratives, la pression fiscale ressentie par les sociétés s'accroît.

### 6. Effets de la pression fiscale ressentie suite aux tracasseries administratives

Avec cette augmentation des tracasseries administratives pré-mentionnées, la pression fiscale ressentie par les entrepreneurs forestiers a tendance à devenir énorme. Conformément à la théorie d'Arthur Laffer[410], quand la fiscalité d'un Etat devient confiscatoire, tout agent économique qui est rationnel par définition, car étant un homo economicus, aura tendance à éluder l'impôt, ce qui développera les phénomènes de fraude et d'évasion

---

407 A l'instar des charges supplétives qui sont des charges non constatées en comptabilité mais prises en compte pour le calcul des coûts, la fiscalité supplétive serait une fiscalité non considérée officiellement comme telle mais dont les coûts sont considérés par les entreprises comme faisant partie des charges fiscales.

408 Selon M. Honoré NJIBIKILA, Coordonnateur du secteur forestier au sein de la Fédération des Entreprises du Congo, FEC en sigle, les cahiers de charges viennent s'ajouter à une multitude des taxes perçues par de nombreux services de l'Etat, ce qui s'apparente à des tracasseries administratives. Propos recueillis le 10 avril 2017 sur Facebook.

409 Voir GREENPEACE, *Rapport de mission visite dans les sites de la CIB au Congo Brazzaville*, décembre 2004, p. 104.

410 B. THÉRET et D. URI, « La courbe de Laffer dix ans après : un essai de bilan critique », in *Revue économique*, 1988, pp. 753-808.

fiscales. Au lieu d'avoir une augmentation des recettes fiscales, cet Etat sera face à un effet contraire qui aura comme conséquence d'avoir moins de recettes que prévues dans la cagnotte. Cela explique la prégnance de la maxime qui dit « Trop de taux tue l'impôt » et quand la pression fiscale devient confiscatoire, personne n'accepte de ne travailler que pour l'Etat.

Selon des comparaisons internationales effectuées par la Banque mondiale et le Cabinet international d'expertise comptable et fiscale Price Waterhouse et Coopers, plusieurs pays voisins ou proches de la RDC ont opéré récemment des réformes fiscales tendant à détendre la pression fiscale sur les entreprises et à améliorer leur climat des affaires.

Baisse du temps consacré par les entreprises aux tâches fiscales dans certains pays africains (en heures)

| | Temps en 2013 | Temps en 2014 | Ecart |
|---|---|---|---|
| Zambie | 177 | 157 | -20 |
| Mozambique | 230 | 217 | -13 |
| Namibie | 314 | 302 | -13 |
| Rwanda | 119 | 109 | -10 |
| Cap Vert | 186 | 180 | -6 |
| Liberia | 143 | 140 | -3 |
| Seychelles | 88 | 85 | -3 |
| Tanzanie | 181 | 179 | -2 |

Source : Banque mondiale, Paying Taxes 2016.

En opérant certaines réformes, quelques pays africains ont poussé les entreprises résidentes à diminuer le temps consacré aux tâches fiscales, ce qui est un gain de temps et d'argent. Cela améliore aussi la perception qu'ont les contribuables de l'Administration fiscale et de la pression fiscale. Pour la plupart de ces pays, c'est l'introduction des formalités déclaratives et de paiement en ligne des impôts qui est la cause principale de cette amélioration du climat fiscal. Au Libéria, c'est l'instauration d'un impôt forfaitaire minimum qui supprime les « gymnastiques » de calcul de l'impôt sur le bénéfice qui en est l'origine. En Zambie par exemple, le nombre de paiements annuels des impôts était de 30, le temps des tâches fiscales de 177 heures et la pression fiscale réelle de 15 % en 2013. Mais avec la réforme de

2014, les paiements sont passés à 26, le temps fiscal à 157 heures et la pression fiscale s'est améliorée pour pointer à 18,6%.

Aamélioration du climat des affaires et de la pression fiscale en Zambie

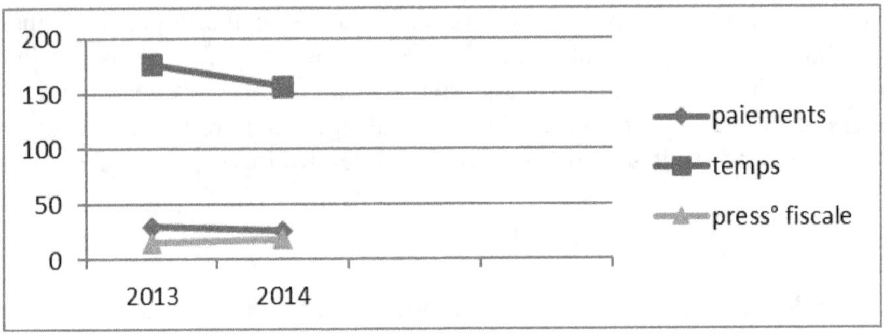


Source : de l'auteur à partir des données de la Banque mondiale.

Ce tableau nous montre qu'en permettant aux entreprises de consacrer moins de travail aux questions fiscales et en améliorant le climat des affaires, les autorités zambiennes ont permis au fisc d'améliorer sa capacité de mobilisation des recettes publiques de 3,6 % du PIB en une année soit de 2013 à 2014, ce qui est énorme. Cela prouve à suffisance que les stratégies d'amélioration du climat des affaires concourent indéniablement à l'accroissement des investissements ainsi qu'à la mobilisation accrue des ressources publiques dans les pays en développement.

Classement des pays d'Afrique Centrale sur le plan fiscal en 2014

| Rang régional | Pays | Rang mondial/196 |
|---|---|---|
| 1 | Rwanda | 48 ème |
| 2 | Gabon | 158 ème |
| 3 | RDC | 173 ème |
| 4 | Cameroun | 180 ème |
| 5 | Congo Brazza | 182 ème |
| 6 | RCA | 185 ème |
| 7 | Tchad | 186 ème |

Source : Banque Mondiale, Paying Taxes 2016

A la lumière de ce tableau, il est clairement établi qu'à part deux pays de l'Afrique Centrale notamment le Rwanda et le Gabon, tous les autres se retrouvent dans le peloton de queue, en d'autres mots dans les dernières places du classement mondial pour le paiement des taxes tenant compte de la pression fiscale, du nombre des paiements effectués au fisc par an et du nombre d'heures que les entreprises passent à réaliser les formalités fiscales. Dès lors, toutes choses restant égales par ailleurs, il est préférable pour une entreprise forestière de s'installer au Gabon et au Rwanda qu'en RD Congo au regard des indicateurs qui sont donnés supra.

L'analyse comparée de tels indicateurs sont des éléments à prendre en considération par les autorités congolaises afin de voir comment orienter la politique fiscale du pays vers une bonne pression fiscale assurant un rendement efficace.

### 7. Evolution de la pression fiscale en corrélation avec les déterminants du rendement fiscal

Il convient de relever que les pays africains ont réalisé en moyenne une pression fiscale de 16,8 % de leur PIB en 2012. Cela est en deçà du seuil de 20 % du PIB que l'ONU estime nécessaire pour les pays en développement afin de combattre la pauvreté et d'assurer la couverture des objectifs du millénaire de développement (PNUD, 2010)[411].En d'autres termes, il est quasiment impossible de réaliser l'amélioration des conditions

[411] PNUD, Perspectives économiques en Afrique, 2014, p.69.

de vie des populations tant que la pression fiscale sera inférieure à 20%. D'ailleurs, l'Afrique subsaharienne reste la seule partie du monde où la pauvreté reste un phénomène de masse et où les objectifs du millénaire de développement n'ont pas été approchés ne serait-ce que partiellement.

Cependant il est à noter que dans la plupart des économies africaines, des pans entiers de l'activité économique restent difficiles à imposer. C'est le cas des petites entreprises, des exploitations artisanales et du secteur informel. En effet, selon B. FORTIN, « le principe d'équité horizontale, selon lequel les personnes économiquement identiques devraient supporter le même fardeau fiscal, est violé en présence de l'économie souterraine. En effet, deux contribuables identiques ne subiront pas le même fardeau fiscal si l'un travaille au noir alors que l'autre déclare tout son revenu à l'impôt. L'économie souterraine peut, en outre, affecter de façon non souhaitable la répartition des charges fiscales entre les ménages selon les classes de revenus. Il peut ainsi en résulter des problèmes d'équité verticale, principe en vertu duquel une contribution fiscale accrue est exigée des plus riches. »[412] La présence de l'économie informelle est un véritable défi et une source d'inspiration pour les cerveaux pensants des Administrations fiscales et forestières en Afrique.

Courbe de Laffer des recettes fiscales

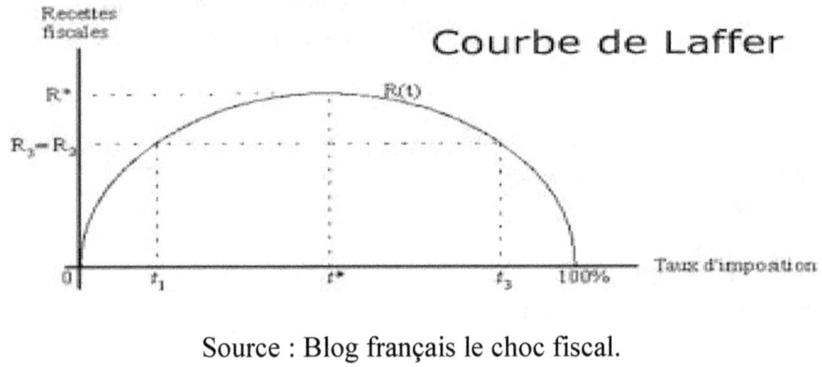


Source : Blog français le choc fiscal.

Cette courbe montre l'évolution des recettes fiscales en fonction du taux d'imposition. Lorsque, partant de zéro, on augmente progressivement

[412] B. FORTIN, « Les enjeux de l'économie souterraine », in Cahier de recherche/Working Paper de CIRPEE, vol.2, 2002, p. 7. Disponible sur http://www3.fsa.ulaval.ca/html/pdf/ Departement_finance/Cahiers_CIRPEE_2002/CIRPEE02-07.pdf.[Consulté le 22 avril 2017].

les impôts, les recettes commencent à augmenter, puis à augmenter moins vite pour atteindre un maximum (taux = t*) puis commencer à baisser pour finalement revenir à zéro. Il convient de souligner qu'il y a un paradoxe avec le taux faible t1 et élevé t3 qui, bien que largement différents, donnent théoriquement le même rendement fiscal, soit une recette publique forestière R2=R3.

La théorie de Laffer a largement inspiré toutes les politiques néolibérales de baisse des impôts menées par les différents Etats depuis les années 1980 et qui ont conduit a relancé l'offre[413] ou la production ainsi que la croissance économique dans les différentes économies. La théorie d'Arthur Laffer avait inspiré les politiques fiscales de relance de l'offre[414] qui ont été mises en œuvre par le gouvernement de Margaret Thatcher en Grande-Bretagne et par le gouvernement américain sous le Président Ronald Reagan dans les années 1980. Cela a permis à ces deux grands pays industriels de redresser leurs économies et leurs finances publiques après plusieurs années de crise économique héritée de 2 chocs pétroliers de 1973 et 1979 [415].

A cet effet, il sied de dire, en ce qui concerne la mise en œuvre d'une réforme fiscale, qu'il est recommandé de réaliser d'abord des études préalables pour s'assurer du taux optimal de la pression fiscale de l'économie. Ainsi, si la pression fiscale dans l'économie est optimale, il est vain de vouloir rechercher à augmenter le taux d'imposition, car cela sera contre-productif en termes des recettes fiscales. En revanche, si la pression fiscale optimale n'est pas encore atteinte, dans ce cas, des efforts accrus de mobilisation des recettes publiques sont recommandés, car ils se traduiront en recettes additionnelles[416]. Soulignons que la théorie de Laffer est largement soutenue par les agences financières internationales (FMI, Banque mondiale et BAD pour l'Afrique). Ces dernières ont pris l'habitude de

---

413 P. LACOUDE, « Lectures et analyse de la courbe de Laffer », in *Journal des Economistes et des Etudes Humaines,* 1992, vol. 3, no 2-3, pp. 353-376.

414 M. MONTOUSSE (dir.), *Macroéconomie*, 2ème éd., Paris, Ed. Breal, 2006, p.174.

415 La guerre du Kippour entre Israël et les pays arabes en 1973 ainsi que l'arrivée des mollahs au pouvoir en Iran après la chute du Shah en 1979 font grimper les prix du pétrole, ce qui entraîne la récession dans tous les pays du monde. Disponible sur http://www.transition-energie.com/base-documentaire [consulté le 13 décembre 2015].

416 C. CARBONNIER, *Fiscalité optimale et incidences fiscales. Analyses théoriques et estimations sur réformes françaises de la Taxe sur la valeur ajoutée et la taxe professionnelle*, 1987-2004, Thèse de doctorat en Sciences Economiques, EHESS, Paris, 2006, p.19.

proposer aux différents Etats du monde des politiques économiques et financières d'inspiration libérale dans le cadre de ce qu'on appelle depuis sa mise en œuvre et son acceptation sur le plan international de Consensus de Washington[417].

Concernant la réforme fiscale forestière de 2002, la Banque mondiale est déçue du rendement fiscal qu'on obtient en RDC, ce qui leur fait dire que les recettes fiscales prévisionnelles contenues dans les études avant-projet étaient surestimées afin d'obtenir l'appui et le financement de la Banque pour ce projet de réforme forestière. Nous osons croire que c'est la théorie de l'optimum fiscal de Laffer ainsi que celle de la faillite de l'Etat qui expliqueraient cette contre-performance. En effet, l'existence de nombreuses tracasseries administratives relatives à l'activité fiscale que subiraient des entreprises forestières, les plongent dans une impression d'évoluer dans l'univers d'une pression fiscale exagérée. Par conséquent, ces tracasseries leur feraient adopter des stratégies de corruption et d'évitement des impôts et taxes, ce qui amoindrit les recettes forestières mobilisées.

Il faudra noter que les aspects psychologiques ont une emprise réelle dans le fonctionnement et la matérialisation des faits économiques au nombre desquels on trouve entre autres la fiscalité. Dans ce domaine des finances publiques, les anticipations rationnelles des opérateurs économiques leur faisant redouter une résurgence de tracasseries administratives relatives au paiement des impôts feront que chacun d'entre eux ira vite chercher un parapluie (parrain). De ce fait, il va payer le peu qu'il souhaite à l'Etat afin de se couvrir contre le risque fiscal. Dès lors, la corruption va se généraliser et les recettes fiscales prévues vont baisser.

---

[417] Trevor MANUEL, « L'Afrique et le Consensus de Washington : trouver la bonne voie », in *Finances et Développement*, 2003, vol. 4, pp. 18-20.

Evolution de la pression fiscale (recettes publiques hors dons en % du PIB) : 2004 – 2014[418]

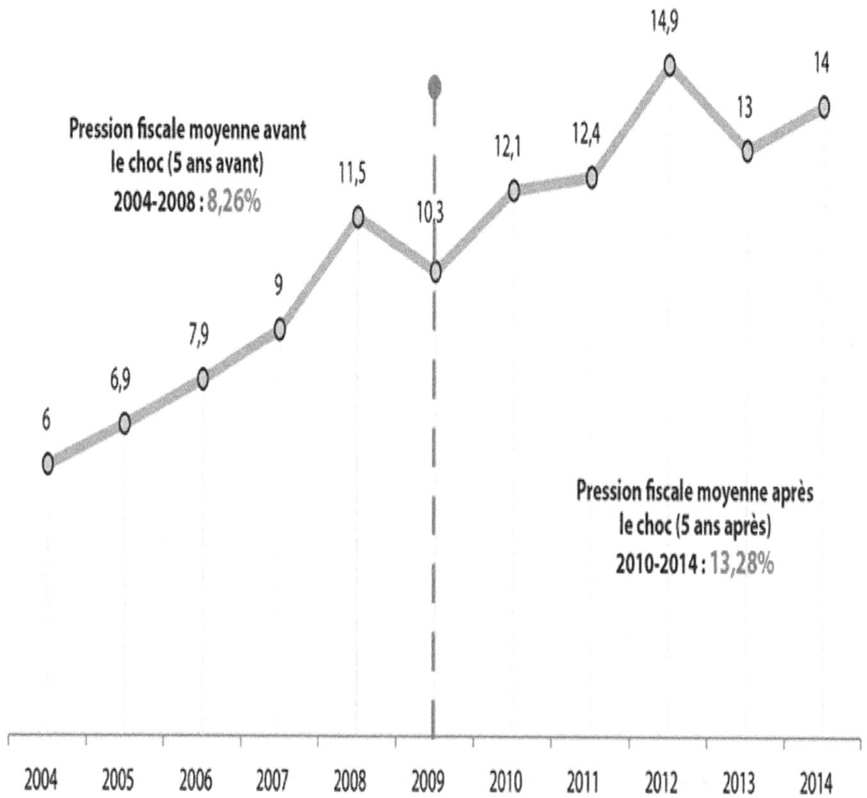


Source : V. Ngonga Nzinga et C. Tombola Muke

Ce graphique relatif à l'évolution de la pression fiscale en RDC montre que celle-ci va crescendo. C'est-à-dire qu'elle connaît une pente ascendante se situant à 6 % en 2004, elle est aux environs de 14 % en 2014. Cela correspond à une augmentation de 233 % durant la période. Ayant connu une chute vers le début des années 2000 du fait du morcellement du

[418] V. NGONGA NZINGA et C. TOMBOLA MUKE, « Vulnérabilité économique et résilience : comment la RDC résiste ! », in *Revue congolaise de politique économique*, Vol.1, n° 1.

pays avec les différentes guerres civiles et l'arrêt de la production minière notamment au Katanga depuis les éboulements de 1989 dans les mines de la Gécamines, la pression fiscale a augmenté après la réconciliation politique de 2006 et la reprise de l'extraction abondante du cuivre et d'autres produits consécutive à la mise en œuvre des contrats sino-congolais depuis 2008[419]. Il convient de rappeler que, comme vu supra, pour l'ONU, un minimum de 20 % de pression fiscale est requis pour la RDC afin qu'elle commence à dégager des marges budgétaires susceptibles de lui permettre de lutter contre la pauvreté des populations.

Pour augmenter cette pression fiscale, outre l'accroissement de la production dans le secteur minier qui a des effets dévastateurs sur l'environnement et les forêts notamment au Katanga, au Kasaï et dans le Kivu, les autorités congolaises ont procédé à une réforme fiscale majeure tendant à instaurer, dans le système fiscal congolais, la TVA dont le rendement fiscal est avéré. Néanmoins les pratiques de divers agents économiques ont fait relever enfin le fait que lors de la mise en œuvre de cette réforme fiscale ayant introduit la taxe sur la valeur ajoutée (TVA) en janvier 2012, les prix des divers produits forestiers tant ligneux que non ligneux avaient sensiblement augmenté. En effet, ils sont passés du simple au double et cela a été constaté sur les divers marchés des produits forestiers du Congo notamment à Mombele à Kinshasa où les prix des planches et autres contreplaqués en bois avaient du coup doublé du jour au lendemain sans autre forme de procès[420]. Cela témoigne de l'amateurisme et de

[419] La Chine et le Congo ont signé en 2007 des contrats des infrastructures contre les produits miniers dans lesquels la Chine s'est engagée de construire des infrastructures (routes, écoles, hôpitaux) pour 6 milliards de dollars contre la livraison par la RDC de 9 millions de tonnes de cuivre et de 1 million de tonnes de cobalt. Depuis cette date, les entreprises chinoises exploitent de façon intensive les gisements miniers congolais. Quel marché des dupes quand on voit qu'au moment de la signature de ces contrats, la tonne du cuivre trônait à 6000 dollars, soit 6000$x10 millions de tonnes=60 milliards de $ ! Il s'agit d'un futur contentieux entre le Congo et un pays étranger qui a été initié avec ces contrats léonins. En effet, aucun dirigeant politique congolais sérieux, nationaliste et patriote ne pourrait accepter d'honorer un tel marché.

[420] « En réfléchissant un peu, il a été épinglé quelques raisons qui peuvent justifier cette inflation due à l'instauration de la TVA en RD Congo notamment:1) Le cumul de 2 taxes dans le prix de vente : plusieurs opérateurs économiques ont continué à appliquer concomitamment l'ICA pourtant abrogé et la nouvelle TVA dans les prix facturés aux acheteurs, ce qui a directement augmenté les prix.2) L'attrait du mécanisme de déduction : la TVA étant composée de 3 parties : TVA collectée, TVA déductible et TVA à verser au Trésor, chaque contribuable cherche à facturer

l'incapacité des dirigeants congolais à prévoir et à contrôler l'application des mesures fiscales nouvelles.

Il sied de noter que le rendement fiscal [421] dans une économie ou dans un pays est tributaire de plusieurs déterminants[422] qui sont à la fois :

---

la TVA à ses clients afin de pouvoir déduire la TVA qu'il a supportée lors de ses différents achats y compris pour les immobilisations. Chaque commerçant a intérêt à facturer la TVA : plus long est le circuit de distribution avec des nombreux intermédiaires, mal se portent les prix destinés aux consommateurs finals.3) Le réveil des relents inflationnistes : dans un pays tel que le Congo-Zaïre qui a connu l'hyperinflation de 1990 à 2001, les relents inflationnistes sont toujours présents dans la mémoire collective des agents économiques Congolais. L'arrivée au sein de l'économie congolaise d'un instrument juridico-économique susceptible d'augmenter les prix auprès de certains opérateurs qui ne répercutaient guère l'ICA, a servi de facteur déclencheur des anticipations adaptatives dans le chef des agents économiques. Ceux qui n'étaient pas concernés par la TVA, ont carrément augmenté leurs prix pour ne pas perdre du pouvoir d'achat en termes réels par rapport aux biens qui sont taxés. C'est ce qu'on appelle la stratégie de rattrapage du pouvoir d'achat. Cette "tvaïsation" de l'économie congolaise est le facteur explicatif de cette inflation. Hier, c'était la dollarisation, aujourd'hui c'est la tvaïsation. Pourquoi la maman qui vend le pondu ou le manioc augmente- t'elle les prix car elle n'est pas redevable de la TVA parce qu'elle ne délivre pas des factures et ne tient pas de comptabilité ? Lors de l'hyperinflation de 1990 à 2001, le bouc-émissaire était le taux de change du dollar et aujourd'hui c'est la TVA. Avec l'instauration de la TVA, les mamans du marché Gambela sont convaincues que l'Etat Congolais veut leur soutirer de l'argent, du pouvoir d'achat ; donc pour se protéger, elles généralisent la hausse des prix. Tel est le cas également des bailleurs qui ont augmenté les loyers. Mr MATATA Ponyo, Ministre des Finances, qui était Chargé des cours à l'Université de Kinshasa de 1991 à 1995, avec qui je discutais souvent dans le Séminaire d'économie monétaire internationale traitant de l'inflation en Amérique Latine et de la dollarisation zaïroise en 1994 connaît toutes ces raisons.4) L'existence de l'asymétrie de l'information entre l'Administration fiscale, les opérateurs économiques et les consommateurs: à entendre parler les uns et les autres, c'est comme s'ils n'ont pas bien compris comment appliquer la TVA et sur quoi? Car comment expliquer que le lait non concerné par la TVA ait pu connaître une augmentation de 50 % des prix ? Dès lors il va falloir insister sur la pédagogie et la sensibilisation des populations pour que l'information soit homogène auprès de toutes les parties prenantes à la réforme de la TVA. » Cfr P. IBANDA KABAKA, *La TVA en RD Congo, Op. Cit.,* pp.145-146.

[421]E. NGONGANG, « Efficacité des réformes sur le rendement fiscal en Afrique Centrale : le cas spécifique du Cameroun », in *Revue des Sciences Économiques et de Gestion*, n° 7(2007), pp.31-60.

- Economiques : croissance économique ou augmentation de la production, hausse du commerce extérieur, taux d'imposition optimale ;
- Institutionnels : bonne gouvernance, volonté politique, Etat fort, lutte contre la fraude fiscale, motivation des facteurs humains, sanctions contre les récalcitrants ;
- Socioculturels : civisme fiscal[423], conscience morale et citoyenne, aversion à la fraude fiscale et à la corruption.

C'est la réalisation de ces facteurs qui feront qu'on obtienne une mobilisation accrue des recettes publiques dans une économie donnée ainsi que l'implication des acteurs privés dont l'adhésion à toute politique publique est un facteur de réussite de celle-ci. Cependant en RDC, on est loin de réunir tous ces facteurs.

**B. Stratégies afférentes aux questions forestières des autres agents privés**

Nous parlerons respectivement des attitudes des organisations non gouvernementales (1) et des populations riveraines des forêts dans la gestion des ressources forestières (2).

---

422 A. HARDEWYN, « Les déterminants politiques, économiques et idéologiques du système fiscal belge au XXème siècle. », in *Histoire, économie & société*, 2/2005 (24ème année), pp. 279-302.

423 Les données des trois enquêtes régionales réalisées par l'OCDE en 2002, notamment celles qui portent sur l'Afrique laissent entrevoir une relation possible entre le civisme fiscal et la perception de la corruption. Certaines données montrent que la fraude fiscale est liée à une perception de corruption dans les institutions publiques, notamment parmi les agents des impôts. On observe des degrés de civisme fiscal plus élevés lorsque la corruption est et apparaît sous contrôle. Ce résultat contribue à clarifier le lien entre corruption et civisme fiscal – domaine dans lequel les travaux antérieurs n'aboutissent pas à des conclusions cohérentes. Cela renforce la nécessité de faire de la transparence une priorité. Si les réformes fiscales et les dépenses publiques s'accompagnent d'une transparence accrue, leurs effets en termes de civisme fiscal et de discipline fiscale pourraient s'en trouver renforcés. OCDE, « Quels sont les déterminants du civisme fiscal ? » in *Fiscalité et développement*, mars 2003, disponible sur http://www.oecd.org/fr/ctp/fiscalite-internationale/taxmorale-fr_6mars13.pdf [Consulté le 18 février 2017].

### 1. Organisations non gouvernementales de la société civile

Les organisations non gouvernementales œuvrant dans le domaine de la préservation de l'environnement jouent le rôle d'information et d'explication auprès de tous les acteurs impliqués dans le processus de la GDF, des dangers d'une exploitation effrénée des ressources naturelles notamment forestières (LOWE GNINTEDEM P.J., 2003)[424]. Naturellement, elles ont toujours milité pour une fiscalité écologique rendant l'accès aux ressources naturelles prohibitif et qui a le mérite d'être incitatif en vue de la préservation des ressources forestières. En RDC, les ONG sont nombreuses à être sur le terrain : elles conscientisent les populations riveraines, elles surveillent les exploitants industriels et font le lobbying couplé d'une veille juridique auprès des Autorités publiques dans le cadre de la gestion participative des ressources naturelles. Tel est le cas de Greenpeace, des Amis de la Terre, du Fonds mondial pour la Nature (WWF), Global Witness, UICN (Union internationale pour la conservation de la nature), ... pour n'en citer que les principales.

Ces ONG ne cessent de stigmatiser les comportements des exploitants et des gouvernants (a), de dénoncer la fraude fiscale (b), de décrier le laxisme de l'Administration fiscale (c) et d'encourager les initiatives mondiales de lutte contre la corruption et la fraude fiscale (d).

#### a. Stigmatisation des comportements des exploitants et des gouvernants

A la question de savoir si la fiscalité contribue à la gestion durable des forêts en RDC, les ONG répondent systématiquement non parce que les exploitants forestiers continuent à participer à la déforestation du massif forestier congolais de façon illégale avec la complicité du Gouvernement. De plus, ces exploitants pratiquent la fraude fiscale soustrayant des ressources nécessaires à l'aménagement forestier et au développement local des territoires ruraux concernés.

Il a été remarqué que ces exploitants forestiers ne versent que des sommes dérisoires et des biens en nature de peu de valeur aux populations autochtones lors de la prise de possession des concessions forestières. Dès

---

424 P.J. LOWE GNINTEDEM, *Les ONG et la protection de l'environnement, Mémoire de Maîtrise de Droit et Carrières judiciaires*, Université de Limoges, 2003, p.6.

lors les effets de leur présence auprès des populations forestières riveraines de leurs concessions d'exploitation sont peu visibles.

En sus de leur caractère radin, certaines sociétés forestières ont été à la base d'une fraude fiscale qui a fait perdre beaucoup d'argent au pays.

**b. Dénonciation de la fraude fiscale de certains exploitants**

Les ONG accusent les exploitants forestiers de recourir à un système de transfert des profits à l'étranger pour éviter qu'ils soient taxés en RDC[425]. Ces sociétés étrangères auraient élaboré un système d'évasion fiscale consistant en une sous-facturation entre filiales. Greenpeace a pointé du doigt la société congolaise SIFORCO, filiale de l'Allemand DANZER, qui est le principal exploitant forestier de la RDC dont il exporte 40 % des produits forestiers. Se basant sur les courriers internes et les rapports comptables de DANZER, Greenpeace a affirmé en juillet 2008 que le groupe pré-qualifié a mis au point un système de rapatriement de ses profits au détriment des Administrations fiscales et douanières des deux Congo.

Le système est le suivant : SIFORCO vend le bois en Suisse à une filiale sœur à un prix inférieur à la valeur réelle du marché. La marge est compensée par des paiements non officiels sur des comptes off-shore d'un paradis fiscal contrôlé par la filiale suisse. Le bois est ensuite revendu par la filiale suisse au vrai prix du marché. Cette sous-facturation systématique permettait à DANZER d'échapper à la taxation de ses bénéfices réels au taux de 40% et de réduire sa taxe à l'exportation qui est assise sur la valeur déclarée en douane. Il semblerait que cette fraude fiscale (Le Bussy, 2008)[426] soit opérée par le biais de la politique des prix de transfert qui est pratiquée par la quasi-majorité des sociétés multinationales qui exploitent des ressources naturelles dans les pays en voie de développement. Ce

---

425 « Cette fraude fiscale peut être motivée par la volonté de contourner le contrôle des changes et les réglementations restreignant le transfert direct des dividendes, la conquête d'un marché étranger ou la fuite d'un pays atteint d'une instabilité monétaire ou politique, etc. Elle peut également conduire à faire remonter plus rapidement le bénéfice vers la société mère, même si elle est située dans un pays pratiquant un niveau d'imposition proche ». Cfr Conseil des Impôts (France), XXIIème rapport au Président de la République relatif à la concurrence fiscale et l'entreprise, 2004, cité par E.H.D. BA, *Le droit fiscal à l'épreuve de la mondialisation : la règlementation des prix de transfert au Sénégal,* Thèse de doctorat de droit, Université Paris Est, 2011.

426 O. LE BUSSY, « Les Forestiers arnaquent le fisc congolais », dans *La Libre Belgique*, 31 juillet 2008.

phénomène tendant à soustraire des ressources au pays d'origine a un impact négatif sur la croissance économique et le développement du pays, voire également sur l'avenir de la forêt et de la biodiversité.

En effet, les effets néfastes de la fraude fiscale ont été largement décrits par Monsieur Sani (2009) qui a constaté ce qui suit : « Le développement du secteur frauduleux, synonyme du développement de la fraude, est nuisible à toute l'économie, parce que du fait de sa concurrence déloyale, il entraîne la disparition de contribuables sûrs ; il accentue également l'inégalité sociale en favorisant l'enrichissement illicite d'un groupe d'opérateurs, et enfin favorise l'expansion de la pauvreté en privant l'Etat de ressources indispensables au financement des dépenses de développement »[427].

Selon les estimations de Greenpeace, de 2002 à 2006, les deux Congo ont été ainsi privés de 8 millions de dollars de revenus fiscaux forestiers. Soit 50 fois le budget de 2005 du ministère congolais de l'Environnement et des Forêts. Il s'agit d'une somme importante quand on imagine les investissements qui auraient pu être financés au moment où les finances publiques de ces pays susmentionnés évoluent largement dans un environnement contraint caractérisé par des déficits budgétaires chroniques. Dans un pareil contexte, toute recette publique si modique soit-elle est à recouvrer avec détermination et rigueur afin de contribuer à une mobilisation accrue des ressources publiques qui constituent les voies et moyens de financement des dépenses publiques des Etats[428].

---

[427] M. SANI, *Secteur non enregistré et mobilisation fiscale dans les Pays en développement : le cas des pays d'Afrique au Sud du Sahara*, Thèse de doctorat d'Economie, Université d'Auvergne, CERDI, 2009, p.97.

[428] B. CASTAGNÈDE, « Lutte contre la fraude ou l'évasion fiscale internationale: la nouvelle donne » in *Revue française de finances publiques,* n° 110, 2010, pp. 3-21.

Fraude fiscale probable du secteur forestier en dollars de 2003 à 2006

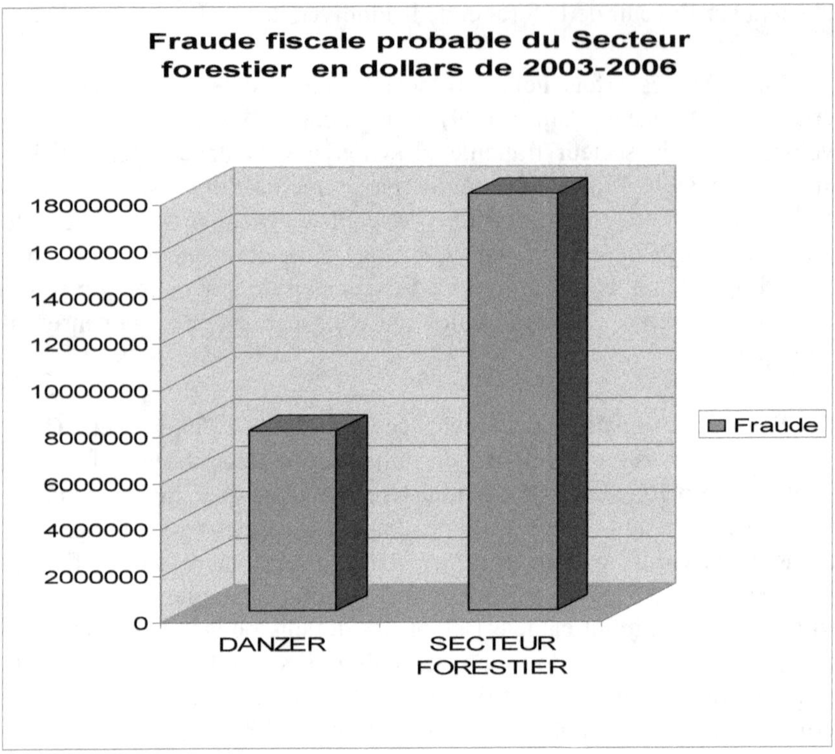


Source : Ibanda Kabaka (2011)

Dès lors que la société forestière mise en cause représente 40 % des exportations du bois Congolais et que tous les opérateurs forestiers exportateurs recourent à la fraude fiscale, le montant estimé de la fraude fiscale du secteur forestier avoisinerait annuellement 18 à 20 millions de dollars américains. Toutefois, le groupe DANZER a jugé les accusations de Greenpeace fausses et a dit avoir acquitté 10 millions d'euros de taxes dans les deux Congo. Il a affirmé avoir créé des emplois locaux et avoir dépensé dans des programmes sociaux de lutte contre la pauvreté des populations riveraines de leurs zones d'exploitation notamment en construisant des écoles, des centres de santé, des emplois et des routes de desserte agro-forestière.

Face aux multinationales dont la minimisation des charges fiscales constitue une stratégie à la fois de survie et de développement, les pays forestiers doivent se persuader que les risques de fraude fiscale demeurent présents. Les stratégies pour y parer doivent rester dynamiques au sein des administrations fiscales des pays en développement notamment en Afrique où une veille anti-fraude fiscale doit rester active ainsi qu'actuelle pour faire échec à tous ces comportements d'évasion et fraude fiscales[429]. Ceux-ci peuvent être des cas d'optimisation fiscale[430] , laquelle dénomination a été attribuée à ces comportements souvent frauduleux dans le seul but de les blanchir.Tous ces comportements frauduleux prospèrent encore à cause du laxisme des autorités fiscales.

### c. Laxisme stigmatisé de l'Administration congolaise

Face à cette fraude fiscale présumée, il convient de regretter le comportement des autorités fiscales de la RDC et du Ministère des Finances. Ces dernières n'ont pas diligenté des enquêtes fiscales auprès des sociétés forestières dénoncées par les ONG en vue d'un éventuel contrôle fiscal[431]. Ce dernier aurait pu infirmer ou confirmer les allégations de fraude fiscale dénoncées, et dans l'affirmative, procéder à un redressement fiscal qui aurait permis le rehaussement des taxes ou impôts forestiers prétendument éludés[432].

Pourtant, le Code général des impôts congolais leur en donne les moyens légaux et a tout prévu pour opérer la vérification efficace des prix de transfert entre filiales des sociétés multinationales en vue d'un tel redressement fiscal. En effet, le Code congolais des impôts dispose : « lorsqu'une entreprise établie en République démocratique du Congo se trouve directement ou indirectement dans les liens quelconques d'interdépendance à l'égard d'une entreprise établie à l'étranger, tous avantages anormaux ou bénévoles qu'en raison de ces liens elle consent à

[429] Dans une correspondance par mail de 2016, M. SONDJI, du Cabinet DELOITTE CONGO, partage cet avis selon lequel c'est à l'Administration fiscale de faire le nécessaire pour contrer les stratégies d'évasion et fraude fiscales des entrepreneurs. Cet avis est aussi partagé par l'Inspecteur des Impôts Paul OMANDJI dans l'entretien qu'on a eu le 27 avril 2017 à Paris.

[430] OCDE, *Lutter contre l'érosion de la base d'imposition et le transfert des bénéfices. Annexe C : exemple de schémas d'optimisation fiscale adoptés par des entreprises multinationales,* 2013, p.79.

[431] Il convient de signaler que la garantie de subir un contrôle fiscal implacable en cas de fraude fiscale aurait pour effet d'améliorer le civisme fiscal des contribuables.

[432] J. AYANGMA AYANGMA, *La pratique du contrôle fiscal des prix de transfert dans l'espace CEMAC : le cas du Cameroun*, Paris, L'Harmattan, p.14.

cette dernière ou à des personnes et entreprises ayant avec celle-ci des intérêts communs, sont ajoutés à ses propres bénéfices. »[433]

Pour faire face à ce comportement frauduleux, le droit fiscal camerounais[434] oblige, par exemple, conformément à l'article 245 de son Code général des impôts, les sociétés forestières à constituer un cautionnement bancaire. Celui-ci est destiné à la couverture des obligations fiscales, environnementales et sociales auxquelles ces entreprises sont soumises. L'absence ou l'insuffisance dudit cautionnement bancaire est un motif de retrait des autorisations d'exploitation forestière ou minière.

Ce cautionnement bancaire servant à garantir les revenus fiscaux du trésor public en cas d'une éventuelle fraude fiscale ou d'une faillite, existe aussi en droit forestier congolais (article 82 du code forestier) mais n'est pas du tout exigé aux exploitants dans les contrats de concession par les autorités forestières.

Pour s'en convaincre, dans le contrat de concession n° 021/11 du 24 octobre 2011, en annexe, signé par le Ministre de l'Environnement et la société Compagnie des Bois, l'article 18 énonce : « Le concessionnaire n'est pas concerné par l'exécution des dispositions de l'article 82 du code forestier relatives à la garantie bancaire. »

Pourtant l'article 82 du code qui traite des conditions à remplir, prévoit que toute personne désirant obtenir une concession forestière doit être domiciliée en RDC et constituer un cautionnement bancaire en vue de garantir le paiement de toutes indemnités pour faire face à sa responsabilité. Comment comprendre une telle complaisance ? Ce comportement, qui ne saurait être expliqué que par l'intéressement du décideur public, met en péril les intérêts du Trésor en cas des difficultés des exploitants.

Par ailleurs, bien que cités en avril 2016 dans le registre de « Panama Papers » concernant la fraude fiscale internationale qui gangrène l'exploitation des ressources naturelles, certaines personnalités congolaises concernées par cette affaire, n'ont pas été entendues par le fisc congolais. De plus, aucune enquête fiscale n'a été ouverte concernant cette affaire à cause

---

433 Article 31 bis créé de l'Ordonnance-Loi n° 70/086 du 23 décembre 1970 réglementant l'impôt de société, in J. MBOKO DJ'ANDIMA, *Op.cit.*

434 R. MBADIFFO KOUAMO, *Droit fiscal camerounais,* Yaoundé, CEMAC, 2003, p.227.

de la crainte des autorités fiscales et douanières de vexer les hautes autorités du pays, dont le profil se cacherait derrière cette fraude fiscale.[435]

Pour contrer ces actes de corruption et de fraude fiscale perpétrés par les sociétés ou les individus, la Communauté internationale a mis en place certaines initiatives de lutte.

### d. Initiatives mondiales contre la corruption et la fraude fiscale

Au plan mondial, face à cette corruption devenue endémique, l'ONU a adopté le 14 décembre 2005 une Convention contre la corruption qui apparaît comme le premier instrument international de lutte contre ce phénomène. Cette convention a mis en place plusieurs mesures afin de renforcer la coopération internationale dans ce domaine. Cet accord international avait été précédé en Afrique par l'adoption par l'Union Africaine en date du 11 juillet 2003 de la Convention de Maputo destinée à la prévention de la corruption. Soulignons que la Convention de l'ONU dispose expressément dans le paragraphe 11 de son préambule de promouvoir l'intégrité, la responsabilité et la bonne gestion des affaires publiques et des biens publics.

Cependant le classement de Transparency International, une ONG reconnue par tous les pays dans le domaine de la lutte contre les États corrompus, positionne la RDC à la 174ème position, sur 178 pays classés, en 2012 comme en 2011. Une enquête du PNUD en 2008 a indiqué que 70% des opérateurs économiques de la RDC ont reconnu avoir déjà rémunéré des fonctionnaires en échange d'un service. 80% d'entre eux ont cité les trois régies fiscales (douanes, impôts et DGRAD) comme les premières administrations corrompues. Ces résultats sont proches de ceux de la République Centrafricaine où la Douane a été qualifiée d'administration la plus corrompue[436].

Il convient de constater que la fraude fiscale et la corruption sont intimement liées. Les entreprises qui fraudent le fisc sont celles qui sont le plus exposées à commettre des actes de corruption auprès des fonctionnaires afin de couvrir leur forfait. A tous égards, il est notoire d'affirmer que la

---

[435] Disponible sur http://www.rfi.fr/afrique/20160409-rdc-proches-president-joseph-kabila-panama-papers-jaynet-dan-gertler. [Consulté le 4 novembre 2017].

[436] L. PASCAL, *La privatisation des missions douanières en République Centrafricaine (RCA) : une opportunité d'amélioration des Finances Publiques ?* Thèse de doctorat en Droit, Université de Bordeaux, 2014, p.65.

présence d'un secteur frauduleux demeure un véritable frein à la mobilisation des ressources internes tel qu'il l'a été expliqué précédemment et elle accroît des inégalités[437] et la pauvreté, car la fraude fiscale réduit la capacité des Etats d'assurer l'offre des biens et services sociaux de base (Sani, 2009)[438]. C'est pourquoi, au plan international, la lutte contre la fraude fiscale passe également par la lutte contre l'essor des paradis fiscaux qui sont des Etats qui permettent la minoration des impôts et taxes versés aux vrais Etats propriétaires des ressources exploitées.

Pour réduire tant soit peu les inégalités résultant de cette fraude et la pauvreté au sein de la population, il est indiqué d'appliquer le principe du droit de l'environnement de la participation de la population à la politique forestière.

### 2. Participation des populations à la gestion des ressources forestières

La participation des populations à la GDF est caractérisée par le déficit d'information sur leurs droits (a), les défaillances mises à jour lors des enquêtes (b) et les conflits avec les exploitants (c).

#### a. Déficit d'information de la part des entreprises et de l'Etat

Les populations locales sont souvent mal informées sur leurs droits en termes de rétrocession fiscale. Des habitants des villages riverains ont du mal à communiquer avec les entreprises installées dans leur zone, car ils ne maîtrisent pas toujours la portée de leurs droits. Cela complique l'application du principe d'un consentement commun. Des comités villageois ou des conseils ruraux prévus par les textes de lois ne jouent pas toujours ce rôle d'interlocuteur.

De ce fait, l'exploitation des ressources forestières a engendré plusieurs conflits fonciers opposant les populations locales, l'Etat et les exploitants forestiers. Se sentant marginalisées dans le processus d'attribution des concessions forestières ainsi que souvent interdites d'y accéder, les populations forestières réagissent en déclenchant des conflits

---

437 Les politiques de lutte contre la fraude fiscale constituent des gages d'une mobilisation accrue des ressources publiques et de la réalisation du développement durable en faveur des populations autochtones et riveraines, y compris pour les autres populations qui constituent les couches vives de différentes nations.

438 M. SANI, *Op.Cit.*, p.102.

ouverts pour contester l'exploitation industrielle des forêts qui les prive de leurs droits d'usage sur celles-ci. Les entreprises forestières ont été amenées à créer souvent en leur sein le poste de chargé des relations avec les populations locales afin d'améliorer la communication avec les communautés villageoises.

Cela a été confirmé par des enquêtes réalisées par les ONG britanniques Global Witness et MRG.

**b. Enquêtes de Global Witness et MRG de 2007**

Le Code forestier de 2002 dispose que la gestion des ressources forestières doit contribuer au développement économique, social et culturel. Dans ce cadre, l'ONG britannique Global Witness a mené une enquête dans les zones forestières de la RDC en 2007. Au cours de cette enquête, l'équipe de Global Witness[439] n'a constaté l'existence d'aucun projet mené à bien à l'aide de fonds gouvernementaux issus des recettes forestières. Les entreprises dans lesquelles l'équipe s'est rendue continuaient d'entretenir des relations tendues avec les communautés locales, notamment pour ce qui concerne des cahiers des charges et en raison de la lenteur avec laquelle ces engagements étaient tenus, comparés à la forte valeur dégagée de la forêt sous la forme de grumes et de bois d'œuvre. Dans les accords qu'elles ont passés avec les communautés locales, la plupart des entreprises d'exploitation forestière continuaient de donner des biens (tels que sel, sucre, savon et huile) au lieu de prendre des engagements propices à la réalisation d'infrastructures socio-économiques comme le prévoit la loi. Même dans les cas où des entreprises prenaient de tels engagements, de nombreuses communautés ne disposaient pas du pouvoir nécessaire pour veiller à ce que ces entreprises tiennent leurs promesses.

Les salaires des employés de la plupart des entreprises inspectées, ne couvraient pas la totalité des heures travaillées. Dans certains cas, les salaires étaient payés avec un retard pouvant aller jusqu'à six mois. Dans l'ensemble des camps de chantiers visités par l'équipe, les logements des ouvriers étaient d'une qualité inacceptable. Il arrivait que certaines entreprises ne fournissaient pas d'eau potable aux ouvriers et à leurs familles. Pourtant la valeur dégagée dans l'exploitation forestière aurait dû être répartie équitablement entre la rente forestière destinée aux propriétaires fonciers

---

[439] GLOBAL WITNESS, *Forêts de RDC : Vers des normes satisfaisantes de gestion et de gouvernance ?* Kinshasa, 2007.

(Etat et populations), les salaires payés aux travailleurs et le profit retiré par les investisseurs (exploitants forestiers).

En outre, selon J. KIYULU et A. MPOYI (2007)[440] , bien que le code forestier oblige les entités administratives bénéficiaires des sommes redistribuées à les affecter exclusivement à la réalisation des infrastructures à caractère socio-économique au profit des populations riveraines, et ce, dans un contexte de la lutte contre la pauvreté, dans le secteur forestier, cette disposition légale n'est pas appliquée. Ainsi, des exercices 2004, 2005, 2006 et 2007, un montant global de 511.407 dollars américains a été versé par la société ITB à la DGRAD. Mais rien n'a été rétrocédé aux populations riveraines des forêts soumises à l'exploitation.

D'ailleurs, selon l'ONG britannique MRG, les actions en faveur des populations autochtones des forêts sont rares et la consultation absente. A ce propos, ils ont écrit :

*« En guise de consultation, on a trop souvent informé les Batwa des décisions officielles, plutôt que de développer un véritable dialogue ou une participation dans les processus de décisions. La désaffection apparente des populations locales à l'égard de la conservation est probablement le principal facteur qui empêche d'accomplir une conservation durable. Les Batwa sont les plus affectés, les moins soutenus et les derniers à bénéficier d'initiatives visant à fournir des revenus parallèles ou des compensations. Les possibilités que recèlerait une éventuelle association des Batwa aux mesures pour protéger leur environnement ont été ignorées. On ne reconnaît pas les aptitudes des Batwa concernant la conservation de l'environnement. Les concepteurs de projets dans la région des Grands Lacs devraient reconnaître que les intérêts des Batwa coïncident avec cette conservation puisqu'ils dépendent tous deux de la continuation de l'existence de la forêt. Les actions sur le terrain doivent refléter les politiques exposées internationalement. Un indicateur significatif du sérieux de l'engagement des organisations de conservation envers les principes qu'elles exposent se mesurera à l'étendue et à la façon dont les populations pygmées comme les*

---

440 J. KIYULU et A. MPOYI, *Rapport sur les mécanismes d'amélioration de la gouvernance forestière en RDC,* Kinshasa, IUCN, 2007, p.33.

*Batwa seront effectivement impliquées dans la gestion et le maintien des initiatives de conservation existantes et futures qui affectent leur forêt.* »[441]

Ces intérêts divergents des acteurs en présence ont naturellement conduit à l'éclatement des conflits ouverts.

### c. Quelques conflits révélateurs du tiraillement

S'agissant de la lutte pour leurs droits d'usage des forêts par les populations, il est fait état de quelques conflits révélateurs du tiraillement entre les sociétés forestières et les habitants des forêts notamment dans le Bandundu (C.1.) et dans la Province orientale à l'Est du pays (C.2.).

#### C.1. Société forestière SODEFOR désavouée en février 2011 à Bandundu[442]

La population du groupement Batito-Sud dans le territoire d'Oshwe, dans le Maï-Ndombe, province du Bandundu, est entrée en conflit ouvert contre la Société d'exploitation forestière SODEFOR. Dans un mémorandum adressé au ministre de l'Environnement, Conservation de la Nature et Tourisme, à travers l'ONG Développement Paysan et Famille, elle demande au ministre de soumettre cette entreprise forestière au respect strict du code forestier. La population a reproché à SODEFOR de ne pas contribuer au développement local dans sa zone d'exploitation. Cette population du groupement Batito a demandé aux autorités nationales de diligenter aussi une enquête afin de faire la lumière sur le bilan de cette société dans cette partie de la province du Bandundu, car selon la population, les 23 ans d'exploitation forestière de la SODEFOR sont négatifs. De plus, selon ces populations, les routes de desserte agricole Oshwe-Kinshasa, Oshwe-Kiri, Oshwe-Yuki/Onatra construites par l'Etat colonial n'existent plus. De plus, elles disent n'avoir ni contrat ni cahier des charges avec la SODEFOR.

Cette filiale du groupe Nord Sud Timber (NST), a toujours été ouvertement critiquée par la population pour ses pratiques qui préjudicient

---

[441] MRG international, *Rapport sur les pygmées Batwa dans la région des grands lacs,* 2008. Disponible sur http://www.minorityrights.org/download.php@id=151 [consulté le 02/08/2015].

[442]B. SAKATA SELEBAY, *Exploitation forestière et développement économique en milieu rural. Analyse du problème en territoire de Bagata, province de Bandundu (RDC),* Mémoire de Master, UCL, 2011.

aux communautés d'Oshwe et pour ses piètres contributions au développement local. Toutefois, la communauté Batito exige de la SODEFOR le montant d'un million cinq cent mille dollars américains au titre de dommages-intérêts dus à l'exploitation abusive et à l'abandon de tous les bois coupés dans la forêt de la localité d'Isiko en 2004. Ayant été victimes de plusieurs promesses non réalisées par la SODEFOR, les communautés riveraines du territoire d'Oshwe ont toujours protesté contre l'exploitation forestière par cette société. Cela a toujours provoqué des conflits entre SODEFOR et la population de cette partie du territoire national. Avec le groupement Bokongo par exemple, le conflit survenu en 2005 avait conduit à l'arrestation de 27 personnes qui avaient été détenues à la prison du district d'Inongo et avaient subi des traitements inhumains. L'on déplore même la mort de deux membres de cette communauté. Il y a aussi le cas de M. Charles Bopelo décédé le 26 janvier 2006 à Oshwe des suites d'une plaie infectée. Et en début 2010, l'ONG internationale de protection de l'environnement dénommée Greenpeace en RD Congo et d'autres organisations avaient accusé cette société forestière d'avoir été à l'origine d'un conflit intercommunautaire qui conduisit à la mort tragique d'un autre membre du groupement Bokongo nommé Georges Nkaka, au mois de février.

Rappelons que Greenpeace a souvent dénoncé que l'exploitation industrielle des forêts en RDC n'est pas un bon modèle pour le développement du pays, surtout qu'elle conduit à une dégradation dangereuse des forêts intactes et des zones à haute valeur de conservation. Le Code forestier de 2002 exige des entreprises forestières la signature de la clause sociale du cahier des charges, comme une des conditions préalables à la signature du contrat de concession forestière.

Cette ONG signale par ailleurs que la SODEFOR aspire à acquérir un label de « gestion durable des forêts », telle une certification FSC et prépare déjà à cette fin un pré-audit. Greenpeace estime que la SODEFOR et ses partenaires n'ont plus d'autres choix que de se rapprocher des communautés locales et peuples autochtones. La gestion forestière en RDC constitue de plus en plus, une question délicate. Et cela doit normalement interpeller le Gouvernement de la République à travers le ministère de tutelle, puisque, cette situation entrave la vie des populations riveraines. Il faut que l'exploitation forestière en RDC contribue inéluctablement et suffisamment au développement des milieux forestiers ainsi qu'au bien-être des populations.

A part la SODEFOR dans le Bandundu, il y a eu aussi des conflits ailleurs notamment en Province orientale.

### C.2.SIFORCO et SAFBOIS face à la population en Province orientale

Les conflits à répétition sont ceux qui opposent la population locale et l'exploitant et cela est dû au non-respect de cahier de charge. A Basoko, un village dans la province Orientale, les conflits avec les communautés locales ont été réamorcés depuis le retour de l'entreprise SIFORCO après plusieurs années d'absence. Sous le régime de Mobutu un proverbe populaire de la région disait « Otumoli SIFORZAL, Otumoli Mobutu », ce qui se traduit par « Toucher à SIFORZAL, c'est provoquer Mobutu ». En mai 2008, après avoir découvert que des consultants de « Forêt Ressources Management » FRM en sigle, - un cabinet français de conseil en gestion des forêts-, préparaient un plan de gestion de leurs forêts pour le compte de SIFORCO, des villageois ont organisé une grève avec occupation des locaux pendant cinq jours, à LOKUTU, pour dénoncer le fait qu'ils n'avaient pas été consultés. Lors d'une réunion avec les représentants locaux, « FRM » a renvoyé la responsabilité de ce défaut d'information à son client SIFORCO. De plus, le compte rendu de cette réunion n'a pas été rendu public[443].

En 2008, environ deux mille villageois encerclèrent le site de l'entreprise SAFBOIS à YAFUNGA pour revendiquer le paiement de compensations financières pour l'utilisation du sol communautaire, la construction d'une école et d'une infirmerie, la réfection de routes et des recrutements parmi la main d'œuvre locale. Devant le silence de l'entreprise, ils auraient alors pénétré dans les locaux et emporté certains équipements. Cinq membres du comité villageois furent arrêtés, mis en prison et battus. Ces mêmes populations de YAFUNGA en 2005 avaient bloqué les routes paralysant les activités de l'entreprise. Elles se plaignaient de n'avoir pas été dédommagées par SAFBOIS pour l'occupation de terrain communautaire ni pour la destruction par les bulldozers d'arbres fruitiers, de récoltes et de tombes. Cinq manifestants furent arrêtés, battus et condamnés à des amendes. Aussi convient-il de relever qu'en 2006, un homme et deux jeunes filles ont été frappés par un membre de la sécurité de SAFBOIS alors qu'ils ramassaient des chenilles.

Un autre conflit est celui qui l'oppose à l'autorité étatique suite à des pratiques non conventionnelles. En 2007 une mission de terrain conjointe

---

443 B. SAKATA SELEBAY, *Op.cit.*

composée de représentants ministériels et de membres de Global Witness mandatée par l'Union Européenne et la Banque Mondiale découvraient des sites d'exploitation dans les champs appartenant à des villageois à proximité de YAFUNGA (Province Orientale), à 16 kilomètres de sa parcelle de coupe annuelle autorisée, et sur lesquels la société utilisait son marquage sur les grumes ainsi produits illégalement. Au total six violations distinctes du code Forestier ont été constatées : exploitation non autorisée, absence de marquage des limites de parcelles annuelles de coupe, marquage de grumes non réglementaire ou absent, marquage des souches non réglementaire ou absent, stockage des grumes non marquées et dont on ne retrouve pas de trace dans les journaux de chantier. Il s'agit d'une exploitation prédatrice qui a été opérée par cette société[444]. De plus, les inspecteurs ont découvert que les employés n'avaient pas été payés depuis trois mois.

Concernant ces conflits entre les autorités étatiques et les communautés locales, en 2007, un courrier du comité villageois rappelait au président de l'assemblée provinciale les 1000 emplois promis par la direction de cette entreprise, lors de la cérémonie inaugurale de septembre 2004. Le courrier regrettait que SAFBOIS n'eût jusque-là engagé que 184 personnes, dont 150 journaliers gagnant 4000 FC par mois (environ 5 euros), pour 12 heures de travail par jour, fait violant la réglementation du travail en vigueur en RDC dont la durée journalière ne peut dépasser 9 heures[445].

Ce manque de suivi de certaines autorités provinciales pose la question de leur capacité à assurer la bonne gouvernance des ressources naturelles forestières dont tout le monde a pourtant besoin pour son bon épanouissement.

---

[444] « L'exploitation conventionnelle, encore appelée prédatrice, est généralement définie comme une exploitation ne faisant appel à aucun inventaire et à aucune planification des opérations d'abattage et d'extraction. De ce fait elle engendre en général d'importants dégâts au peuplement forestier et à l'écosystème en général. Ainsi, Gerwing et al. (1996) montrent que pour chaque arbre exploité, 28 sont détruits ou endommagés. Selon Uhl et al. (1991), pour chaque mètre cube de bois exploité 1,2 mètres cubes sont endommagés (Uhl et al., 1991). Selon Ulh et Vieira (1989), environ un quart (26%) de tous les arbres du peuplement seraient détruits ou endommagés par l'exploitation conventionnelle. » L. J. MAZZEI DE FREITAS, *Durabilité écologique et économique de l'exploitation forestière pour la production de bois d'œuvre et pour le stockage du carbone en Amazonie,* Thèse de doctorat en Sciences forestières, ENGREF, 2011, p.17.

[445] Article 119 de la Loi n° 015/2002 du 16 octobre 2002 portant Code du Travail. Disponible sur http://www.droit-afrique.com/upload/doc/rdc/RDC-Code-2002-du-travail. pdf.[Consulté le 24 septembre 2016].

**Paragraphe II. Gouvernance des ressources forestières et développement en milieu forestier**

En ce qui concerne les effets de la fiscalité forestière sur les comportements des acteurs institutionnels, nous parlerons du déficit de gouvernance comme cause de pillage des ressources forestières (A), de la dénonciation des efforts mitigés des partenaires extérieurs (B) et de l'évaluation quantitative des objectifs de la réforme forestière (C).

**A. Déficit de gouvernance publique comme cause de pillage des ressources forestières**

Ce déficit de gouvernance publique se manifeste au travers du cercle vicieux de la mauvaise gouvernance de l'Etat (1), du défaut de motivation salariale et de la propagation de la corruption (2), de la persistance des maux gangrenant les finances de l'Etat (3), du manque de sanction judiciaire (4), du détournement des recettes rétrocédées et accaparement des deniers publics par les dirigeants politiques (5), de la sous-administration des ressources (6) et du manque de formation des juges en matière environnementale (7).

**1. Cercle vicieux de la mauvaise gouvernance de l'Etat**

Dans la gestion des affaires publiques en RDC, il est une constante qui revient régulièrement : c'est la violation des principes et règles garantissant la gestion orthodoxe des biens publics. Ceci a pour conséquence de mettre les biens publics dont les forêts à la disposition des opérateurs économiques moins consciencieux qui cherchent à maximiser leurs profits au détriment des instances étatiques en général et du Trésor Public en particulier. Incapable d'asseoir son autorité sur l'ensemble du territoire national, de garantir, de promouvoir et de défendre les droits de ses citoyens, de contrôler les frontières nationales, de faire face à une menace extérieure par le fait d'un dysfonctionnement de ses structures, l'Etat en RD Congo est dans une situation de défaillance lamentable.

Or, parlant de ce qui fait la force de l'Etat démocratique, Jean ZIEGLER (2002) affirme que dans une société stratifiée où s'affrontent les intérêts antinomiques des classes sociales opposées, l'Etat démocratique par des mécanismes multiples tels que la fiscalité redistributive, la sécurité sociale, la règlementation et les subventions tente en permanence d'adoucir, de rendre plus viable l'interdépendance asymétrique entre individus. Les citoyens adhèrent à l'Etat, à ses normes et à ses procédures décisionnelles dans la mesure où ils en tirent un bénéfice pratique. Un Etat qui ne donne pas à ses citoyens un sentiment de sécurité, ne leur assure pas un minimum de stabilité sociale et de revenu, un avenir prévisible, et ne garantit pas un ordre public en conformité avec les convictions morales, est un Etat condamné[446]. Conformément à l'analyse de Ziegler, la RDC est un Etat condamné[447]. Cela est tributaire de la politique calamiteuse de la redistribution des ressources nationales et de la gestion des ressources humaines menée par les autorités congolaises depuis plusieurs décennies, laquelle est caractérisée par des salaires de misère distribués aux fonctionnaires (Kodi, 2008)[448] ainsi qu'une corruption généralisée à tous les échelons de commandement du service public.

Pour se libérer de cette condamnation, la RDC doit fournir des efforts tendant à instaurer un Etat de droit, de lutter contre la corruption par le biais de la bonne gouvernance, d'adopter une politique de redistribution des revenus qui profite à toutes les couches sociales et de respecter les droits des populations.

Paradoxalement, même dans les rares cas où des affaires de corruption, d'évasion fiscale ou de fraude étaient découvertes, aucune sanction n'était appliquée à l'encontre de leurs auteurs. Cette pratique de corruption est présente au sein des services publics s'occupant des ressources forestières. Certains fonctionnaires et dirigeants politiques ont octroyé aux sociétés forestières des permis d'exploitation illégaux en dépit du moratoire décrété en 2002, et ce, dans le seul but de gagner de l'argent.

Ceci est possible parce que les salaires à eux seuls ne suffisent pas à financer la vie des agents publics, ce qui engendre la propagation de la corruption.

---

446 J. ZIEGLER, *Les grands maîtres du monde et ceux qui leur résistent,* Paris, Fayard, 2002, pp. 124-125.

447 Pour se libérer de cette condamnation, la RDC doit fournir des efforts tendant à instaurer un Etat de droit, de lutter contre la corruption par le biais de la bonne gouvernance, d'adopter une politique de redistribution des revenus qui profite à toutes les couches sociales et de respecter les droits des populations.

448 M. KODI, *Corruption et gouvernance en RDC durant la Transition (2003-2006),* Monographie, Londres, ISET, 2008, p.36.

### 2. Défaut de motivation salariale et propagation de la corruption

Avec une fourchette des salaires variant entre 30 dollars pour le planton (le plus bas échelon) et 215 dollars pour le Secrétaire Général (le plus haut fonctionnaire de l'Etat), il est vraiment difficile de trouver des fonctionnaires motivés et capables de protéger les biens de l'Etat et d'être les serviteurs de sa politique publique. Il convient ici de stigmatiser l'accaparement des ressources publiques du pays par la camarilla des dirigeants politiques se trouvant au sommet de l'Etat. Les animateurs des institutions politiques de la République, notamment le président de la république, les membres du gouvernement, les sénateurs et les députés se sont répartis 39 % du budget national en 2016[449]. Ainsi, nous dénonçons les revenus salariaux des députés congolais qui sont de l'ordre de 6000 dollars[450] depuis 2006 au moment où tous les autres agents publics perçoivent de salaires de misère. De ce fait, il s'ensuit une corruption généralisée qui est l'unique moyen pour ces fonctionnaires de se procurer des ressources nécessaires à leur survie au moment où on estimait qu'une famille de sept personnes avait besoin d'un minimum de 380 dollars américains pour survivre en RDC (RADD, 2004)[451].

Pour survivre, certains fonctionnaires ont instauré des systèmes de perception parallèle des redevances et taxes forestières sans qu'elles rentrent dans la caisse publique. Il y a lieu de stigmatiser la chaîne de la recette établie pour les redevances et taxes forestières : la phase administrative est faite au cadastre forestier et la phase financière de perception à l'Administration fiscale (DGRAD). Pour les opérateurs forestiers non avertis, ils sont parfois obligés de payer des taxes au service du cadastre forestier et d'autres encore disparaissent dans la nature entre le cadastre et le fisc. Cette ambivalence dans la perception des recettes forestières fait perdre énormément de ressources fiscales à l'Etat Congolais.

---

[449] L'année 2016 étant annoncée comme une année électorale car elle correspondait à la fin du mandat de 5 ans du Président de la République et des députés élus en 2011, le Président, les ministres, les députés et sénateurs ont décidé de s'accaparer de 40 % des crédits budgétaires en vue de préparer leur réélection, cfr RDC, *Projet de Loi budgétaire 2016,* Kinshasa, Journal Officiel, 2015, p.14.

[450] TSHITENGE LUBABU, *Les députés, les enfants gâtés de la république.* Disponible sur http://www.jeuneafrique.com/198408/politique/ [consulté le 28 novembre 2015].

[451]RADD, *Les pratiques de la corruption dans les services publics et l'administration publique en République Démocratique du Congo,* Kinshasa, 2004, p.45.

A cela, il faut ajouter la démotivation du personnel public de l'Administration forestière due au non-paiement et au détournement des salaires, pratiques très répandues en RDC. Le 2 juillet 2009, l'opinion publique congolaise était ahurie d'apprendre que le Secrétaire Général à l'Environnement avait détourné 400 000 dollars américains. Cette somme en provenance du Ministère des Finances au titre de la prime de mobilisation des recettes était destinée aux fonctionnaires du Ministère de l'Environnement et des Forêts. Ces derniers s'étaient mis en grève dès la publication de cette mauvaise nouvelle, ce qui a perturbé la paix sociale ainsi que l'ordre public dans le pays[452]. Comme cela ne suffisait pas, il a été dévoilé en juillet 2009 le fait que le Ministère Congolais de l'Environnement en charge des forêts a fait passer à la trappe presque 5 millions d'hectares lors de l'établissement du plan d'aménagement et de zonage forestiers augmentant, de ce fait, la superficie des forêts de production mises à la disposition des exploitants forestiers. Ces pratiques maffieuses au sein du Gouvernement Congolais contribuent à l'exploitation illégale et au pillage des ressources naturelles du pays. D'ailleurs, plusieurs ténors du pouvoir à Kinshasa, des chefs rebelles et des leaders des pays impliqués dans les différents conflits armés depuis 1996, ont été épinglés par l'ONU en 2001[453]. Les élites du pouvoir ne voient pas leur position au sein de l'Etat comme un devoir envers le pays mais comme une occasion de bâtir leur fortune personnelle et d'enrichir leurs proches (Diangitukwa, 2001)[454].

Les écrits de certains chercheurs travaillant sur la théorie économique de la bureaucratie en Afrique viennent corroborer notre propos. Quand les salaires viennent à tomber au-dessous du minimum de subsistance ou quand la fréquence du paiement se raréfie, les fonctionnaires délaissent leur activité principale au profit de la recherche d'autres moyens de subsistance, dans le secteur informel ou par le recours à la corruption. Cette désaffection des agents de l'État pour leur activité principale va être un facteur déterminant de la détérioration du pouvoir de réglementation des acteurs publics. Et le relâchement du pouvoir réglementaire de l'État qui s'ensuit conduit à une situation d'anarchie fonctionnelle connue sous le nom d'État « mou »[455].

---

[452] M. PANTEA, « La criminalité économique et financière. Facteur de risque pour la sécurité nationale », in *Le Courant Juridique,* n° 47, 2011, pp. 175-184.

[453] ONU, *Rapport du panel des experts des Nations Unies sur l'exploitation illégale des ressources naturelles de la RDC,* New York, 2001, p.41.

[454] F. DIANGITUKWA, *Pouvoir et clientélisme au Congo-Zaïre RDC*, Paris, l'Harmattan, p.157.

[455] P. JACQUEMOT, « La désétatisation en Afrique subsaharienne. Enjeux et perspectives », in *Revue Tiers Monde,* t. XXIX, n° 114, avril-juin 1988, cité par

Ce dernier caractérise un manque de respect pour les décisions édictées par l'autorité, l'instauration de collusions entre cette autorité et des groupes de pression, ainsi que la tendance généralisée à se soustraire au contrôle de l'administration. La corruption devient une règle de fonctionnement de l'État.

Cette mollesse de l'État africain est associée aux politiques de pouvoir personnel qui sapent les normes et les pratiques administratives, anéantissent la rationalité réglementaire et introduisent la gabegie ainsi que l'indiscipline dans le secteur public.[456] Ce manque de discipline administrative conduit au clientélisme et à la prise de décision à court terme sur base des critères de satisfaction personnelle tels que le prestige, le pouvoir et l'enrichissement. Ceux-ci finissent par nuire à l'efficacité des politiques publiques en général et des politiques sociales en particulier. De ce fait, la faillite de l'État est engendrée par sa propre contribution à l'érosion des bases économiques et réglementaires qui devaient contribuer à son bon fonctionnement, instituant ainsi la propagation d'une économie de rentes. [457]

Dans cette lancée, à titre comparatif, il convient de relever par exemple que le taux de redevance perçue par le Trésor public sur la vente des produits miniers est de 2% en RDC mais de 6% en Zambie, pays voisin du Congo[458]. En dépit de nombreuses pressions du FMI de rehausser ce taux, le gouvernement congolais a traîné les pas et a annoncé au premier trimestre 2016 de ne plus réformer son code minier de 2002. Une attitude incompréhensible qui ne pourrait être justifiée que par le clientélisme et la corruption, car plusieurs acteurs politiques et militaires principaux sont associés aux exploitants miniers et n'ont pas envie de se délester de leur manne financière au profit de l'intérêt général. Cela justifie les différents maux qui gangrènent la gestion des biens publics dans ce pays.

### 3. Principaux maux des finances publiques congolaises

Les principaux maux qui rongent les finances publiques congolaises sont la corruption et le détournement des deniers publics. En effet, les

---

Stéphane TIZIO et Yves-Antoine FLORI., « L'initiative de Bamako : santé pour tous ou maladie pour chacun ? », in *Tiers-Monde,* 1997, Tome 38, n°152, pp. 837-858.

[456] *Idem.*

[457]S. TIZIO et Y.-A. FLORI, *Idem.*

[458] Selon les propos tenus par le Premier ministre congolais Matata Ponyo qui était l'invité du journal économique de RFI le samedi 4 juin 2016. Disponible sur www.rfi.fr [consulté le 5 juin 2016].

finances publiques en République Démocratique du Congo souffrent depuis l'indépendance en 1960 de certains comportements des décideurs publics qui font qu'elles se portent généralement mal d'une part, et d'autre part, elles entraînent un effet déstructurant sur l'ensemble des variables macroéconomiques. Dans la gestion des dépenses publiques, il est toujours constaté qu'il y a conflits de compétence entre plusieurs services financiers dans la gestion du compte général du Trésor qui est logé à la Banque Centrale du Congo (BCC). En principe, ce compte ne peut être actionné que sur instruction expresse et directe du Ministre ayant les finances dans ses attributions. Souvent, ce compte est ponctionné sans l'aval de ce Ministre et surtout, c'est à son insu que l'argent sort des caisses publiques. En effet, la Présidence de la République, la Primature, les Forces Armées, les services de sécurité et la Banque centrale du Congo débitent le compte général du Trésor sans respecter la procédure légale en vigueur en matière d'exécution des dépenses publiques. C'est ce que nous appelons la multiplicité des centres d'ordonnancement. Ce poly-ordonnancement des dépenses publiques est un grand fléau qui a toujours creusé les déficits publics au Congo. Les services publics, selon leurs accointances et puissance, se font payer directement à la Banque centrale qui est le caissier de l'Etat, et cette dernière ne fera que faire constater les dégâts au Ministère des finances.

Pourtant, selon la procédure budgétaire et la chaîne de la dépense publique instituée pour en assurer le contrôle, aucune dépense publique ne peut être payée sans bon d'engagement à l'exception des dépenses urgentes (frais de déplacement des autorités, frais nécessitant la continuité des services publics). Et ce bon d'engagement doit être contrôlé par le contrôleur des dépenses engagées de la direction du Contrôle Budgétaire pour s'assurer de l'existence des crédits et des pièces justificatives conformément au règlement général de la comptabilité publique. Après vérification, les bons d'engagement conformes sont soumis à la signature du Ministre du Budget qui les transmet à son collègue des finances qui, selon son plan de trésorerie, devrait les viser pour une deuxième fois à la phase d'ordonnancement. Une fois, ordonnancés, la direction du Trésor et de l'Ordonnancement (DTO) les envoie à direction des fonds publics de la Banque centrale du Congo pour paiement. Après le paiement, la BCC devrait renvoyer les listings informatisés à la DTO. Mais en réalité, les choses ne se passent pas souvent ainsi. C'est la procédure d'exception qui est souvent la règle car la majorité des dépenses étant exécutées en urgence et sans bons d'engagement. C'est ce manque de discipline et d'orthodoxie budgétaires qui fait que les dépenses des ministères et autres services publics, communément appelées dépenses courantes ou de fonctionnement, s'accaparent la part importante des dépenses publiques contrairement aux dépenses en capital ou d'investissement.

Le troisième facteur est le laxisme dans le contrôle de l'exécution des dépenses. En effet, le contrôle administratif assuré par la hiérarchie et l'inspection générale des finances est inopérant. En réalité, l'IGF n'est compétente que pour contrôler les actes des comptables publics. Mais il se fait qu'au Congo, c'est le ministre (ordonnateur des dépenses) qui s'occupe de la gestion des crédits alloués à son ministère. Toutes les violations de la loi des finances ainsi relatées sont commises par le ministre et relèvent de la gestion de fait. De ce fait, les inspecteurs des finances ne peuvent pas contrôler les actes des ministres. Voilà le sanctuaire de l'impunité et des dérapages chroniques des finances publiques.

Par ailleurs, le contrôle juridictionnel est inexistant. En effet, la Cour des Comptes est sans budget, sans moyens avec des agents mal payés. Ils sont systématiquement affamés pour qu'ils ne fassent pas leur travail. Pour ce qui est du contrôle politique assuré par le Parlement, il se caractérise par le clientélisme, le tribalisme et la corruption. Les ministres et les mandataires publics graissent souvent la patte aux membres des commissions parlementaires pour éviter les griefs de ces derniers lors d'un contrôle ou d'une interpellation au Parlement.

De mémoire de congolais, aucun ministre n'a jamais été mis en cause, jugé et incarcéré pour la mégestion des deniers publics. Quant à la Banque Centrale du Congo, c'est le repère de l'inconscience publique. Les directeurs de cette institution sont plus riches que les ministres et mènent une vie de prince. Ils ont en moyenne 3 à 4 Mercedes dernier cri comme voitures de fonction. La Banque centrale du Congo se paie elle-même sur le compte général du trésor pour des soi-disant intérêts de retard sur les avances au Trésor sans l'autorisation du Ministre des Finances.

Concernant le portefeuille de l'Etat, il est de notoriété publique que les experts du Conseil supérieur du Portefeuille et les cadres de ce ministère (ministère du portefeuille) vivent aux dépens des entreprises qu'ils sont censés contrôler. En outre, ils sont pour la quasi-totalité commissaires aux comptes et administrateurs dans ces entreprises. Il y a là un conflit d'intérêt patent car étant juges et partie à la fois. Les Régies financières quant à elles (la Direction Générale des Impôts, la Direction Générale des Recettes Administratives, Domaniales, Judiciaires et de Participation-DGRAD- et la

Direction Générale des Douanes), souffrent de deux maux principaux : la corruption et les détournements de l'argent public. [459]

Cette corruption se répand dans le temps et à travers tout le pays parce que la sanction du juge est souvent absente.

**4. Démission des juges comme cause de bradage du patrimoine national**

Toutes ces pratiques délictueuses susmentionnées sont perpétrées sans que la Justice congolaise réagisse. L'impunité qui couvre les actes de gestion des différents responsables publics congolais intervenant dans le domaine de gestion et d'exploitation des ressources naturelles est un problème sérieux (Kodi, 2008)[460] dans l'instauration et la promotion de la bonne gouvernance en RDC. De mémoire des Congolais, aucun ministre, chef militaire ou haut fonctionnaire n'a jamais été incarcéré ni poursuivi pour des faits de corruption, de détournement des deniers publics ou de vols des biens publics pourtant l'arsenal juridique[461] pour le faire existe. En effet, la répression de la corruption des fonctionnaires et autres responsables de l'Administration publique est pourtant prévue par les dispositions des articles 147 à 150 G du décret du 30 janvier 1940 tel que modifié et complété à ce jour portant Code pénal général de la RDC[462]. De plus, plusieurs observateurs ont constaté que les juges congolais n'assument pas comme il se doit leur rôle de répression des infractions relatives à l'atteinte de l'intégrité des ressources naturelles et à la protection de l'environnement dont le taux d'application est estimé à 1 % des faits déclarés[463].

Pour illustrer cette démission des juges, il nous a été révélé que sur 43 plaintes relatives aux questions forestières enregistrées en 2014 au Tribunal de grande instance d'Inongo dans le District forestier du Lac Maï-Ndombe, 4 seulement ont donné lieu à la condamnation des sociétés forestières

---

459 P. IBANDA KABAKA, *Les grands maux des finances publiques congolaises,*2011.http://afriquefinances.canalblog.com/archives/2011/01/03/20028851.htm.[Consulté le 17/12/2015].

460M. KODI, *Op.cit.,* p.34

461 M.S. NYABIRUNGU, *Traité de droit pénal général congolais,* Kinshasa, Ed. Droit et société, 2001, p. 175 et suivants.

462 RDC, *Code pénal,* Journal Officiel, N° Spécial, 30 novembre 2004, pp.37-40.

463 A. NGUMBI AMURI, *La protection pénale du patrimoine mondial naturel de la RD Congo*, Thèse de doctorat en Droit, Université de Kinshasa, 2014, p.127.

impliquées[464]. Soit 9% des affaires traitées, ce qui est insignifiant quand on connaît l'arrogance et le comportement outrancier de ces exploitants forestiers. Les juges, au lieu de condamner les exploitants forestiers fautifs, préfèrent toucher des dessous de table pour les libérer[465]. Cela n'assure pas la protection des droits des populations forestières qui sont souvent opposées à ces exploitants et ne garantit pas l'exploitation durable des forêts.

En ce qui concerne les infractions au Code forestier, elles sont prévues par l'article 143 du code et par les dispositions des articles 42 et 64 de l'arrêté ministériel n°035/CAB/MIN du 05 octobre 2006 relatif à l'exploitation forestière. Les peines prévues pour les infractions ne font pas de différence selon la gravité des infractions. Peut-on croire que l'exploitation illégale des forêts puisse être punie quasiment de la même manière ou moins sévèrement que le déboisement illicite opéré par un particulier ?

Ce faisant, en effet, l'infraction d'exploitation forestière illégale est sanctionnée d'une servitude pénale de 3 mois à 2 ans et d'une amende de 20.000 à 100.000 francs congolais constants ou d'une de ces peines seulement. Quant à l'infraction de déboisement illicite, l'auteur encourt une servitude pénale de six mois à cinq ans de prison et d'une amende de 20.000 à 500.000 francs congolais constants ou d'une de ces peines seulement. En accordant cette capacité de transiger au juge, le législateur de 2002 a accordé une option qui fait qu'aujourd'hui la justice répressive en matière forestière est rare, car les juges et les agents de l'administration forestière privilégient l'option transactionnelle qui leur permet d'empocher une prime d'encouragement sur le montant destiné au Trésor public. Ceci est corroboré par les propos de KABUTA KAPWA (2008) qui a écrit : *« On pourrait s'étonner de ne pas voir apparaître dans le droit pénal de l'environnement, des commentaires concernant les décisions rendues par les juridictions répressives en matière environnementale. Cette situation est due à la pratique transactionnelle qui se déroule entre les administrations chargées de constater les infractions environnementales et les contrevenants. Le droit pénal de l'environnement de la RD Congo qui comporte essentiellement des sanctions pécuniaires, est très peu appliqué par les tribunaux répressifs du*

464 Propos et faits obtenus de Maître Jean NSHOLE, Avocat au Barreau de Bandundu, le 10 janvier 2017 au téléphone après consultation du registre général auprès du greffe de ce tribunal.

465 Selon M. Sam BOKOLOMBE, Professeur de droit pénal à l'Université de Kinshasa, certains juges congolais monnayent le verdict de leurs jugements contre des pots de vin. Propos recueillis sur Facebook le 20 avril 2017.

*fait de l'usage excessif du droit de transiger dont disposent les différentes administrations qui concourent à la protection de l'environnement.* »[466]

Par ailleurs, rappelons que le caractère moniste conféré au droit congolais par la Constitution de 2006 autorise les juges à se baser sur différents traités et accords internationaux relatifs en particulier à l'environnement, dûment ratifiés par ce pays, pour trancher les différends qui leur sont soumis dans l'hypothèse où les lois congolaises seraient silencieuses ou inexistantes sur les questions soulevées par ces contentieux.

Cependant, nous saluons l'action menée par quelques juges de la Cour Suprême de Justice dont les arrêts sont susceptibles de faire jurisprudence.

Deux décisions[467] émanant de cette Cour suprême de Justice, qui est la Haute Cour en matière du contentieux tant administratif que judiciaire ont été relevées dans le cadre du droit forestier. Bien que cela soit minime vu le nombre des plaintes qu'une telle matière peut engendrer, l'existence de ces rares décisions est susceptible de nous permettre d'avoir une idée sur ce qu'est réellement la jurisprudence congolaise.

**a. Arrêt de la Cour Suprême de Justice du 24 décembre 2008 dans la cause SOMICONGO c/ RDC**

Par sa requête déposée au greffe de la CSJ le 30 août 2007, la société SOMICONGO a sollicité l'annulation de l'arrêté n° 0095/2007 du 19 mars 2007 du Ministre de l'Environnement par lequel ce dernier a rapporté toutes les dispositions antérieures ayant pour objet l'octroi d'une garantie d'approvisionnement en matière ligneuse en faveur de la SOMICONGO et a réhabilité la convention du 14 mars 2005 portant octroi d'une garantie d'approvisionnement en matière ligneuse en faveur de la société PARCAFRIQUE.

Il ressort que, par la convention forestière n° 034/97 du 7 mai 1997, la RDC avait octroyé à la SOMICONGO une garantie d'approvisionnement sur une superficie de forêt de 235.425 ha dans la province du Bandundu, en

---

[466] B. KABUTA KAPWA, *Le droit pénal et la protection de l'environnement : considérations et mesures de répressions,* Mémoire de graduat en Droit, Université de Kinshasa, 2008, p.57.

[467] Disponible sur www.droitcongolais.info/cas.droit_administratif_rdc_congo.html [consulté le 31 mars 2017].

district d'Inongo, au village Banza, laquelle garantie était effective depuis le 17 avril 1997.

En revanche, par son arrêté n° 095/2007, le ministre de l'Environnement abrogea cette convention forestière.

Ainsi, à l'appui de son recours en annulation, la requérante a invoqué le moyen unique tiré de l'excès de pouvoir[468] consistant en la violation des dispositions du Code forestier.

---

[468] « Le recours pour excès de pouvoir est l'un des recours pouvant être portés devant une juridiction administrative (tribunal, cour d'appel ou Conseil d'Etat). Il vise à faire annuler totalement ou partiellement un acte administratif unilatéral (par opposition au contrat) considéré comme illégal, en se fondant sur la violation d'une règle de droit. Le recours peut être ouvert, même sans texte de loi, et vise à s'assurer du respect de la légalité. Cette procédure, qui n'a été expressément prévue par aucun texte, a été progressivement élaborée, par exemple en France, par le Conseil d'Etat qui en a fait un principe général du droit. Le délai pour le recours est au maximum de 2 mois après la publication ou la notification de l'acte attaqué. Une des conditions nécessaires est que l'acte, objet du recours, fasse grief, c'est-à-dire soit susceptible de produire des effets juridiques à l'égard d'une personne. Le requérant doit avoir à la fois la capacité et l'intérêt à agir. Ce recours est d'un accès facile, une simple lettre suffit et il n'est pas nécessaire de faire appel à un avocat. Le recours pour excès de pouvoir est un procès fait à un acte administratif, par opposition à un recours de plein contentieux qui est fait à une personne publique dans le but d'obtenir une indemnisation en se basant sur sa responsabilité pour faute ou pour risque. Les moyens de droit que le requérant peut invoquer dans son recours pour excès de pouvoir sont au nombre de quatre, regroupés en deux catégories. L'illégalité externe de l'acte administratif est constituée d'une part de l'incompétence (matérielle, territoriale ou temporelle) de l'auteur de l'acte et d'autre part du vice de forme (défaut de motivation, vice de procédure ou dans la composition d'un organisme dont l'avis doit obligatoirement être recueilli). L'illégalité interne, liée au contenu, au fondement de l'acte est faite de la violation de la loi : erreur de faits (les faits qui fondent l'acte sont inexacts, dénaturés ou inexistants) ; erreur sur la qualification juridique des faits ; et erreur de droit. Mais aussi du détournement de pouvoir ou de procédure, si l'autorité publique a utilisé ses pouvoirs ou la procédure à des fins autres que celles pour lesquelles ces pouvoirs lui ont été confiés. S'il est annulé par le juge, l'acte administratif litigieux est réputé n'avoir jamais existé et doit donc disparaître rétroactivement de l'ordre juridique. L'administration doit alors faire en sorte que l'acte n'ait jamais existé et, si nécessaire, doit reconstituer un historique sans cet acte, ce qui peut être source de difficultés ».
Disponible sur http://www.toupie.org/Dictionnaire/Recours_exces_pouvoir.htm [Consulté le 9 avril 2017].

Sans qu'il soit nécessaire d'examiner tous les aspects du moyen invoqué, la Cour suprême de Justice a statué en s'appuyant sur la violation des dispositions des articles 65 et 68 alinéa 1er du Code forestier en ce que la société PARCAFRIQUE a obtenu des droits forestiers sur la concession de la requérante en violation de la loi forestière. Ce faisant, le moyen invoqué tendant à s'appuyer sur la violation de la législation forestière en vigueur était fondé.

En effet, les articles 65 et 68 al. 1er du Code forestier disposent respectivement que « la mise en exploitation de toute forêt domaniale est subordonnée à l'existence préalable d'un inventaire forestier » et la « reconnaissance forestière est soumise à une autorisation délivrée par le Gouverneur de province sur avis de l'administration forestière locale ». Cette décision de la Cour est d'autant justifiée que PARCAFRIQUE menait ses activités forestières dans la province de Bandundu sans avis de vacance forestière qu'elle aurait pu obtenir si elle avait passé par un inventaire forestier d'une part et d'autre part sans dossier administratif déposé au niveau de l'administration forestière provinciale.

En accordant par son arrêté ministériel de 2007 la garantie d'approvisionnement en matière ligneuse en faveur de la société PARCAFRIQUE qui exploitait la concession forestière disputée en violation des prescrits des articles 65 et 68 du Code forestier, le Ministre de l'Environnement a enfreint ces dispositions. C'est ainsi que la Cour a annulé l'arrêté contesté et a rétabli dans ses droits la SOMICONGO.

A notre entendement, à moins de dire que l'octroi d'une concession vaut exploitation, l'arrêt de la Cour ne montre pas avec conviction la faute commise par le Ministre. L'obligation de réalisation des préalables évoqués aux articles 65 et 68 al.1er incombe à l'exploitant forestier qui doit d'abord procéder à un inventaire avant de commencer l'exploitation de sa concession mais également doit se faire enregistrer auprès de l'administration provinciale. Dans cette affaire, les juges de la Cour ont plus sanctionné le non-respect des règles relatives à la procédure de mise en valeur des forêts par PARCAFRIQUE que l'acte posé par le Ministre.

Par ailleurs, en n'examinant pas les aspects relatifs à l'excès de pouvoir qui auraient pu toucher l'acte réglementaire du Ministre, les juges n'ont pas voulu traiter cette affaire en profondeur. Qu'adviendrait-il si PARCAFRIQUE avait obtenu l'autorisation provinciale d'exploitation et avait fait son inventaire ? Dans cette hypothèse, on aurait eu deux titres forestiers valides sur une même concession. Tous les éléments du dossier montrent à suffisance que le Ministre a attribué à un deuxième exploitant des droits d'exploitation sur les forêts déjà détenues par un premier exploitant, ce qui relève bel et bien de l'excès des pouvoirs. Mais les juges, ne voulant se prononcer sur un grief lourd des conséquences[469] , ont dû botter en touche. Cela est regrettable.

Cependant dans l'affaire concernant l'entreprise forestière CFE, les juges ont condamné sans détours l'Etat congolais.

**b. Arrêt du 6 juin 2007 dans la cause CFE c/ RDC**

Par l'arrêté n° 063/2004 du 8 septembre 2004, le Ministre de l'Environnement a abrogé la convention n° 32/96 du 6 août 1996 ayant porté octroi d'une garantie d'approvisionnement en matière ligneuse en faveur de cette société.

Par sa requête du 8 février 2005, la Compagnie Forestière de l'Equateur, en sigle CFE, a demandé à la Cour Suprême de Justice l'annulation de cette décision pour défaut de mise en demeure en estimant que l'arrêté attaqué a annulé la convention de 1996 sans mettre en demeure préalablement l'exploitant en violation des conditions et de la procédure de déchéance des droits de l'exploitant forestier prévues par le Code forestier, surtout que ce dernier était détenteur d'un permis de coupe récent.

Ce moyen a été jugé fondé par la CSJ, statuant en premier et dernier ressort, en application des dispositions de l'article 115 du Code forestier qui prévoient des conditions et une procédure à respecter avant tout retrait des droits à un exploitant. En vertu de cet article 115 du Code forestier, les juges ont annulé l'arrêté attaqué. Ainsi, un exploitant détenteur d'un permis de coupe et d'un contrat d'exploitation, ne peut être déchu de ses droits sans mise en demeure préalable. Cette décision est conforme à la jurisprudence développée par les juridictions de principaux pays du monde[470] et est de

[469] En cas d'annulation, l'acte annulé est réputé n'être jamais intervenu. C'est l'effet rétroactif de l'annulation pour excès de pouvoir, qui confère au recours pour excès de pouvoir sa puissance et son efficacité. L'administration doit, en tant que de besoin, reconstituer le passé comme si l'acte annulé n'était jamais intervenu. Voir J. WALINE, « Contrats et recours pour excès de pouvoir », in *Juger l'administration, administrer la justice. Mélanges en l'honneur de D. LABETOULLE*, Dalloz, 2004.

[470] En premier lieu, au titre des solutions qui ne font plus débat et qu'il convient de simplement mentionner ici, il est aujourd'hui bien admis que la mise en demeure – qui est motivée en droit et en fait (CAA Douai, 6 décembre 2001, société SMEG, req. n° 99DA11366) – ne doit pas comporter de prescriptions nouvelles (CE, 15

nature à sécuriser la propriété privée, la libre entreprise ainsi qu'à garantir le droit de la défense[471]. Ceci est indispensable pour éviter le fait du prince et l'arbitraire dans le secteur forestier.

Avec ces deux arrêts, la juridiction suprême congolaise, statuant dans le cadre du contentieux forestier, a prouvé qu'elle peut mettre en cause les décisions parfois incompréhensibles des autorités étatiques, pourvu que les différends soient portés à sa connaissance. Cependant, il sied de dire que le citoyen lambda aura toujours du mal à saisir cette juridiction compte tenu du fait qu'il faut passer par le ministère d'un Avocat pour sa saisine d'une part (ce qui n'est pas à la portée des bourses de la majorité des Congolais) et d'autre part, à cause de la puissance présumée et redoutée de la partie adverse qui est constituée des dirigeants politiques dont l'influence et l'emprise sur les deniers publics sont souvent décriées.

### 5. Détournement des recettes rétrocédées et accaparement des deniers publics par les dirigeants politiques

Au Congo, les dirigeants publics s'accaparent des deniers publics et détournent les fonds en provenance de l'exploitation forestière en toute impunité. Dans un contexte où les dispositions constitutionnelles limitant les

---

janvier 1986, ministre de l'environnement c/ Société DSB, req. n° 45118) et doit prescrire à l'exploitant un délai adapté à sa situation (TA Rouen, 27 novembre 1998, commune de Dieppe, req. n° 98-1013). A cet égard, si l'administration a, assez généralement, le souci de ne pas imposer de prescriptions supplémentaires par la voie de la mise en demeure, la question du délai reste, à l'inverse et en pratique, un sujet fréquent de discussion. Il n'est pas rare, en effet, de constater des injonctions de respecter « immédiatement » des prescriptions ou alors dans des délais manifestement irréalistes, et ceci en dehors de toute urgence dûment établie (1). S. HERCE, « La mise en demeure : une garantie accordée aux exploitants, des effets limités dans le temps », in *Responsabilité et Environnement,* n° 45, janvier 2017. Disponible sur http://www.annales.org/edit/re/2007/re45/herce.pdf [Consulté le 1er avril 2017].

[471] Dans son jugement daté du 23 mars 2006, le tribunal administratif de Lille a censuré une seconde mesure de consignation au motif que celle-ci n'avait pas fait l'objet d'une nouvelle mise en demeure préalable. Reprenant, sur ce point, la solution dégagée dans l'arrêt Dulière, le tribunal a, plus particulièrement, réaffirmé le rôle essentiel de la mise en demeure et l'obligation pour l'administration de ne pas méconnaître les garanties apportées par cette procédure à l'exploitant (TA Lille, 23 mars 2006, Société CECA, n° 0301533, n° 0301535). S. HERCE, *Op. Cit.* Disponible sur http://www.annales.org/ edit /re/2007/re45/herce.pdf [Consulté le 1er avril 2017].

mandats publics ne sont pas respectées[472], les violations des dispositions légales notamment du code forestier, par définition, de rang inférieur deviennent monnaie courante. Ainsi, les recettes fiscales d'origine forestière rétrocédées aux populations autochtones et riveraines ne leur parviennent pas et sont systématiquement détournées par les dirigeants publics.

En effet, en ce qui concerne la rétrocession des recettes forestières dont la mission primordiale est de promouvoir le développement local, celle-ci est accaparée par les autorités provinciales notamment les gouverneurs des provinces qui en ont fait leur chasse gardée et dont la gestion financière opaque est décriée par tous. Cet argent qui était destiné à améliorer le vécu quotidien des populations locales ainsi que leur milieu de vie est devenu une taxe pour financer le train de vie des notables provinciaux et centraux. En RDC, tout comme au Cameroun[473], la rétrocession des recettes forestières, disons la fiscalité forestière décentralisée, au lieu de financer des projets d'intérêt commun, ne cesse de prendre des destinations inconnues.

De tels États où il n'y a pas la primauté de l'Etat de droit[474], sont généralement les bastions de l'arbitraire et du fait du prince, et finissent par

---

[472] J.-M. KASONGA MBOMBO, « La République Démocratique du Congo au seuil du constitutionnalisme : défis et perspectives au-delà de 2016 », in *African Journal of Democracy and Governance,* 2017, vol. 4, no 1-2, pp. 65-84. A. MBATA MANGU, " Espoirs et illusions de la démocratie et la bonne gouvernance en Afrique », in *African Journal of Democracy and Governance,* 2016, vol. 3, no 3-4, pp. 11-20. H. MBAYA MUMPUNGA et F. ETOYI ESELA, " Limitation of presidential mandates and public opinion in central Africa", in *International Journal of Innovation and Applied Studies,* 2016, vol. 15, no 3, p. 491. W. MAKIASHI, « Problématique de l'Etat et de sa refondation en Afrique : cas de la République Démocratique du Congo », in *African Journal of Democracy and Governance*, 2015, vol. 2, no 1-2, pp. 39-54.

[473] P. BIGOMBE LOGO, *Fiscalité forestière décentralisée et développement local au Cameroun méridional forestier, Op.cit.*

[474] L'État de droit peut se définir comme un système institutionnel dans lequel la puissance publique est soumise au droit. Cette notion, d'origine allemande, a été redéfinie au début du vingtième siècle par le juriste autrichien Hans Kelsen, comme un État dans lequel les normes juridiques sont hiérarchisées de telle sorte que sa puissance s'en trouve limitée.
Dans ce modèle, chaque règle tire sa validité de sa conformité aux règles supérieures. Un tel système suppose, par ailleurs, l'égalité des sujets de droit devant les normes juridiques et l'existence de juridictions indépendantes. Disponible sur http://www.vie-publique.fr/decouverte-institutions/institutions/approfondissements/qu-est-ce-que-etat-droit.html.[Consulté le 3 décembre 2017].

ne plus satisfaire leurs missions d'intérêt général ainsi que les besoins élémentaires de la population. Dans ces États faillis, c'est souvent une minorité de gens proches des autorités au pouvoir qui se partagent la quasi-totalité de la richesse nationale provenant de l'exploitation des ressources naturelles dont le pays est doté. Cette patrimonialisation du pouvoir politique afférente à l'accaparement des ressources nationales par une camarilla politique devient un enjeu de pouvoir et un facteur de déclenchement des conflits armés surtout que l'homme au pouvoir avec son entourage chercheront à garder leurs intérêts et à éviter toute alternance politique au moment où les opposants se battront en vue d'obtenir ce pouvoir en demandant à ses détenteurs d'organiser des élections libres, démocratiques et transparentes[475] , mais qui n'auront jamais lieu ou qui seront truquées in fine.

L'absence de l'Etat de droit, se manifestant par la faiblesse des institutions de ce dernier, entraîne en RDC la sous-administration des ressources nationales ainsi que des difficultés financières.

**6. Sous-administration des ressources à la base des difficultés financières**

Un autre trait marquant de cette mauvaise gouvernance est la sous-administration des ressources forestières de la RDC. Au niveau de l'Administration forestière, 90% des agents sont des administratifs. Le nombre des agents forestiers sur terrain ne peut pas garantir la sécurisation ainsi que le contrôle des ressources naturelles pour un pays cinq fois plus grand que la France. Dès lors, il se trouve que plusieurs zones forestières totalisant des millions d'hectares des forêts sont abandonnées à la merci des exploitants prédateurs du fait que l'Etat y est absent[476]. Cette faiblesse institutionnelle est l'une des causes de l'expansion de l'exploitation incontrôlée des ressources forestières dans le Bassin du Congo. Cela ne permet pas la réalisation des projets d'aménagement durable contenus dans

---

[475] P. IBANDA KABAKA, *Le conflit politique armé et l'exploitation des ressources naturelles en Centrafrique : Essai d'explication par la théorie des Etats « faillis » et par l'approche régionale*, 2015. Disponible sur https://hal.archives-ouvertes.fr/hal-01250475. [Consulté le 24 janvier 2016].

[476] Un État est considéré comme prédateur « si, se nourrissant de la société, il ne rend pas à cette dernière des services suffisants pour justifier son existence. De plus, la ponction prélevée par les agents de l'État est perçue comme prédation parce qu'ils la prélèvent à leur profit personnel et non à celui de l'État. Chacun exploite sa position publique comme une prébende ». En ce sens, J.-F. MEDARD, « L'État patrimonialisé », in *Politique Africaine*, n° 39, septembre 1990, p. 28 et D. DARBON, « L'État prédateur », *Op.cit.*, pp. 37-46.

les contrats des concessions forestières minimisant ainsi l'impact de la gestion durable des forêts. Ainsi, la reconstruction d'un Etat fort, respectable et digne de ce nom, est une condition sine qua non de la gestion durable des forêts dans cette partie du continent africain.

Par ailleurs la politique gouvernementale de bonne gouvernance doit porter essentiellement sur la motivation des agents du fisc et de l'administration forestière en particulier et en général, sur la lutte contre la corruption au sein de toute l'Administration publique (Nzongola-Ntalaja, 2002)[477]. Ces fonctionnaires qui, comme tous les autres, touchent des salaires de misère sont mal indiqués pour être la cheville ouvrière d'une entreprise tendant à améliorer le rendement des recettes publiques ainsi que la gestion durable des ressources naturelles. En effet, si les fonctionnaires continuent à être mal payés, il serait peu probable que ces derniers s'engagent corps et âme pour mobiliser davantage des recettes publiques dont la destination ne leur procurerait aucune satisfaction supplémentaire. La motivation des fonctionnaires qui est fonction de leur rétribution, est un aspect fondamental de cet appui à la réforme forestière tendant à la gestion durable des ressources. Il est, donc, nécessaire que le Gouvernement réajuste les salaires de la Fonction Publique afin de tenir compte du panier de la ménagère et du coût de la vie d'une part ainsi que de préserver les personnels publics de la tentation de corruption et les ressources naturelles du risque de prédation.

Salaires courants mensuels de la Fonction Publique Congolaise (en dollars)

| Grade | 200<br>1 | 2009 | 2016 |
|---|---|---|---|
| Directeur | 60$ | 152$ | 253$ |
| Chef de Division | 45$ | 115$ | 175$ |
| Chef de Bureau | 32$ | 75$ | 120$ |
| Attaché de Bureau | 24$ | 48$ | 85$ |

Source : listings de paie du Ministère de la Fonction Publique.

Il ressort de ce tableau qu'il est difficile de demander un quelconque sacrifice de la part du fonctionnaire congolais. Le management des ressources humaines recommande qu'il soit mis à la disposition du

[477] G. NZONGOLA-NTALAJA, *The Congo from Leopold to Kabila. A people's History, Zed Books, London and New-York*, 2002, p.160.

travailleur un minimum qui puisse assurer sa survie et l'entretien de sa famille[478]. C'est la fameuse loi d'airain de salaires prônée par Ferdinand Lassalle et Karl Marx et rappelée dans un article récent de M. HERARD (2001)[479].

Cependant le Gouvernement Congolais ne fait rien de significatif dans ce domaine. C'est pour cette raison que la corruption règne au sein de l'Administration. Pour éradiquer cette dernière qui a un énorme pouvoir d'évanescence sur la capacité mobilisatrice des recettes et sur l'efficacité du service public, il est nécessaire de réajuster les salaires publics. En effet, dès lors que le fonctionnaire saura faire face à ses besoins avec sa rémunération, il sera peu tenté de détourner les fonds publics ou de se faire corrompre.

Quant à la rétrocession constitutionnelle de 40% des recettes fiscales aux collectivités territoriales dans le cadre de la décentralisation financière, il a été remarqué que depuis 2007, le gouvernement central n'a jamais honoré cette clé de répartition des ressources nationales si bien que tous les budgets exécutés dans le pays sont en violation flagrante de la constitution. Ils sont aussi en contradiction avec les objectifs de réalisation et de matérialisation du développement socio-économique à la base, au minimum au niveau provincial. Dès lors que le gouvernement central n'a jamais été disposé à mettre des ressources budgétaires conséquentes à la disposition des gouvernements provinciaux, l'ancien Premier Ministre Adolphe Muzito dans une tribune de 2015 a qualifié les nouvelles provinces issues du découpage territorial opéré en 2015 de morts-nés à cause de leur non-viabilité et de leur manque de ressources financières nécessaires à leur bon fonctionnement ainsi qu'au financement de leur programme d'investissements. [480]

En outre, il convient de traiter des effets subis par les recettes fiscales forestières, à l'instar de toutes les autres recettes fiscales, sur leur pouvoir d'achat par la persistance de l'inflation au sein de l'économie congolaise. Ayant toujours un train de vie supérieure à ses moyens, le gouvernement congolais contraint systématiquement la Banque centrale du Congo à financer ses déficits budgétaires par la planche à billets[481]. Ce financement

---

478 M. HÉRARD, « Que pensent les ouvriers de leurs salaires ? », in *Ethnologie française*, 2001, vol. 31, n° 3, pp.431-439.
479 E. NYAHOHO et P.-P. PROULX, *Le commerce international : Théories, politiques et perspectives industrielles,* 4ème éd., Québec, PUQ, 2011, p.37.
480Lire à ce propos A. MUZITO, *Nouvelles provinces en RDC : des morts-nées, 7ème tribune*, Paris-Kinshasa, L'Harmattan, 2015.
481 NDIANG KABUL, *La Banque centrale du Congo : La guerre pour la gestion du compte du Trésor*, Kinshasa, Ed. du CEDI, 1999, p.76.

monétaire des déficits publics par la monnaie créée ex nihilo, car non commandée par les besoins de l'économie réelle, engendre in fine des pressions sur les prix, ce qui amoindrit la capacité des recettes publiques à se procurer des biens et services dont les prix vont augmenter[482]. Cette perte de pouvoir d'achat de recettes fiscales du fait de l'inflation est qualifiée d'effet Olivera-Tanzi[483]. L'accélération de l'inflation a pour effet de diminuer la valeur réelle des recettes fiscales. Monsieur BRESSER PEREIRA (2012) a écrit à ce propos : « L'effet Olivera-Tanzi, caractérisé par la réduction des recettes de l'État à mesure que l'inflation s'accélère, est une cause fondamentale du déficit public »[484]. Il s'agit d'un effet qui s'exerce notamment en RDC sur les budgets forestiers et généraux, ce qui justifie la nécessité pour le gouvernement central d'avoir une politique budgétaire orthodoxe tendant à maîtriser les dépenses publiques afin d'éviter l'apparition de l'effet précité sur les recettes publiques en adoptant une politique monétaire et budgétaire de lutte contre l'inflation et de stabilité monétaire.

Par ailleurs, cette poussée inflationniste constitue aussi une taxe dénommée par les économistes « taxe inflationniste »[485] ou « droits de seigneuriage ». Avec une inflation dont l'origine se trouve dans le financement monétaire des déficits budgétaires, la perte de pouvoir d'achat subie par les agents privés est assimilée à un prélèvement opéré sur leurs revenus par l'Etat pour financer ses déficits. Cela engendre des phénomènes de mécontentement auprès des populations dont certaines vont chercher à se débarrasser des encaisses monétaires détenues en monnaie nationale pour acquérir des actifs non monétaires tels que des devises ou des actifs financiers (or, actions et obligations). Si le gouvernement n'y prend garde, la substitution monétaire qui s'en suit risque de généraliser l'inflation.

Parfois pour financer ses déficits budgétaires résultant de l'inefficacité de son instrument fiscal général et forestier, le gouvernement national recourt à l'emprunt massif auprès des prêteurs institutionnels. Cette ruée

---

[482] C. OTTAVJ, *Monnaie et financement de l'économie*, Paris, Hachette supérieur, 2014, p.39.

[483] B. LANDAIS, *Leçons de politique budgétaire,* Bruxelles, De Boeck- Larcier, 1998, p.248. K. LENDELE et J. KAMANDA KIMONA-MBINGA, « Nature et spécificité de la dollarisation de l'économie congolaise (RDC). », in *Mondes en développement* 2/2005 (n°130), pp. 41-62.

[484] L. C. BRESSER PEREIRA, *Crise économique et réforme de l'Etat au Brésil*, Paris, Ed. de la Maison des sciences de l'homme, 2002, p.101.

[485] G. MANKIW et M. TAYLOR, *Principes de l'économie,* Bruxelles, Ed. De Boeck, 2006, p.800.

financière publique a pour conséquence d'entraîner l'augmentation des taux d'intérêt du crédit. Cette pratique exerce in fine des effets d'éviction sur les agents privés qui sont chassés du marché financier, ce qui va ralentir la croissance économique et augmenter par ricochet la dette publique qui risque dorénavant d'être alimentée par l'effet boule de neige. Signalons en passant que la dette publique est un stock qui résulte de l'accumulation des flux provenant des déficits budgétaires.

C'est pour cela que la bonne gouvernance est un facteur primordial de bonne gestion des finances publiques et de l'économie. Il convient de noter que, selon des travaux économétriques de Kaufmann et Kraay (2002)[486] qui utilisent le PIB en parité du pouvoir d'achat et l'indice de gouvernance par la primauté du droit (état de droit) pour envisager la relation causale entre la gouvernance, les revenus et la croissance économique, il y a un effet causal positif de la meilleure gouvernance sur le revenu par habitant et la croissance économique. Dès lors, il est statistiquement établi que la bonne gouvernance influe positivement sur l'augmentation du pouvoir d'achat de la population et constitue un facteur indéniable de lutte contre la pauvreté.

Parmi les raisons qui font perdurer cette sous–administration et le défaut de l'Etat de droit dans le domaine forestier, il convient de signaler le désintérêt et le manque de formation des juges en matière environnementale.

### 7. Manque de formation des juges en matière environnementale

Nous partageons le constat sous forme d'indignation de l'actuel professeur à l'Université de Kinshasa M. Ngumbi. En effet, dans sa thèse de droit public, Monsieur Augustin Ngumbi Amuri (2014)[487] fait un constat amer selon lequel beaucoup de juristes congolais ne s'intéressent pas à la recherche sur le droit de l'environnement en général et les aires protégées en particulier qui constituent, pourtant, un vaste réseau en RDC dans lequel on trouve cinq sites du patrimoine mondial qui sont les parcs nationaux de Virunga, de la Garamba, de Kahuzi-Biega, de la Salonga et la Réserve de faune à Okapis. Il dénonce dans sa thèse les actes anti-écologiques qui sont commis contre les aires protégées en général et contre le patrimoine mondial naturel de la République Démocratique du Congo en particulier. Ces actes sont notamment le braconnage contre le gibier exotique (Okapi, Bonobo,

---

[486] Cités par A. GELB et S. GRASMANN, « Déjouer la malédiction pétrolière. », in *Afrique contemporaine*, 1/2009, n° 229, pp. 87-135.

[487] A. NGUMBI AMURI, *La protection pénale du patrimoine mondial naturel de la RDC,* Thèse de doctorat de Droit, Université de Kinshasa, 2014, p.217.

gorille de montagne, éléphant, rhinocéros), la déforestation, l'exploitation des minerais dans les aires protégées, les actes de spoliation illustrés par l'occupation anarchique et illégale des aires protégées par les groupes armés et par les populations riveraines, ainsi que la contestation de leurs limites par ces dernières. Il y a aussi le commerce illégal des espèces de faune et de flore sauvages menacées d'extinction pourtant protégées par la CITES[488], avec un accent particulier sur le trafic illicite de l'ivoire, les atteintes par les braconniers à la vie du personnel de l'Institut Congolais pour la Conservation de la Nature (ICCN) commis à la surveillance et à la gestion des aires protégées (éco-gardes, conservateurs).

L'auteur précité constate que malgré l'existence d'une panoplie d'instruments juridiques internationaux auxquels la RDC a souscrit volontairement dont la Convention de Paris pour la protection du patrimoine mondial naturel ainsi que des textes légaux et réglementaires, leur application par les magistrats des cours et tribunaux restent très faible. Selon ce chercheur, le taux d'application de la loi en matière environnementale en République démocratique du Congo est évalué à 1% seulement des décisions judiciaires rendues[489].

Les causes de cette ineffectivité des processus répressifs sont notamment l'incohérence de la politique législative définie en amont, l'ignorance par les magistrats des textes légaux[490] et réglementaires applicables aux forêts, la mauvaise application de la législation sur les aires protégées par une catégorie de fonctionnaires assermentés (conservateurs de l'ICCN, gardes forestiers) ainsi que d'autres facteurs exogènes et endogènes affectant le fonctionnement de la justice en RDC. Selon SAVODOGO Y., « le juge est confronté à de nombreuses difficultés dans le contentieux de l'environnement. On se limitera ici à évoquer celles liées à la saisine du tribunal par les représentants de la société civile, aux délais de prescription de l'action publique jugés courts et, de ce fait, inadaptés aux délits environnementaux, ainsi qu'à la non maitrise des questions environnementales par le juge »[491]. Signalons qu'en RDC, le droit de l'environnement est introduit, de façon sélective, dans l'enseignement

488 Convention sur le commerce international des espèces de faune et de flore sauvages menacées d'extinction. La CITES concerne aussi notamment le commerce du bois protégé.

489 A. NGUMBI AMURI, *Op.cit.,* p.209.

490 Y. SAVADOGO, « Les délits environnementaux et le développement durable en Afrique : de la transaction au règlement judiciaire », *in Revue africaine du droit de l'environnement*, n°0,2013, p.72.

491 Y. SAVADOGO, *Idem.*

universitaire, car les programmes académiques sont uniformes et imposés par l'Etat et ces derniers n'ont été réactualisés qu'en 2016. C'est ce qui fait que tous les juristes congolais ne sont pas formés en droit de l'environnement qui, de surcroît, est une matière choisie par les étudiants sur option. Ceci n'est pas normal. Au regard de l'importance de cette branche du droit dans le cadre de la conservation des ressources naturelles du pays et de sa biodiversité, il serait de bonne politique que de pouvoir l'enseigner à tous les étudiants congolais dès leur première année de l'Université.

Quant aux délais de prescription de l'action publique, l'article 126 du code forestier les fixe respectivement à un an si l'infraction n'est punie que d'une amende ou si le maximum de la peine applicable ne dépasse pas une année, et à trois ans révolus si le maximum de la peine ne dépasse pas cinq ans. Sachant que les tribunaux sont surchargés, le temps qu'un procès-verbal d'infraction venant de l'administration forestière parvienne au procureur de la république pour faire l'instruction judiciaire et que ce dernier transmette le rapport de son instruction au juge, dans la majorité des cas, on serait à la limite d'atteindre la prescription ou en hors-délai. Voilà l'une de grandes difficultés qui retardent la pénalisation des infractions forestières. De ce fait, la mise en place des tribunaux spécialisés serait une bonne solution. En outre, il est temps de pouvoir revoir ces délais de prescription : trois ans pour les petites infractions et six ans pour les grandes infractions. Ces délais allongés seraient adaptés dans un pays aux dimensions d'un continent et où la majorité de la population n'est pas instruite et ne connaît pas forcément le droit.

Dès lors, il y a lieu de penser qu'il faille adopter des solutions pénales et des mesures prophylactiques appropriées pour lutter contre les infractions commises dans les espaces forestiers de la RDC. Il convient de proposer notamment la définition de nouvelles infractions autonomes devant être insérées dans le Code pénal général et dans le code forestier telles que le braconnage, le commerce illégal des espèces de faune et de flore sauvages, l'atteinte à l'environnement et aux aires protégées y compris l'écocide ainsi que l'enrichissement de certaines infractions existantes comme le terrorisme écologique prévu à l'article 157, alinéa 2 du Code pénal militaire, en tenant compte des forêts, des aires protégées, de la faune, de la flore et des écosystèmes . Enfin la création au niveau national des tribunaux spécialisés en matière environnementale ou « Tribunaux Verts », en se fondant sur l'article 149 alinéa 5 de la Constitution de la République Démocratique du Congo.

De telles mesures sont généralement appuyées par les partenaires extérieurs du pays dont l'action est souvent décriée par plus d'un observateur.

### B. Interventions des partenaires extérieurs et état des PSE

En ce qui concerne l'assistance extérieure, il sera fait état de la contribution des partenaires (1), de l'intervention de la Banque mondiale dans des projets forestiers (2) et des démarches de certains pays africains dans le cadre de la REDD (3).

#### 1. Contribution des partenaires au titre de PSE

Il convient de noter que, selon le Prix Nobel d'économie Jeffrey SACHS, les paiements pour services environnementaux (PSE) ne doivent pas constituer des ressources faisant partie de l'aide publique internationale traditionnelle mais doivent être nommés comme de l'aide additionnelle[492]. En effet, ces aides sont considérées par les Etats forestiers qui les reçoivent comme des recettes perçues pour leur participation à la séquestration du carbone mondial ainsi qu'à la production des services écosystémiques[493] qui

---

[492] Le 9 octobre 2015 à Lima, à la réunion des ministres des finances du G20, Laurent Fabius a annoncé que la barre des 100 milliards de dollars annuels de financements climatiques promis en 2009, à Copenhague, par les pays du Nord vers les pays du Sud en 2020 doit désormais pouvoir être atteinte. Un rapport de l'OCDE a révélé qu'en 2014 ces financements climatiques ont atteint 61,8 milliards de dollars ; avec les promesses d'accroissement des financements annoncés en 2015 par différents pays, comme la France, l'Allemagne ou le Royaume-Uni, et surtout les promesses des banques de développement (15 milliards de dollars), le cap de 100 milliards est en vue. L'économiste américain Jeffrey Sachs, conseiller spécial du secrétaire général des Nations unies Ban Ki-Moon et directeur de l'institut de la Terre de l'université Columbia à New York, considère que « Ce rapport est irresponsable, choquant même. Il ne comporte aucun élément relatif aux pays receveurs de cette aide. Au départ, ces 100 milliards de dollars devaient être des financements additionnels par rapport aux ressources mobilisées par l'aide au développement, or les chiffres divulgués par l'OCDE n'ont aucun caractère additionnel. Ils résultent pour l'essentiel d'une simple requalification d'une aide existante en une aide dédiée au climat ». Disponible sur https://www.lesechos.fr/paris-climat-2015/actualites/021533924684-la-cop21-ne-resoudra-pas-la-question-du-finance-ment-du-climat-affirme-jeffrey-sachs-1181860.php. [Consulté le 22 avril 2017].

[493] Propos tenus par M. MPANU MPANU Tosi, ancien Conseiller du ministre congolais de l'Environnement et négociateur en chef pour les négociations

profitent à l'Humanité entière. Il s'agit des royalties versées aux propriétaires des ressources naturelles forestières pour leurs efforts dans la lutte contre la déforestation et la dégradation des forêts.

En ce qui concerne la RDC, il est clairement énoncé que, conformément aux dispositions de l'article 8 de la Loi n° 14/003 du 11 février 2014 relative à la conservation de la nature, l'Etat veille à la prise en compte, dans la stratégie nationale de conservation et le programme forestier national, de la valeur potentielle des stocks de carbone forestier dans la régulation du climat ainsi qu'à la rémunération juste et équitable des services des écosystèmes et des mesures d'atténuation[494].

De ce fait, en RDC, d'aucuns pensent que la Communauté internationale ne fournit pas des efforts conséquents pour procurer des ressources financières nécessaires au budget forestier afin de permettre au pays d'assurer son objectif écologique vis-à-vis des ressources forestières d'une part, et d'autre part, de financer des programmes sociaux de réduction de la pauvreté profitant directement aux populations des régions forestières en particulier, et de toutes les populations du pays en général[495].

Bien que le partenariat pour les forêts du Bassin du Congo permette d'obtenir la mobilisation des ressources alternatives, souvent insuffisantes pour financer les différents programmes de préservation des forêts et de développement local dans les Etats de la Région dont la RDC, la population ainsi que la classe politique congolaises sont persuadées que les partenaires extérieurs ne veulent pas payer le juste prix pour l'utilisation des services fournis par le Congo. Ceci notamment pour la protection de l'environnement provenant de ce bien public mondial qu'est le massif forestier congolais. Les autorités publiques congolaises dont les ministres, les gouverneurs des provinces, les députés et les administrateurs des territoires, sont toutes convaincues que, bien que la RDC soit l'un des grands pourvoyeurs de l'Humanité dans sa contribution à la lutte contre le réchauffement climatique, elle ne bénéficie pas d'un traitement de faveur par rapport aux

---

climatiques et environnementales internationales, lors d'un entretien à Paris le 29 novembre 2015.

[494]Disponible sur http://www.leganet.cd/Legislation/Droit%20administratif/Environnement/Loi 14003.11. 02.2014.htm.[Consulté le 30 août 2017].

[495] Selon les propos recueillis lors d'un entretien à Bruxelles le 22 juin 2016, les députés nationaux Zacharie Bababaswe, Francis Kalombo et Albert Kutekala pensent que la communauté internationale ne fait pas assez pour gratifier le Congo pour son rôle dans la REDD.

services rendus à toute la planète Terre[496]. Elle est payée en monnaie de singe. Disposant d'immenses ressources forestières qui jouent toutes les fonctions réservées aux forêts, le Congo semblerait ne pas bénéficier des ressources financières conséquentes au titre des différents mécanismes mis en place par la communauté internationale. En outre, la découverte de l'immense puits de carbone que représente la tourbière du Congo avec 20 milliards de tonnes de carbone stockées pour la seule RDC, accorde une priorité mondiale à la protection de ces forêts qui ont dorénavant, une valeur inestimable.

Dès lors, disposant d'un tel potentiel de séquestration du carbone et au regard des retombées financières obtenues au titre de la REDD, il y a un sentiment manifeste de subir une négligence ou peu de considération évidente qui est entrain de se développer auprès de ces autorités congolaises. En effet, selon nos calculs se basant sur les données du Rapport Stern (2006)[497], la part qui reviendrait à ce pays (RDC) pour ses services publics environnementaux serait annuellement de 2,750 milliards de dollars américains au titre des revenus forestiers internationaux en prenant en compte le prix actuel sous-évalué[498] de la tonne de carbone. Il s'agit de la contribution de la communauté internationale au budget de réalisation de la politique publique des forêts et de la protection des intérêts des populations autochtones et riveraines des forêts. Dans ce cadre, une bonne nouvelle est tombée en septembre 2015 : la République démocratique du Congo a bénéficié de 250 millions de dollars comme contribution de la communauté internationale au titre de la REDD[499]. Conformément au principe de

---

[496] F. KALOMBO et al., *Idem.*

[497] Voir N. STERN (dir.), *Rapport sur l'économie du changement climatique*, Londres, 2006.

[498] La Grande-Bretagne pratique un prix plancher de 30 euros la tonne et le PDG de Total, M. Patrick Pouyanné, évalue autour de 40 dollars la tonne de $CO_2$ le point d'équilibre entre gaz et charbon pour produire de l'électricité ; quant à la technologie émergente de capture et stockage du carbone (CCS), elle nécessiterait un prix de 80 à 100 dollars la tonne pour être rentable.
Disponible sur https://www.euractiv.fr/section/energie/news/the-price-is-right-its-crunch-time-for-eu-carbon-market-reform/.[Consulté le 15 août 2017].

[499] Dans le cadre de l'Initiative Forêt d'Afrique Centrale (CAFI), la République Démocratique du Congo a bénéficié d'un financement de 250 millions de dollars américains, sur un total de 1 milliard de dollars US sollicités. Toutes les formalités sont déjà terminées. Il ne restait qu'au ministre des Finances, Henri Yav Mulang, d'adresser une lettre d'intention du gouvernement de la République, au conseil d'administration de CAFI pour ce premier décaissement. Cette initiative concerne six pays d'Afrique Centrale : le Cameroun, le Gabon, la République Centrafricaine, la Guinée Equatoriale, le Congo-Brazzaville et la RDC. La RDC est le seul à boucler

rétrocession de 40 % de toutes recettes d'origine forestière qui détermine la clé de répartition contenue dans le dispositif fiscal institué par le code forestier de 2002, 100 millions de ce montant devraient être alloués aux populations forestières.

Néanmoins, nous sommes dubitatif quant à la gestion et à l'affectation de cette cagnotte forestière. Connaissant les manières peu transparentes[500] des autorités publiques de la RDC, il est fort à craindre que cet argent ne serve pas aux objectifs d'intérêt général, pourtant sa destination première, mais soit détourné au profit des intérêts privés de certains acteurs publics ou politiques.

Estimation de la valeur marchande du carbone séquestré par les forêts de la RDC

| | Superficie | Coefficient | Tonnes de $CO_2$ séquestré | Valeur de $CO_2$ séquestré |
|---|---|---|---|---|
| Forêts tropicales | 1700 millions d'ha | 1,00 | 5 milliards | 19 milliards $ |
| Forêts congolaises | 135 millions d'ha | 0,0794 | 397 millions | 1,508 milliards $ |

Source : CIRAD (2008), Lee WHITE (2005) et de l'Auteur.

Quant aux 20 milliards de tonnes de carbone séquestré par le puits de la tourbière du Congo, au prix de 5 dollars la tonne, ils représentent une valeur marchande de 100 milliards de dollars. A supposer que le programme de leur protection s'étale de 2020 à 2100, soit sur 80 ans, il faudrait que la

---

une stratégie nationale en adoptant un plan d'investissement qui identifie les programmes d'activité et des réformes à mettre en œuvre pour réduire les émissions de gaz à effets de serre..

500 Sophie WINTGENS et Bob KABAMBA, « Le péril jaune en RDC : mythe ou réalité ? », in S. SANTANDER (dir.), *L'Afrique, nouveau terrain de jeu des émergents*, Paris, Karthala, 2014, pp.37-58. Marie MAZALTO, « Gouvernance, droits humains et secteur minier en République démocratique du Congo », in Bonnie CAMPBELL (dir.), *Ressources minières en Afrique. Quelle réglementation pour le développement ?,* Ottawa, PUQ, 2010, pp.175-213. Dilys ROE et al. (dir.), *Gestion communautaire des ressources naturelles en Afrique. Impacts, expériences et orientations futures*, Londres, IIED, p.26.

communauté internationale mobilise 1,250 milliard de dollars par an pour les efforts de conservation de ce puits. Dès lors, tout programme de gestion durable des forêts tropicales du Congo qui n'inclurait pas la conservation de la tourbière du Congo serait non pertinent et inadapté.

Superficies des forêts tropicales mondiales et congolaises

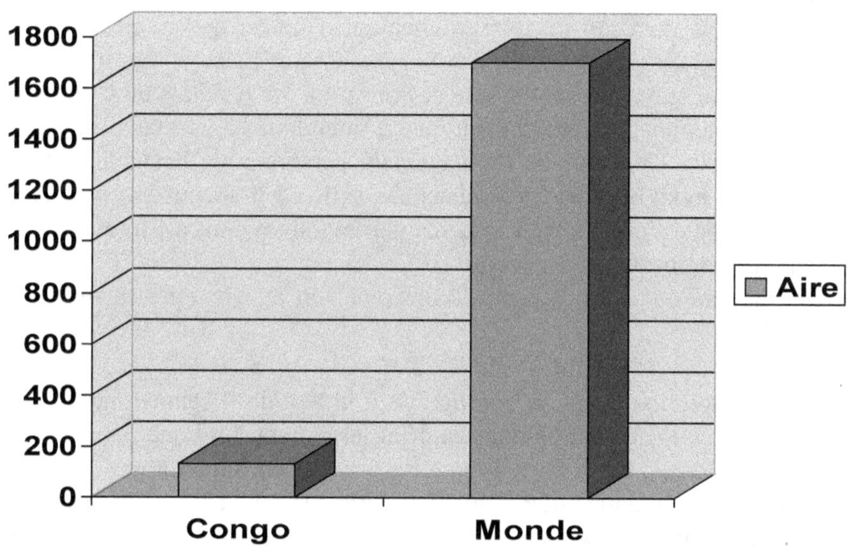


Source : de l'Auteur sur base des données du tableau précédent

Selon le Dr Lee White (2005) de la Cellule des changements climatiques du Gabon, « si on veut évaluer la valeur de ce puits, basée sur les prix réalistes pour une tonne de carbone, la séquestration de presque 5 milliards de tonnes de carbone de l'atmosphère par les forêts tropicales intactes correspond à une valeur marchande de près de 19 milliards de dollars par an »[501]. Sur la base des chiffres de Mr White, de ceux du CIRAD et de nôtres tenant compte des aspects de la tourbière du Congo, nous avons

[501]Lee WHITE, *Les arbres tropicaux grandissent en absorbant les émissions de carbone,* 2005, disponible sur http://www.cbfp.org/actualites/items/article-leewhite.html [consulté le 1er décembre 2012].

estimé annuellement à 2,750 milliards[502] de dollars les ressources que la RDC pourrait réclamer auprès de la communauté internationale au titre de sa contribution à la lutte contre le réchauffement climatique dans le cadre de la gestion durable des forêts.

S'agissant du niveau de l'Afrique Centrale, la question de la REDD intéresse tous les Etats. Ainsi, alors que le Gabon préparait sa participation au sommet de Copenhague auquel Lee White avait pris part, voici son opinion sur ce sommet : "Copenhague était pour moi un moment unique. C'était la première fois dans l'histoire du monde, que toute une planète se focalise sur la question de l'environnement. Elle est devenue une question politique avec les 110 chefs d'État qui étaient sur place et des milliards de personnes qui suivaient cela à la télé. Pour moi, les résultats de Copenhague ont été beaucoup plus positifs qu'on en attendait. Nous avons vu pour la première fois à Copenhague l'engagement personnel de beaucoup de chefs d'État... Il y avait un petit cercle dans une salle où il y avait 25 chefs d'États qui ont négocié l'accord de Copenhague, le Gabon était à l'intérieur et il a joué un rôle important. Cet accord de Copenhague est en train d'être discuté avec l'idée qu'on va trouver un accord plus fort au Mexique en fin d'année en 2010."[503]

Précisons qu'avant sa nomination à la tête de l'Agence nationale des parcs nationaux, Lee White était en effet largement impliqué dans un projet qui étudiait le rôle de la forêt gabonaise dans le stockage du gaz carbonique (CO2) et les dividendes que pouvait en tirer le Gabon quant au mécanisme de financement de la réduction des émissions de carbone forestier dans les pays en développement (REDD) que l'on a vulgairement appelé "Taxe carbone". Dans la foulée, Lee White a recadré les choses en disant : « Pour l'instant les forêts tropicales ne sont qualifiées dans aucun marché, et lorsque le président Sarkozy avait parlé de 13 euros la tonne, c'était pour la France. Pas pour nous. Cela concerne les pays d'annexe1, les pays développés. Le marché de carbone dans les pays développés dépasse 100 milliards. C'est énorme. C'est l'un des plus grands marchés qui existe sur la planète. Mais à cause des négociations à Kyoto, nos forêts tropicales et nos pays en voie de développement n'ont pas été qualifiés. Au moins à Copenhague on a eu un premier engagement des pays développés à mettre 5 milliards de dollars, soit

---

502 P. IBANDA KABAKA, *Fiscalité forestière et gestion durable des forêts en République démocratique du Congo*, Mémoire, Master1 Géographie économique et sociale : Politique agricole et développement durable, Université du Mans, 2011, p.56.

503 Disponible sur http://gabonreview.com/blog/lee-white-un-scientifique-a-la-tete-des-parcs-nationaux/ [consulté le 4 août 2015].

à peu près 3000 milliards de francs CFA sur la table. Pas en tant que marché de carbone mais pour booster le marché du carbone forestier. Il y a eu quand même une évolution, une reconnaissance du rôle des forêts tropicales, une reconnaissance de la bonne gouvernance environnementale que certains pays comme le Gabon ont mises en place. Et on va vers un marché de carbone qui va nous aider à aller plus loin dans notre démarche de gestion durable et de préservation de la forêt. Il y a peu d'espoir que nous ayons un vrai marché égal avant 2018 dans le cycle de négociation. Mais cela ne veut pas dire que le Gabon ne peut pas bénéficier de ce futur marché assez rapidement. Des discussions sont en cours pour pouvoir valoriser la forêt gabonaise et certaines banques (Paribas, Deutch Bank) sont prêtes à mettre sur la table non pas 13 euros par tonne mais peut-être 5 euros. Les discussions sont en cours, mais on va voir si on peut encore les concrétiser. J'ai quand même l'espoir qu'on fera quelque chose. Mais le vrai marché de carbone, pour nous c'est encore loin. »[504]

De ce fait, en ce qui concerne notre pays d'étude, la déforestation évitée par la RDC grâce à la gestion durable de son massif forestier devrait constituer le fait générateur qui devrait rapporter la grande partie de recettes publiques nécessaires pour réaliser :

- L'éradication de la pauvreté par la satisfaction des besoins humains essentiels dans les zones forestières,

- La gestion rationnelle de l'environnement grâce à la préservation de la biodiversité et au maintien de l'équilibre écologique ;

- L'aménagement et le gardiennage des zones forestières ;

- Le développement socio-économique par la matérialisation des divers programmes sectoriels et structurels du Gouvernement.

La contribution des partenaires extérieurs est plus que nécessaire, sinon déterminante dans cette gestion durable des forêts en RDC. Ce constat a été aussi fait par la FAO (2003) :

*« Compte tenu de l'exiguïté des ressources dégagées par la fiscalité forestière intérieure, le financement de la gestion durable des forêts est*

---

[504] Disponible sur http://gabonreview.com/blog/lee-white-un-scientifique-a-la-tete-des-parcs-nationaux/ [consulté le 4 août 2015].

*largement tributaire des ressources extérieures ».*[505] Par ailleurs une étude de la FAO sur les politiques fiscales dans le secteur forestier en Afrique (FAO, 2003)[506], souligne la grande dépendance des programmes forestiers nationaux vis-à-vis des financements extérieurs. Ceci montre à suffisance que l'attitude des partenaires extérieurs est décisive dans l'application effective de nouvelles politiques forestières en l'accompagnant par un renforcement des ressources. Au-delà de l'exiguïté des moyens, il se pose surtout la question de leur pérennité. En effet, afin d'avoir une politique forestière efficace, il est impérieux que le financement des budgets forestiers soit stable et pérenne. Cela a pour mérite d'avoir des objectifs de moyen et long termes de gestion durable des forêts ainsi que d'éradication de la pauvreté en milieu forestier.

Concernant la RDC, la garantie des ressources forestières stables et pérennes lui permettra de bien gérer ses forêts (Niesten E., Rice R., 2004)[507], écartant le danger que présente la déforestation de celles-ci sur les populations forestières et sur l'environnement mondial. En effet, les études menées par Brunner J. et al. (2001)[508] établissent que les émissions résultant de la déforestation tropicale représentent jusqu'à 25% des émissions mondiales annuelles du dioxyde de carbone d'origine anthropique. Ils ont estimé que d'ici 2050, la déforestation en RDC pourrait provoquer l'émission de 34,4 milliards de tonnes de $CO_2$, à peu près l'équivalent des émissions du Royaume-Uni au cours des soixante dernières années.

C'est pourquoi dans le cas de la RDC, la REDD (Réduction des émissions provenant de la déforestation et de la dégradation de la forêt) doit être un processus servant à faire réfléchir la Communauté internationale de peur de voir ce pays contraint de s'engager dans une démarche de recherche forcée des financements pour son développement économique et social. Par ailleurs, en rendant éligibles au MDP les seuls projets de boisement et reboisement et en y excluant les projets de conservation forestière, la Communauté internationale a été à la base d'un mécontentement généralisé de l'opinion congolaise.

---

505 FAO, *Situation des forêts du monde*, 2003, p.34.

506 FAO, *Idem.*

507 E. NIESTEN et R. RICE, « Gestion durable des forêts et incitations directes à la conservation de la biodiversité », dans *Revue Tiers-Monde,* 2004, n° 177.

508 J. BRUNNER et al., “Central Africa Forests, Carbon and Climate Change”, in *Climate Research* n°17, 2001, pp.229-246.

A tous égards, la tentation de passer par une mobilisation accrue de la rente forestière, détruisant une partie substantielle de la ressource forestière, est grande. L'exemple du Brésil, un pays forestier équatorial qui partage plusieurs similitudes avec la RDC, où la déforestation avance très vite du fait de l'ouverture des fronts pionniers dans les grandes forêts d'Amazonie pour les besoins de l'agriculture et de l'élevage, est éloquent à ce propos. Ainsi, ce développement agricole et forestier dans les hautes terres de l'Amazonie a causé d'énormes dégâts à l'environnement de suite de la déforestation irréversible du massif forestier amazonien. Il a également occasionné un déséquilibre entre les composantes agro-techniques, sociales, économiques et écologiques du système forestier national.

Des projets de promotion de l'exploitation forestière, de l'agriculture et de l'élevage intensifs du type amazonien[509] seraient des possibilités probables d'exploitation des forêts auxquelles les autorités congolaises réfléchiraient faute de mieux. Elles sont lassées de voir qu'on passe des sommets en sommets où l'on ne cesse de démontrer l'importance des services environnementaux mondiaux fournis par les forêts du massif congolais sans pour autant qu'ils s'en suivent des résultats significatifs sur le plan financier[510]. Dès lors, elles restent persuadées que le coût d'opportunité subi par la RDC en évitant la déforestation tous azimuts à base des pratiques prédatrices, est vraiment élevé.

Dès lors, plusieurs partenaires au développement dont la Banque mondiale soutiennent les efforts engagés par ces Etats du Bassin du Congo dans le cadre de leur politique forestière.

### 2. Intervention de la Banque mondiale dans les projets forestiers congolais

D'emblée, il sied de relever que depuis des années, le Groupe de la Banque mondiale contribue à protéger les paysages forestiers et investit dans ce secteur grâce à un certain nombre d'initiatives comme dit précédemment. Celles-ci consistent à apporter des sources de financement nouvelles, provenant de partenaires publics et privés, en vue d'une utilisation durable des ressources forestières axée sur la conservation, l'utilisation pérenne des

[509] Cfr D. NEPSTAD, E.A.S. SERRAO et R. WALKER, "Upland agricultural and forestry development in the Amazon: sustainability, criticality and resilience ", in *Ecological Economics*, n° 18,1996, pp.3-13.
[510] Opinion recueillie lors des entretiens avec les députés KUTEKALA KAAWA et KALOMBO Francis à Bruxelles les 10 et 11 juin 2016.

sols et une réduction de grande ampleur des émissions de gaz à effet de serre. Ces efforts appuient les objectifs et les réformes des politiques publiques visant à aider le pays à s'engager sur la trajectoire d'un développement sobre en carbone, tout en procurant un revenu durable et climato-résilient à tous ceux qui tirent leurs moyens de subsistance de la forêt à l'instar des populations riveraines et autochtones.

Étant donné que les émissions dégagées par l'utilisation des sols contribuent fortement au changement climatique, de nombreux pays sont très attentifs aux infléchissements qu'ils peuvent apporter dans ce domaine, dont relèvent l'agriculture et la sylviculture, et y accordent une place importante dans leur stratégie d'atténuation du changement climatique. Un certain nombre de pays développés et en développement mentionnent le potentiel des forêts pour la réduction des émissions dans leur projet de contribution nationale remis aux Nations Unies, c'est-à-dire leur plan d'action climatique. Ce potentiel peut se concrétiser à la fois par la diminution du déboisement et par l'augmentation du stockage du carbone, par exemple grâce à des plantations nouvelles et à une gestion durable des forêts.

En RDC, la Banque mondiale, avec une enveloppe de 36 millions des dollars[511], finance depuis 2015 un programme de gestion améliorée des paysages forestiers. Ce programme vise à favoriser le développement de l'agroforesterie à petite échelle ainsi que des projets agricoles générateurs des revenus pour les populations locales dans six sites dans le Bas Congo (dans chacun des districts de cette province) et sur le Plateau des Bateke dans la zone forestière de la province de Kinshasa. Dans le cadre de ce programme, la Banque soutient aussi tous les investisseurs forestiers dont le projet d'exploitation porte au moins sur 100 ha des forêts en vue de garantir un aménagement forestier concourant à la gestion durable des forêts. D'ailleurs, depuis peu, toutes les grandes entreprises forestières du Congo font des efforts pour réaliser une valorisation forestière qui tienne compte des exigences du développement durable dans ses volets environnemental, social et économique. Cela est dû essentiellement aux efforts de lutte contre le bois illégalement produit qui connaît des restrictions ou des interdictions d'importation dans les pays européens à la faveur du RBUE mais également à la multiplication des contrôles par les équipes de nouveaux ministres provinciaux de l'Environnement de la RDC qui sont soutenus par des aides

[511] Disponible sur http://www.medd.gouv.cd/v2/images/jdownload /PIF/ P162837CRMF %20CGRCP11%20Avril%202017final.pdf. [Consulté le 12 avril 2017].

financières de la Banque mondiale et d'autres bailleurs tels que l'AFD, l'USAID, le PNUD, la Norvège et la Coopération allemande.

Pour bénéficier de l'accompagnement tant technique que financier de ces bailleurs internationaux, plusieurs pays africains ont adopté des programmes forestiers compatibles avec la REDD.

### 3. Démarches de certains pays africains dans le cadre de la REDD

Lors des activités organisées du 4 au 11 décembre 2015 à Paris, en marge de la COP21, à part la RDC, trois autres pays d'Afrique qui travaillent avec le Groupe Banque mondiale ont présenté les promesses offertes par la REDD+[512] en montrant comment cette stratégie les aidait à jeter les bases nécessaires à la conservation des forêts et à une croissance économique verte. Ainsi, le Mozambique a présenté son programme intégré de gestion des paysages de la province de Zambezia. Cette région s'étend sur 3,8 millions d'hectares, dont 2,3 millions d'hectares de zones boisées, et compte les superficies parmi les plus étendues et les mieux préservées de forêt de Miombo en Afrique du Sud-Est. Ce programme devrait introduire des activités agricoles durables sur 5 000 hectares, ce qui augmenterait le revenu annuel des producteurs, car la noix de cajou et le sésame qui y sont cultivés se vendent cher sur les marchés internationaux. Une nouvelle usine de transformation de la noix de cajou, implantée en partenariat avec le secteur privé, devrait créer des emplois au niveau local. Les efforts de cartographie des communautés et d'enregistrement des agriculteurs ainsi que des résidents sur ces terres permettront d'améliorer la gestion forestière à l'échelon local.

De leur côté, les représentants de l'Éthiopie ont présenté leur programme pour les paysages forestiers de l'Oromia. Cette initiative, échelonnée sur 10 ans, vise à réduire le déboisement et les émissions de gaz à effet de serre induits par l'utilisation des sols dans toutes les régions boisées de l'État régional d'Oromia. Elle déploie une approche intégrée des paysages qui tient compte des compromis et des synergies entre forêts, cultures, bétail, eau et besoins d'énergie des ménages. Le travail mené dans l'État d'Oromia prévoit également le paiement des services écosystémiques, dans le cadre d'un système par lequel les agriculteurs et les propriétaires

[512] REDD+ signifie Réduction des émissions issues de la déforestation et de la dégradation forestière, et l'ajout du « + » correspond à la prise en compte de l'augmentation des stocks de carbone, par exemple via des pratiques sylvicoles adaptées ou des plantations.

fonciers reçoivent des incitations à gérer leurs terres de manière à offrir un service écologique, par exemple la régulation du climat, de l'eau douce, ou un air plus propre.

En République du Congo-Brazza, les autorités avaient conclu des partenariats avec des entreprises qui produisent, vendent ou achètent des matières premières forestières. Ainsi, OLAM, le géant mondial d'origine asiatique du négoce agroalimentaire, avait conclu un partenariat avec les autorités afin de rendre la culture du cacao plus respectueuse des forêts par des initiatives telles que l'intensification de la culture sous couvert forestier. OLAM avait aussi passé des accords avec les communautés vivant dans des zones de forêts dégradées afin qu'elles évitent de pratiquer la culture sur brûlis dans la forêt primaire.

Il ne s'agit là que de trois exemples de pays, par ailleurs de plus en plus nombreux, qui s'efforcent de mieux gérer et de protéger leurs ressources forestières. Lors de la COP21 à Paris, des représentants de la Côte d'Ivoire, de la République démocratique du Congo et du Libéria, accompagnés de représentants des peuples autochtones, avaient également présenté des initiatives et des partenariats innovants, qui avaient vocation à faire des forêts et de leur protection un élément central de la croissance économique et du développement durable.

Il convient d'indiquer que ce sommet mondial sur l'environnement se tenait à Paris en novembre 2015 au moment où le changement climatique continuait à causer des dégâts importants, parfois irréversibles, en Asie, en Océanie, en Afrique, au Pôle Nord et aux Etats-Unis. Durant ce sommet, les dirigeants du monde ont, non seulement évalué la mise en œuvre de résolutions adoptées lors des précédentes conférences, mais aussi discuté des mécanismes de mise en œuvre des financements multi-bailleurs nécessaires pour le soutien des efforts consentis par les pays du Sud à protéger les forêts.

En ce qui concerne la RDC, avant ce sommet de Paris, il convient de relever que la Banque mondiale avait rassemblé à Kinshasa le 10 novembre 2015, à son siège du boulevard Tshatshi à la Gombe, des journalistes, le public ainsi qu'un panel de conférenciers chapeauté par le directeur des opérations de la Banque mondiale pour la RDC, Ahmadou MOUSTAPHA NDIAYE[513]. Une façon de lancer le débat sur la question environnementale,

---

513 Cette conférence de la Banque mondiale avait pour but de faire le point sur l'état de préparation de la RDC en vue de sa participation à la COP 21 de Paris en novembre 2015. Disponible sur http://groupelavenir.org/en-marge-de-la-cop-21-la-

et en même temps de recueillir les considérations de tous sur les enjeux et les défis. Car, le même exercice était fait avec les parlementaires, la société civile et les acteurs du secteur forestier. Le directeur des opérations a soutenu qu'à la COP 21, se poserait la problématique de l'environnement, mais aussi celle des mécanismes de financement en faveur des pays du Sud, parmi lesquels la RDC. Selon M. MPANU MPANU Tosi, négociateur en chef à la COP : « *La RDC a déjà dit que s'il n'y a pas de financements adéquats, elle ne pourra pas signer l'accord de Paris* »[514] *et il a renchéri :* « *Il faut qu'on s'assure que cet accord ait une composante financière importante. Et donc, nous espérons que la promesse des 100 milliards sera confirmée et que ces 100 milliards d'ici 2020, vont constituer un plancher* »[515].

Ainsi, selon M. Laurent Debroux, coordonnateur des programmes environnement et développement durable de la BIRD, qui avait parlé de l'engagement de la Banque mondiale dans le secteur de l'environnement en RDC, les défis et les opportunités étaient nombreux. Il a déployé la carte de principaux projets financés par son institution, et qui étaient entre autres REDD. Il s'agit du Projet forêts et conservation de la nature, du Projet de gestion améliorée de paysages forestiers, du Projet de réhabilitation du réseau des parcs nationaux, du Projet d'appui au processus national REDD+ et du projet PIF (Programme des investissements forestiers). La RDC qui détenait le deuxième massif forestier du monde et un réseau hydrographique important, avait relevé Laurent Debroux, devrait être rémunérée pour sauvegarder ses forêts, afin de limiter les impacts environnementaux négatifs avec l'appui des populations locales. C'est pourquoi il faudrait dresser un agenda d'adaptation au changement climatique, surtout que l'on s'attendait à connaître des schémas climatiques plus perturbés avec des saisons pluvieuses plus longues. C'est à ces défis que devaient se préparer les dirigeants de ce pays.

En outre, monsieur Victor KABENGELE, coordonnateur du projet REDD+, avait présenté les grandes articulations de son projet qui a pour pilier central la réduction des émissions de gaz à effet de serre dues à la déforestation et la dégradation des sols. Reconnu comme premier pays à

---

banque-mondiale-lance-le-mois-de-lenvironnement-en-rdc/ [Consulté le 5 février 2017].

[514] Propos tenus par M. MPANU MPANU Tosi lors d'un entretien à Paris le 29 novembre 2015.

[515] Idem. http://www.radiookapi.net/2015/11/29/actualite/environnement/ cop-21-tosi-mpanu-mpanu-sans-financement-adequat-la-rdc-ne#sthash. ozk t17Fw. dpuf. [Consulté le 26 juillet 2017].

avoir finalisé la phase de préparation au processus REDD, sur les 47 pays pilotes, la RDC pourrait engranger des bénéfices réels aussi bien pour les communautés locales et le monde. Son collègue Dieudonné SAMBI N'SELE LUTU, coordonnateur du PFCN, avait présenté les interventions de son projet dans ses composantes et ses sous-composantes, dans le renforcement des capacités institutionnelles, la participation des communautés locales à la gestion de la forêt, et la gestion des aires protégées.

Quant à monsieur Clément VANGU, coordonnateur du projet PIF, il avait indiqué que sa structure créée en 2014, visait à accompagner le projet REDD avec un financement de 60 millions de dollars pour l'amélioration des paysages forestiers, les subventions aux communautés locales, la production des foyers améliorés, la culture des arbres avec des produits agricoles et la multiplication des pépinières. Enfin, le directeur de l'ICCN, Ben BALONGELWA, avait éclairé le public sur le projet de réhabilitation des parcs nationaux avec un accent particulier sur la lutte contre l'insécurité entretenue par les groupes armés dans les parcs nationaux, afin de favoriser la relance du tourisme[516].

Il convient de rappeler que le pays joue un rôle important dans la réduction des gaz à effets de serre. Selon les estimations des experts forestiers, les besoins s'élèveraient à 22 milliards des dollars américains pour la mise en œuvre des initiatives d'atténuation et des mesures d'adaptation sur la période 2021-2030[517]. Il s'est aussi engagé à réduire ses émissions de gaz à effet de serre à hauteur de 17%, sous condition d'avoir accès aux fonds suffisants et à l'appui technique nécessaire[518]. Cependant selon nos calculs qui sont repris supra, il faudra 27,5 milliards de dollars à la RDC pour assurer ses efforts de conservation des forêts sur dix ans (2021-2030), soit un écart de 5,5 milliards de dollars avec les estimations du gouvernement congolais.

Au regard de ce qui précède, il faut retenir que le Groupe Banque mondiale collabore actuellement avec nombre de ces pays forestiers dont la

---

[516] Cfr Banque Mondiale, Représentation en RDC, Conférence de la préparation de la conférence COP 21 précitée.

[517] Disponible sur http://www.radiookapi.net/2015/11/29/actualite/environnement/cop-21-tosi-mpanu-mpanu-sans-financement-adequat-la-rdc-ne#sthash.ozkt17Fw.dpuf. [Consulté le 26 juillet 2017].

[518] Plusieurs organisations du système des Nations-Unies assistent les pays en développement en matière forestière et environnementale notamment la FAO, le PNUE (Programme des Nations-Unies pour l'Environnement) et le PNUD.

RDC. Ceci afin de leur apporter une assistance technique et financière qui les aidera à se préparer à la REDD+, d'expérimenter les méthodes les plus efficaces tendant à préserver les moyens de subsistance des populations locales et à protéger la biodiversité. Le savoir et les enseignements acquis au cours de ce processus seront partagés ou répliqués dans d'autres pays.

Ces enseignements sont tirés dans la majorité des cas lors des évaluations parfois sommaires des politiques forestières.

### C. Evaluation des objectifs de la Réforme fiscale forestière de 2002

Nous analyserons l'impact de la réforme forestière sur la macro-économie (1), la GDF (2), la déforestation (3), la vie des populations forestières (4) ainsi que leur pauvreté (5).

#### 1. Impact de la réforme sur le cadre macro-économique

Evolution des recettes forestières en dollars

| | 2001 | 2004 | 2008 |
|---|---|---|---|
| Recettes forestières | 4.742.000 | 6.800.000 | 7.200.000 |
| Augmentation | | 43% | 52% |

Source : DGRAD, Document de travail sur la fiscalité forestière, 2009, p.9.

L'analyse des recettes publiques forestières contenues dans le tableau ci-dessus et prélevées par la DGRAD[519], renseigne que celles-ci ont augmenté par rapport à la période précédant la réforme forestière. Deux ans après la mise en œuvre de la réforme fiscale forestière, les recettes ont progressé de 43 %. Ensuite de 2004 à 2008, elles ont connu une légère hausse de 6 %. Toutefois, cette augmentation des prélèvements fiscaux forestiers est de 52 % dans la période allant de 2001 à 2008 et est tributaire du rehaussement des prix des redevances forestières ainsi que de la montée des prix des enchères d'attribution des concessions forestières.

[519] Direction générale des recettes administratives, judiciaires, domaniales et de participation.

Selon la Direction générale des Recettes administratives, judiciaires, domaniales et de participation (DGRAD), le secteur forestier formel contribuerait au PIB à hauteur de 1 % avec des recettes fiscales réalisées en 2007 de plus de 4,6 millions de dollars uniquement comptabilisées sur la base de la redevance de superficie. La valeur des exportations de bois d'œuvre est croissante passant de plus de 6,9 millions euros en 2002 à plus de 35,3 millions euros en 2006. Le secteur forestier industriel comptait 15.000 emplois directs en 2007 selon la Fédération des industriels du Bois en RDC[520], ce qui correspond exactement à la taille des emplois offerts par le secteur forestier camerounais, comme vu supra[521], pour la même période. Rapporté à la taille de la RDC (4 fois plus peuplée que le Cameroun, 6 fois plus grande que le Cameroun), le secteur forestier congolais est moins performant en termes relatifs et offre moins d'emplois rapporté à la population active totale. En rappel, la forêt camerounaise couvre environ 20 millions d'hectares (40% du territoire), représente environ 30% de la valeur des exportations nationales non pétrolières, contribue à environ 6% de la richesse nationale, et fournit de l'emploi à près de 168 000 personnes en milieu rural.

Part des recettes forestières dans les finances publiques en 2014

| | Recettes forestières | Recettes publiques | % |
|---|---|---|---|
| 2014 | 38 millions de dollars | 8 milliards de dollars | 0,47(moins d'1%) |

Source : BCC, Condensé d'informations statistiques, n° 3, 2015.

520 http://www.observatoire-comifac.net/docs/edf2008/FR/Etat-des-forets_2008-07.pdf.[Consulté le 12 avril 2016].

521 Cfr paragraphe 2 de la 2ème section du chapitre 1er de la 2ème partie traitant de la réforme forestière camerounaise.

Recettes forestières dans les recettes publiques en 2014

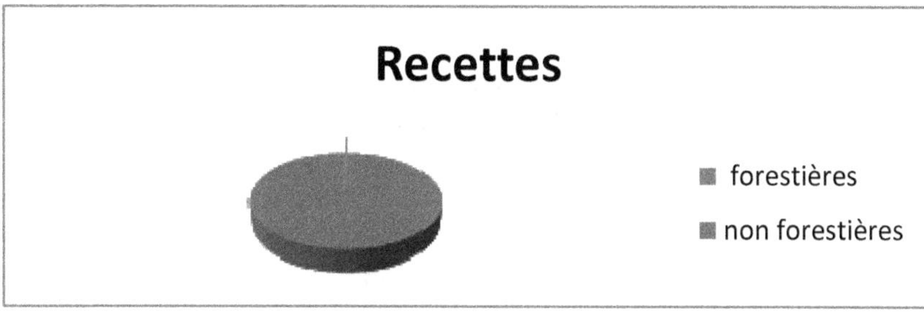


Source : de l'auteur sur base des données de la BCC, 2016.

En 2014, les recettes fiscales forestières avoisinaient les 38 millions de dollars sur un budget général total de presque 8 milliards de dollars des recettes publiques, soit moins de 0,5% des recettes publiques de la RDC. Ceci montre que la fiscalité forestière n'a pas une place de choix dans la mobilisation des recettes fiscales au sein de ce pays. Avec une contribution de moins d'un pourcent à l'ensemble de recettes publiques de l'Etat, le secteur forestier dispose encore de marge certaine de progression dans le redressement des finances publiques nationales. Il convient de relever qu'au regard de la valeur estimée du bois et des produits forestiers non ligneux exploités en RDC, les recettes fiscales forestières perçues sont insignifiantes en termes relatifs. En effet, l'étude de l'évolution de la production exportée du bois contenue dans le tableau suivant corrobore ce constat.

Evolution de la production exportée du bois en $m^3$

| | Grumes | Sciés | Placages |
|---|---|---|---|
| 2004 | 99881 | 34616 | 5004 |
| 2005 | 117845 | 30062 | 7762 |
| 2006 | 150505 | 25253 | 6524 |
| 2007 | 213308 | 35959 | 2631 |

Source : Banque Centrale du Congo, Condensé d'informations statistiques, n°4,2008, p.12.

Le tableau précédent relatif à l'évolution de la production du bois montre que la production du bois a plus que doublé en 3 ans (de 2004 à

2007), soit une augmentation de 113 % au moment où les recettes forestières avaient du mal à accroître. Après analyse, il apparaît que l'augmentation relative de la production du bois est plus que proportionnelle à l'augmentation relative des recettes fiscales forestières cinq ans après la réforme forestière de 2002. C'est pour autant dire qu'une bonne partie de l'augmentation de la production forestière n'a pas été transformée en recettes publiques. Cette absence de captation d'une partie de la rente forestière après la réforme fiscale forestière de 2002 atteste la faiblesse de la gouvernance publique des ressources forestières en RDC. Cela montre également le fait que la réforme fiscale forestière, au lieu de freiner l'exploitation effrénée des forêts du Bassin du Congo, a amplifié leur surexploitation.

Néanmoins, il convient de relever que l'exploitation des forêts n'est pas une activité à décourager. Elle répond à un besoin économique réel de mise à disposition des autres secteurs économiques (BTP, papeterie, meubles,) du bois dont ils ont besoin. C'est une activité économique qui permet aux exploitants forestiers de participer à la croissance économique, à la création des emplois, aux charges publiques et à la lutte contre la pauvreté en milieu forestier. Par contre, cette exploitation forestière doit contribuer au renouvellement des ressources forestières en mettant en œuvre un programme d'aménagement durable des forêts qui doit permettre de replanter des nouveaux arbres (sylviculture, programme de reforestation, etc.). C'est ce qui est désormais qualifié d'exploitation-valorisation. Mais en RDC, à cause de la concussion des agents publics occasionnant l'inefficacité de leurs contrôles, l'exploitation forestière rime avec le pillage des ressources naturelles du pays et est devenue une activité décriée par plusieurs observateurs.

Exportation des bois en $m^3$

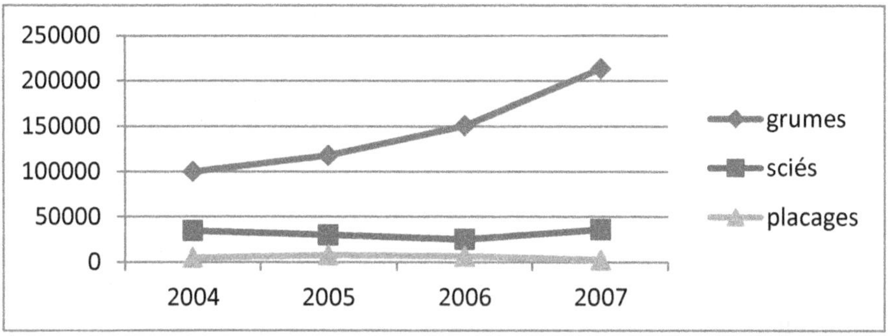


Source : de l'auteur à partir des données du tableau précédent.

L'objectif tendant à accroître la valeur ajoutée au niveau local dans la transformation du bois, a été un échec patent du fait de la poursuite des exportations accrues des grumes au moment où les produits transformés (sciés et placages) ont fait du surplace en volumes. En effet, la majorité des entreprises forestières assurent peu de transformation locale du bois, ce qui n'améliore pas la valeur ajoutée sur le plan interne. Cependant elles sont actives dans l'accroissement des exportations du bois non transformé en direction principalement de la Chine qui est devenue le principal client du bois congolais et en second lieu vers les pays du Nord (Europe) qui demeurent des importateurs traditionnels de ce bois.

Ces exportations du bois ont une incidence sur l'exploitation des forêts et sur la GDF.

**2. Impact de l'exploitation des forêts sur la GDF**

Il convient de signaler que l'objectif de gestion durable des forêts (GDF) est le mieux favorisé par toutes les formes de propriété foncière qui permettent le maintien du couvert forestier ainsi que l'entretien, l'aménagement durable et la protection des forêts. On a vu ci-haut[522] que le domaine forestier de l'Etat couvre toutes les forêts en République démocratique du Congo.

Les forêts classées ont une destination écologique avérée ainsi qu'un rôle à jouer dans le maintien du couvert forestier. Il est indéniable qu'elles concourent à l'objectif de gestion durable des forêts. Néanmoins, nous avons

[522] Voir 2ème paragraphe de la 1ère section du chapitre 2 de la 2ème partie.

relevé supra les tares qui caractérisent la gestion publique des ressources forestières en RDC notamment la corruption ainsi que la mauvaise gouvernance au niveau du gouvernement ainsi que de l'Administration forestière et fiscale. Cela a entraîné par exemple la concession de plusieurs millions d'hectares des forêts pourtant classées, donc inaliénables et insusceptibles d'être l'objet de concession forestière, en les faisant disparaître dans le plan de zonage. Ces comportements délictueux dans le chef des agents publics de l'Etat congolais diminuent l'impact de l'Etat propriétaire forestier sur la gestion durable des forêts.

En ce qui concerne les forêts du domaine privé de l'Etat qui comprennent les forêts protégées et les forêts de production permanente, il sied de dire que les forêts protégées jouent un rôle écologique certain tant qu'elles ne sont pas encore concédées. De plus, le fait qu'elles soient susceptibles de se transformer en concession forestière, réduit leur effet sur la gestion durable des forêts. Quant aux concessions forestières qui sont des droits réels détenus par les exploitants forestiers privés dont le but est de couper du bois pour les revendre, elles sont susceptibles de concourir à la GDF à condition qu'elles respectent le plan d'aménagement forestier prévu dans le cadre des contrats de concession forestière[523]. Néanmoins plusieurs exploitants forestiers ont généralement une démarche contraire à la gestion durable des forêts. Car, il a été constaté qu'ils font de la surexploitation des ressources, ce qui a fait dire à certains observateurs qu'il y a pillage des ressources forestières du Bassin du Congo d'une part et d'autre part, profitant de la concussion des autorités publiques, ils n'ont pas respecté le moratoire décidé en 2003 sur l'octroi des nouveaux titres sur les concessions.

---

523 L'exploitation des forêts n'est pas une mauvaise activité à décourager. Elle répond à un besoin économique réel de mise à disposition des autres secteurs économiques (BTP, papeterie, meubles…) du bois dont ils ont besoin. C'est une bonne activité qui permet aux exploitants forestiers de participer à la croissance économique, à la création des emplois, aux finances publiques et à la lutte contre la pauvreté en milieu forestier. Par contre, cette exploitation forestière doit contribuer au renouvellement des ressources forestières en mettant en œuvre un plan d'aménagement forestier qui doit permettre de replanter de nouveaux arbres (sylviculture, programme de reforestation, etc.). C'est ce qui est désormais qualifiée d'exploitation-valorisation. Mais en RDC, à cause de la concussion des agents publics et de l'inefficacité de leur contrôle, l'exploitation forestière rime avec le pillage des ressources naturelles du pays et est devenue une activité décriée par plusieurs observateurs.

Pour les communautés locales qui sont composées des populations autochtones et riveraines, les forêts sont indispensables à leur survie. En effet, les forêts leur donnent la nourriture (mère nourricière), l'emploi, les revenus et les plantes pour les soins de santé. C'est aussi le milieu pour leur culture et parfois leur habitat. Les forêts sont tout pour ces individus. Dans ces communautés, la propriété sur les forêts est collective en ce sens que personne ne peut aliéner la forêt qui est un bien de la communauté, donc un patrimoine foncier collectif assimilable à un bien public. Ce régime coutumier est marqué par un droit collectif sur les forêts dans lequel on admet un droit d'usage individuel au niveau familial pour assurer la subsistance de la maisonnée. La gestion des forêts par les populations autochtones et riveraines assure la participation de tous les membres de la communauté à l'entretien et à la protection durable des forêts. Aujourd'hui, en RDC, ce droit collectif des communautés locales est un mécanisme qui garantit l'équité sociale tout en poursuivant le développement durable des ressources forestières.

Ainsi, vu la corruption des agents publics qui nuit au rôle de l'Etat dans la GDF, et considérant la surexploitation des forêts opérée par les concessionnaires forestiers privés, il apparaît que seuls les droits fonciers détenus par les communautés locales n'ont pas d'effets pernicieux sur la gestion durable des forêts. Ceci vient confirmer la définition de la GDF qui se veut une gestion forestière écologiquement durable et socialement équitable qui consiste à mieux intégrer les populations locales dans le processus de gestion de la ressource forestière.

Néanmoins, certains riverains des forêts notamment celles avoisinant les villes contribuent de manière significative à la déforestation par la production du bois-énergie appelé charbon de bois en RDC.A cet effet, le ministère de l'Environnement et Conservation a récemment dévoilé à la communauté internationale les premiers résultats de son analyse historique de changement du couvert forestier du pays pour la période 1990-2010.

Les résultats publiés contiennent notamment une carte forestière de référence pour l'année 1990, ainsi qu'une analyse de changement de la couverture forestière pour la période 1990-2010. Les résultats pour l'année 2010 démontrent que la RDC possède une superficie forestière légèrement plus élevée que certaines estimations produites par le passé, soit une superficie de 152.605.529 ha. Cela correspond à 66% de la superficie totale du pays.

Par ailleurs, l'analyse démontre que le pays a perdu 10 millions d' hectares de son couvert forestier durant la période 1990-2010, soit une perte annuelle d'environ 500.000 ha, pour un taux de déforestation estimé à 0,40 %. Les résultats viennent également confirmer certains points chauds de déforestation du pays, à savoir les provinces Orientale, Bandundu, Équateur et Katanga. Ensemble, ces quatre provinces comptent pour 73% de la déforestation observée durant la période.[524]

Etat de la déforestation en RDC

CARTE 7 : Distribution de la production par titre forestier pour l'année 2008

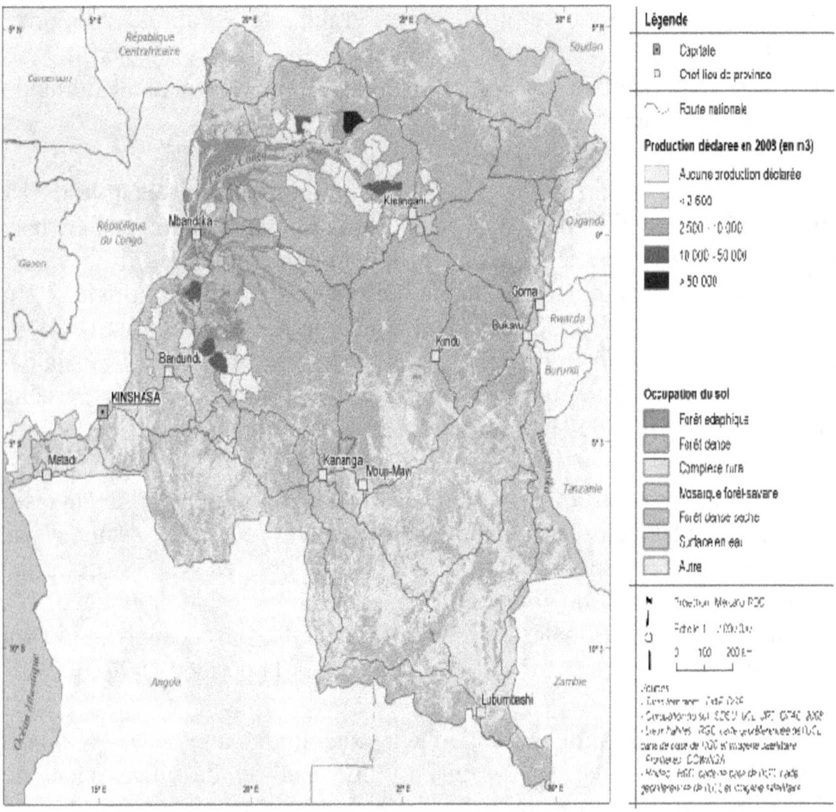


Source : WRI, 2012

[524] Disponible sur http://www.unredd.net/ (Consulté le 2 octobre 2016).

Il a été estimé que le taux de déforestation en RDC est d'environ 0,4% par année. Ce chiffre est bas par rapport au reste du continent, mais il traduit tout de même une perte brute de 400.000 à 500.000 hectares de forêts par année[525]. La perte de forêts affecte principalement la province fortement exploitée du Bas-Congo, les provinces forestières de l'Est ainsi les zones forestières situées près des grandes villes comme Kinshasa, Kisangani et Bukavu.

La déforestation qui accable toutes ces forêts tire son origine de plusieurs causes.

### 3. Causes de la déforestation

La déforestation et la dégradation des forêts en RDC sont causées essentiellement par l'exploitation forestière[526], l'agriculture itinérante sur brûlis[527], les feux de brousse qui sont dorénavant encadrés sinon interdits par le droit forestier congolais (art.82 du code forestier) mais surtout en ce qui concerne les forêts avoisinant les aires urbaines dont Kinshasa par la production du charbon de chauffage ainsi que du bois de chauffe qui constituent les principales sources d'énergie de cuisson pour la majorité des ménages dans un contexte fait de l'intermittence ou de l'absence du courant électrique.

---

525 V. EHRENSTEIN, « Les professionnels de la préparation. Aider la République démocratique du Congo à réduire sa déforestation : programme REDD+ », in *Sociologies pratiques*, 2013, n° 2, pp. 91-104.

526 Selon Aurélien AUSSET, la troisième cause de déforestation est l'exploitation forestière intensive et mécanisée de toutes les essences à valeur commerciale. Cela étant il faut savoir qu'un arbre produira 50% de déchets lors de son exploitation. La FAO estime que 6 millions d'hectares de forêts sont exploités chaque année: le rythme a doublé en 30 ans. Cette exploitation a des effets négatifs sur le reste de la forêt. En effet, en Amazonie les routes (et donc une certaine urbanisation) dégradent le cycle de l'eau des forêts dans un large périmètre de quelques kilomètres autour de l'exploitation. Disponible sur https://scribium.com/aurelien-ausset/a/la-deforestation-en-zone-tropicale/ (consulté le 29/01/2016).

527 Selon Aurélien AUSSET, l'agriculture sur brûlis est une agriculture semi-itinérante de plus en plus pratiquée. Elle constitue la principale cause de déforestation : 70% des cas en Afrique, 50% des cas en Asie. Le feu a certes un effet purificateur : il élimine les champignons et bactéries pathogènes mais réduit aussi la biodiversité. Il a aussi un effet négatif sur le sol car ce dernier perd des capacités de drainage laissant place au ruissellement et à l'érosion. Disponible sur https://scribium.com/aurelien-ausset/a/la-deforestation-en-zone-tropicale/ (consulté le 29/01/2016).

Ensuite, depuis 2002, profitant de l'instabilité politique, de dizaine de milliers d'éleveurs Mbororo, populations de religion musulmane venues du Nord de l'Afrique (Tchad, Centrafrique, Soudan, Ouganda), avec plus d'un million des vaches, sont entrés en RDC et ont occasionné l'extension des surfaces cultivées pour nourrir ces nouveaux venus. Egalement, en faisant paître leurs bêtes, ils ont contribué à un accroissement brutal de la charge du bétail sur les zones de pâturage, entrainant ainsi la déforestation des savanes arborées et des espaces forestiers du fait de ce surpâturage. La présence de ces éleveurs étrangers, qui sont des déplacés climatiques, se déplaçant, par la transhumance, du Nord au Sud et de l'Est vers l'Ouest, à la recherche des espaces verts et de l'eau pour leur bétail, constitue une sérieuse menace à l'égard de l'environnement et de la paix[528] , car de nombreux conflits ont été signalés notamment dans les Uélés ( Haut-Congo) où ces éleveurs généralement armés sont fréquemment opposés aux cultivateurs autochtones dont les champs sont saccagés par les vaches.

En RDC, il y a une sixième cause qui est due à l'exploitation minière illégale et incontrôlée essentiellement à l'Est du pays où les forêts des parcs nationaux de Virunga ainsi que d'autres aires pourtant protégées sont détruites par de hors-la-loi notamment les groupes armés ainsi que des exploitants artisanaux dont le nombre avoisinerait un million d'individus.

Par ailleurs, afin de limiter la déforestation relative à la production du charbon de bois de chauffage et au bois de chauffe, il convient de développer des énergies domestiques alternatives comme le gaz butane domestique largement utilisé dans les pays sahéliens de l'Afrique de l'Ouest (Sénégal, Mali, Niger, etc.), des foyers-chaudières (Mbabola) améliorés susceptibles de consommer moins de braises, mais surtout de développer des énergies durables. Ceci notamment par la construction de micro-barrages sur les nombreux cours d'eau que compte ce pays afin d'assurer une fourniture stable de l'énergie hydroélectrique (énergie propre ; le barrage d'Inga sur le fleuve Congo est potentiellement l'un de plus grands complexes hydroélectriques au monde, avec le barrage de Trois-Gorges en Chine et d'Assouan en Egypte) capables de produire et de fournir auprès des usines et des ménages près de 4500 mégawatts d'électricité.

---

[528] A. AGENONGA CHOBER, *La transhumance des éleveurs Mbororo et l'insécurité en RD Congo : Quelles leçons sécuritaires face aux flux transnationaux?* 2016. Disponible sur http://www.thinkingafrica.org/V2/la-transhumance-des-eleveurs-mbororo-et-linsecurite-en-rd-congo/. [Consulté le 28 janvier 2018].

La consommation totale d'énergie de la RDC en 2008 était de 22 millions de tonnes d'équivalent pétrole (MTEP), dont environ 75% pour l'usage domestique, 22% pour l'usage industriel et 1% pour le transport[529]. La biomasse (dont le bois énergie) couvre, selon les estimations, 92% de la consommation d'énergie du pays, suivi de l'hydroélectricité avec 4%, du pétrole avec 3% et du charbon minéral avec 1% (Ministère de l'Energie, 2009)[530]. Plus de 90% de la demande de cette forme d'énergie relève du secteur des ménages.

Cependant la RDC demeure un grand pays qui est doté d'importantes ressources hydroélectriques dont le potentiel exploitable est évalué à 774 .000 kWh, soit 35% du potentiel du continent africain et 8% du potentiel annuel mondial. Ce potentiel se traduit par une puissance exploitable connue de 88.400 MWh dont près de 44.000 MWh sont concentrés dans le barrage d'Inga sur le fleuve Congo. Cependant, ce barrage opère à 40% de sa capacité et la plupart de sa production est exportée au lieu de satisfaire les besoins nationaux. En outre, la Société Nationale d'Électricité (SNEL) connaît de grandes difficultés de maintenance des installations dédiées à la production, au transport et à la distribution de l'électricité.

Le taux d'accès à l'électricité dans le pays est estimé à une moyenne de 6% : 1% pour les zones rurales et 30% pour les zones urbaines[531] . La faible utilisation de l'énergie hydroélectrique ainsi que des autres énergies renouvelables (solaire, éolienne, géothermique, etc.) dont ce pays est pourtant abondamment doté est l'une de causes qui obligent les populations à pratiquer la déforestation.

A l'instar de la réforme forestière du Cameroun en 1994 (CARRET, 2000)[532], les résultats de la réforme fiscale forestière opérée en RDC sont semblables. Sur les deux objectifs principaux poursuivis par la Banque Mondiale en mettant en œuvre cette politique forestière à savoir l'augmentation des recettes publiques et l'aménagement durable des forêts, l'un seulement a été atteint bien que de façon modeste. Il s'agit de l'augmentation des recettes fiscales forestières. En revanche le deuxième objectif portant sur la gestion durable des forêts et leur aménagement n'a pas

529 J. SCHURE, V. INGRAM et C. AKALAKOU-MAYIMBA, *Bois énergie en RDC : Analyse de la filière des villes de Kinshasa et de Kisangani,* CIFOR, Projet Makala- Gérer durablement la ressource bois énergie, Kinshasa, 2011, p.12.
530 Ministère de l'Energie de la RDC, cité par J. SCHURE et al. , Op. Cit.
531 *Idem.*
532 J.-M. CARRET, *Idem.*

été atteint vu l'avancée de la déforestation ainsi que la progression sensible de la production de bois présupposant l'augmentation de l'exploitation forestière de 2004 à 2007, soit une hausse de 113 % en 3 ans.

Cette exploitation forestière influe généralement sur les droits des populations et le développement territorial.

### 4. Impact sur les droits des populations et le développement local en zone forestière

Comme nous l'avons vu précédemment, la réforme forestière de 2002 poursuivait également des objectifs de promotion des droits des riverains et de développement local des zones forestières. En nous appuyant sur certaines données, nous allons voir si ces objectifs ont été atteints ou non.

Problèmes majeurs des populations forestières en RDC en 2009 par provinces

| | NORD-KIVU | PROVINCE ORIENTALE | BANDU-NDU | EQUA-TEUR |
|---|---|---|---|---|
| 1. Accès à la terre | oui | oui | oui | oui |
| 2. Appui à l'agro-pastoral | oui | - | - | - |
| 3. Activités génératrices des revenus | oui | oui | oui | oui |
| 4. Accès à l'emploi | oui | oui | oui | oui |
| 5. Vulgarisation des lois et adoption des politiques de protection | oui | _ | oui | _ |
| 6. Construction et réhabilitation des routes de desserte agricole | oui | oui | oui | oui |
| 7. Accès aux soins de santé | oui | oui | oui | oui |
| 8. Aménagement des sources d'eau potable | oui | _ | _ | oui |
| 9. Accès à un enseignement gratuit des enfants | oui | oui | oui | oui |
| 10. Accès aux micro-crédits | oui | - | oui | oui |
| 11. Restauration de l'Etat de droit et restitution de leurs champs spoliés | oui | oui | oui | oui |
| 12. Bénéfice de la rétrocession des recettes forestières | oui | oui | oui | oui |
| 13. Participation à l'élaboration des cahiers des charges | oui | oui | oui | oui |
| 14. Participation à l'exploitation durable des forêts | oui | oui | oui | oui |

Source : Ministère de l'Environnement, Rapport des ateliers provinciaux de consultation approfondie des populations autochtones sur le programme national Forêts et Conservation, 2009.

Selon ce rapport du Ministère Congolais de l'Environnement de 2009, les problèmes majeurs des populations forestières sont les suivants : l'éducation, la santé, l'emploi, l'agriculture, le respect de leurs droits, les activités génératrices des revenus, la desserte de leurs villages, la rétrocession des recettes forestières, l'élaboration des cahiers des charges avec les exploitants forestiers ainsi que la gestion durable des forêts.

Pour la santé, l'accès aux soins primaires constitue un souci majeur pour les 4 provinces consultées. En effet, les populations forestières continuent de demander la construction des hôpitaux et des centres de santé, la fourniture des médicaments et matériel médical, ainsi que l'aménagement de sources d'eau potable.

L'accès à l'éducation des enfants est également sollicité dans la totalité des provinces consultées. A ce propos, les actions exigées sont : la construction des écoles, l'octroi des fournitures scolaires, la mise à disposition des bourses d'études et la création des centres d'alphabétisation pour les adultes.

De même, l'accès aux terres forestières pour pratiquer l'agriculture demeure une préoccupation pour tout le monde. Dès lors, il est demandé le respect de leurs droits sur leurs terres[533], la restitution des champs spoliés, l'appui matériel (semences, machettes, houes, pioches, filets de pêche) et la construction des routes de desserte agricole afin de désenclaver les villages et d'évacuer les produits agricoles.

S'agissant de l'accès aux activités génératrices des revenus, c'est aussi l'une des grandes préoccupations de ces populations. En effet, 100% des personnes consultées ont émis le vœu d'en disposer. Car c'est le seul moyen de lutter durablement contre la pauvreté. Au nombre de ces activités, il convient de citer notamment l'emploi rémunéré, la vente des produits agricoles et de la pêche et la commercialisation des PFNL (produits forestiers non ligneux)[534]. Selon l'enquête réalisée auprès de 193 ménages forestiers en 2005 en RDC, il a été établi que 85% des ménages ont reconnu

[533]Les populations forestières d'Itombwe dans le Kivu ont été chassées de leurs terres en 2006 au moment de la constitution de la réserve naturelle d'Itombwe comme le dit MUSAFIRI RUBUYE, *Op.cit.,* p.7.

[534] Par produits forestiers non ligneux, il faut entendre les noix, les feuilles, les fruits, les écorces, le bois de chauffage, les champignons, le rotin, la viande de brousse, les chenilles et la sève de palme notamment, et de manière générale, les produits dont le prélèvement est compatible avec les principes d'une gestion durable et non extractive des forêts.

l'importance des PFNL dans la réduction de la pauvreté, car ils procurent des revenus qui concurrencent ou dépassent les salaires des fonctionnaires locaux[535].

Quant à la rétrocession de la fiscalité forestière et aux avantages du cahier des charges, l'exclusivité des individus consultés ont souhaité que les populations riveraines des forêts soient associées dans le mécanisme de rétrocession fiscale notamment au niveau de la gestion et de l'affectation des fonds rétrocédés[536]. Ils ont revendiqué l'indemnisation des peuples autochtones en tant que garants de la forêt [537]. Néanmoins ce mécanisme de rétrocession n'a nullement été activé par les pouvoirs publics congolais ou seulement dans une moindre mesure.

Par ailleurs, pour leur faire bénéficier les avantages des cahiers de charges, elles ont proposé la réalisation d'une cartographie participative[538] afin d'identifier les forêts autochtones, l'instauration d'un cadre de concertation dans l'élaboration desdits cahiers et leur accompagnement lors de négociation des cahiers des charges avec les exploitants forestiers. Il convient de relever qu'aucune de ces trois dernières propositions n'a été réalisée par les autorités au profit des populations forestières.

Au sujet de la protection de leurs divers droits, elles ont également sollicité que la RDC ratifie la Convention 169 de l'OIT qui est un traité international, donc un instrument juridique contraignant, qui protège les droits des peuples autochtones et indigènes. Par ailleurs, elles ont déploré l'exploitation illégale de certaines forêts violant les normes d'une gestion durable des forêts notamment par des exploitants chinois et autres qui détournent les droits d'usage artisanaux accordés par la loi forestière aux communautés locales forestières.

A voir cette longue liste des revendications, nous pouvons dire que le programme national forêts et conservation a encore du chemin à faire pour la protection des droits et le développement des populations forestières. Car rares sont les desiderata des populations riveraines et autochtones des forêts

---

[535] J.C. TIEGUHONG et al., « S'adapter à la crise en Afrique Centrale : le rôle accru des produits forestiers non ligneux », in *Unasylva,* vol.60, n° 233(3), 2009, p.51.

[536] Ministère de l'Environnement de la RDC, *Rapport des ateliers provinciaux de consultation approfondie des populations autochtones sur le programme national Forêts et Conservation*, Kinshasa, 2009, p.63.

[537] *Idem*

[538] *Ibidem.*

qui ont été mis en œuvre par les autorités congolaises afin de garantir l'effectivité de leurs droits d'une part et d'autre part d'assurer l'amélioration générale de leurs conditions de vie dans leur milieu naturel qu'est la forêt.

Incidence de la pauvreté selon le milieu de résidence et le secteur d'activité en RDC en 2009

| | Ensemble de la RDC |
|---|---|
| MILIEU | |
| Urbain | 61,5% |
| Rural (et forestier) | 75,7% |
| SECTEUR INSTITUTIONNEL | |
| Informel agricole | 77,1% |
| Informel non agricole | 64,5% |
| Inactifs, retraités et chômeurs | 67,1% |

Source : PNUD Congo, Profil résumé de la pauvreté et conditions de vie de la Province de l'Equateur, mars 2009.

Il ressort des statistiques du tableau ci-haut que plus de 7 ménages sur dix vivent dans la pauvreté en RDC. L'incidence de la pauvreté nationale est estimée à 71,3% en RDC, elle varie de 41,6% à 93,6% selon les provinces[539] . La pauvreté touche 76 % des individus en milieu forestier, soit presque 8 personnes sur 10 du moment qu'elle ne concerne que 6 personnes sur 10 en milieu urbain. Cela signifie que la pauvreté demeure, malgré l'instauration de cette réforme forestière, un phénomène rural de masse en RDC. De plus, elle concerne 77 % des ménages agricoles contre 65 % des ménages non agricoles. En d'autres termes, plus les individus dépendent des activités génératrices des revenus à caractère agricole, plus ils sont exposés à la pauvreté. Selon le PNUD Congo (2009), cette situation entraine des niveaux élevés de malnutrition et de mortalité infantile.

Les indicateurs socio-économiques montrent par ailleurs des conditions de vie très précaires. La quasi-totalité des ménages n'ont accès ni à l'eau potable, ni à l'électricité ni aux services de voirie. L'accès aux services de santé et d'éducation est limité, la barrière est essentiellement financière. Enfin, l'égalité des chances entre hommes et femmes sur le

539 PNUD CONGO, *Profil résumé de la pauvreté et conditions de vie de la Province de l'Equateur,* Kinshasa, 2009, p.2.

marché du travail et dans le domaine de l'éducation est loin d'être acquise. Elle est pourtant nécessaire pour combattre la pauvreté.[540]

Il convient de relever qu'il y a 14 % des pauvres de plus en milieu rural et forestier par rapport au milieu urbain. Cela signifie que, par rapport aux populations urbaines celles du milieu rural sont plus démunies et qu'en moyenne, les ressources nécessaires pour affranchir un pauvre rural de sa situation sont plus importantes que pour un citadin. Dès lors, la stratégie de réduction de la pauvreté doit plus cibler les populations rurales et forestières que les populations urbaines.

Evolution de l'indicateur de développement humain de la RDC

| | 2002 | 2006 | 2012 |
|---|---|---|---|
| IDH | 0,395 | 0,414 | 0,392 |
| Espérance de vie à la naissance (années) | 44,1 | 43,3 | 48,7 |
| Taux brut de scolarisation | 34,3 | 30,7 | - |
| Revenu annuel par habitant | 237 | - | 319 |

Source : PNUD Congo, Rapport national de développement humain 2008 et PNUD, Indices de développement humain : tendances de 1980 à aujourd'hui.

[540] PNUD CONGO, *Ibidem,* p.4.

Evolution de l'IDH entre 2006 et 2012

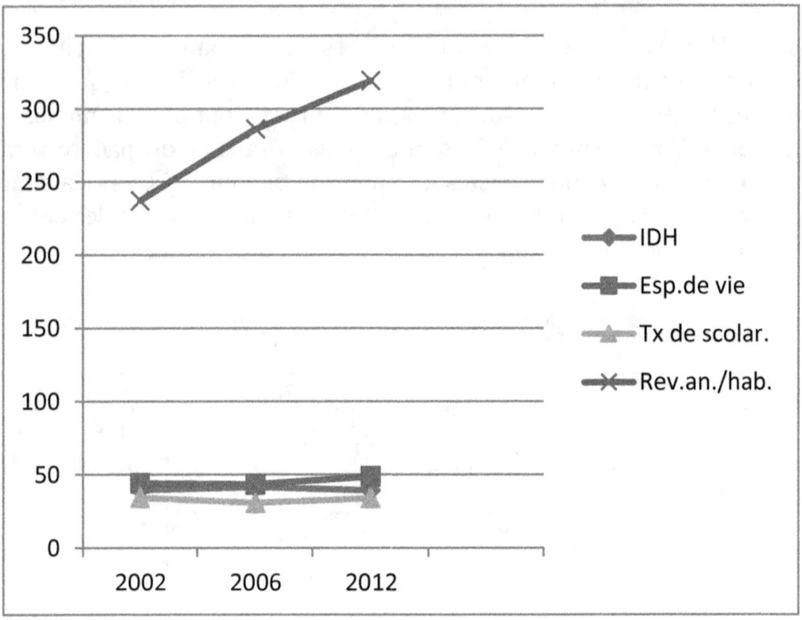


Source : de l'auteur à partir des données du tableau précédent

L'indicateur de développement humain étant l'outil statistique mis en place depuis 1990 pour rapporter sur le développement et la pauvreté des pays, il nous permettra d'apprécier l'impact de la politique forestière ainsi que des autres politiques publiques sur la réduction de la pauvreté et le développement local en milieu forestier congolais. Ne disposant pas de statistiques spécifiques à la politique forestière et au milieu rural, nous ferons une déduction sur base des données agrégées se rapportant à l'IDH global du pays.

Selon les indices contenus dans le tableau précédent sur l'IDH, en 2013 à titre illustratif, la RDC a terminé une nouvelle fois dernière au 186e rang, ex aequo avec le Niger, du classement de l'indice de développement humain, malgré quelques améliorations. Selon le PNUD[541], qui a confié à l'université d'Oxford son étude locale sur la pauvreté, 87,7 % de la

541 PNUD, *Rapport sur le développement humain 2012*, New York, mars 2013, p. 98.

population vivant en RDC était en dessous du seuil de pauvreté, fixé à 1,25 dollar par jour. De ce fait, près de trois quarts de 70 millions des Congolais (74%) vivent en dessous du seuil de pauvreté multidimensionnelle qui tient compte de l'accès aux soins de santé, de l'éducation et du revenu.

Néanmoins, selon le journal Lemonde.fr du 13 mars 2013[542], il y avait quand-même, quelques améliorations des indices composant l'IDH en RDC. En effet, « entre 2000 et 2012, l'espérance de vie est passée de 45,7 ans à 48,7 ans, la durée moyenne de scolarisation de 4,4 ans à 8,5 ans et le revenu par habitant a crû de 34,6%, passant de 237 à 319 dollars par habitant et par an »[543].

Cependant, il sied de dire qu'un revenu annuel par habitant de moins de 1000 euros est loin de contribuer à l'amélioration des conditions de vie de la population et d'entraîner le développement économique de la Nation congolaise. En effet, selon plusieurs économistes, l'augmentation du revenu par habitant qui se matérialise par l'accroissement du pouvoir d'achat de la population est un facteur décisif qui permet l'élargissement du marché intérieur par le biais de l'augmentation de la consommation, qui est l'un des moteurs de la croissance aux cotés de l'investissement tant des entreprises que de l'Etat[544]. Et c'est l'accumulation de plusieurs années successives de croissance qui assure les conditions du décollage économique et l'amélioration irréversible des conditions de vie de la population.

A la lumière de ce tableau, nous pouvons dire que la pauvreté demeure un phénomène généralisé en RDC en 2012, car il concerne 60,8 % contre 60,50 % en 2002, soit une stagnation. Malgré quelques améliorations notées en matière de santé et de revenu par habitant (du fait de l'augmentation sensible de la production minière durant la période), toutes les politiques publiques mises en place, la politique forestière y compris, n'ont pas donné les effets escomptés en matière de développement local et de réduction de la pauvreté. En effet, la population congolaise tant des villes que des campagnes et forêts, vit en dessous du seuil de pauvreté fixé à 2 dollars par jour par les économistes de la Banque mondiale. Cette barrière financière, disons contrainte budgétaire explique les difficultés rencontrées

---

[542] Article du journal Lemonde.fr du 15 mars 2013 disponible sur internet http://www.lemonde.fr/planete/article/2013/03/15/ [consulté le 24 mars 2013].

[544] J. K. GALBRAITH, *Le nouvel Etat industriel,* Paris, Gallimard, 1967, p.23. P. ARTUS, « Croissance endogène : revue des modèles et tentatives de synthèse », in *Revue économique,* 1993, vol. 44, no 2, pp. 189-228.

par les populations rurales congolaises de jouir de leurs droits fondamentaux relatifs à un niveau de vie adéquat.

C'est pourquoi le FMI ne cesse d'exhorter le gouvernement à plus d'efforts contre la pauvreté.

### 5. Exhortation du FMI en faveur de la lutte contre la pauvreté

Le Fonds monétaire international (FMI) a encore exhorté en novembre 2015[545] les autorités congolaises à lutter davantage contre la pauvreté généralisée qui persistait en République démocratique du Congo en dépit de la forte croissance économique que connaissait ce pays, tout en stigmatisant la pauvreté et le chômage qui restaient élevés et pour lesquels des efforts de résolution plus soutenus étaient nécessaires passant par la diversification de l'économie, la promotion d'une croissance économique mieux partagée (inclusive), la mise en place d'une redistribution équitable des revenus ainsi que l'amélioration des indicateurs sociaux.

Dévastée par deux guerres entre 1996 et 2003, la RDC connaissait selon le FMI une croissance économique supérieure à 7% par an de 2012 à 2015, tirée essentiellement par le secteur des ressources naturelles minières et forestières. Néanmoins, le constat qui a été fait est que le pays présente le visage paradoxal d'un pays immensément riche en ressources naturelles où la pauvreté est généralisée. En effet, la RDC est le premier producteur de cobalt au monde, l'un de plus grands producteurs de cuivre et de diamant de la planète, et regorge des ressources hydrauliques et forestières inestimables. Malgré cela, le Congo, dont la partie orientale reste déstabilisée par la présence de nombreuses milices prospérant grâce au trafic de ressources naturelles, peine à décoller des dernières places des classements internationaux en termes de développement, de climat des affaires ou de corruption. Le rapport du FMI de 2015 sur l'état de l'économie congolaise relève que, selon les autorités de Kinshasa, le PIB par habitant de la RDC a doublé entre 2005 et 2012 mais qu'il reste faible, et que le taux de personnes vivant sous le seuil de pauvreté absolue (2 dollars par jour et par personne) n'a baissé que de 5 points dans le même temps pour s'établir à 82%. De ce fait, le FMI a cautionné la volonté des autorités congolaises de réformer le Code minier de 2002 afin de dégager des ressources supplémentaires pour

[545]Disponible sur http://www.rtbf.be/info/monde/detail_le-fmi-exhorte-la-rdc-a-lutter-davantage-contre-la-pauvrete-generalisee?id=9108794. [Consulté le 25 décembre 2015].

des projets de développement. [546] Néanmoins, contre toute attente, au printemps 2016, le Gouvernement congolais avait annoncé renoncer à cette réforme minière qui était pourtant envisagée de longue date. Toutefois, ce n'est qu'en date du 7 mars 2018 que le Gouvernement congolais, asphyxié par les difficultés financières, a convoqué les principaux investisseurs miniers pour négocier d'une hausse de la redevance minière de 1% à 3% ou 3,5% selon les minerais[547]. Néanmoins ces taux restent inférieurs au taux de 6 % pratiqués en Zambie, pays frontalier du Congo.

De surcroît, il a été constaté que durant le boum des ressources naturelles de 2010 à 2015, toutes les ressources financières engrangées par l'Etat ont été dépensées sans se soucier ni de l'avenir politique (financement des élections en vue de renouveler les acteurs publics)[548] voire de la vie des générations futures. Il aurait été mieux d'épargner ne serait-ce que 10 % des revenus annuels tirés de l'exploitation des ressources naturelles qui s'épuisent pour ces générations de demain.

Il sied de rappeler également que le Congo est le premier producteur de cuivre d'Afrique ainsi que le premier fournisseur au monde de cobalt, un élément qui est utilisé pour la fabrication des batteries au lithium-ion des voitures électriques et qui connaît une véritable flambée des prix. Pourtant cela n'empêche pas le Congo de demeurer parmi les pays les plus pauvres au monde. Le rapport « Distributeur automatique de billets du Régime » publié par GLOBAL WITNESS le 21 juillet 2017[549] analyse les plus récentes données de l'Initiative pour la transparence dans les industries extractives (ITIE), qui révèlent qu'entre 2013 et 2015, plus de 750 millions de dollars versés par des entreprises minières aux administrations fiscales et entreprises minières publiques du Congo ont échappé au Trésor public. Ce chiffre atteint même 1,3 milliard de dollars si l'on prend en compte d'autres organismes de

---

546 RTBF, *Op.cit.*

547 Disponible sur https://information.tv5monde.com/en-continu/reforme-du-code-minier-en-rdc-kabila-convoque-les-operateurs-du-secteur-224377. [Consulté le 7 mars 2018].

548 Les principaux dirigeants de l'Etat exercent leurs fonctions en toute illégitimité depuis un laps de temps. En effet, ces gouvernants prétextent de manquer d'argent pour financer les élections pour rester au pouvoir : le Chef de l'Etat a épuisé ses deux mandats constitutionnels depuis décembre 2016, les députés depuis février 2017, et les sénateurs depuis 2011.

549 Disponible sur https://www.voaafrique.com/a/millions-de-dollars-de-recettes-minieres-750-millions--echappent-au-tresor-public-de-la-rdc-selon-global-witness/3953310.html.[ Consulté le 22 juillet 2017].

l'État ainsi que l'administration fiscale provinciale du Katanga qui a été dissoute depuis la mise en œuvre de la décentralisation en 2015.

Au regard de ce qui précède, nous pouvons affirmer que la politique forestière, à l'instar de celle minière, mise en place depuis 2002, n'a pas atteint ses objectifs que nous venons d'analyser notamment la protection des droits des populations riveraines et le développement local des zones forestières.

Néanmoins, il convient de signaler que, dans une moindre mesure, dans certaines régions forestières, les conditions de vie se sont sensiblement améliorées grâce aux bénéfices résultant des cahiers de charges contractés avec certains exploitants forestiers et aux investissements publics découlant du programme national Forêts et Conservation. En effet, des écoles, des centres de santé, des routes de desserte agricole, des programmes d'aménagement forestier, des semences et matériel agricole, des activités génératrices des revenus, des médicaments et des moyens de télécommunications sont mis à la disposition des habitants des forêts. Tout ceci améliore leur accès aux soins de santé, permet la scolarisation de nombreux enfants filles et garçons et concourt à la gestion durable des forêts, bref à leur développement en général.

### Conclusion du Chapitre II

La réforme forestière de 2002 a mis en place une loi forestière qui a réactualisé les droits et taxes relatifs à l'exploitation forestière, mis la gestion durable des forêts au centre de préoccupation de la politique publique forestière, puis a tenu compte des aspirations au développement et des droits des communautés locales et riveraines des forêts. Par ailleurs, en vue de lutter contre le trafic illégal du bois, dont une bonne partie résulte de l'exploitation incontrôlée des ressources forestières surtout en ce qui concerne le Bassin du Congo, plusieurs actions tendant à moraliser ce secteur d'activités ont été entreprises.

Cependant plusieurs années après la mise en œuvre de cette nouvelle politique forestière, il convient de constater que cette politique publique de protection des droits des populations forestières et de préservation des ressources forestières n'a pas obtenu les résultats attendus. En effet, la hausse significative des recettes fiscales forestières, la lutte contre les injustices, le développement local et la promotion des droits des populations forestières n'ont pas été réalisés.

Cela notamment à cause :

-De la faiblesse de l'Etat ;

-De la mauvaise gouvernance caractérisée par la corruption généralisée des agents publics censés protéger les ressources naturelles ;

-Du détournement de la rétrocession fiscale forestière par les dirigeants locaux ;

-De la poursuite des rébellions armées soutenues grâce à l'exploitation illégale des ressources naturelles ;

-De la fraude fiscale qui prévaut au sein des entreprises forestières ;

-De modicité des paiements pour services environnementaux octroyés par la communauté internationale.

**Conclusion de la deuxième partie**

Nous avons constaté dans cette partie qu'en dépit de la prise de conscience d'origine internationale (FLEGT, RBUE) et régionale dans le cadre de la COMIFAC et de l'Initiative de Bamako des problèmes environnementaux y compris sanitaires, la politique forestière mise en place depuis 2002 en RDC n'a pas atteint ses objectifs. A l'instar de la réforme forestière du Cameroun en 1994 (CARRET, 2000)[550], les résultats de la réforme forestière opérée en RDC sont semblables. Sur les objectifs principaux poursuivis par la Banque Mondiale en mettant en œuvre cette politique forestière à savoir l'augmentation des recettes publiques, la lutte contre la pauvreté et l'aménagement durable des forêts, l'un seulement a été

[550] J.-C. CARRET, *Idem.*

atteint bien que de façon modeste. Il s'agit de l'augmentation des recettes fiscales forestières.

En revanche les deux autres objectifs n'ont pas été atteints au vu de la progression sensible de la production du bois présupposant l'augmentation de l'exploitation forestière et la persistance de la pauvreté en milieu forestier. En effet, la persistance des problèmes récurrents tels que l'absence des infrastructures (voies de communication, centres de santé, écoles, sources aménagées d'eau potable) en territoire forestier, les problèmes d'accès aux soins de santé, les difficultés de scolarisation des enfants, la non rétrocession des recettes forestières, la fraude fiscale orchestrée par les entrepreneurs et l'exploitation illégale des forêts violant les normes de la durabilité, prouvent à suffisance que des efforts doivent être entrepris et soutenus par les autorités publiques tant centrales que locales afin d'améliorer le sort et le vécu quotidien des populations ainsi que la protection de leurs droits.

Dans un pays développé comme la Norvège, la diminution des ressources pétrolières est compensée par l'investissement d'une partie des recettes associées dans un fonds fiduciaire destiné aux générations futures. Mais dans le cas des pays en développement, où règne la pauvreté, d'autres formes d'investissement qui bénéficieraient aussi aux générations actuelles (infrastructures, institutions, capital humain comme l'éducation ou la santé) paraîtraient préférables [551], sans exclure la possibilité de garder une partie de recettes tirées de l'exploitation des ressources naturelles pour les générations futures. Mais rien de tel n'est fait en RDC où les gouvernants préfèrent s'accaparer des revenus générés par l'exploitation des ressources naturelles au détriment de la population[552].

Ce constat d'insouciance des dirigeants publics et leur propension à l'accaparement des biens publics provenant de l'exploitation des ressources naturelles nous conduisent vers la conclusion de ce livre que nous développerons dans les pages suivantes.

---

[551] P. JACQUET et J. LOUP, « Le développement durable, une nécessité pour les pays du Sud ? », in *Regards sur la Terre* 2009, pp.183-195.

[552] Propos obtenus de madame Nicole Ntumba, Professeure de droit public à l'Université de Kinshasa(Congo) et de Maître Pathy Lendo, Avocat spécialisé en droits minier et forestier en mars 2016 lors d'un entretien sur Facebook.

## CONCLUSION GENERALE ET PROPOSITIONS D'AMELIORATION

L'histoire économique et sociale de l'exploitation des ressources naturelles montre que seuls les acteurs étatiques à titre personnel et les exploitants forestiers en ont profité au détriment du Trésor public congolais (Etat) et des populations congolaises. En partant de l'époque léopoldienne, en passant par la colonisation belge et les gouvernements successifs issus de l'indépendance politique en 1960, le secteur forestier est demeuré un domaine de partage inégal des ressources entre les acteurs en présence.

Les différents gouvernements ayant hérité de la direction du pays après l'indépendance ont sombré dans un premier temps dans la dérive sécuritaire pour sauvegarder l'unité nationale menacée par de nombreuses rébellions qui ont suivi l'indépendance puis dans une corruption généralisée qui a entraîné le bradage et le pillage des ressources naturelles du pays. Bien que plusieurs droits de l'homme notamment le droit à l'environnement, le droit à la santé, le droit à l'éducation et le droit au développement, aient été consacrés sur le plan interne par transposition du droit international, afin de garantir la protection des droits des populations forestières et d'assurer l'amélioration de leurs conditions de vie, rien d'intéressant n'a été fait en ce qui concerne le développement local de ces populations. C'est ce qui a conduit à la réforme forestière de 2002.

La République Démocratique du Congo a engagé un processus de réforme forestière en Août 2002, sous l'impulsion de la Banque Mondiale, afin de pouvoir contribuer à la gestion durable des forêts, à l'accroissement des recettes forestières, à l'amélioration des conditions de vie ainsi qu'à la protection des droits des populations autochtones et riveraines forestières.

Dans le cadre de cette étude, les hypothèses qui étaient vérifiées sont les suivantes :

1. La fiscalité résultant de la réforme forestière de 2002 en RDC ainsi que les aides financières de la communauté internationale ont-elles contribué à protéger durablement les forêts ?

2. La fiscalité résultant de la réforme forestière de 2002 en RDC ainsi que les aides financières de la communauté internationale ont-elles contribué à financer les budgets de l'Etat Congolais ?

3. La fiscalité résultant de la réforme forestière de 2002 en RDC ainsi que les aides financières de la communauté internationale ont-elles contribué à protéger les droits des populations riveraines ?

4. La réforme forestière de 2002 en RDC a-t-elle permis la participation et la collaboration des acteurs impliqués ?

Relevons que les réponses définitives à toutes ces 4 questions sont négatives à cause de certaines insuffisances constatées dans la réalisation des objectifs assignés à cette politique forestière. Il s'agit entre autres : de l'augmentation non conséquente des recettes publiques forestières suite à la mauvaise gouvernance et à la fraude fiscale orchestrée par les compagnies forestières.

De même l'augmentation du nombre des titres fonciers des concessions forestières octroyés par le Gouvernement Congolais en dépit du moratoire décidé en 2003 et le non-respect de l'aménagement des forêts par les exploitants forestiers ; lesquels sont sûrs de l'inefficacité des contrôles de l'Administration forestière et de sa concussion.

Il convient de signaler aussi la persistance de la pauvreté et de la violation des droits en milieu forestier où les populations locales ne touchent quasiment pas aux retombées financières de la rétrocession fiscale de 40% qui leur est allouée dans le cadre de la Loi forestière de 2002 et qui est systématiquement détournée par les dirigeants locaux.

Quant à l'accroissement des exportations des produits forestiers ligneux bruts, il s'agit d'un fait entrant en contradiction avec l'objectif de promotion de la transformation locale du bois et des autres ressources forestières. On doit citer enfin les violations récurrentes des droits des populations forestières et le peu d'intérêt manifesté par la Communauté internationale dans l'octroi des financements alternatifs à l'exploitation industrielle des forêts au titre de la REDD.

Pour permettre à la politique forestière mise en œuvre depuis 2002 de jouer tant soit peu ses rôles économique, social, fiscal et environnemental, il semble nécessaire de mettre en place des actions correctives suivantes :

**1) Au niveau de l'Etat et de l'Administration forestière**

a) Restaurer l'autorité de l'Etat ainsi que l'Etat de droit grâce à la bonne gouvernance afin d'accorder des salaires décents aux fonctionnaires, de lutter contre la corruption et de réprimer les détournements des deniers tant publics que ceux destinés aux communautés villageoises forestières.

b) Renforcer les moyens humains et matériels de l'Administration (cadastre, garde forestière, DGRAD, DGI) concourant au contrôle et à la répression des infractions tant à la législation forestière que fiscale afin de mobiliser davantage des recettes et de garantir une gestion durable des forêts du Congo.

c) Faire respecter les divers droits des populations forestières notamment par l'application d'une justice impartiale (tribunaux verts) émanant des juges bien rémunérés et formés et ratifier la Convention 169 de l'OIT afin de garantir la protection des droits des populations autochtones.

d) Créer un fonds fiduciaire où seront gardés 10% des revenus annuels tirés de l'exploitation des ressources naturelles pour les générations futures.

e) Tenir compte des facteurs du rendement fiscal afin d'avoir une politique fiscale qui prenne en considération l'évolution de la situation sociale, politique et économique.

f) Respecter le moratoire sur l'octroi de nouveaux titres forestiers afin de préserver les forêts d'un éventuel pillage et garantir la lutte contre l'exploitation illégale des forêts grâce à la certification forestière.

g) Encourager la transformation locale du bois en accordant des incitations fiscales adaptées aux exploitants forestiers.

h) Favoriser l'effectivité de la gestion participative en associant les ONG, les exploitants forestiers et les populations riveraines dans toutes les décisions concernant les forêts (classement, déclassement, montants des recettes rétrocédées, attribution des concessions, élaboration des cahiers des charges, contrôle de l'aménagement forestier...) dans le cadre de la CONACOF, Commission nationale de contrôle des forêts à créer.

i) Elaborer, adopter et promulguer une nouvelle loi de la santé publique afin de tenir compte de l'évolution sociale, technique et environnementale de la société.

## 2) Au niveau de la Communauté internationale

a) Mobiliser des ressources financières conséquentes au titre de la REDD afin de rétribuer la déforestation évitée par la RDC, action qui permet de faire jouer à la forêt son rôle de préservation des écosystèmes et de la biodiversité.

b) Promouvoir dans les autres grands pays importateurs notamment la Chine et l'Inde, voire au niveau de l'Organisation Mondiale du Commerce, les avancées du « Règlement Bois de l'Union Européenne » afin de lutter contre le commerce international du bois illégal.

c) Assurer la traçabilité de la provenance des ressources naturelles pour mettre fin aux guerres civiles motivées par l'exploitation de ces ressources grâce aux initiatives comme le Dodd-Frank Act.

d) Favoriser l'avènement d'un nouvel ordre économique dans lequel le commerce des ressources naturelles engageant le Congo et ses partenaires commerciaux sera profitable à toutes les parties.

La mise en œuvre des actions proposées supra demeure la voie ultime d'amélioration de la politique forestière et de toutes les politiques publiques de l'Etat en RDC. Ce faisant, l'action de la RDC pourrait servir d'exemple à l'échelle régionale du Bassin du Congo.

# BIBLIOGRAPHIE

## A. ARCHIVES


1. MUSEE ROYAL D'AFRIQUE CENTRALE, Tervuren, *Archives Jules CORNET*, HA.01.009, n° 390.

2. IDEM, *Archives Jules CORNET*, HA.01.009, n° 393,407 et 415.

3. IBIDEM, *Archives Jules CORNET*, HA.01.009, n° 418.


## B. OUVRAGES GENERAUX


1. ABI-SAAB G., *L'ordre juridique international. Un système en quête d'équité et d'universalité*, Londres, Martinus Nijhoff Publishers, 2001.

2. AGLAN A. et FRANK R.(dir.) ,1937-1947. *La guerre-monde II*, Paris, Gallimard, Folio Histoire, 2015.

3. AKALAKOU-MAYIMBA C. et al., *Bois énergie en RDC: Analyse de la filière des villes de Kinshasa et de Kisangani*, CIFOR, Projet Makala-Gérer durablement la ressource bois énergie, Kinshasa, 2011.

4. ARNAUD E., BERGER A. et de PERTHUIS C., *Le Développement durable*, (Coll. Repères pratiques), Paris, Nathan, 2008.

5. AUBY J.-B. et DUTEUIL DE LA ROCHERE J. (dir.), *Traité de droit administratif européen,* Bruxelles, Bruylant, 2014.

6. AYANGMA AYANGMA J., *La pratique du contrôle fiscal des prix de transfert dans l'espace CEMAC : le cas du Cameroun*, Paris, L'Harmattan, 2015, 368p.

7. BAHUCHET S., *Dans la forêt d'Afrique Centrale : les pygmées Aka et Baka*, Louvain-Paris, Ed. Peeters, 1992, 465p.

8. BELANGER M., *Le droit international de la santé*, coll. QSJ n° 3234, Paris, PUF, 1997.

9. BIHR P. et BIHR M.-H., *Droit civil général*, 19ème éd., Paris, Dalloz, 2013.

10. BOFFA R., *Droit civil, Examen national du CRFPA session 2017*, Paris, LGDJ, 2017.

11. BONGOY M., *Investissements mixtes au Zaïre*, Kinshasa, Presses Universitaires du Zaïre, 1974.

12. BONTEMS P. et ROTILLON G., *L'économie de l'environnement*, 3ème éd., Paris, La Découverte (Coll. Repères), 2007.

13. BOSSART L. et LAUZON N, *Processus de décentralisation et développement local en Afrique de l'Ouest*, OCDE, 2005.

14. BRESSER PEREIRA L.C., *Crise économique et réforme de l'Etat au Brésil*, Paris, Ed. de la Maison de sciences de l'homme, 2002.

15. BRUNDTLAND E., *Our Common Future*, Oxford, Oxford university press, 1987.

16. BUIJTENHUIJS R., *Le mouvement" Mau-Mau": une révolte paysanne et anti-coloniale en Afrique noire*, Paris, Mouton, 1971.

17. CARRET J.C. et GIRAUD P.N., *Les débats sur la fiscalité de l'exploitation des forêts tropicales,* Paris, Cerna, 1998,56 p.

18. CHEROT J.-Y., *Droit public économique*, Paris, Economica, 2007.

19. CHIADJEU M.L.J., *Comment comprendre la" crise" de l'Etat postcolonial en Afrique ? : un essai d'explication structurelle à partir des cas de l'Angola, du Congo-Brazzaville, du Congo-Kinshasa, du Liberia et du Rwanda*, Berne, Peter Lang, 2005.

20. CROUZATIER J.M., *Droit international de la santé*, Paris, Ed. AUF, 2009.

21. DEJEANT-PONS M. et PALLEMAERTS M., *Droit de l'homme et environnement,* Strasbourg, Éd. du Conseil de l'Europe, 2002.

22. DELAS J.-P., *Economie contemporaine. Faits, concepts, théories,* Paris, Ellipses, 2008.

23. DEVILLE V., *Partage de l'Afrique : exploration, colonisation, état politique,* Paris, Librairie africaine & coloniale, 1898.

24. DE VISSCHER C., *Problème d'interprétation judiciaire en droit international public*, Paris, Pédone, 1963.

25. DE WARESQUIEL E. (dir.), *Dans les archives sécrètes du Quai d'Orsay. Cinq siècles d'histoire et de diplomatie,* Paris, Ed. Iconoclaste, 2015.

26. DE WITTE L., *L'assassinat de Lumumba*, Paris, Karthala, 2000.

27. DIANGITUKWA F., *Pouvoir et clientélisme au Congo-Zaïre RDC*, Paris, l'Harmattan, 2001, 306 p.

28. DIARRA A., *Démocratie et droit constitutionnel dans les pays francophones d'Afrique*, Paris, Karthala, 2010.

29. DUPUY R.J., *Le droit de la santé en tant que droit de l'homme*, Amsterdam, Académie de droit international de la Haye, Ed. Sijthoff and Noordhoff, 1979.

30. EDOUARD R. et CLEMENT M., *Les soins de santé primaires. Critique d'une orthodoxie,* Québec, Presses de l'Université du Québec, 2010.

31. EHRLICH P., *The population Bomb*, New York, Ballantine Books, 1968.

32. ELIKIA MBOKOLO, *L'Afrique au XXème siècle. Le continent convoité*, Paris, Etudes vivantes, 1980.

33. GALBRAITH J.K., *Le nouvel Etat industriel*, Paris, Gallimard, 1967.

34. GAUTIER P., *Essai sur la définition des traités entre États – La pratique de la Belgique aux confins du droit des traités*, Bruxelles, Bruylant, 1993.

35. GENEAU DE LAMARLIERE I. et STASZAK J.F., *Principes de géographie économique,* Paris, Ed. Breal, 2000.

36. GERARD J., *Les fondements syncrétiques du Kitawala,* Bruxelles, CRISP, 1969.

37. GOCHET M.A., *Le Congo belge illustré ou l'Etat indépendant du Congo*, Liège, Ed. H. Dessain, 1888.

38. GRANIER L. (dir.), *Aspects contemporains du droit de l'environnement en Afrique de l'Ouest et Centrale,* Gland, UICN, 2008.

39. HAROUEL-BURELOUP V., *Histoire du droit international de la santé, Bordeaux,* Ed. Les Etudes Hospitalières, 2014.

40. HERDERSCHEE J., MUKOKO SAMBA D. et TSHIMENGA TSHIBANGU M. (dir.), *Résilience d'un géant africain : accélérer la croissance et promouvoir l'emploi en RDC*, Vol.1, Kinshasa, Médiaspaul/ World Bank Publications, 2012.

41. IBANDA KABAKA P., *La TVA en R .D. Congo : Mécanismes et application*, Paris, Edilivre, 2015,198p.

42. IZENZAMA N., *Le paradigme écologique du développement durable en Afrique subsaharienne à l'ère de la mondialisation : une lecture éthico-anthropologique de l'écodéveloppement*, Berne, Ed. Peter Lang, 2008.

43. KALAMBAY G., *Régime foncier et immobilier*, Kinshasa, Presses Universitaires du Zaïre, 1989.

44. KAMTO M., *Le droit de l'environnement en Afrique*, Vanves, EDICEF, 1996.

45. KANGULUMBA V., *La gestion des écosystèmes forestiers de la RDC*, Kinshasa, EUA, 1998.

46. KISS A. et BEURIER J.-P., *Droit international de l'environnement*, Paris, LGDJ, 2012.

47. KIYULU J. et MPOYI A., *Rapport sur les mécanismes*

*d'amélioration de la gouvernance forestière en RDC*, Kinshasa, IUCN, 2007.

48. KODI M., *Corruption et gouvernance en RDC durant la Transition (2003-2006),* Monographie, Londres, ISET, 2008.

49. KOPONEN J., *Development for Exploitation. German Colonial Policies in Mainland Tanzania, 1884-1914*, Helsinki-Hambourg, Finnish Historical Society, Studia Historica, 1995.

50. LAMARQUE J., *Droit fiscal général*, Fascicule 1, Paris, Litec, 1998.

51. LANDAIS B., *Leçons de politique budgétaire*, Bruxelles, De Boeck- Larcier, 1998.

52. LARONCE C., *Nkrumah, le panafricanisme et les Etats-Unis*, Paris, Karthala, 2000.

53. LAUZAINGHEIN C. et STAUBLE- DE LAUZAINGHEIN M.-H., *Droit fiscal général,* 14ème éd., Paris, Dalloz, 2009.

54. LIPIETZ A., *Economie politique des écotaxes. Fiscalité de l'environnement,* Paris, La documentation Française, 1999.

55. MALTHUS T.R., *Essai sur le principe de population*, Paris, Ed. Gonthier, 1963.

56. MARTINEZ COBO J.R., *Etude du problème de la discrimination à l'encontre des populations autochtones*, ONU, E/CN.4/Sub.2/1986/7Add. 4.

57. MAZAUDOUX O., *Droit public international et droit international de l'environnement*, Limoges, Les cahiers du CRIDEAU-Pulim, 2008.

58. MBADIFFO KOUAMO R., *Droit fiscal camerounais,* Yaoundé, CEMAC, 2003.

59. MBOKO DJ'ANDIMA J.-M., *Code Général des Impôts,* Kinshasa, PUC, 2007.

60. MEAUME M. E., *Commentaire du code forestier et de l'ordonnance rendue pour son exécution ou Manuel de droit forestier,* t.3, Paris/Nancy, Ed. Cosse et N. Delamotte/ Guimblot et veuve Raybois, 1846.

61. MEAUME M. E., *Des droits d'usage dans les forêts, de l'administration des bois communaux et de l'affouage*, Paris, Ed. Auguste Durand, 1851.

62. MELANDRI P. et PORTES J., *Histoire intérieure des Etats-Unis au XXème siècle*, Paris, Masson, 1991.

63. MILOL A.C. et PIERRE J.-M., *Impact de la fiscalité décentralisée sur le développement local et les pratiques d'utilisation des ressources forestières au Cameroun*, Rapport final à Greenpeace, Janvier 2000.

64. MILZA P., *Les relations internationales de 1871 à 1914*, Paris, Armand Colin, 2009.

65. MONTOUSSE M. (dir.), *Macroéconomie*, 2ème éd., Paris, Ed. Breal, 2006.

66. MOPONDI BENDEKO A., *Les approches socioculturelles de l'enseignement en Afrique subsaharienne,* Paris, L'Harmattan, 2010.

67. MOREL E.D., *History of the Congo reform movement*, Oxford, Clarendon Press, 1968.

68. MOUGEL F.-C. et PACTEAU S., *Histoire des relations internationales. De 1815 à nos jours*, Coll. « Que sais-je », 12 ème éd., Paris, PUF, 2014.

69. MRG international, *Rapport sur les pygmées Batwa dans la région des grands lacs,* 2001.

70. MUZITO A., *Nouvelles provinces en RDC : des morts-nées, 7ème tribune*, Paris-Kinshasa, L'Harmattan, 2015.

71. MWAYILA TSHIYEMBE, *La politique extérieure de la RDC*, Paris, L'Harmattan, 2009.

72. MWENE BATENDE, *Mouvements messianiques et protestation*

*sociale. Le cas du Kitawala chez les Kumu du Zaïre*, Kinshasa, Facultés Catholiques de Kinshasa, 1982.

73. NDAYWEL I., *Histoire du Zaïre, de l'héritage ancien à l'âge contemporain,* Louvain-la-Neuve, éd. Duculot, 1997.

74. NDAYWEL I. et al., *Histoire générale du Congo : de l'héritage ancien à la République démocratique du Congo*, Bruxelles, De Boeck-Larcier, 1998.

75. NDIANG KABUL G., *La Banque centrale du Congo : La guerre pour la gestion du compte du Trésor*, Kinshasa, Ed. du CEDI, 1999.

76. NGUONG MOUSSAVOU E., *Françafrique. Ces monstres qui nous gouvernent,* Paris, L'Harmattan, 2012.

77. NKRUMAH K., *L'Afrique doit s'unir,* Paris, Payot, 1964.

78. NYABIRUNGU M.S., *Traité de droit pénal général congolais*, Kinshasa, Ed. Droit et société, 2001.

79. NZONGOLA-NTALAJA G., *The Congo from Leopold to Kabila. A people's History,* Zed Books, London and New-York, 2002.

80. OLIVIER DE SARDAN J.-P., *Anthropologie et développement. Essai en socio-anthropologie du changement social*, Paris, Karthala, 1995, 224p.

81. OST F. et VAN DE KERCHOVE M., *De la pyramide au réseau – Pour une théorie dialectique du droit*, Bruxelles, Publications des Facultés universitaires Saint-Louis, 2002.

82. OTTAVJ C., *Monnaie et financement de l'économie*, Paris, Hachette supérieur, 2014.

83. PESCHE D., MÉRAL P. et al., *Services éco-systémiques et paiements pour services environnementaux : les deux faces d'une même logique,* Document de travail SERENA, 2011, vol. 1.

84. PREUSS-LAUSSINOTTE S., *L'essentiel des libertés et droits fondamentaux*, Tome 1, Paris, Ed. Gualino, 2001.

85. RADD, *Les pratiques de la corruption dans les services publics et l'administration publique en République Démocratique du Congo*, Kinshasa, 2004.

86.REPETTO R. et GILLIS M., *Public policies and the misuse of forests sources*, Cambridge, Cambridge University Press, 1988.

87. REUTER P., *Droit international public*, 6ème éd., Paris, PUF, 1983.

88. SALOMON C., *L'occupation des territoires sans maître. Etude de droit international*, Paris, Ed. A. Giard, 1889.

89. SANDERSON J.-P., *Le discours démographique colonial belge à l'épreuve de l'analyse de contenu*, Document de travail n°4, UCL, Département de sciences de la population et du développement, août 1999.

90. SHULTE–TENCKHOFF I., *La question des peuples autochtones,* Bruxelles, Bruylant, coll. Axes, 1997.

91. STENGERS J., Congo, *Mythes et réalités*, Bruxelles, Ed. Racine, 2005.

92. STERN N. (dir.), *Rapport sur l'économie du changement climatique*, Londres, 2006.

93. VERBELEN F., *L'exploitation abusive des forêts équatoriales du Cameroun*, Rapport remis à Greenpeace Belgique, 1999.

94. VERGES F., *Abolir l'esclavage, une utopie coloniale*, Paris, Albin Michel, 2001.

95. VIVIEN F.-D., *Economie et Ecologie*, Paris, La Découverte, 1994.

96. WADE A. et al. , *Témoignages des africains sur Bandoeng,* Paris, Présence Africaine, 1955.

97. WESSELING H., *Le partage de l'Afrique 1880-1914,* Paris, Denoël, 1996.

98. WILKS C., *La conservation des écosystèmes forestiers au Gabon,* IUCN, 1990.

99. YATTA F.P., *La décentralisation fiscale en Afrique : enjeux et perspectives*, Paris, Karthala, 2009, 322 p.

100. ZIEGLER J., *Les grands maîtres du monde et ceux qui leur résistent,* Paris, Fayard, 2002.

**C. ARTICLES**

1. ANDRE C. et MARYSSE S., « Guerre et pillage économique en République Démocratique du Congo », in MARYSSE S. et REYNTJENS F.(dir.*), L'Afrique des Grands Lacs. Annuaire 2000-2001*, Paris, L'Harmattan, 2001, pp.307-332.

2. ANDRIAMAHEFAZAFY F. et MERAL P., « La mise en œuvre des plans nationaux d'action environnementale : un renouveau des pratiques des bailleurs de fonds ? », in *Mondes en développement* 3/2004 (n° 127), pp. 29-44.

3. ARTUS P., « Croissance endogène : revue des modèles et tentatives de synthèse », in *Revue économique*, 1993, vol. 44, no 2, pp. 189-228.

4. AUBERTIN C., « La forêt laotienne redessinée par les politiques environnementales », in *Bois et forêts des tropiques*, 2003, no 278, pp. 39-50.

5. AVON D. et GANDJON FANKEM G.S., « Le développement durable constitue-t-il un élément d'attractivité territoriale ? Application aux pays de l'Afrique Centrale », in CARDEBAT J.-M. et UZUNIDIS D. (dir.), *Territoire vert. Entreprises, institutions, innovations,* Paris, L'Harmattan, 2012.

6. BADINTER R. et GENEVOIS B., « Normes de valeur constitutionnelle et degré de protection des droits fondamentaux », in *Revue française de droit administratif,* n°3, 1990, pp.297-332.

7. BALLET J., « Propriété, biens publics mondiaux, bien(s)

commun(s) : Une lecture des concepts économiques », in *Développement durable et territoires [En ligne],* Dossier 10 : Biens communs et propriété, mis en ligne le 07 mars 2008, consulté le 07 janvier 2013. URL : http://developpementdurable.revues.org/5553.

8. BARTHOD C. et OLLAGNON H., « Vers une gestion patrimoniale de la protection et de la qualité biologique des forêts », in *Revue Forestière Française,* n° 45 (2), 1993, pp. 159-163.

9. BAYART J.-F., « Hégémonie et coercition en Afrique subsaharienne », in *Politique africaine*, 2008, vol. 110, no 2, pp. 123-152.

10. BELLIER I., « Identité globalisée et droits collectifs : les enjeux des peuples autochtones dans la constellation onusienne. », in *Autrepart* 2/2006 (n° 38), pp. 99-118.

11. BERNARD-DUQUENET N., Le front populaire et le problème des prestations en AOF (The Front Populaire Government and the Problem of Compulsory Labour in French West Africa), in *Cahiers d'études africaines*, 1976, pp. 159-172.

12. BERNAULT F., « Fin des Etats coloniaux et nouvelles donnes du politique en Afrique équatoriale française. », in *Itinerario*, 1999, vol. 23, no 3-4, pp. 136-144.

13. BIGAUT C., « La Constitution demeure la norme suprême : le pouvoir constituant est souverain », *in La revue administrative*, 2003, pp. 605-608.

14. BIGOMBE LOGO P., *Fiscalité forestière décentralisée et développement local au Cameroun méridional forestier : leçons apprises des expériences récentes et proposition d'un processus de renforcement des capacités locales.* Disponible sur ftp://ftp.fao.org/docrep/fao/006/Y4807B/Y4807B35.pdf [consulté le 11 décembre 2015].

15. BRUN J.-F., « La mécanisation de l'armurerie militaire (1855-1869) », in *Revue historique des armées*, n° 269, 2012, pp. 79-97.

16. BRUNER J. et EKOKO F., *La réforme de la politique forestière au Cameroun : enjeux, bilan et perspectives.* Disponible sur internet: www. wri. org/wri/governance/pdf/cameroun428. Pdf, 2000.

17. BRUNET P., « Le juge constitutionnel est-il un juge comme les autres ? Réflexions méthodologiques sur la justice constitutionnelle », in MAULIN E. et WACHSMANN P. et al. (dir.), *La notion de justice constitutionnelle,* Paris, Dalloz, 2005, pp. 115-135.

18. BRUNNER J. et al.," Central Africa Forests, Carbon and Climate Change", in *Climate Research* n°17, 2001, pp.229-246.

19. BUCYALIMWE MARARO S., « Pouvoirs, élevage bovin et la question foncière au Nord-Kivu », in *Cahiers des Sciences Humaines*, 1993, vol. 29, no 4, pp. 713-730.

20. CARRET J.-C., La réforme de la fiscalité forestière au Cameroun débat politique et analyse économique, in *Bois et forêts des tropiques*, 2000, n° 264, pp. 37-52.

21. CASTAGNÈDE B., « Lutte contre la fraude ou l'évasion fiscale internationale : la nouvelle donne », in *Revue française de finances publiques*, n° 110, 2010, pp. 3-21.

22. CHAMPEIL-DESPLATS V., « La notion de droit "fondamental" et le droit constitutionnel français », in *Recueil Dalloz*, 1995.

23. COLFER C.J.P. et al. , « Les forêts et la santé humaine dans les tropiques: quelques interactions importantes », in *Unasylva* (FAO), 2006.

24. COLLIER P. HOEFFLER A., et SAMBANIS N. , "The Collier-Hoeffler Model of Civil War Onset and the Case Study Project Research Design", in P. COLLIER and N. SAMBANIS (eds.), *Understanding Civil War,* Vol. I, Banque mondiale, Washington, DC, 2005.

25. COQUERY-VIDROVITCH C., « Le régime foncier rural en Afrique noire », in LE BRIS E. et al. (dir.), *Enjeux fonciers en Afrique noire,* Paris, ORSTOM-KARTHALA, 1982, pp.42-73.

26. Idem, « Révoltes et résistance en Afrique noire : Une tradition de résistance paysanne à la colonisation », in *Labour, Capital and Society/Travail, capital et société,* 1983, pp. 34-63.

27.COQUERY-VIDROVITCH C., « La haute-Sangha au temps des compagnies Concessionnaires », in *Yale F&ES Bull*, 1999, vol. 102, pp. 78-90.

28. COSANDEY C., « Influence de la forêt sur le cycle de l'eau: conséquences d'une coupe forestière sur le bilan d'écoulement annuel », in *Hydrologie continentale*, 1992, vol. 7, no 1, pp. 13-22.

29. DE MAGALHAES D., « Ethique et politique environnementale en Amazonie contemporaine », in *Lusotopie*, 2002, pp. 13-23.

30. DEMAZE M.T., « Paradoxes conceptuels du développement durable et nouvelles initiatives de coopération Nord-Sud : le Mécanisme pour un Développement Propre (MDP) », in *Cybergeo* : European Journal of Geography [En ligne], Environnement, Nature, Paysage, document 443, mis en ligne le 20 mars 2009, consulté le 12 avril 2013. URL : http://cybergeo.revues.org/22065 ; DOI : 10.4000/cybergeo.22065.

31. DESPLANQUES H., « La réforme agraire italienne », in *Annales de géographie*, Vol.66, N° 356, 1957, pp.310-327.

32. DE VISSCHER C., « Droit international des droits de l'homme : droits de l'homme expressément reconnus et protégés par des textes internationaux », in *Annuaire de l'Institut du Droit International*, session de Lausanne, 1957, t.41, pp.4-19.

33. DEWITTE P. et DELANOUE P., « La CGT et les syndicats de l'Afrique noire de colonisation française, de la Deuxième Guerre mondiale aux indépendances », in *Le Mouvement social*, 1983, pp. 103-121.

34. DOMENACH-CHICH G., « Domination coloniale et transformations du secteur agricole des pays sous-développés », in *Revue Tiers Monde*, 1972, pp. 389-407.

35. DOUCET J.-P., « Les Familles d'infractions », in *Revue de droit pénal et de criminologie,* 1975, pp.752-778.

36. DOUMBE-BILLE S., « Le droit forestier en Afrique Centrale et occidentale », FAO, in *Etude juridique en ligne*, 2004, n° 2.

37. DOUPAGNE G. et al., « Des interactions complexes entre les origines du VIH et sa pandémie, les activités coloniales en Afrique et la médecine coloniale Belge au Congo », in *Revue Médicale de Liège*, 2011, vol. 66, n° 9, pp1-14.

38. ELIKIA M'BOKOLO, « Forces sociales et idéologies dans la décolonisation de l'AEF », in *The Journal of African History*, 1981, vol. 22, n° 03, pp. 393-407.

39. EWALD F., « Le droit de l'environnement : un droit des riches ? », in *Pouvoirs*, n° 127, 2008, pp.10-21.

40. FANCELLO S., « Guérison, délivrance et sida : les femmes et la « maladie de Dieu » dans les Églises pentecôtistes africaines », in *Sciences sociales et santé* 4/2007 (Vol. 25), pp. 5-34.

41. FOMETE T., « La fiscalité forestière et l'implication des communautés locales à la gestion forestière au Cameroun », in *Document RDFN*, n° 25 b(II), juillet 2001, pp.18-30.

42. GAMBEMBO G.G., « Le cadre humain de l'exploitation huilière au Kwilu : essai d'interprétation dialectique de peuplement humain », in *Africa*, 1980, pp. 99-110.

43. GAULME F., « « États faillis », « États fragiles » : concepts jumelés d'une nouvelle réflexion mondiale. », in *Politique étrangère* 1/2011 (Printemps), p. 17-29 .URL : www.cairn.info/revue-politique-etrangere-2011-1-page-17.htm. DOI : 10.3917/pe.111.0017.

44. GEHRMANN S., « Les littératures en marge du débat sur les «atrocités congolaises» : de l'engagement moral à l'horreur pittoresque», in *Revue de Littérature Comparée* 2/2005, pp. 137-160.

45. GELB A. et GRASMANN S., « Déjouer la malédiction pétrolière. », in *Afrique contemporaine*, 1/2009 (n° 229), pp. 87-135.

46. GHEZALI M., *les nouveaux droits de l'homme*. Disponible sur http://www.cidce.org [consulté le 22 février 2013].

47. GILLIS M., “Fiscal and financial issues in the tropical hardwood concessions”, in *Development discussion paper* n ° 110, Cambridge, Harvard Institute for International Development, 1980, pp.25-34.

48. GLOBAL WITNESS, *Forêts de RDC : Vers des normes satisfaisantes de gestion et de gouvernance ?* Kinshasa, 2007. Disponible sur http://www.globalwitness.org/sites/default/files/library/policybrieffinalfr.pdf [consulté le 15 avril 2013].

49. GUINARD D., « La filière bois en Europe et dans le monde », in *Responsabilité et environnement*, n° 53, janvier 2009, pp.49-56.

50. GUYARD M., « Les puissances occidentales et la crise congolaise: de la sécession du Katanga à l'accord de Kitona (1960-1961) », in *Guerres mondiales et conflits contemporains,* 1999, pp. 53-63.

51. HARDEWYN A., « Les déterminants politiques, économiques et idéologiques du système fiscal belge au xxème siècle. », in *Histoire, économie & société,* 2/2005 (24ème année), pp. 279-302.

52. HÉRARD M., « Que pensent les ouvriers de leur salaire ? », in *Ethnologie française,* 2001, vol. 31, no 3, pp.431-439.

53. HOFFHERR R., « Les compagnies à charte comme instruments de mise en valeur de l'Afrique » in *Politique étrangère*, 1937, vol. 2, n° 2, pp. 162-176.

54. HOUNMENOU B.G., « Nouveaux modes de coordination des acteurs dans le développement local : cas des zones rurales au Bénin », in *Développement durable et territoires* [En ligne], Dossier 2 | 2002.

55. HYDE W.F. et SEDJO R.A.,“Managing tropical forests: reflections on the rent distribution discussion”, in *Land Economics*, vol. 68 (3), 1992, pp. 343-350.

56. IBANDA KABAKA P., *Le conflit politique armé et l'exploitation des ressources naturelles en Centrafrique : Essai d'explication par la théorie des Etats 'faillis' et par l'approche régionale,* 2015. Disponible sur https://hal.archives-ouvertes.fr/hal-01250475. [Consulté le 24 janvier 2016].

57. IBANDA KABAKA P., N'SINDU KUMBANA O. et KHAMA MOSI L., « L'Evangélisation du Kwango-Popokabaka par l'œuvre éducatrice », in A. N'TEBA MBENGI et al. (dir.), *Allez dans le monde entier. Centenaire de l'évangélisation du Kwango-Diocèse de Popokabaka (1915-2015)*, Kinshasa, Editions Loyola, 2015, pp. 235-249.

58. IBANDA KABAKA P. et MATENDO S., « La collaboration des pouvoirs publics et de l'Eglise dans le Kwango hier et aujourd'hui et ses enjeux pour le développement des populations », in N'TEBA MBENGI A. et al. (dir.), *Op.cit.* , pp. 317-330.

59. JACQUEMOT P., « La désétatisation en Afrique subsaharienne. Enjeux et perspectives », in *Revue Tiers Monde*, t. XXΓX, n° 114, avril-juin 1988, cité par TIZIO S. et FLORI Y.-A., « L'initiative de Bamako : santé pour tous ou maladie pour chacun ? », in *Tiers-Monde*, 1997, Tome 38, n°152, pp. 837-858.

60. JACQUEMOT P., « L'économie politique des conflits en République démocratique du Congo. », in *Afrique contemporaine,* n° 230, 2/2009, pp. 187-212.

61. JACQUET P. et LOUP J., « Le développement durable, une nécessité pour les pays du Sud ? », in *Regards sur la Terre,* 2009, pp.183-195.

62. JEAUGEON R., « Les sociétés d'exploitation au Congo et l'opinion française de 1890 à 1906 », in *Revue française d'histoire d'outre-mer*, 1961, vol. 48, no 172-173, pp. 353-437.

63. JEWSIEWICKI B., « L'État et l'accumulation primitive ; la formation du mode de production colonial au Zaïre », in *Revue française d'histoire d'outre-mer,* 1981, vol. 68, no 250-253, pp. 71-91.

64. KABAMBA B.,«Frontières en Afrique Centrale: gage de souveraineté ?», in *Fédéralisme Régionalisme* [En ligne], Volume 4 : 2003-2004 .

65. KABUYA KALALA F. et TSHIUNZA MBIYE V., « Ressources naturelles, gouvernance et défis d'une croissance soutenue en RDC », *in L'Afrique des grands lacs,* 2009, pp.141-159.

66. KARSENTY A., « Le rôle controversé de la fiscalité forestière dans la gestion durable des forêts tropicales », in *Cahiers d'économie et sociologie rurales,* n° 64, 2002, pp.5-36.

67. KARSENTY A., « Enjeux des réformes récentes de la fiscalité forestière dans le Bassin du Congo », *in Bois et forêts des tropiques*, 2004, no 281, pp. 51-59.

68. KARSENTY A. et al. « Paiements pour services environnementaux et biodiversité dans les pays du Sud : le salut par la déforestation évitée ? », in *Revue Tiers-Monde*, n° 202, 2010, pp.53-74.

69. KENGOUM F. et TIANI A.M., Politiques d'adaptation et d'atténuation au Cameroun, in *CIFOR*, 2013, pp.8-13.

70. KISS A., « Environnement, droit international, droits fondamentaux », in *Cahiers du Conseil constitutionnel* n° 15 (Dossier : Constitution et environnement), janvier 2004 sur http://www.conseil-constitutionnel.fr/ [consulté le 23 février 2013].

71. KLEIN P., « Le contentieux belgo-zaïrois : Développements récents », in *Revue belge de droit international*, 1991, pp. 230-242.

72. KOPONEN J., Development for Exploitation. German Colonial Policies in *Mainland Tanzania,* 1884-1914, in Studia Historica,1995, pp.37-52.

73. KYONI KYA MULUNDU, « L'impérialisme et la redistribution des rôles à l'embouchure du Congo entre 1882-1885 et sanctionnés par la conférence dite de Berlin », in *Zeitschrift für Afrikastudien,* 1988, n° 3, pp. 46-60.

74. LACOUDE P., « Lectures et analyse de la courbe de Laffer », in *Journal des Economistes et des Etudes Humaines*, 1992, vol. 3, no 2-3, pp. 353-376.

76. LAGARDE M., Le régime forestier : un modèle de législation de protection de l'environnement, in *Revue juridique de l'environnement*, 1985, Vol. 10, n° 2, pp.175-187.

77. LAGARDE M., « *La jouissance* du domaine forestier », in *Répertoire immobilier et civil*, Dalloz, 2005-2, n° 2 à 993, pp.1-96.

78. LAPLANTE J., « Le médicament aux frontières des savoirs humanitaires et autochtones », in *Anthropologie et sociétés*, 2003, vol. 27, no 2, pp. 59-75.

79. LASCOUMES P., « Les politiques environnementales », in *Académique,* 2008, pp. 29-67.

80. LE BOT O., « Le droit au recours comme garantie des droits fondamentaux : l'article 8 de la Déclaration universelle des Droits de l'homme », in *CRDF,* n ° 7, 2009, pp. 107-116.

81. LE BUSSY O., « Les Forestiers arnaquent le fisc congolais », dans *La Libre Belgique*, 31 juillet 2008.

82. LECLERCQ H., "L'inflation, sa cause : le désordre des finances publiques", in *Indépendance, inflation, développement. L'économie congolaise de 1960 à 1965*, Paris-Kinshasa, Mouton – IRES, 1968, p. 64 et suivantes.

83. LEJEUNE C., « Le Contentieux financier belgo-congolais », in *Revue BDI*, 1969, vol. 5, pp. 527-541.

84. LENDELE K. et KAMANDA KIMONA-MBINGA J., « Nature et spécificité de la dollarisation de l'économie congolaise (RDC). », in *Mondes en développement* 2/2005 (n°130), pp. 41-62.

85. LESCUYER G. et LOCATELLI B., « Rôle et valeur des forêts tropicales dans le changement climatique », in *Bois et Forêts des Tropiques*, N° 260(2), 1999, pp.1-15.

86. LE STER M., « L'Est de la République Démocratique du Congo : du 'scandale géologique' au scandale politique, économique, humanitaire », in *Les Cahiers d'Outre-Mer,* 2011, vol. 255, pp. 435-438.

87. LOGOSSAH K.D.A., « Capital humain et croissance économique: une revue de la littérature », in *Économie & prévision*, 1994, vol. 116, no 5, pp. 17-34.

88. LOQUAI C., Priorités stratégiques et défis opérationnels de l'appui européen à la décentralisation démocratique dans le contexte de l'Accord de Cotonou, *Document de réflexion n° 24*, ECDPM, sur http://www.oecd.org/fr/social/pauvrete/33741484.pdf [consulté le 25 février 2013].

89. MACHADO P.A.L., « L'environnement et la constitution brésilienne », in *Cahiers du Conseil constitutionnel* n° 15 (Dossier : Constitution et environnement), janvier 2004. Sur http://www.conseil-constitutionnel.fr/ [consulté le 23 février 2013].

90. MALEY J., « L'histoire récente de la forêt dense humide africaine : essai sur le dynamisme de quelques formations forestières », in *Faunes, Flore et Paléo-environnements continentaux*, pp.367-382.

91. MANOR J., "Democratic decentralization in Africa and Asia", in *IDS Bulletin,* 26(2), 1995, pp.62=88.

92. MANUEL T., « L'Afrique et le Consensus de Washington: trouver la bonne voie », in *Finances & Développement,* 2003, vol. 4, pp. 18-20.

93. MARIN J., « Dimension historique de l'ethnocentrisme européen dans le processus de domination coloniale et post-coloniale de l'Amérique », in *Perspectives de l'interculturel*, 1994, pp. 123-134.

94. MARYSSE S. et REYNTJENS F.(dir.), *L'Afrique des Grands Lacs. Annuaire 2000-2001*, Paris, L'Harmattan, 2001, pp.307-332.

95. M'BOUKOU S., « Mobutu, roi du Zaïre. Essai de socio-anthropologie politique à partir d'une figure dictatoriale », in *Le Portique* [Online], 5-2007.

96. MEDARD J.-F., « L'État patrimonialisé », in *Politique Africaine*, n° 39, septembre 1990, pp.15- 36.

97. MEKOUAR M.A., « Le droit à l'environnement dans la Charte Africaine des droits de l'homme et des peuples », in *Etude juridique de la FAO en ligne,* 2001.

98. MELICE A., « La désobéissance civile des kimbanguistes et la violence coloniale au Congo belge (1921-1959 », in *Les Temps Modernes,* n° 658-659, 2010, pp. 218-250.

99. MICHEL M., « Van Bilsen Jef, Congo, 1945-1965, la fin d'une colonie, Vingtième Siècle », in *Revue d'histoire,* 1996, vol. 49, n° 1, pp. 163-165.

100. MIERS S., « Le nouveau visage de l'esclavage au XXe siècle », in *Cahiers d'études africaines*, 2005, pp.179-180.

101. MOBUSA N.T., « L'exploitation du caoutchouc par l'État indépendant du Congo dans le territoire de Banzyville, district de l'Ubangi (1900-1908) », in *Civilisations*, 1993, pp. 291-306.

102. MOCH J., « Politique actuelle, vue dans un siècle », in *Politique étrangère,* 1962, pp. 447-452.

103. MONTENY B., « Forêt équatoriale, relais de l'océan comme source de vapeur d'eau pour l'atmosphère », in *Veille climatique satellitaire*, 1986, n° 12, pp. 39-51.

104. MOREAU J.L., « De la décolonisation à la zaïrianisation. Le sort des capitaux belges au Congo », in *Les cahiers Irice* 2/2010 (n°6), pp. 61-77.

105. MWAKA BWENGE A., « Les milices Mayi-Mayi à l'Est de la République démocratique du Congo : dynamique d'une gouvernementalité en situation de crise », in *Revue africaine de sociologie*, Vol.7, n° 2, 2003, pp.73-94.

106. NEPSTAD D., SERRAO E.A.S. et WALKER R., "Upland agricultural and forestry development in the Amazon: sustainability, criticality and resilience ", in *Ecological Economics*, n° 18, 1996, pp.3-13.

107. NGONGANG E., « Efficacité des réformes sur le rendement fiscal en Afrique Centrale : le cas spécifique du Cameroun », in *Revue des Sciences Économiques et de Gestion,* n° 7(2007), pp.31-60.

108. NGONGA NZINGA V. et TOMBOLA MUKE C., « Vulnérabilité économique et résilience : comment la RDC résiste ! », in *Revue congolaise de politique économique,* Vol.1, n° 1.

109. NGUENANG G.M., DELVIENNE Q. et al., « La gestion décentralisée des ressources forestières au Cameroun : Les forêts communales après les forêts communautaires », in *6th Conference on Central African Moist Forest Ecosystems (CEFDHAC)*, 2000-11, pp. 20-23.

110. NIESTEN E. et RICE R., « Gestion durable des forêts et incitations directes à la conservation de la biodiversité », in *Revue Tiers-Monde*, 2004, n° 177.

111. OCDE, « Lutter contre l'érosion de la base d'imposition et le transfert des bénéfices », in *Annexe C : exemple de schémas d'optimisation fiscale adoptés par des entreprises multinationales*, 2013.

112. OLLIVIER G. et LEGROS D., « Trypanosomiase humaine africaine : historique de la thérapeutique et de ses échecs », in *Tropical Medicine & International Health*, 2001, vol. 6, no 11, pp. 855-863.

113. OYONO P.R., « Usages culturels de la forêt au Sud-Cameroun, rudiments d'écologie sociale et matériau pour la gestion du pluralisme », in *Africa,* 2002, pp. 334-355.

114. OYONO R. et LELO NZUZI F., « Au sortir d'une longue «nuit» institutionnelle, nouvelles transactions entre les politiques forestières et les sociétés rurales en RD Congo post-conflit », in *Afrique et Développement*, vol. 31, n° 2, 2006, pp. 183-214.

115. PAGE J.M., PEARSON S.R. et LELAND H.L., "Capturing economic rent from Ghanaian timber", in *Food Research Institute*, vol.15 (1), 1976, pp.25-51.

116. PALMIERI D., « Le temps pour comprendre la violence de guerre : l'exemple de l'Afrique », in *Revue Internationale de la Croix-Rouge/International Review of the Red Cross*, 2003, vol. 85, no 852, pp. 775-790.

117. PANTEA M., « La criminalité économique et financière. Facteur de risque pour la sécurité nationale », in *Le Courant Juridique*, n° 47, 2011, pp. 175-184.

118. RAKOTONDRASOA O.L. et al. « La forêt de tapia, écosystème endémique de Madagascar : écologie, fonctions, causes de dégradation et de transformation (synthèse bibliographique) », in *Biotechnologie, Agronomie, Société et Environnement,* 2012, vol. 16, no 4, pp. 541-552.

119. RAMPAZZO B.M., « Le devenir Afrique de Lumumba, Nkrumah et Sankara. Ou de l'importance de ressasser le passé contre le discours de Dakar », in *Filozofija i drustvo*, 2012, vol. 23, no 4, pp. 218-237.

120. RANGER J. et al., « Effet des substitutions d'essence sur le fonctionnement organo-minéral de l'écosystème forestier, sur les communautés microbiennes et sur la diversité des communautés fongiques mycorhiziennes et saprophytes (cas du dispositif expérimental de Breuil-Morvan) *», Rapport final du contrat INRA-GIP Ecofor*, 2001, vol. 24, pp. 1-202.

121. REEVES J.S., "The origin of the Congo Free State, considered from the standpoint of international law", *in The American Journal of International Law,* 1909, vol. 3, no 1, p. 99-118.

122. RENUCCI F., « L'inspection du travail et le droit en Afrique francophone au XXe siècle. Les administrations coloniales (XIXe-XXe siècles) », in *Esquisse d'une histoire comparée*, 2009, pp. 253-263.

123. RIDDE V. et GIRARD J.-E., « Douze ans après l'initiative de Bamako : constats et implications politiques pour l'équité d'accès aux services de santé des indigents africains », in *Santé publique,* 2004, vol. 16, no 1, pp. 37-51.

124. RIDDE V., « Politiques publiques de santé et équité en Afrique de l'ouest. Le cas de l'Initiative de Bamako au Burkina Faso », in *Bulletin Amades* [En ligne], 69 | 2007, mis en ligne le 04 février 2009, consulté le 11 décembre 2015. URL : http://amades.revues.org/380.

125. ROLLAND M., « L'organisation de la justice au Congo Belge », in *Revue internationale de droit comparé.* Vol.5, N°1, Janvier-mars 1953, pp. 97-112.

126. SABAKINU K., « Population et santé dans le processus de l'industrialisation du Zaïre », in *La Revue canadienne des études africaines*, 1984, vol. 18, no 1, pp. 94-98.

127. SABOURIN E. et de TEXEIRA O.A., « Planification du développement territorial au Brésil », in *Actes du séminaire 29-30 septembre 2009,* Campina Grande, CIRAD/UFPB, p.28.

128. SALÉE D., « Peuples autochtones, racisme et pouvoir d'État en contextes canadien et québécois : Éléments pour une ré-analyse », in *Nouvelles pratiques sociales,* 2005, vol. 17, no 2, pp. 54-74.

129. SAVADOGO Y., « Les délits environnementaux et le développement durable en Afrique : de la transaction au règlement judiciaire », *in Revue africaine du droit de l'environnement,* n°0,2013, p.72.

130. SCHMINCKE K.H., *Les industries forestières : un secteur capital pour l'ensemble du développement socio-économique,* http://www.fao.org/docrep/v6585f/v6585f08.htm [consulté le 12 décembre 2015].

131. SHEPPERSON G., "Notes on Negro American influences on the emergence of African nationalism", in *The Journal of African History*, 1960, vol. 1, n° 02, pp. 299-312.

132. SINGARAVÉLOU P., « Les stratégies d'internationalisation de la question coloniale et la construction transnationale d'une science de la colonisation à la fin du 19e siècle », in *Monde (s),* 2012, no 1, pp. 135-157.

133. SMITH S., « Naufrage de la Françafrique : Le président a poursuivi une politique privilégiant les hommes forts au pouvoir. The sinking of the Françafrique : The President pursued a policy privileging the strong men in power ", in *L'Histoire*, 2006, vol. 313, p. 70.

134. SUTTER J. et al., "Kuczynsky RR—Demography survey of the British Colonial Empire", in Population, 1951, vol. 6, no 3, pp. 532-533.

135. TERRASSON D., « Aménités, fonctions non marchandes et aménagement forestier », in *Ingénieries* n° Spécial Aménités rurales : une nouvelle lecture des enjeux territoriaux, 2002, pp. 57-62.

136. THÉRET B. et URI D., « La courbe de Laffer dix ans après : un essai de bilan critique », in *Revue économique*, 1988, pp. 753-808.

137. TIEGUHONG J.C. et al., « S'adapter à la crise en Afrique Centrale : le rôle accru des produits forestiers non ligneux », in *Unasylva*, vol.60, n° 233(3), 2009, p.51

138. TIZIO S. et FLORI Y.-A., « L'initiative de Bamako : santé pour tous ou maladie pour chacun ? », in *Tiers-Monde,* 1997, t. 38, n°152. pp. 837-858.

139. THOENIG J.C., « Politiques publiques », in BOUSSAGUET L. et al. (dir.), *Dictionnaire des politiques publiques,* Paris, Presses de Sciences Po, 2014, pp.460-466.

140. THOVERON G., « Le journal des voyages au pays du caoutchouc rouge », in *Civilisations*, n°41, 1993, pp.279-289.

141. VIGNES K., « Étude sur la rivalité d'influence entre les puissances européennes en Afrique équatoriale et occidentale depuis l'acte général de Berlin jusqu'au seuil du XXe siècle », in *Revue française d'histoire d'outre-mer,* 1961, vol. 48, no 170, pp. 5-95.

142. VINCENT J.R., "Rent capture and the feasibility of tropical forest management", in *Land Economics*, vol.66 (2), 1990, pp.213-223.

143. VINCK H., « Résistance et collaboration au début de la colonisation (1883-1893) », in *Zaïre*, Lit., 1992, vol. 481, p. 508.

144. VUNDUAWE TE PEMAKO F., « La décentralisation territoriale des responsabilités au Zaïre : pourquoi et comment ? », in *Zaïre-Afrique,* 1982, vol. 22, no 165, pp. 261-273.

145. YAKEMTCHOUK R., « Le Régime international des voies d'eau africaines » in *Revue BDI,* 1969, vol. 5, p. 480.

**D. MEMOIRES, COURS ET THESES**

1. BLACHER P., Contrôle de constitutionnalité et volonté générale : la loi votée... n'exprime la volonté générale que dans le respect de la Constitution", Thèse de doctorat de droit, Montpellier 1, 1998.

2. CARBONNIER C., Fiscalité optimale et incidences fiscales. Analyses théoriques et estimations sur réformes françaises de la Taxe sur la

valeur ajoutée et la taxe professionnelle, 1987-2004, Thèse de doctorat en Sciences Economiques, EHESS, Paris, 2006.

3. GROMITSARI P., Le droit forestier. Etude comparée de la France et de la Grèce, Thèse de Droit, Université Paris 1, 2016.

4. HUTIN H., Efficacité des programmes de reconstruction dans les sociétés post-conflictuelles, Thèse de doctorat en Economie, Université de Grenoble Alpes, 2012.

5. IBANDA KABAKA P., Fiscalité forestière et gestion durable des forêts en République démocratique du Congo, Mémoire, Master 1 Géographie économique et sociale, Université du Mans, 2011.

6. IBANDA KABAKA P., Droits des riverains, développement local et gestion durable des forêts en RD Congo, Mémoire, Master 2 Droit international et européen des droits fondamentaux, Université de Nantes, 2013.

7. LAGARDE M., Un droit domanial spécial, le régime forestier : contribution à la théorie du domaine, Thèse de Droit, Université de Toulouse, 1984, 727 p. (Ouvrage couronné par l'Académie d'Agriculture de France).

8. LOWE GNINTEDEM P.J., Les ONG et la protection de l'environnement, Mémoire de Maîtrise de Droit et Carrières judiciaires, Université de Limoges, 2003.

9.MARGUENAUD J.-P., Cours de droit de l'environnement et la Cour européenne des droits de l'homme, Université de Limoges, Master 2 de Droit international et comparé de l'environnement, 2013.

10. MONDIELLI E., L'action de l'Organisation Mondiale de la Santé en faveur de l'enfance, Thèse de doctorat de Droit, Université Montpellier 1,1990.

11. MONDIELLI E., Brèves considérations sur les spécificités des normes sanitaires internationales en général et du règlement sanitaire international en particulier, Cours de droit de la santé et des droits de l'homme, Master 2 DIDF, Université de Nantes, 2013.

12. MUSAFIRI RUBUYE, La protection de l'écosystème forestier congolais : cas de la réserve forestière d'Itombwe, Mémoire de Licence de Droit, Université de Bukavu, 2008.

13. NGUMBI AMURI A., La protection pénale du patrimoine mondial naturel de la RD Congo, Thèse de doctorat en Droit, Université de Kinshasa, 2014.

14. OLINGA A.D., Le Système africain des droits de l'homme, Cours de Master 2 Droit international et européen des Droits fondamentaux, Université de Nantes, 2012-2013.

15. OUMBA P., Développement durable et gestion durable des forêts du Bassin du Congo : étude comparative du Cameroun et de la République du Congo, Mémoire de Master en Droit international et comparé de l'Environnement, Université de Limoges, 2007.

16. PASCAL L., La privatisation des missions douanières en République Centrafricaine (RCA) : une opportunité d'amélioration des Finances Publiques ? Thèse de doctorat en droit, Université de Bordeaux, 2014.

17. PEYROU-PISTOULEY S., La Cour constitutionnelle et le contrôle de la constitutionnalité des lois en Autriche, Thèse de doctorat de droit public, Université de Pau, 1991.

18. SAKATA G.M.T., La gouvernance en matière de ressources naturelles. De la centralisation vers un système décentralisé et participatif – Le cas des ressources forestières en République démocratique du Congo, Thèse de Doctorat en Sciences juridiques, UCL, 2009.

19. SAKATA SELEBAY B., Exploitation forestière et développement économique en milieu rural. Analyse du problème en territoire de Bagata, province de Bandundu (RDC), Mémoire de Master, UCL, 2011.

20. SANCY M., Cours de Droits de l'homme et droit de l'environnement, Master 2 Droits fondamentaux, Université de Nantes, 2013.

21. SANI M., Secteur non enregistré et mobilisation fiscale dans les Pays en développement : le cas des pays d'Afrique au Sud du Sahara, Thèse de doctorat d'Economie, Université d'Auvergne, CERDI, 2009.

22. TAVELLA A., Chronique d'une fin annoncée. La disparition de la forêt usagère au XIXe siècle. Etude des droits d'usage forestiers dans les Vosges, Thèse de Droit, Université de Lorraine, 2012.

## E. DOCUMENTS OFFICIELS, LOIS, CODES, DECRETS, ARRÊTES ET ORDONNANCES

1. BANQUE MONDIALE, Rapport d'évaluation du groupe indépendant d'évaluation, Washington, 2000.

2. BANQUE MONDIALE, Rapport d'activités de 2003, Washington, 2004.

3. COMIFAC, Rapport d'Activités 2004-2006, Libreville, 2007.

4. CONGO BELGE, Situation économique du Congo belge, 1950.

5. EIC, Ordonnance du 1er juillet 1885 de l'Administrateur général.

6. EIC, Décret du 14 septembre 1886 in Bulletin Officiel de l'Etat Indépendant du Congo, 1892-1893.

7. FAO, Situation des forêts du monde, 2003.

8. GREENPEACE, Rapport de mission visite dans les sites de la CIB au Congo Brazzaville, décembre 2004.

9. LAGARDE M., Code forestier pratique 2017, Pau, Editions Droitforestier.com, Vol.1 à 3, 2017,1600 p.

10. LE GUEN J., Rapport au Président de la République sur la protection des forêts tropicales et de leur biodiversité contre la dégradation et la déforestation, Paris, Présidence de la République, 12 octobre 2010.

11. MINISTERE DE L'ENVIRONNEMENT DE LA RDC, Rapport des ateliers provinciaux de consultation approfondie des populations autochtones sur le programme national Forêts et Conservation, Kinshasa, 2009.

12. PNUD, Rapport sur le développement humain 2003, New York, 2003.

13. PNUD CONGO, Profil résumé de la pauvreté et conditions de vie de la Province de l'Equateur, Kinshasa, 2009.

14. PNUD, Rapport sur le développement humain 2012, New York, mars 2013.

15. PNUD, Perspectives économiques en Afrique, 2014.

16. OIT, Les droits des peuples autochtones et tribaux dans la pratique- un guide sur la Convention n° 169,2009.

17. OMS, Déclaration de la Conférence Mondiale de la Santé,Alma-Ata, Kazakhie,1978.

18. ONU, Déclaration sur les droits des peuples autochtones, New York, 13 septembre 2007.

19. ONU, (Comité des droits économiques, sociaux et culturels), Observation générale n° 14, New York, 2000.

20. ONU, Rapport du panel des experts des Nations Unies sur l'exploitation illégale des ressources naturelles de la RDC, New York, 2001.

21. RDC, Arrêté Ministériel n° 1250/CAB/MIN/S/CJ/KIZ/32/2002 du 15/10/2002 portant organisation de l'exercice de la profession de praticien de la médecine traditionnelle, JO, 2002.

22. RDC, Constitution du 18 février 2006, Kinshasa, Journal Officiel, 2006.

23. RDC (Ministère du Plan), Document intérimaire de la stratégie de réduction de la pauvreté, Kinshasa, mars 2002.

24. RDC, Loi n° 11/009 du 9 juillet 2011 portant principes fondamentaux relatifs à la protection de l'environnement, Kinshasa, Journal Officiel, 2011.

25. RDC, Projet de Loi budgétaire 2016, Kinshasa, 2015.

26. RDC, Code Forestier, Kinshasa, Journal Officiel, 2002.

27. RDC, Code pénal, Journal Officiel, n° Spécial, 30 novembre 2004.

28. UNICEF, L'initiative de Bamako : reconstruire les systèmes de santé, New York (USA), Janvier 1995.

29. REPUBLIQUE DU CAMEROUN, Loi portant régime des forêts, de la faune et de la pêche, Présidence du Cameroun, Yaoundé, 1994.

30. REPUBLIQUE FRANÇAISE, Code général des impôts, version 2015.

**E. WEBOGRAPHIE**

1. http://www.comifac.org [consulté le 15 novembre 2016].

2. http://www.digitalcongo.net[consulté le 20 décembre 2015].

3. http://www.jeuneafrique.com [consulté le 4 novembre 2017].

4. http://www.mecnt.cd [consulté le 15 novembre 2015].

5. http://www.greenpeace.org [consulté le 15 novembre 2015].

6. http://www.lemonde.fr [consulté le 24 mars 2013].

7. http://mediaterre.org [consulté le 15 novembre 2016].

8. http://observatoire.franceboisforet.com [consulté le 12 décembre 2015].

9. http://www.onf.fr/gestion_durable [consulté le 26 décembre 2015].

10. http://www.rtbf.be/info [cons556+6+ulté le 25 décembre 2015].

11. http://www.transition-energie.com [consulté le 13 décembre 2015].

12. http://www.un.org/fr [consulté le 16 mars 2016].

13. https://fr.wikipedia.org[consulté le 20 octobre 2016].

**TABLE DES MATIERES**

## Structures éditoriales du groupe L'Harmattan


**L'Harmattan Italie**
Via degli Artisti, 15
10124 Torino
harmattan.italia@gmail.com

**L'Harmattan Hongrie**
Kossuth l. u. 14-16.
1053 Budapest
harmattan@harmattan.hu

**L'Harmattan Sénégal**
10 VDN en face Mermoz
BP 45034 Dakar-Fann
senharmattan@gmail.com

**L'Harmattan Cameroun**
TSINGA/FECAFOOT
BP 11486 Yaoundé
inkoukam@gmail.com

**L'Harmattan Burkina Faso**
Achille Somé – tengnule@hotmail.fr

**L'Harmattan Guinée**
Almamya, rue KA 028 OKB Agency
BP 3470 Conakry
harmattanguinee@yahoo.fr

**L'Harmattan RDC**
185, avenue Nyangwe
Commune de Lingwala – Kinshasa
matangilamusadila@yahoo.fr

**L'Harmattan Congo**
67, boulevard Denis-Sassou-N'Guesso
BP 2874 Brazzaville
harmattan.congo@yahoo.fr

**L'Harmattan Mali**
ACI 2000 - Immeuble Mgr Jean Marie Cisse
Bureau 10
BP 145 Bamako-Mali
mali@harmattan.fr

**L'Harmattan Togo**
Djidjole – Lomé
Maison Amela
face EPP BATOME
ddamela@aol.com

**L'Harmattan Côte d'Ivoire**
Résidence Karl – Cité des Arts
Abidjan-Cocody
03 BP 1588 Abidjan
espace_harmattan.ci@hotmail.fr


## Nos librairies en France


**Librairie internationale**
16, rue des Écoles
75005 Paris
librairie.internationale@harmattan.fr
01 40 46 79 11
www.librairieharmattan.com

**Librairie des savoirs**
21, rue des Écoles
75005 Paris
librairie.sh@harmattan.fr
01 46 34 13 71
www.librairieharmattansh.com

**Librairie Le Lucernaire**
53, rue Notre-Dame-des-Champs
75006 Paris
librairie@lucernaire.fr
01 42 22 67 13

www.ingramcontent.com/pod-product-compliance
Lightning Source LLC
LaVergne TN
LVHW011439061026
849535LV00004BA/874